KB092113

한글전쟁

한글전쟁

우리말 우리글, 5천년 쟁투사

초판 1쇄 발행 2014년 10월 9일 ＼**초판 2쇄 발행** 2014년 12월 20일
지은이 김흥식 ＼**펴낸이** 이영선 ＼**편집 이사** 강영선 ＼**주간** 김선정
편집장 김문정 ＼**편집** 임경훈 김종훈 김경란 하선정 ＼**디자인** 김회량 정경아
마케팅 김일신 이호석 김연수 ＼**관리** 박정래 손미경

펴낸곳 서해문집 ＼**출판등록** 1989년 3월 16일(제406–2005–000047호)
주소 경기도 파주시 광인사길 217(파주출판도시) ＼**전화** (031)955–7470 ＼**팩스** (031)955–7469
홈페이지 www.booksea.co.kr ＼**이메일** shmj21@hanmail.net

김흥식 ⓒ 2014
ISBN 978-89-7483-688-7 03710
값 17,500원

이 도서의 국립중앙도서관 출판시도서목록(CIP)은 e–CIP 홈페이지(http://www.nl.go.kr/ecip)에서
이용하실 수 있습니다.(CIP제어번호: CIP2014027585)

한글전쟁

우리말
우리글
5천년
쟁투사

김흥식 지음

서해문집

우리말을 가졌다는 것은 얼마나 행복한 일인가!
우리글을 가졌다는 것은 얼마나 황홀한 일인가!
우리말과 우리글을 가졌다는 것은 얼마나 값진 삶인가!

　대한민국 국적의 시민이라면 대부분이 우리말과 우리글의 소중함을 안다고 여기실 것이다. 그러나 우리말과 우리글에 대한 판단이 그렇게 단순한 일은 아니다.

　세계에서 가장 많은 나라가 스페인어를 공용어로 사용하고 있다는 사실은 우리를 놀라게 할지 모른다. 그리고 스페인을 제외한 다른 나라에서 스페인어를 사용하는 시민 또한 자신들의 뜻과 생각을 표현할 언어가 없다고 말하지 않는다. 또한 영어를 공용어로 사용하는 나라 시민도 자신들의 뜻을 표현할 언어가 없다고 여기지 않는다.

　따라서 한국어와 한글이라는 말과 글을 사용하는 대한민국, 북한(정식 명칭은 조선민주주의인민공화국이다), 그리고 세계 각국에 흩어져 사는 한겨레 또한 만일 한국어와 한글이 없다고 해도 자신의 뜻을 표현하는 데는 아무런 어려움을 갖지 않을 것이다. 그 언어가 영어가 되었건 중국어가 되었건 프랑스어가 되었건 자신들이 처한 상황에서 가장 편리한 언어를 받아들여 장애 없는 언어생활을 영위할 것이다.

그런 까닭에 오늘날 대다수 한국인이 그토록 자랑스러워하는 한글 대신 영어를 공용어로 사용하자는 주장을 펼치는 자들이 버젓이 활동하는 나라가 대한민국이다. 어떤 면에서 그들의 주장은 맞다. 언어가 어떤 것이면 어떠랴? 내 뜻과 생각, 그리고 돈벌이에 필요한 활동을 할 수만 있다면 그 언어가 어떤 것이면 어떻겠는가 말이다. 그러나 문화는 한 꺼풀만 열고 들어가 보면 전혀 다른 세상이 펼쳐져 있다.

어떤 세상? 이런 세상!

> 뒷박 이마 횟눈썹에 우멍눈 주먹코요, 메주 볼 송곳 턱에 써렛니 드문드문, 입은 큰 궤 문 열어놓은 듯하고, 혀는 짚신짝 같고, 양 어깨는 딱 벌어져 키를 거꾸로 세워놓은 듯, 손등 생긴 조를 보면 솥뚜껑을 엎어놓은 듯, 허리는 짚둥 같고 배는 폐문 북통 같고 엉덩이는 부잣집에 떡 치는 안반이요, 뺑덕이네 몹쓸 년이 그 불쌍한 심 봉사 재물을 털어먹기 시작하는디 오뉴월 까마귀가 끓는 수박 파먹듯 파먹는다.
> — 판소리 〈심청가〉에서

이번엔 어쩌면 지겨울 만큼 들어온 유명한 시 한 편을 천천히 읽어보자.

> 넓은 벌 동쪽 끝으로
> 옛이야기 지줄대는 실개천이 회돌아 나가고,
> 얼룩백이 황소가

해설피 금빛 게으른 울음을 우는 곳,
그 곳이 참하 꿈엔들 잊힐 리야.

질화로에 재가 식어지면
뷔인 밭에 밤바람 소리 말을 달리고,
엷은 졸음에 겨운 늙으신 아버지가
짚베개를 돋아 고이시는 곳,
그 곳이 참하 꿈엔들 잊힐 리야.
— 정지용, 〈향수〉 일부

  이런 세상은 다른 세상에는 없는 세상이니, 세상에서 가장 뛰어나 노벨 문학상을 겹쳐 받은 이라 해도 창조할 수 없는 세상이다. 그러니 우리말과 우리글을 가진 우리 겨레는 세상에서 유일한 세상을 창조해내는 겨레인 셈이다.

  그래서 언어는 단순히 우리 뜻을 전하는 기능적 수단이 아닌 것이다. 언어를 기능적 수단으로 여기는 순간 우리말과 한글은 존재 이유가 없다. 그리고 그런 시각에서 본다면 우리말과 한글은 국수주의적 사고에 의해서만 그 가치를 인정받을 수 있다. 우리 것이기 때문에 소중하고, 우리 것이기 때문에 지켜야 한다는….

  그러나 인류의 문명은 효율로 평가될 수 없다. 인류는 비효율적일지라도 단 한 사람, 단 한 순간의 발자취조차 소중히 여겨왔고, 인류가 인류로 존재하는 까닭은 바로 그러한 비효율이 쌓이고 쌓여 오늘날 값으로 매길 수 없는 문명을 이룩했기 때문이다.

  우리말과 우리글에 대한 황홀한 경험은 쉽게 느끼지 못하겠지만, 그걸 느끼는 순간 도저히 벗어날 수 없는 매혹의 세계를 안겨준다. 그런 세상을 가져다준 우리 조상에게 나는 무한히 감사한다. 만일 우리말과 우리글, 즉 한글이 없었다면 나는 벌써 이 답답하고 무참한 나라를 떠나 세계인으로 자유로운 항해를 하고 있을지 모른다. 그러나 이 말과 글을 떠나서는 하루도 살 수 없기에 지금 이 순간에도 이 땅에 굳건히 뿌리내리고 있다.

그 고통 속의 황홀함을 이웃에게 전하고 싶었다. 우리말, 그 말을 기록하여 우리 모두, 나아가 우리 후손, 마침내는 인류 문명에 전하는 세계 유일한 문자, 우리가 지키지 않으면 다시는 인류 문명에 승차하지 못할 한글에 대해 이야기하고 싶었다. 또한 우리말과 한글이 오늘날까지 전해오는 과정에서 겪어야 했던 무수한 고통과 아픔, 위기와 극복의 순간까지 전하고 싶었다. 이 책은 그러한 바람의 기록이다.

이 얄팍한 책은 학술서가 아니기에 학술서가 갖추어야 할 주석을 비롯, 인용과 전재·번역 등에서 정밀함을 구비하지 못했을 뿐 아니라 무수한 잘못과 오류가 곳곳에 산재할 것이다. 먼저 독자 여러분의 양해를 구한다. 다만 이렇게라도 우리말과 한글이 걸어온 고난의 역사 전체를 알리고 싶다는 뜻만 이해해주시면 더할 나위가 없겠다. 그렇게 우리에게 전해진 우리말과 한글을 더 이상 괴롭히지 않는 시대가 오기를 온몸과 온 마음으로 바랄 뿐이다.

2014년 한글날을 앞두고

김흥식

차례

한글전쟁, 그 피투성이의
현장 속으로

오늘도 대한민국에서는 한글전쟁이 벌어지고 있다. 그것도 냉전(冷戰), 즉 저 밑바닥에서 적이 스멀스멀 기어 나오며 싸우는 보이지 않는 전쟁이 아니라 우리 눈앞에서 열띤 전투가 벌어지는 열전(熱戰) 중이다.

그렇다고 모든 사람이 그 전쟁 속에서 살아가는 것은 아니다. 현대의 전쟁은 과거 전쟁과 달라서 하루에 수천 명의 목숨을 앗아가는 잔인한 살육이 벌어지면서도 다른 곳에 거주하는 사람들은 전쟁의 참화를 별로 느끼지 못하는 방식으로 진행된다. 이를 가리켜 정밀 타격 전쟁이라고 하던가.

한글전쟁은 그 본질이 문자(文字) 전쟁이요, 문화(文化) 전쟁이다. 그리고 무력을 동원하는 전쟁과 그 형태는 다르다 해도 목표는 마찬가지다. 자신들의 이익을 위해서 다른 나라·겨레·문화를 침략하는 것은 마찬가지라는 말이다.

그런데도 대부분의 사람이 이런 사실을 깨닫지 못하는 것, 그것이 현대판 전쟁의 모습이다. 본질이 무엇인지 대부분의 사람은 알지 못하면서 그 현상만을 보는 것, 그러하기에 현대판 전쟁은 더욱 위험하다. 자신도 모르는 사이에 패자(敗者)가 되기도 하고 포로가 될 수도 있기 때문이다.

오늘날 벌어지고 있는 한글전쟁은 수천 년 전부터 한반도에서 벌어진,

무력을 동원한 무수한 전쟁보다 오히려 더 위험한 전쟁일지 모른다. 수많은 전쟁이 한반도를 덮쳐 여러 나라가 사라져갔고, 수많은 선조의 인명이 살상(殺傷)당했으며, 수많은 문화유산이 사라졌지만 한겨레의 문화와 언어는 무수한 상처를 입으면서도 여전히 건재하다.

그러나 지금 벌어지고 있는 한글전쟁은 우리를 우리로 인식하게 하는 본질, 즉 언어와 문화를 둘러싸고 벌어지고 있다. 그러하기에 이번 전쟁의 결과에 따라서는 한반도에 지속되어온 한겨레라고 하는 민족의 정체성이 사라질 수도 있다. 언어와 문화를 갖지 못한 민족은 이미 한 민족으로서의 존재 가치가 상실된 것이기 때문이다. 마치 100여 년 전 세계 최대의 국가였던 청나라의 지배층인 만주족이 오늘날 그 존재마저 희미해진 것처럼.

이제 우리는 그 전쟁의 한가운데로 뚜벅뚜벅 걸어 들어갈 것이다. 그리하여 누가 죽고 누가 살며, 누가 이기고 누가 졌으며, 내일은 누가 이기고 누가 질 것인지도 살펴볼 것이다. 그리고 그 과정에서 이제껏 우리가 알고 있던 지식의 민낯을 보고 충격에 빠질 수도 있다. 또 당연한 것으로 여겼던 것조차 당연한 것이 아니라는 사실도 깨닫게 될 것이다.

이러한 전쟁의 양상을 살펴보는 것은 어쩌면 괴로운 일일 수도 있다. 그러나 과거를 알지 못하고 어찌 미래를 준비할 수 있겠는가. 한글전쟁이 일어나기 전 상황부터 전쟁이 발발한 까닭, 그리고 수백 년에 걸친 전쟁이 오늘날에도 열전으로 치열하게 전개되고 있는 상황을 알아보는 것은 쉬운 일이 아니다. 그러나 쉽지 않기에 더욱 알아야 할 것이다. 우리 자신이 사라지는 비극이 더 이상 진행되기 전에 깨닫는다면 최악의 사태는 막을 수 있을 테니까.

자, 이제 말과 글의 포화 속으로 들어가 보자.

ㄱ ㄲ ㄴ ㄷ ㄸ ㄹ

- 태초에 한자가 있었다.
  태초? 태초(太初)! 그렇다. 세상이 시작된 이래
  한자가 있었던 것이다. 이 말을 흔드는
  독자라면 한글 전쟁을 결코 이해할 수 없다.

- "그래, 우리 조상들은 모두 한자를
  쓰잖아. 당연히 한자가 지배하는
  세상이고,고,고."

독자 대부분이 이렇게 생각하는 게 당연하다.
그러나 다시 한 번 생각해야 한다. 이 정도도
이해하고 있다면 '한글 전쟁'의 처음부터 끝까지를
이해하기란 쉽지 않다.

ㅁ ㅂ ㅃ ㅅ ㅆ ㅇ

태초에 한자가 있었다.
이는 초기 한글 전쟁을 이해하는 데 필수적인
요소다. 그러면 중요한 말은 아니라 한글 전쟁이
진행 중인 오늘날까지 결코 잊어서는 안 되는
중요한 사실이기 때문이다.

ㅈ ㅉ ㅊ ㅌ ㅍ ㅎ

다시 말한다.
세상이 시작된 이래 한자가 있었던 것이다.
이 짧은 문장이 갖는 의미는 너무나 무거워 쉽게 내려놓을 수 없다.
그 사실을 우리는 포시(怖視)해야 한다. 이건 한글 전용(專用)이니 한자
혼용(混用)이나 하는 주장이나 정책과는 사뭇 다른 것이다.

자,
의
자

한
세
상
문

가.

그림 이 문장의 무게를 읽어보기 위해 한글이란
문자가 태어나는가를 그 윤석조직, 아니 그 가능성조차
존재하지 않인 연 색남로 들어가 보자.

태초에 한자가 있었다.

태초? 태초(太初)! 그렇다, 세상이 시작된 이래 한자가 있었던 것이다. 이 말을 흘려듣는 독자라면 '한글전쟁'을 결코 이해할 수 없다.

"그래, 우리 조상들은 모두 한자를 썼지요. 당연히 한자가 지배하는 세상이었고요."

독자 대부분이 이렇게 생각하는 게 당연하다. 그러나 다시 한 번 생각해야 한다. 이 정도로 이해하고 있다면 '한글전쟁'의 처음부터 끝까지를 이해하기란 쉽지 않다.

태초에 한자가 있었다.

이는 초기 한글전쟁을 이해하는 데 필수적인 요소다. 그만큼 중요한 말일 뿐 아니라 한글전쟁이 진행 중인 오늘날까지 결코 잊어서는 안 되는 중요한 사실이기 때문이다.

다시 말한다.

세상이 시작된 이래 한자가 있었던 것이다.

이 짧은 문장이 갖는 의미는 너무나 무거워 쉽게 내려놓을 수 없다. 그 사실을 우리는 직시(直視)해야 한다. 이건 한글 전용(專用)이니 한자 혼용(混用)이니 하는 주장이나 정책과는 사뭇 다른 것이다.

그럼 이 문장의 무거운 의미를 알아보기 위해 '한글'이란 문자가 태어나기는커녕 그 흔적조차, 아니 그 가능성조차 존재하지 않던 먼 옛날로 돌아가 보자.

말은 많으나
글은 하나다

21세기를 사는 대한민국 시민이라면 다 아는 사실 하나가 있으니 이 크지 않은 나라, 그것도 반 토막 난 나라의 좁디좁은 지역마다 그 지역 고유의 말이 있다는 것이다. 이를 가리켜 우리는 사투리, 또는 방언(方言)이라고 하는데 그 종류는 무수히 많다.[*]

그 가운데는 다른 지방 사람들도 쉽게 알아들을 수 있는 것도 있지만 제주도 사투리나 다른 지역의 사투리 가운데 특이한 말은 무슨 소리인지 같은 한국인 사이에서도 뜻이 통하지 않는 경우가 꽤 많다.

그렇게 다양한 말을 사용하는 사람들이지만 이 땅에 사는 우리는 모두 한글, 보조어로 한자 그리고 알파벳을 사용할 뿐이다. 그러니까 수많은 말을 사용하고 있지만 글은 한 종류, 기껏해야 두세 종류를 사용하고 있는 것

---

[*]　엄밀히 말하면 사투리와 방언 사이에는 차이가 있다. 그 차이는 뒤에서 다시 살펴볼 것이다.

이다. 이를 통해 알 수 있는 것이 있으니 그건 말은 무수히 다양해도 글은 한둘이면 충분하다는 사실이다.

이러한 사실은 먼 옛날이라고 해서 다르지 않았다. 그러니 중국을 중심으로 한 한자(漢字) 영향권 아래 살아가던 옛 사람들에게 '태초에 한자가 있었다'라는 문장이 얼마나 큰 의미를 가졌겠는가. 결국 중국을 중심으로 주변에 흩어져 살던 수많은 민족(이들 대부분은 무수히 많은 서로 다른 말을 사용하고 있었던 게 분명한데)에게 한자는 태초부터 존재하던 글이었던 셈이다. 이 사실이 얼마나 중요한지를 서양(西洋)의 예에 비추어 다시 확인해보자.

오늘날 서양에 속한 나라 대부분, 아니 거의 전부는 자신들만의 말을 사용하고 있다. 당연하다. 그뿐이 아니다. 그 나라에 속한 시민 역시 우리와 마찬가지로 지방마다 각기 다른 방언을 사용하고 있다. 따라서 서양에 존재하는 말의 숫자는 셀 수 없을 만큼 많다고 해도 무리가 아니다. 그렇다면 서양인이 사용하는 글자는?

중동(中東)이라고 불리는 지역을 제외하고 나면 서양인이 사용하는 글자는 여러분이 예상하시는 것과 마찬가지로 알파벳 외에는 거의 없다. 유럽과 아메리카 대륙으로 건너가 보라. 이곳에 얼마나 많은 민족과 얼마나 많은 말이 존재하는가. 그러나 놀랍게도 이들이 사용하는 거의 모든 말은 그것이 영어건 독일어건 프랑스어건 러시아어건 모두 알파벳으로 기록한다. 물론 약간씩 형태는 다르지만 모두 알파벳이라고 불리는 글자인 것은 마찬가지다. 결국 서양인들에게 결론은 이렇다.

'태초에 알파벳이 있었다.'

개와 고양이처럼 앙숙인 프랑스와 독일, 영국 나아가 식민지와 피식민지 관계였던 스페인과 라틴아메리카의 대부분 나라 그리고 포르투갈과 브라질, 이 모든 나라가 언어생활에서만은 사이좋게 알파벳을 글자로 사용하고 있는 것이다. "철천지 원수 나라가 사용하는 글자니 절대 사용하지 말자"라거나 "우리 조상의 씨를 말려버리고 우리 문화유산을 모두 파헤쳐 훔쳐간 노예 사냥꾼의 언어니 결코 사용해서는 안 된다"라는 말을 들어본 적 있는가.

서양인의 언어생활에서 알파벳은 태양이 뜨고 지는 것과 같이 거스를 수 없는 세계 질서인 셈이다. 언어라는 것이 그렇다. 말이건 글이건 지금 이 순간 우리가 우리 뜻을 상대방에게 전달하기 위해 사용하는 언어는 호흡에 필요한 산소나 생명을 유지시켜주는 햇빛과 마찬가지로 너무나 당연히 존재하는 것이라서 특별한 자각이 필요 없을 정도다.

그렇다면 다시 앞으로 돌아가 보자. 이제 동양인에게 '태초에 한자가 있었다'라는 의미가 얼마나 중요한 것인지 알 것이다. 서양인과의 접촉이 거의 불가능했던 수천 년 전, 동양인에게 한자는 산소와 햇빛 같은 존재였던 것이다.

오늘날 확인할 수 있는 사실은 동북아시아에서 가장 먼저 등장한 한자는 기원전 1500년경에 이미 한자의 상고형(上古形)으로 거북이 껍질이나 동물 뼈에 새겨진 갑골문자(甲骨文字) 형태로 존재했다는 것이다.[1]

한글이란 존재가 움을 틔우기는커녕 움을 틔울 땅도 존재하지 않던 무렵부터 우리 겨레의 삶 또한 그러했다. 태초에 한자가 있었다. 그리고 우리 겨레뿐 아니라 중국 주변의 모든 민족에게 이 문장은 마찬가지 무게로 다가갔다.

서양의 알파벳, 동양의 한자, 그 아이러니

서양인이 적(敵)의 언어냐 아니냐를 따지지 않으며 아무런 거부감 없이 알파벳을 사용하는데 왜 동양, 그것도 중국의 동쪽에 가까스로 자리한 작디작은 이 조선이라는 땅에서는 한글전쟁이 발발한 것일까?

사실 우리 땅에서만 문자 전쟁이 발발한 것은 아니다. 중국을 둘러싸고 있는 여러 나라(그 가운데는 나라의 형태를 띤 것도 있고 문화 공동체로서의 민족으로 존재하는 경우도 있지만)에서 한글전쟁과는 그 양상이 다르지만 본질적으로는 문자 전쟁이라 부를 만한 갈등이 일어났고 지금도 진행 중인 경우가 있다.

일반적으로는 개별 국가의 독립적인 문화, 민주적인 사고가 발달했다고 여겨지는 서양에서는 알파벳이라는 문자가 통일적으로 사용되는 데 대해 아무런 거부감이 없는 반면 사상과 역사, 나아가 지리적·경제적 비중 면에 있어서 절대적인 지위를 차지하는 중국이라는 나라가 존재하는 동양에서 중국의 문자이자 동양 문화인 한자를 거부감 없이 수용하지 않은 채 지속적으로 문자 전쟁이 벌어지고 있는 이 아이러니는 도대체 어디서 비롯된 것일까? 그건 바로 한자 때문이다.

앞서 말한 바 있듯이 말과 글은 전혀 다른 것이다. 말은 극단적으로 이야기한다면 개와 소, 독수리와 까마귀도 가지고 있다고 할 수 있다. 다만 그 범위가 무척 제한적이겠지만.

반면에 글을 가진 동물은 오직 인간밖에 없다. 아무리 인간에 버금가는 지능을 가진 침팬지 무리도 글은커녕 그와 비슷한 것도 가지지 못했다. 그만큼 의사소통을 위한 말과 말을 기록할 수 있는 글 사이에는 하늘과 땅만큼이나 큰 차이가 있다.

그런데 오늘날처럼 지구가 1일 생활권으로 묶이는 국제화 시대에도 호남 사람과 영남 사람의 말은 통일되지 않는다. 하물며 광개토대왕이 활동하던 만주 땅에서 고구려의 최남단인 충북 충주시(이곳에는 장수왕이 건립한 것으로 추정되는 중원 고구려비가 있다. 그러므로 그 무렵 이 땅이 고구려 영토였음은 분명하다)까지 열심히 말을 달려도 며칠이 걸리던 시대에 같은 고구려 땅이라고 해서 만주(滿洲)의 고구려인과 충주(忠州) 부근의 고구려인이 같은 말을 사용했으리라고 추정하는 것은 이만저만한 무리가 아니다.

전하는 자료를 살펴보더라도 그 무렵 고구려나 백제의 지배층이 사용하던 말과 백성이 사용하던 말은 전혀 달랐다. 그러니 중국을 둘러싼 수많은 지역, 나라, 민족 들이 얼마나 다양한 말을 사용했을지는 짐작하기조차 힘들다.

그런데 그들 가운데 자신들의 말을 기록할 수 있는 문자를 가진 민족은? 적어도 한자가 분명히 존재했던 기원전 1000년경 동아시아, 즉 중국 주변 민족 가운데 문자를 가진 경우는 없었던 것으로 추정된다. 왜? 아직 발견된 것이 없으므로. 결국 그들은 자신들의 말을 구전(口傳), 즉 입에서 입으로 전하거나 한자를 빌려 기록해 전할 수밖에 없었을 것이다.

동아시아 문자와
한자

한자가 탄생한 때로부터 상당한 시간이 흐른 뒤 동아시아의 여러 민족이 사용하던 문자가 오늘날까지 전해오고 있다. 우리에게도 익숙한 일본의

'가나' 문자는 그 가운데서도 대표적이다.

한자가 일본에 전해진 것은 상당히 오래전일 것이다. 현재 알려진 바로는 5세기경에 일본에서 사용된 한자 자료가, 전해오는 최고(最古)의 것이다. 그렇다고 해서 일본의 가나 문자가 그 무렵에 탄생한 것은 아니다. 문자라는 것이 아무리 전래되어온 것과 흡사하다 해도 그리 쉽게 탄생할 수는 없는 것이니까.

가나 문자가 탄생한 것은 7세기 말에서 8세기에 걸친 기간으로 보인다. '가나', 한자로는 '假名(가짜 가, 이름 명)', 일본 한자로는 '仮名'라는 명칭은 한자(漢字)를 마나(眞名, 진짜 글자)라고 부르는 것에 대응하는 것으로, '가짜 글자'라는 뜻이다. '가나'가 한자의 일부를 떼어내어 만들었다는 점에서 가짜 글자라는 명칭은 무리가 없어 보인다. 그리고 오늘날 일본인이 이러한 명칭을 거부감 없이 받아들이는 것 또한 그러한 사고를 자연스러운 것으로 받아들인 결과일 것이다.

결국 일본에서도 진정한 글자는 한자이고 자신들의 말을 기록하기 위해 사용하기 시작한 글자는 가짜라고 여겼던 것이다. 이는 후에 살펴보겠지만 우리나라에서도 동일하게 수용된 사고(思考)였다.

그렇다면 왜 중국을 사상과 철학, 문화와 정치의 종주국으로 떠받들던 동아시아 각국이 한자를 그대로 사용하는 대신 자신들만의 문자를 만들려고 그리 애를 쓰고 결국 문자 전쟁까지 일으키게 되었던 것일까? 끝없이 싸우고 반목하던 서양 각국도 문자만큼은 사이좋게 알파벳을 사용하고 있는데.

그건 한자라는 글자가 그만큼 뛰어난 글자이기 때문이라고 말할 수 있다. 아니, 한자를 사용하던 중국이라는 지역의 문화가 그만큼 뛰어났다고 하는 게 나을지 모른다. 한자라는 문자보다는 한자라는 문자가 품고 있는 문화의 힘이 그만큼 강했기 때문에 한자가 동양 일대를 시공간적(時空間的)으로 지배할 수 있었을 테니까.

이와 관련해서 살펴볼 것이 있으니 훈고학(訓詁學)이라는 유학의 초기 학문 방법론이다.* 훈고학은 말 그대로 경전 한 글자, 한 구절을 정확히 해석하고 그 뜻을 풀이하는 것을 목표로 한다. 이러한 훈고학은 한나라가 중국 전역을 통일한 후 본격적으로 운용되기 시작했으니 거칠게 말하면 훈고학은 유학의 출발점이나 다름없다. 그만큼 한자는 중국, 나아가 동아시아에서 오래전부터 학술·문화·종교의 근원으로 작용했던 것이다.

'아니 그만큼 한자가 훌륭하다면 왜 한자를 그대로 받아들이지 않고 자신들만의 문자를 만들려고 애썼지?' 맞다. 한자를 그대로 쓰면 될 것을 왜 그토록 뛰어난 한자를 사용하지 않고 자신들만의 문자를 만들고 그 문자를 지키려고 그토록 애를 쓴 것일까?

이 기이한 현상은 역설적으로 한자라는 문자가 대단한 것이었다는 사실을 인정할 때만이 비로소 이해할 수 있다. 그럼 왜 한자가 대단한가, 그리고 그렇게 대단한 한자에 대항해 수많은 문자를 만들고 그것을 지키려는 문자 전쟁이 왜 일어났는지 살펴보기로 하자.

---

* 주자가 유학의 중흥조가 되면서 훈고학은 성리학에게 자신의 자리를 내주게 된다. 그러나 다시 청나라 대에 들어와 고증학이라는 새로운 이름으로 복원되는데 우리나라에도 영향을 미쳐 실학자 정약용은 훈고학의 방법론을 이용, 중국 고대 경전을 연구하기도 했다.

글자는 모두
그림문자에서 출발했다

인류 역사를 살펴보면, 말이라고 하는 의사 표현 수단이 발명된 후 한없이 긴 시간이 지나서 비로소 문자가 싹을 내밀기 시작한다. 그 문자는 그림문자에서 비롯되었음을 부정할 수 없다. 인간이 동물 수준에서 벗어나 새로운 종인 호모사피엔스로 상승했다고 해도 그 순간 갑자기 의사소통 수단을 기록할 수 있는 문자를 가질 수는 없었음이 분명하다.

그리고 몇 만 년 전부터 활동한 것으로 보이는 오늘날 인류의 조상과 관련한 어떤 유물도 그들이 이른 시기부터 문자를 가졌다는 기록은 보여주지 않는다. 우리가 잘 아는 알타미라 동굴 벽화나 라스코 동굴 벽화는 다양한 그림을 보여주고 있다. 이를 통해 우리는 이 벽화를 남긴 인류의 조상(크로마뇽인으로 알려져 있다)이 상당한 예술적·종교적 문화를 갖추고 있었음을 알 수 있다.

그러나 그 벽화 어디에도 문자라고 일컬을 만한 것은 기록되어 있지 않다. 그렇지만 이들이 남긴 다양한 벽화를 통해 우리는 초기 인류가 그림을 통해 자신들의 생각이나 생활, 정보를 다른 사람에게 전달하고자 했음을 알 수 있다. 그로부터 한참 후 인간은 그림으로 이루어진 문자, 즉 그림문자를 탄생시켰다. 그래서 오늘날 우리는 인류의 조상이 남긴 다양한 그림문자를 접할 수 있다.

그림문자는 처음부터 한계를 가진 글자였다. 그림이란 구체적인 대상이 있을 때만 비로소 표현이 가능하니까 말이다. 반면에 추상적인 개념은 그림문자를 통해 나타낼 수 있는 방법이 없다.

벌을 비롯한 다른 동물들의 의사소통과는 달리, 인간의 언어는 '원격 표상(de-tached representation)'을 할 수 있다. 즉 주변에 있지 않은, 아니 더 나아가 존재하지 않는 대상과 사건까지도 가리킬 수 있다. 게다가 인간의 언어는 분위기를 조성하거나, 강조할 부분을 두드러지게 하거나, 한 구절에 이 의미가 아니라 저 의미를 부여할 수 있다. 바로 특정한 단어를 강조하고 흐름을 조절하는 운율을 통해 정보를 추가할 수 있다. 인간의 언어는 역설, 즉 구절에 글자 그대로의 의미가 아니라 다른 의미를 담는 섬세하게 조율된 과장법과 오도의 유희로 가득하다. 언어는 드러내놓고 말하는 대신에 메시지를 간접적으로 넌지시 암시함으로써 설득력 있는 부정의 가능성을 열어놓을 수 있다.[2]

사회생물학의 창시자로 이름이 알려진 에드워드 윌슨은 인간의 언어에 대해 우리가 익히 알고 있던 사실을 위와 같이 정확하게 요약해 알려준다. 위 내용을 살펴보면 우리의 언어는 우리가 상상하는 것 이상으로 놀라운 기능을 할 수 있고 그로 인해 오늘날 다른 동물과는 비교도 되지 않을 만큼 고도화한 인류의 탄생이 가능했음을 알 수 있다.

그러니 그림문자를 발명한 인간이 시간이 지나면서 그림문자의 한계를 깨닫고 이를 한걸음 진전시키기 시작한 것은 썩 놀라운 것도 아닐 것이다. 문자를 발명한 인류(기껏해야 지금부터 5, 6천 년 전에 존재했다)는 오늘날의 인류와 행동이나 지능, 사회생활 등에서 그리 다르지 않았으니까. 그리고 그 결과 나타난 것이 상형문자다.

상형문자(象形文字)! 대상의 형상을 본떠 만든 문자, 인류가 사용한 몇 가지 상형문자를 살펴보기로 한다. 상형문자 가운데 대표적인 것을 꼽으라면 한자, 이집트의 히에로글리프(hieroglyph)라고 불리는 문자(이는 독자 여러분도 이집트 유적에서 자주 보았던 것이다), 그리고 마지막으로 수메르의 설형문자를

맨 위 히에로글리프는 그리스어 '히에로스(성스러운)'와 '글리페인 (조각하다)'에서 비롯된 말인데, 대표적인 상형문자로서 시간이 흐르면서 다양한 형태로 발전했다.

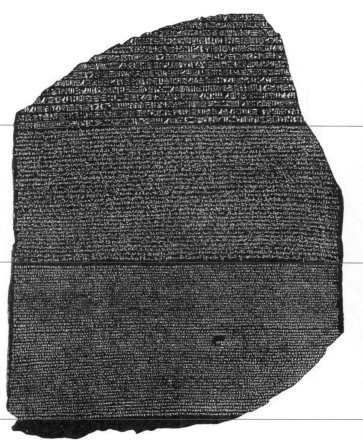

중간 데모티코스(민중)에서 비롯된 '데모티크'로 불린 이집트 민용 문자(민중문자라고도 한다)는 히에로글리프를 흘려 쓴 글자로 갈대 펜을 사용해 기록한 까닭에 그 형태 또한 필기구에 어울리는 것으로 보인다.

맨 아래 그리스 문자는 오늘날 사용하는 알파벳의 옛 형태다.

로제타스톤
우리에게 잘 알려진 로제타스톤은 그림에서 알 수 있듯이 같은 내용을 고대 이집트 상형문자인 히에로글리프, 데모티크라고 불리는 그 무렵 이집트 민용 문자, 마지막으로 그리스 문자의 세 가지로 기록하였다.

함무라비 법전이 새겨진 돌
함무라비 왕은 바빌론의 제1왕조로 기
원전 17세기에 활동하였다. 함무라비
법전에는 법전 내용 외에 왕을 숭배하
는 내용도 새겨져 있다.

함무라비 법전에 새겨진 설형문자
출처 : 《세계의 문자》

들 수 있다.

이집트 상형문자는 로제타스톤의 발견과 해독을 통해 우리 앞에서 베일을 벗었고, 수메르의 설형문자는 지금도 이라크 지방에서 수도 없이 발견되는 점토판에 새겨진 문자를 통해 잘 알려져 있다. 세계에서 가장 오래된 법전으로 유명한 함무라비 법전 또한 바로 수메르 설형문자의 해독을 통해 확인할 수 있었다. 마지막으로 한자가 있는데, 동양인에게 그 무엇보다 낯익은 것은 한자다.

그런데 한자가 낯익은 것은 단순히 동양인 중국에서 사용하던 글자라서가 아니다. 위에서 언급한 수많은 상형문자 가운데 오늘날까지 사용되는 글자는 한자가 유일하다. 이것이 핵심이다.

인류에게 남은
유일한 상형문자, 한자

앞서 말한 바를 정리해보면 이렇다. 처음 인간은 의사소통의 도구로서 말만 사용했다. 이후 눈에 보이는 것을 그림으로 묘사하여 의사소통의 도구로 사용하는 놀라운 성과를 거두게 된다. 이는 소리만을 이용해 의사소통을 하는 모든 동물과 소리 외에 상징을 사용하게 된 인간 사이에 질적 차이가 나는 결과를 가져왔다.

그러나 그림문자는 눈에 보이는 구체적인 사물만을 의사소통의 대상으로 삼는다는 단점이 있다. 이를 보완하기 위해 인간은 그림문자에 더해 추상적인 개념도 상형문자로 묘사하는 데까지 진화하기에 이른다.

그러나 상형문자, 즉 그림문자에 바탕을 둔 상형문자는 날로 확장되어 가는 인간의 사상, 활동, 새로운 문물의 발명, 나아가 날로 복잡해지는 인간 내면의 심리 등을 표현하는 데 너무나 불편했다. 결국 인간은 뜻을 나타내는 상형문자로부터 시간이 흐름에 따라 문자의 소리만을 채택하여 표기하는 표음문자, 즉 소리글자를 만들어내기에 이른다. 그 결과 오늘날 지구 상에서 사용되는 표의문자(表意文字), 즉 뜻글자는 한자가 거의 유일하다.

이 놀라운 사실을 기억해야 한다. 지구 상에 탄생한 문자는 그림문자였고, 오랜 기간 이 그림문자로부터 발전한 상형문자가 인류의 기록과 의사소통을 담당했다. 그러나 오늘날 그 문자들은 모두 역사의 뒤안길로 사라졌고, 이집트 상형문자와 수메르의 설형문자는 박물관과 연구실의 연구 대상으로 남아 있을 뿐이다.

그런데 한자는? 한자는 오늘 이 순간에도 십 수억 명, 아니 간접적 사용자까지 합하면 20억 명에 가까운 인류의 문자 생활을 담당하고 있다. 도대체 한자가 어떤 문자이기에 이럴 수 있단 말인가.

한자어를 일상적으로 사용하는 대한민국인조차 "한자는 너무 어려워. 뭔 글자가 이렇게 많아"*라고 불만을 터뜨리는데 어떻게 한자가 세계에서 가장 많은 인류가 사용하는 글자로 오늘까지 면면히 이어져 오고 있단 말인가. 그뿐인가. 서양인의 눈으로 보면 괴발개발 쓰인 것으로 보일 텐데 그들조차 이 글자를 배우려고 안간힘을 쓰고 있는 현상을 어떻게 이해해야 할까?

"중국이 강대국이니 당연한 것 아니에요?"

---

* 한자의 비효율, 비능률을 나타낼 때 가장 자주 인용되는 것이 중국의 작가 루쉰이 한, "한자가 망하지 않으면 중국이 망한다"라는 말이다. 그만큼 한자가 어렵다는 말일 것이다.

그건 오늘날의 시각에서 바라본 것이다. 아니, 본질적 시각에서 바라본 것이 아니라 세상을 기능적으로 바라볼 때 제기할 수 있는 질문이다. 그러나 문화란 기능적으로 판단할 수 있는 게 아니다. 한자가 여러 약점을 가졌는데도 그토록 오랜 세월에 걸쳐 살아남았고 오늘날에도 사용되고 있다면 반드시 그럴 만한 까닭이 있는 것이다. 그건 눈앞의 이익을 가져다주는 것 이상의 이유다.

중국이 '죽(竹)의 장막'을 친 채 세계와 담쌓고 살던 시대에도 한자는 존재했고 주변의 한자 문화권에서도 한자를 멀리하지 않았다. 그 이유는 간단하다. 한자는 훌륭한 글자이기 때문이다. 한자는 그 생김새와 글자 수 등 문자 자체가 가지고 있는 수많은 단점에도 불구하고 사용자에게 거부당하지 않았던 것이다. 그만큼 한자는 사용자에게 그 단점을 상쇄시키고도 남을 장점을 가지고 있었던 것이다.

그렇지 않다면 아무리 나라에서 사용하라고 강제해도 백성들은 사용하지 않는다. 문자란 것이 그렇다. 세계 어느 나라를 보아도 불편하고 쓰기 힘들며 그리하여 사람들이 사용하고 싶지 않아 하는 문자가 지속적으로 사용된 사례는 찾아보기 힘들다.

한자는 단순히 중국의 문자도 아니요, 동아시아에서 한자를 사용하는 것 또한 사대주의적 발상 때문만은 아니라는 사실을 아는 것이 중요하다. 이를 단순히 사대주의(事大主義)적인 것이요, 한자가 없어도 아무 문제가 없다는 접근은 오히려 한자와의 전쟁에서 불리할 뿐이다. '지피지기 백전불태(知彼知己百戰不殆)', 즉 '적을 알고 나를 알면 백 번 싸워 불리함이 없다'라는 이 유명한 말은 문자 전쟁에서도 그대로 적용된다.

쓸 수도
쓰지 않을 수도 없는 문자,
한자

앞서 살펴본 바와 같이 한자는 지구 상에서 사용하는 유일한 뜻글자다. 그리고 한 글자 한 글자가 뜻을 품고 있다는 사실은 인류의 문명이라고 하는 측면에서 놀라운 잠재력을 사용자에게 전해준다. 생각해보라. 내 뜻을 나타내는 말이 단순히 소리가 아니라 그 말(또는 문자) 안에 수백 년에 걸친 문화, 문명적 흔적이 담겨 있는 존재라니!

그러나 뜻글자는 나라마다, 지역마다, 민족마다, 문화권마다 다른 말을 사용하는 이들에게 자신들의 말을 표기하는 수단으로 사용하기에는 전혀 맞지 않는다는 결정적 단점을 가지고 있다. 그리하여 한자 문화권인 중국 주변의 수많은 민족은 이럴 수도 저럴 수도 없게 되었다. 한자를 포기하자니 자신들의 출발부터 오늘날까지의 문화, 문명을 관통하는 자취를 포기해야 하고, 한자를 사용하자니 자신들이 사용하는 말을 제대로 표기할 수 없는 것이다.

동아시아의 무수히 많은 민족은 한결같이 똑같은 갈등을 겪을 수밖에 없었다. 만일 한자가, 인류 문명 속에 한때 존재하다가 소리글자의 등장으로 바람같이 사라져간 무수히 많은 상형문자와 같은 수준이었다면 오늘날 동양인 대부분은 베트남처럼 알파벳을 사용하거나 우리 겨레를 비롯해 극히 소수만이 자기네만의 민족 문자를 사용하고 있을 것이다. 그러나 한자는 본질적으로 다른 뜻글자와는 비교할 수 없을 만큼 탁월한 뜻글자여서인지 아니면 한자의 종주국인 중국이라는 나라의 문화가 워낙 탁월해서인지 오늘날까지 살아남았다. 우여곡절을 겪으면서도 한자는 지구 상에서 사용자가 가장 많은 문자로 오늘날 존재한다. 이 사실을 우습게 보면 안 된다. 이것이 우리 겨레가 수천 년 동안 한자와 전쟁을 벌여왔고 오늘날에도 벌이고 있는 까닭이다.

한자를 향한
동아시아 각국의 도전

한자는 분명 훌륭하고 놀라운 문자다. 그렇다면 동아시아에 존재했던 수많은 인류에게도 그러했을까? 우리는 앞서 같은 나라, 같은 지역 안에서도 무수히 많은 말이 사용되었음을 살펴본 적이 있었다.

이는 중국처럼 거대한 나라의 경우에는 더더욱 예외가 될 수 없다. 지금도 중국 대륙에는 수많은 말이 존재한다. 크게는 남부에서 사용하는 중국어, 북쪽에서 사용하는 중국어가 있을 것이고 파고 들어가다 보면 우리나라에 호남 말, 영남 말, 기호(畿湖)의 말 등 수없이 많은 말이 있는 것처럼 광대한 중국 땅 곳곳에서 사용되는 수많은 지역 말이 있을 것이다.

그뿐이 아니다. 중국을 둘러싸고 있는 무수히 많은 민족도 각기 다른 말을 사용했을 것은 두말할 나위도 없다. 그런데 문자는? 적어도 9세기 무렵까지 한자 외에는 없었던 것으로 알려져 있다. 그리고 그 무렵에 탄생한 것으로 알려진 동아시아 여러 민족의 문자들 또한 한자를 변형시킨 것이 대부분이어서 한자와 관련이 없는 독자적인 문자로는 우리 겨레가 사용하는 '한글' 외에 찾을 수 없다.

결국 중국을 둘러싸고 있던 수많은 민족은 자신들의 독자적인 말은 있었으나 문자는 가지고 있지 못했던 것이다. 물론 그들 가운데 여러 유목민은 문자가 없어도 별로 불편함을 느끼지 못했을지 모른다.

그런데 인간이 유목 생활, 즉 끊임없이 이동하며 살아가던 생활 방식에서 벗어나 한곳에 정착하기 시작하면서 구전(口傳)에 의존하던 문명의 전달은 새로운 전기를 맞게 된다. 태어나서 죽을 때까지 한곳에 머물게 되면서 인간은 전해오는 과거의 문명을 되돌아보고 재창조하고자 하는 의지를 갖는 것은 당연하다. 유목 생활에 비해 시간도 많고 삶의 여유도 생겼으니 말이다.

이와 관련해 프랑스 태생 미국 언어학자 슈만트 베세라트는 기록의 최초 증거는 농경의 시작과 일치함을 쉽게 이해할 수 있다고 말한다.[3] 즉 수렵자, 수집자는 하루 벌어 하루 먹는 생활인 반면 농사를 짓는 사람들은 수확물을 소비용 곡식과 종자용 곡식으로 구분하는 것을 비롯해 사물을 장기적인 계획 아래 사용할 필요가 있었다.[4] 그래서 그러한 계획을 수립하기 위해서는 기록이 필수적이었다.

그래서 중국 주변의 수많은 민족이 한자가 탄생한 후 오랜 시간이 흐른 후부터 자신들만의 말을 기록하기 위한 노력을 기울이기 시작한다. 이것이 중국을 제외한 동아시아 민족 문자의 탄생으로 이어진 것이다. 사실 이 많은 민족의 중심에 자리하고 있는 중국은 그 무렵 국력(國力)은 말할 것도 없고 문화·사상·철학·언어 등 모든 분야에서 주변 민족을 이끌고 있었다. 따라서 중국의 문자인 한자가 이들 민족의 말을 표기할 수 있었다면 동아시아 각 민족 문자의 탄생은 불필요한 일이었을 것이다.

이는 앞서 살펴본 바와 같이 동아시아에 비해 훨씬 민족적 갈등이 심했던 서양에서 알파벳이라는 한 가지 문자가 모든 나라에 받아들여진 것만 보아도 쉽게 상상할 수 있다.

동아시아
문자의 탄생

결국 동아시아 문자의 탄생은 중국을 둘러싼 많은 민족이 중국의 문화를 거부하거나 한자를 거부하려는 태도에서 유래한 것이 아니라, 한자가 자신들의 말을 용이하게 기록할 수 없기 때문에 나온 피치 못할 행동이었던 셈이다. 그리고 당연하게도 뜻글자인 한자로는 자신들의 말을 기록할 수 없었기 때문에 새로이 창제(創製)된 문자는 음을 표기할 수 있는 문자, 즉 소리글자였을 것임은 두말할 나위가 없다.

이렇게 해서 오늘날 그 존재가 확인된, 중국이 이른바 '오랑캐'*라고 일컫는 중국 주변의 여러 민족들이 사용한 문자는 상당히 많다. 그리고 그 문자들은 어원(語源)이 한자와 관련이 있건 없건 모두 소리글자다.

그 가운데 몇을 살펴보기로 하자.

거란 문자

거란 문자는 900년대 초반에 요나라를 세운 야율아보기와 그의 아우 야율질자에 의해 만들어진 것으로 전해오는데 본질적으로는 자신들의 말을 표기하기 위해 한자와 흡사한 문자를 사용했다. 생김새는 한자와 흡사하나 작동 원리는 전혀 다른 철음문자(綴音文字)로 여러 개의 기호가 조합되어 하나의 말을 표기한 것으로 알려져 있다.

---

*   북적(北狄), 동이(東夷), 남만(南蠻), 서융(西戎)이라고 다르게 표기했지만 각각은 북·동·남·서쪽의 오랑캐란 뜻이다.

거란 문자
거란 글자가 새겨진 청동거울.

仟 niyarma person　奞 eniyen mother　尢 amin father　㓜 omo children

日 inengi sun/day　㑙 shise evening　空 doro night　月 biya moon/month

여진 문자
완안희우가 만든 것으로 전하는 여진 문자. 한자를 이용해 만들었음을
한눈에도 알 수 있는데, 원리가 복잡해 아직 해독되지 못하고 있다.
출처 : 연세대학교 인문학연구원 문자문화관 홈페이지

몽골 문자
왼쪽은 전통 몽골 문자. 오른쪽은 파스파가 만든
것으로 전하는 파스파 문자. 출처 : 《세계의 문자》

거란 문자는 후에 여진 문자, 서하(西夏)* 문자 등의 창제에도 영향을 준 것으로 알려져 있는데 정작 거란 문자는 최근의 연구에도 불구하고 정확하게 해독할 수 없을 만큼 복잡하다. 그리고 이토록 복잡한 글자인 까닭에 실용화되지 못한 채 시간이 흐르면서 자연히 문자 자체도 소멸되었다.

여진 문자

여진족은 거란족에 밀려 중국 북방에서도 늘 변방에 머물러 있었으나 태조인 아골타(阿骨打)가 등장하면서 거란족이 세운 요(遼)를 멸망시키고 금(金)나라를 건국하였다. 그리고 1119년, 금나라 태조(太祖)에 등극한 아골타의 명에 따라 완안희우(完顔希于)**가 여진 문자를 만들었다.

여진 문자는 한자를 변형시켜 만든 것으로 표음문자적 요소와 표의문자적 요소를 함께 사용한 것으로 보인다. 여진 문자 또한 거란 문자와 마찬가지로 작동 원리가 복잡해 아직 해독되지 못하고 있다. 그리고 그런 불편함 때문에 오래지 않아 소멸하고 말았다.

몽골 문자

금나라와 남송(南宋, 1127~1276)***을 물리치고 중국을 통일한 나라가 바로 원나라로, 몽골족의 국가였다. 중국 위쪽 초원을 지배하던 몽골족은 칭기즈칸

---

* 11세기에 건립되어 13세기초까지 번영을 누린 티베트계 탕구트족의 나라로 중국 북서부에 있었다.
** 완안(完顔)은 여진어로 '왕'을 뜻한다. 아골타 역시 완안아골타로 불렸으며 그의 부친과 아들 모두 완안이라는 명칭을 이름 앞에 붙였으므로 완안희우 역시 왕족이었던 것으로 추측할 수 있다.
*** 중국 송나라가 여진족의 침입을 받은 후 강남 지방으로 도읍을 옮겨 세운 나라.

이 세계를 제패할 무렵에도 자신들의 문자를 가지고 있지 않았다. 그러나 칭기즈칸이 정복한 지역의 효율적인 지배를 위해 문자의 필요성을 처음 인식함으로써 초기 몽골 문자(위구르 문자에 가까운)가 탄생하였다. 이 문자 또한 당연히 소리글자로, 특히 음소문자(音素文字)다.

그럼 여기서 우리가 소리글자로 알고 있는 표음문자(表音文字)에 대해 잠깐 살펴보기로 한다. 표음문자(表音文字)는 잘 알려져 있다시피 글자가 정해진 뜻을 나타내는 게 아니라 하나하나의 소리에 대응하여 발음을 나타내는 글자를 뜻한다. 그런데 표음문자라고 해서 모두 같은 것은 아니어서 한 글자가 한 음절을 나타내는 음절문자(音節文字)가 있는가 하면 한 글자가 여러 개의 단음(음소)으로 이루어진 음소문자(音素文字)가 있다.

한글을 보면 쉽게 알 수 있는데, '한=ㅎ+ㅏ+ㄴ'의 세 단음이 모여 '한'이라는 소리를 나타낸다. 그래서 한글을 음소문자, 즉 여러 요소가 모여 한 음을 나타내는 글자라고 부르는 것이다. 이에 반해 일본의 가나는 음절문자의 대표적인 사례. 가나 문자는 한 음을 나타내는 글자를 더 이상 분해할 수 없기 때문이다.

그런데 몽골 문자는 중국 주변의 다른 나라 문자와는 달리 터키계 유목민인 위구르 문자에서 비롯되었기 때문에 형태가 한자와는 사뭇 다르다. 문자의 계통을 거슬러 올라가면 동양이 아니라 중동의 페니키아, 시리아 문자에서 비롯되었음도 확인할 수 있다. 그 후 원나라 세조(世祖)에 등극한 쿠빌라이 칸은 위구르 문자를 변형한 문자에 만족하지 못하고 티베트의 승려 파스파에게 명하여 파스파 문자를 창제하도록 하였다.

파스파 문자는 훗날 한글의 원형(原形)이라는 평판을 듣기도 한 글자였는데 몽골인에게는 초기 몽골 문자에 비해 어렵게 여겨진 까닭에 원나라의 멸망과 함께 사라져갔다. 반면에 위구르 문자에서 비롯된 본래 몽골 문자는 오늘날까지 전해져 사용되고 있다. 몽골족의 문자 사용과 관련해서는 특이한 내용이 있는데 이에 대해서는 후에 다시 살펴볼 것이다. 여기서는 다음 인용 문장을 보고 넘어가기로 한다.

> 몽골어와 몽골 문자의 상황은 무척 흥미롭다. 현재 몽골인들의 민족 공동체는 몽골공화국과 중국에 있다. 거주하는 국가는 다르지만, 몽골인들은 동일한 민족어를 공유하고 있다. 몽골어는 몽골공화국뿐만 아니라 중국 내몽골자치구의 공용어이기도 하기 때문이다. 그런데 그들이 사용하는 문자는 서로 다르다. 내몽골자치구에서는 몽골인들이 전통적으로 계승해온 고유문자(몽골 비치그)를 쓰지만, 몽골공화국에서는 러시아어에 사용되는 키릴 문자를 쓴다. 소련(현재의 러시아)의 지원으로 몽골공화국이 성립되었다는 역사적 경험이 문자를 선택하는 데 결정적으로 영향을 미친 것이다.
> 그런데 흥미로운 사실은 몽골 비치그를 사용하는 내몽골의 몽골어가 중국어화되고 내몽골의 문화가 중국화(中國化)되는 반면, 몽골공화국의 몽골어는 대체로 전통적인 몽골어를 유지한다는 것이다.[5]

한마디로 고유의 문자를 사용한다고 해서 고유의 말과 문화를 지킬 수 있다고 믿는 것은 잘못이라는 것이다. 이는 무척 중요한 사실이라 이렇게 간단히 살펴보고 넘어갈 내용이 아니다. 그런 까닭에 뒤에 다시 한 번 이와 관련된 사실에 대해 깊이 생각해볼 것이다.

만주 문자

우리에게 만주는 나라나 민족 명칭이라기보다는 중국 동북쪽에 위치한 드

만주 문자

왼쪽 그림 자료는 《청어노걸대》의 한 부분으로 왼쪽에 만주어, 오른쪽에 한글로 표기해놓았으며 구절이 끝나는 곳에 뜻을 풀어놓았다. 만주 문자는 몽골 문자를 전용한 까닭에 그 모양이 흡사하다. 《청어노걸대》는 조선 후기에 만주어 역관을 양성하기 위해 간행한 만주어 회화 학습서다. 출처 : 연세대학교 인문학연구원 문과문화관 홈페이지

서하 문자

티베트계 탕구트족이 세운 나라가 서하다. 서하 문자는 중국 문화를 적극 수용한 까닭에 그 내용이 대부분 해독될 수 있었다. 왼쪽이 아라비아 숫자, 가운데는 서하 문자, 오른쪽은 한자다. 출처 : 《세계의 문자》

넓은 땅을 가리키는 지역 명칭으로 알려져 있다. 그러나 만주란 이 지역에 오랜 기간 거주해온 여진족을 가리키는 민족 이름으로, 만주족이 세운 나라가 청(淸)이다.* 건국 무렵 청나라는 세계 최강의 국가였다. 경제적으로나 군사적으로 최강이었다. 물론 시간이 흐르면서 유럽의 과학 발전을 뒤따르지 못해 결국 서구 제국주의의 희생양이 되고 말았지만.

그러한 청나라를 세운 후 중국 민족인 한족(漢族)을 300년 가까이 지배했던 만주족이 문자를 갖지 않았을 리는 없다. 만주족의 선조는 여진족이다. 따라서 만주족의 말 또한 여진족의 말과 다르지 않았을 것이다. 그런데 앞서 살펴보았듯이 여진 문자는 사용하기에 매우 어려워 이내 사라지고 말았다. 여진 문자가 사라진 것은 명나라 때로 알려져 있는데 명나라 말에 이르러서 여진족은 자신들의 말을 몽고 문자로 기록했다고 전한다.

그러나 이러한 상황은 새로이 나라를 건국하고 동아시아를 지배하게 된 청 왕조로서는 자존심이 상하는 일이었음이 분명하다. 결국 청 태조 누루하치는 여진족의 문자를 만들 것을 명하였고 이렇게 해서 탄생한 것이 만주 문자인데 이 문자는 몽골 문자를 전용(轉用)한 것으로 완전히 독자적인 문자라고는 할 수 없다. 이후 만주 문자는 약간의 개선을 거쳐 청나라의 공식 문자, 즉 국자(國字)로 자리 잡게 되었다. 만주 문자가 완성되자 청나라 당국은 모든 중국인에게 만주 문자를 사용하도록 강제했다.

그러나 한자(漢字), 한족(漢族)이 어떤 존재인가. 역사를 살펴보면 중국을 정복한 대부분의 민족은 결국 중국에 동화(同化)되는 결과를 낳았지, 중국

---

* 일본제국주의자들이 만주를 중국과 독립적인 땅으로 분리한 후 정복하기 위해 지명으로 사용하기 시작한 것으로 알려져 있다. 그때부터 만주는 지명, 그곳에 사는 민족은 만주족으로 불리게 되었다. 그러나 중국 당국은 만주를 중국의 일부로 각인시키기 위해 만주라는 명칭 대신 '동북(東北)'이라고 부른다.

을 자신들의 문화권으로 복속시키지 못했다. 만주족 역시 마찬가지 결과를 초래하였고 만주 문자를 강제로 사용하도록 방침을 세웠음에도 불구하고 오늘날 만주 문자와 만주족은 그 존재 자체가 위협받는 지경에 이르고 있다.

서하 문자

서하(西夏)란 11세기부터 13세기에 걸쳐 번성했던 티베트계 탕구트족이 세운 나라를 가리킨다. 본래 나라 이름은 대하(大夏)인데, 이 명칭은 고대(古代) 중국에 존재했던 것으로 알려진 하(夏)나라에서 유래한 것이다. 즉, 중국 주변의 약소민족이었던 탕구트족을 강대한 세력으로 키운 이원호가 스스로 황제를 칭하고 나라 이름을 하나라를 계승한다는 의미에서 대하라고 칭한 것이다. 그러나 중국인들 입장에서 대하라는 국명(國名)을 받아들일 수는 없는 노릇이어서 '서쪽에 위치한 하나라'라는 뜻으로 서하라고 불렀다.

서하 또한 독자적인 문자를 제정하고 사용했는데 이들은 불교를 신봉하였고 중국 문화를 적극적으로 수용한 까닭에 서하 문자로 쓰인 많은 자료가 오늘날까지 전해오고 있다. 그 결과 서하 문자는 오늘날 대부분 해독된 상태다. 서하 문자는 여진 문자, 거란 문자와 함께 한자로부터 유래한 문자로 생김새 또한 한자와 흡사하다. 서하 문자는 한자의 요소를 활용했기 때문에 얼핏 보면 한자 같지만 한자와는 다른 방식으로 구성되어 있다. 서하 문자는 소리글자의 요소와 더불어 뜻글자의 요소도 갖추고 있으며 전체가 6000자가 넘는 방대한 체계로 구성되어 있다.

추놈 문자

추놈 문자는 첫째, 한자 그대로 형태를 빌려온 것, 둘째, 한자의 획을 생략해 만든 것(이는 일본어와 흡사하다), 셋째, 한자를 합성해 만든 것으로 이루어져 있다. 알파벳으로 표기된 부분은 베트남에서 사용하는 소리다. 출처 : 《세계의 문자》

một	一	沒
hai	二	𠄩
ba	三	𠀧
bốn	四	𦊚
năm	五	𠄼
sáu	六	𦒹
bảy	七	𦉩
tám	八	糁
chín	九	𠃩
mười	十	迷

あ a	い i	う u	え e	お o
か ka	き ki	く ku	け ke	こ ko
さ sa	し shi	す su	せ se	そ so
た ta	ち chi	つ tsu	て te	と to

ア a	イ i	ウ u	エ e	オ o
カ ka	キ ki	ク ku	ケ ke	コ ko
サ sa	シ shi	ス su	セ se	ソ so
タ ta	チ chi	ツ tsu	テ te	ト to

일본 문자

히라가나(왼쪽)와 가타카나(오른쪽). 히라가나가 일본 고유의 말을 표기하기 위한 것이라면, 가타카나는 한문을 표기하기 위해 고안된 것으로 알려져 있다.

추놈 문자

추놈 문자라는 기이한 이름의 글자는 베트남에서 사용하던 문자를 가리키는 명칭이다. 추놈이라는 명칭은 베트남어인데 그 뜻을 살펴보면 '추'는 '문자', '놈'은 '남쪽 나라'를 가리킨다. 즉, 북쪽 나라인 중국에 대하여 남쪽 나라인 베트남의 문자라는 뜻인 셈이다. 추놈 문자는 한자에서 유래한 것으로 한자와 흡사하며 세부적으로는 한자의 음을 빌린 부분과 한자를 변형시켜 사용하는 것 등으로 구성되어 있다. 결국 추놈 문자도 한자를 빌려 소리와 뜻을 표기하기 위해 고안된 문자인 셈이다. 그러나 오늘날 베트남은 추놈 문자를 사용하는 대신 알파벳을 이용해 자신들의 말을 표기하고 있다.

일본 문자

일본 문자는 앞서 살펴본 것처럼 '가나', 한자로는 '假名(가명)', 일본 한자로는 '仮名(가명)'이라고 부르는 글자이다. 한자(漢字)를 마나(眞名, 진짜 글자)라고 부르는 것에 대응하는 것으로 '가짜 글자'라는 뜻을 갖는데 이런 명칭을 오늘날까지 사용하는 것을 보면 일본인이 우리가 아는 오만방자하고 스스로 아시아의 맹주라고 여기는 바로 그들인지 의심스러울 정도다.

일본 문자, 즉 히라가나와 가타카나로 이루어진 가나는 한자에서 유래됐는데, 한자에서 유래된 여러 문자가 한자를 변형시켜 사용한 데 비해 가나는 한자의 일부를 따서 만들었다는 특징이 있다. 그래서 얼핏 보면 이게 독립적인 글자인가 싶기도 하다.

그렇다면 히라가나와 가타카나 사이에는 어떤 차이가 있을까. 가타카나는 한문을 뜻으로 읽기 위해 사용하기 시작한 소리글자인 반면 히라가나는 일본인이 사용하는 말을 표기하기 위해 사용하기 시작했다. 즉, 두 글자 모두 소리글자인 것은 같지만 실제로 사용할 때 가타카나는 한자투 문장에, 히라가나는 일본 고유의 전통 노래 등과 세속적인 문장에 주로 사용하였다는 차이가 있다.

한편 일본어를 공부하다 보면 가장 어려움을 겪는 것이 한자 읽기일 것이다. 같은 한자라도 어떤 경우에는 '음(音, 소리)'으로 읽고 어떤 경우에는 '훈(訓, 뜻)'으로 읽기 때문이다. 이 또한 한자를 차용해 일본어를 표기하던 전통이 그대로 전해오는 까닭이다.*

이는 일본어를 배우는 외국인뿐 아니라 일본인조차 어떤 경우에 음, 즉 소리로 읽고 어떤 경우에 훈, 즉 뜻으로 읽어야 하는지 혼동을 일으키는 요소다. 결국 일본인은 자신들의 말을 표기하기 위해 뜻글자인 한자를 이용해 소리글자인 가나를 만들었지만 한자의 영향력에서 완전히 벗어날 수는 없었던 것이다.

---

* 일본인들이 한자음 읽는 방법을 다양하게 사용하는 가장 큰 이유는 일본어에 존재하는 동음이의어 때문이라는 설이 설득적이다. 우리말을 비롯해 세계의 많은 말에 동음이의어가 없는 것은 아니나 일본어의 동음이의어는 이보다 훨씬 많은데 아마도 일본어에는 받침이 매우 적기 때문이어서 그런 게 아닐까 여겨진다.

ㄱ ㄲ ㄴ ㄷ ㄹ

ㅁ ㅂ ㅃ ㅅ ㅆ ㅇ

ㅈ ㅉ ㅊ ㅌ ㅍ ㅎ

그런데 우리말도 뭐 노래 말을
사용하게 될 때부터 이름을 포기하기
이른 눈동작을 노려이 시작된다. 한자를
상대로 한 문자 전쟁에 벌어질 조후가
나타나기 시작한 것이다.

그런데 우리 겨레는 안에서 심대문
수많은 민중의 문자 생활과 담성을까?
그랬을 리가 없다. 우리 겨레 또한 다른
민족의 같은 이래올을 독같이 겪은
수밖에 없었다.

우리 겨레가 한반도 주변에 터전을 잡고
나라굳서의 형태를 갖춘 것은 기원전
2333년경으로 알려져 있다. 고조선(古朝鮮)이
건국된 해가 이때쯤으로 역사서가 기록하고 있기
때문이다.

물론 이에 대해서는 딱리 이견이
있다. 그러나 이 짱은 역사시가가
아니기 때문에 이에 대한 논의는
생략하기로 한다.

나이든 한반도난이 이나라 그 주변, 즉 만주
부근까지 활발던 지역에서 자립을 잡은 우리 겨레는
독자적인 말을 사용하기 시작했을 것이 분명하다.
그러나 발음을 사용하기 시작한 후 오랜 기간이 지날
때까지 문자 생활을 영위하지 못했다.

인류에게는 그 무엇인 독자적인 문자가 있었다는 주장하는 기도 하는데,
훗날 한국이 그로부터 유래했다고 하는 가림토 문자가 고것이다.
그러나 이러한 문자가 실제였다는 주장반 세기철 훈 확문적으로
규명된 적이 읽고 한국도 문자의 부체 세계에 대한 탄중적 주장은
아닌 따라서 이 구서도 조에하지 않아다...

우 리 말,
제 1 차
전   쟁

또 다른 주장 가운데는 한자의 인형(隣形)인 갑골문자가 중국 주변 국가인 은(殷)나라에서 탄생했는데 은나라가 우리 겨레가 세운 나라이며, 따라서 한자 또한 우리 겨레의 소산이라고 하는 주장이 있으나 이 역시 일반적인 이론은 아니다.

그렇다면 우리 겨레는 위에서 살펴본 수많은 민족의 문자 생활과 달랐을까? 그랬을 리가 없다. 우리 겨레 또한 다른 민족이 겪은 어려움을 똑같이 겪을 수밖에 없었다. 그리하여 우리말로 된 노래, 말을 사용하게 된 때부터 이들을 표기하기 위한 눈물겨운 노력이 시작된다. 한자를 상대로 문자 전쟁이 벌어질 징후가 나타나기 시작한 것이다.

우리 겨레가 한반도 주변에 터전을 잡고 나라로서의 형태를 갖춘 것은 기원전 2333년경으로 알려져 있다. 고조선(古朝)이 건국된 해가 이때쯤으로 역사서가 기록하고 있기 때문이다. 물론 이에 대해서는 여러 의견이 있다. 그러나 이 책은 역사서가 아니기 때문에 이에 대한 논의는 생략하기로 한다.

여하튼 한반도만이 아니라 그 주변, 즉 만주 부근까지 확장된 지역에서 자리를 잡은 우리 겨레는 독자적인 말을 사용하기 시작했을 것이 분명하다. 그러나 말을 사용하기 시작한 후 오랜 기간이 지날 때까지 문자 생활을 영위하지 못했다. 일각에서는 그 무렵 독자적인 문자가 있었다고 주장하기도 하는데, 훗날 한글이 그로부터 유래했다고 하는 가림토 문자가 그것이다. 그러나 이러한 문자가 실재했다는 주장만 제기될 뿐 학문적으로 규명된 적이 없고 반대로 문자의 부재(不在)에 대한 학술적 주장은 많다. 따라서 이 문자는 존재하지 않았다고 보는 것이 합리적일 것이다. 또 다른 주장 가운데는 한자의 원형(原形)인 갑골문자가 중국 주변 국가인 은(殷)나라에서 탄생했는데 은나라가 우리 겨레가 세운 나라이며, 따라서 한자 또한 우리 겨레의 소산이라고 하는 주장이 있으나 이 역시 일반적인 이론은 아니다.

한자의
탄생과 영향

고조선 시대, 우리 겨레에게 있어서 세계 자체*였을 중국은 어땠을까? 중국에서 그림문자가 처음 사용되기 시작한 것은 기원전 3000년 이전으로 추정된다. 그리고 이 문자가 일정한 형식을 갖춘 상형문자로 발전한 것은 은(殷)나라(商商나라) 시기로 여겨지는데 이때 사용되던 문자가 오늘날 '갑골문자'라는 명칭으로 전해오고 있다.

'갑골문자(甲骨文字)'는 이 문자가 새겨져 있는 거북이의 배딱지, 즉 귀갑(龜甲)의 '갑(甲)'과 짐승의 뼈, 즉 '골(骨)'에서 유래한 것이다. 오늘날까지 전해오는 갑골 가운데 가장 오래된 것은 기원전 1200년 이전의 것이다. 갑골

---

* 앞서도 언급한 바 있지만 그 무렵 동아시아 여러 나라에게 중국은 세계의 강대국 가운데 하나가 아니라 세계 그 자체였음을 기억해야 한다. 중국을 포함해 동아시아 여러 민족이 중국 이외에 새로운 세계가 있다는 사실을 알게 된 것은 기원전 130년경 한나라의 장건이 중국 서쪽 지역을 개척하면서부터였음을 역사는 기록하고 있다.

문자 또한 오늘날 사용하는 한자와는 상당히 다른 한자의 초기 형태다.

결국 중국에서 처음 사용되던 그림문자가 오늘날 사용되는 한자로 자리 잡기까지는 수천 년이라는 유구한 세월이 필요했던 것이다. 그뿐이랴. 수천 년에 걸쳐 형성되어온 한자 또한 최근 들어 간체자(簡体字)로 새롭게 태어 났으며 오늘도 보이지 않는 변화의 물결 속에 놓인 것이 현실이다.

한자, 한반도 지배층의
언어가 되다

여하튼 그림문자에서 출발한 한자가 시간이 흐름에 따라 한족(漢族)의 문화 적 영향을 받아 상형문자로 발전하고 나아가 표의문자, 즉 뜻글자로 발전 하여 체계를 갖춘 문자로 자리를 잡자 당연하게도 한자는 주위 여러 민족 의 언어생활에 영향을 미치게 되었다.

그 민족 가운데 우리 선조가 선두에 섰을 것이 분명하다. 지리적으로도 그렇고 국가 형태를 갖춘 면에서도 그러하며 생활면에서도 중국 북부나 서 부의 유목민에 비해 농경 생활을 먼저 시작했으니 자연스럽게 문화적 축적 또한 일찍부터 시작되었을 것이 분명하기 때문이다. 그리고 우리 겨레만의 말이 존재했고 그 말이 생활어를 넘어 문화어로까지 확장됨에 따라 이를 기록하고 전승할 문자의 필요성이 날이 갈수록 커졌을 것은 두말할 나위가 없다.

그렇다면 그 역할을 무엇이 했을까? 당연히 한자였다. 학자들은 한자가 한반도에 도입된 시기를 진(秦)나라가 천하를 통일하고 얼마 지나지 않은 무렵, 즉 기원전 200년 전후로 보고 있다. 그리고 그때부터 한자는 한반도에 존재했던 국가의 지배층에게 매우 유용한 수단이 되었다. 이에 대해서는 다음 문장을 참고할 필요가 있다.

> 강세(强勢) 언어의 권위성 및 약세 언어에 대한 침투는 전형적인 문화적 의의를 가지고 있다. 11세기 노르망디인이 영국을 정복했다. 당시 영국 국왕은 노르망디 공작이었으며 프랑스와 긴밀한 관계를 맺고 있었다. 그래서 1066년에서 1399년까지 영국 국왕 모두가 프랑스어를 할 줄 알았을 뿐만 아니라 정계, 법정, 군대, 교육 등 영역에서도 모두 프랑스어가 유행했다. 당시 상류사회에서는 프랑스어를 고귀한 언어라 여기고 영어는 하층민들이 사용하기 적합하다 여겼다. [1]

이때의 영국보다 1000년도 앞선 시대의 일이지만 이러한 상황은 그대로 한반도에서도 일어났던 것이다. 이렇게 해서 첫 번째 문자 전쟁이 발발했다. 그렇다면 그 무렵 전쟁 당사자는 누구였을까?

한민족의 말,
한자어

첫 번째 문자 전쟁의 상대는 한민족의 말과 한자어였다. 이 땅에 뿌리내리고 살던 동이족(東夷族)의 말과 중국인이 사용하던 말이 대결하게 된 것이다. 이 대결은 엄밀히 말하면 문자 전쟁이 아니라 말 전쟁이라 할 것이다.

그 무렵 우리 겨레에는 문자가 없었기 때문에 문자 전쟁이 벌어질 수가 없었다. 그렇다면 말 전쟁은 어떻게 시작되었을까?

앞서 살펴본 것처럼 한자가 이 땅에 들어오기 시작하자 한자라는 문자뿐 아니라 외국어로서 한자어도 퍼지기 시작하였다. 그리고 그 새로운 외국어는 당연히 지배층을 중심으로 확산되었다. 그리고 이런 움직임이 일자 우리 고유의 말을 한자어가 대체하게 되었다. 이에 대해서는 많은 독자가 교과서에서 배운 바가 있다. 물론 이를 문자 전쟁이라는 측면에서 배우기보다는 역사적 변천이라는 객관적 시각으로 바라보도록 배웠지만.

그러나 분명히 이는 언어 전쟁이었고 어떤 면에서는 후에 벌어질 한글 전쟁보다 훨씬 심각한 후유증을 남겼다. 그 무렵 우리 겨레가 사용하던 수많은 고유의 말이 한자어에 밀려 사라져버린 것이다. 우리는 앞서 몽골 문자를 살펴보면서 고유의 문자를 지키는 것보다 고유의 말과 문화를 지키는 것이 훨씬 중요하다는 사실을 확인한 바 있다.

① "헤이, 보이. 플리스 기브 미 유어 러브!"

② "ibayo. nan jeongmal dangsinyi joayo. wuri sakyeoyo."(이봐요. 난 정말 당신이 좋아요. 우리 사귀어요.)

①은, 문자는 한글을 사용하지만 말은 영어를 사용하는 경우다. ②는, 한글은 잃고 알파벳을 사용하지만 우리말을 사용하는 경우다. 어떤 경우가 우리 문화를 지키는 것일까? 이와 관련해서는 지금 당장 판단하지 않겠다. 이는 그렇게 쉽게 판단할 문제가 아닐뿐더러 세계 각국, 각 지역에서 벌어지고 있는 상황을 종합해 판단해야 할 필요가 있기 때문이다.

여하튼 한눈에 봐도 고유 문자를 지키는 것이 고유어를 지키는 것보다 우월하다고 판단하기는 힘들다는 사실을 누구든 알 수 있을 것이다. 그렇다면 한자어가 침투하면서 사라져간 우리 고유어는 어떤 것이 있을까? 우리가 배운 대표적인 것은 신라에서 왕을 칭하던 말이다.

신라어의
흔적

신라 초대 임금인 박혁거세*는 거서간(居西干)이라는 칭호를 사용했는데 이는 존경받는 나이 많은 사람을 뜻하는 신라 지방의 고유어였음이 분명하다. 물론 그 칭호는 오늘날 우리가 읽는 한자음 '거서간'과는 차이가 있었겠지만. 그 뒤로도 차차웅, 마립간 등의 칭호를 사용했다.

신라 임금들이 중국식 호칭인 왕(王)을 사용하기 시작한 것은 제22대 왕인 지증왕(智證王, 재위 500~514) 때부터다. 그뿐이랴, 신라(新羅)라는 한자를 국호로 정한 것도 지증왕 때였다. 그러니까 신라라는 나라가 출범한 후 약 500년 가까운 기간을 신라 임금은 자신들의 말로 자신들을 칭했고, 나라 이름 또한 고유어로 불렀던 것이다.

그러나 한자가 광범위하게 사용되기 시작하면서 이러한 고유어는 점점 사라져 갔다. 그리고 고유어의 소멸을 문자 전쟁의 결과로 인한 우리 고유 문화의 상실로 보기보다는 역사의 자연스러운 진보 과정으로 보는 시각이 오늘날까지 광범위하게 퍼져 있다. 다음 문장은 그러한 시각을 잘 나타내

---

* 혁거세 또한 훈독(뜻을 살린 부분)과 음독(소리를 살린 부분)이 혼재해 있다고 이기문은 말하고 있다.

고 있다.

> 신라는 특유의 고유한 왕호를 사용했다. 경주분지의 사로 소국으로 출발한 이
> 래 거서간, 차차웅, 마립간의 칭호를 차례로 사용했고, 6세기초 지증왕대에 와
> 서 왕이라는 칭호로 굳어졌다. 거서간은 존장자, 차차웅은 무, 마립간은 대수
> 장의 뜻을 가진 것으로 신라의 국가 성장과 왕권이 확립되어가는 과정이 잘
> 나타난다. 초기 제사장의 기능을 겸했던 단계에서 벗어나 점차 정치적 지배자
> 로서의 위치를 확보했던 것이다.[2]

이러한 고유어의 소멸은 비단 신라에 국한된 것이 아니었다. 아니, 신라
보다 더 심각한 것이 고구려, 백제 지방의 고유어일지 모른다. 신라 지배층
은 한자어를 받아들였다 해도 기층(基層) 서민은 상당히 오랜 시간 자신들
의 언어를 사용했을 것이다. 이러한 추세는 신라가 멸망한 10세기 초까지
이어졌을 가능성이 높다. 그만큼 신라인이 사용하던 고유어가 오늘날까지
전해올 가능성은 고구려나 백제보다 높은 것이다. 신라의 중심 지역이었던
오늘날의 영남 지방에 우리나라에서는 찾기 힘든 억양이 남아 있는 것만
보아도 한반도 한쪽에 위치해 있던 신라 말이 일정 정도 보존되어왔으리란
가정이 무리한 것이 아님을 확인할 수 있다.

반면에 고구려와 백제의 고유어는 나라의 지배층이 한자를 수용하면서
기층 서민의 언어로 위축되었을 것이고 이후 나라가 멸망하여 신라로 복속
되는 과정에서 다시 한 번 위축되는 과정을 겪었을 것이다. 그만큼 두 나라
의 고유어가 오늘날까지 전해올 가능성은 적다. 고구려어와 백제어 연구서
를 보면 이러한 까닭으로 오늘날까지 전해오는 두 나라의 고유어는 그 모
습을 찾기가 극히 어렵다는 사실을 밝히고 있다.

고구려어
엿보기

환도(丸都) 고구려 초기의 도읍지로 알려진 환도성의 고구려식 호칭은 'orth'*로 추정되는데 다른 이론으로는 紇升骨**라고도 한다. 이때 骨(뼈 골)은 '요새', 즉 '성'을 뜻하는 고구려어의 고대 형태로 알려져 있다. 결론적으로 우리가 '환도성'이라고 부르는 도읍지는 고구려에는 없다는 것이다.[3]

평양 이 명칭은 한자로 '평평한 땅'인데, 고구려에서는 이를 '피아나(piarna)' 정도로 읽지 않았을까 하고 학자들은 추측하고 있다.[4]

관리 고구려의 왕족과 귀족을 칭하던 고추가(古鄒加)라는 관직명에 등장하는 '加(더할 가)'는 관리를 가리키는 고구려어가 분명하다.

강, 물 강은 한자로 江(강 강), 물은 한자로 水(물 수)다. 그러나 고구려에서는 이 둘을 묶어 mey로 부른 게 분명하며 한자 買(살 매)로 기록했다. 그래서 '물 골짜기 성 마을'이란 뜻의 수곡성현(水谷城縣, 물 수·골짜기 곡·성곽 성·고을이름 현)이 고구려에서는 買旦忽(meytanχuer)로 불렸다. 忽은 앞서 살펴본 骨과 같이 '성곽으로 둘러싸인 도시'를 가리키는 고구려어다.

다섯 숫자 5를 나타내는 고구려어는 '우치' 정도로 발음된 것으로 알려져 있다. 또 3은 '밀', 7은 '난'으로 읽었을 것이다.[5]

---

* 이 명칭은 중세 유라시아에서 도읍지를 뜻하는 ordo와 흡사하다.
** 어싱쿼 정도로 읽히지 않았을까.

백제어
엿보기

말   윷놀이에서 도가 '돼지', 개가 '개'를 뜻하는 것은 우리 모두 아는 사실이다. 그렇다면 걸은 어떤 동물을 뜻할까? 일반적으로 걸은 양, 윷은 소, 모는 말을 뜻하는 것으로 알려져 있다. 그러나 학자에 따라서는 다른 의견을 제시한다. 걸은 백제에서 '말'을 뜻했다는 것이다.[6]

왕   왕을 신라에서 '거서간'이니 '마립간' 등으로 부른 것은 잘 알려져 있다. 그렇다면 백제에서는 왕을 어떻게 불렀을까? 건길지(또는 건길치)로 불린 것이 분명하다. 한자로는 鞬吉支(건길지)인데 물론 한자 뜻이 아니라 백제어를 한자를 차용해 기록한 것이다. 이때 '건=큰', '길지=귀한 사람'을 뜻하고, 따라서 건길지란 명칭은 '크게 귀한 사람'이란 뜻을 나타낸다. 또 어라하(於羅瑕)도 왕을 칭하는 단어인데 이는 고구려어의 영향을 받은 것으로 알려져 있다.[7]

성   성(城)을 고구려에서는 한자 '忽(홀)'이나 '骨(골)'로 읽은 데 비해 백제에서는 '己(자기 기)' 또는 '只(어조사 지)'로 읽었다. 그래서 오늘날 대전 부근에 있는 온천으로 유명한 유성이 백제 시대에는 '奴斯只(노사지)'였다.

높음   높다는 뜻의 '高(높을 고)'를 백제에서는 '毛良(털 모, 좋을 량)'으로 표기했는데 이를 어떻게 읽었는지에 대해서는 두 가지 견해가 있다. 하나는 '터랑'이고 다른 하나는 '무량'이다. '터랑'은 고구려에서도 높다는 뜻으로 '達(도달할 달)' 자를 사용하면서 '탈'로 읽은 것과 상통한다. 반면에 '무량'은 신라어와 중세 국어에서 발견된다. 여하튼 '毛良'은 '高'와 통해서 지금도 전라북도에 위치한 고창(高敞)을 백제에서는 '毛良夫里(모량부리)'로 기록하고 '터랑푸리' 또는 '무량푸리'로 읽었을 것으로 추정한다. 이때 '夫里(사나이

부, 고을 리)'는 백제에서 '언덕'을 뜻하는 단어로 백제 지명에 자주 등장한다.

구체적인 표현은
살아남았다

하지만 다행스러운 부분도 있으니 그 무렵 우리 조상이 사용하던 말을 한자로 표기하는 데는 상당한 어려움이 있었다. 당연하다. 뜻글자인 한자로 우리말을 표기한다는 것 자체가 불가능에 가깝기 때문이다.

그래서 우리 고유어 가운데 오늘날 사라진 대부분의 말은 고유명사, 즉 지명이나 관직명, 조금 더 확대하면 명사다. 반면에 조사, 형용사, 동사, 부사 등은 한자로 표기하기 어려울 뿐 아니라 기층 민중 사이에 지속적으로 사용된 까닭에 오늘날까지 전해왔을 가능성이 매우 높다. 이러한 사실은 향가를 비롯한 옛 글을 보아도 많은 표현이 오늘날 우리가 사용하는 말과 다르지 않음을 통해 확인할 수 있다.

반면에 정부의 정책적 의중이 반영되는 고유명사의 경우 하루아침에도 옛 명칭이 사라질 수 있는 것은 예나 이제나 마찬가지다. 이와 관련해 중국의 학자 진류는 그의 저서 《한국 한자어 연구》에서 신라의 행정구역 변경 정책과 관련해 다음과 같이 발언하고 있다.

지명 변경에는 세 가지 원칙이 있다. 첫째, 가능한 중국 지명의 명명 형식에 가깝게 하는 것. 둘째, 원 지명 표기 중에 폄의(貶意)를 가진 한자를 바꾸는 것. 예를 들어 '가해(加害)'를 '가선(加善)'으로 바꾸었다. 셋째, 원 지명 중의 고유어를 상응하는 한자어로 바꾸는 것. 예를 들어 '물(勿)'은 한국어의 '수(水)'의 뜻이다. 그래서 '덕물(德勿)'을 '덕수(德水)'로 바꿨다.[8]

그리고 이러한 결과 다음과 같은 행정구역 명칭 변경이 이루어졌다.

사벌주 → 상주   완산주 → 전주   삽양주 → 양주
수약주 → 삭주   웅천주 → 웅주

그런데 이러한 신라 지명의 변경은 우리가 보아도 큰 변화를 느끼기 어려울지 모른다. 이는 오늘날 우리가 사용하는 지명이 본래 신라의 지명에서 유래한 것이기 때문일 것이다. 그러나 앞서 살펴본 바와 같이 고구려나 백제의 말은 신라어에 비해 훨씬 우여곡절이 심했기 때문에 오늘날 우리에게는 매우 낯설게 여겨진다. 다음 사례를 보자.

금물노군 → 흑양군   이진매현 → 이천현
파부리현 → 부리현   사열이현 → 청풍현
갑화양곡현 → 기장현

이는 고구려나 백제의 지명을 한자식으로 바꾼 결과물이다. 물론 그 시대 고구려인이 '금물노군(今勿奴郡)'이라고 부르지는 않았을 것이다. 금물노라는 명칭 또한 고구려의 고유어를 한자로 표기하는 과정에서 나타난 형태일 테니까. 그러나 이 명칭이 흑양군(黑壤郡)이라는 한자 지명보다는 고구려 고유어에 훨씬 가까울 것은 당연하다. 다른 명칭 또한 마찬가지다.

이런 현상은 지명뿐 아니라 관직명(官職名)과 사람의 성씨(姓氏)에도 그

대로 적용되었으니 오늘날 백제의 유명한 장수 흑치상지(黑齒常之)의 후손을 우리나라에서 찾기란 불가능하다. 물론 실질적인 후손은 살아남아 그의 DNA를 보존하고 있을지 모른다. 그러나 그 또한 그의 조상의 성인 흑치 대신 김(金)이나 이(李), 박(朴) 같은 신라의 성씨, 나아가 중국식 성씨를 가지고 살아가고 있을 것이다. 그렇다면 이러한 한자의 유입은 어느 정도로 이루어졌을까?

한자어의 유입과 문자 생활의 변화

고대 한국어가 한자어를 흡수하는 과정에서 양적 변화를 겪은 것은 당연했다. 처음에는 단지 민족 고유어의 부족한 부분을 보충하기만 했을 것이다. 그러나 한자어가 급속하게 증가함에 따라 한반도 백성은 이미 익숙하게 한자를 사용할 수 있게 되었고 그들이 한자의 음과 뜻을 사용해 대규모로 인명, 지명 등 고유명사를 변경했을 때는 그들이 이미 이 이국(異國)에서 온 문화 사절을 인정했음을 의미한다.[9]

그 결과 앞서 살펴본 바와 같이 고유어 가운데서도 명사가 가장 먼저 한자로 대체되기 시작했다. 그러나 이러한 변화가 반드시 부정적인 결과만을 가져온 것은 아니니, 새로운 문화가 유입되면서 한반도에는 없던 어휘까지 유입된 것이다. 물론 새로운 어휘가 유입됨으로써 사전에 수록되는 어휘 수가 늘어나는 것이 반드시 문화적 풍성함을 의미하지는 않을 것이다. 더욱이 한자의 급속한 유입과 같은 사건은 역사적으로 극히 드문 일이므로 기존 문화와 언어생활에 커다란 충격을 주었을 것이 분명하다.

그 충격이 긍정적이었을지, 부정적이었을지, 그것도 아니라면 객관적인 변화에 그쳤을지는 어떤 어휘가 어떤 이유로 유입되었고 그 어휘가 이후 우리 겨레의 문자 생활에 어떤 영향을 끼쳤는지 살펴보는 것으로 평가해야 할 것이다. 이와 관련해서 살펴볼 글이 하나 있다.

> 지금까지 종속적인 하위 위치에 있던 언어의 어휘를 풍부하게 만들고자 하는 욕구, 종전에 지배적인 상위 위치에 있던 언어에 의하여 수행되었던 내용을 모두 수행할 수 있는 대체 언어의 지위를 부여하고픈 욕구 등등은 관료적 형태로 진행될 위험 소지를 안고 있으면서 동시에 민주적 목표를 수립한 개입이라는 점을 볼 수 있다. 즉 언어를 담당하는 공무원들이 언어 사용자들로부터 언어를 탈취해 갈 명분이 서는 것이다. 동시에 이와 같은 단어 전쟁은 우리가 알고 있는 모든 언어사(言語史)와는 배치되는 것이라는 점도 볼 수 있다. 풍부한 어휘 공급자, 상호 차용에 의한 양 언어의 생명 연장 등등은 지금까지 늘 언어의 잡종-교배에 의한 것이었다. 그러므로 자기 언어의 순수성 고수 의지, 외래어 배척 및 자생적 어휘 생산성 찬양 등등은 한 집단의 반동적 태도 및 필요성에 대한 공통적 인식뿐만 아니라 민족주의와 과학 사이에 모순을 낳게 했던 요인이 되고 있다.[10]

위 글을 보면 기존 언어생활에 새로운 언어가 침투하는 것이 온전히 부정적이거나 긍정적인 것이 아님은 물론 그 과정에 인위적인 행동이 개입하는 것이 얼마나 위험한 것인지 잘 알 수 있다. 사실 위 내용은 보편적일 뿐 아니라 우리나라처럼 주위 나라로부터 무수히 많은 어휘 침투(또는 확장)가 이루어진 경우에는 더더욱 현실적으로 다가온다. 그리고 이러한 움직임은 과거에 무수히 이루어진 것처럼 미래에도 이루어질 것이다.

그렇다면 과거 한자어의 유입은 어떤 과정을 거쳐 이루어졌을까?

우리나라에 유입된 한자어는 첫째 중국의 문언(文言)에서 유래한 어휘, 둘째 불교 유입에 따라 들어온 어휘, 셋째 한나라 이후 중국 전통의 문어(文語)와 큰 차이를 보이기 시작한 구어(口語), 즉 백화문(白話文)에서 사용되던 어휘, 넷째 일본의 한자 어휘, 그리고 우리 겨레가 스스로 만들어 사용한 한자어 등 다섯 종류로 대별할 수 있다.[11]

그렇다면 이렇게 유입된 한자는 어떤 것이 있는지 살펴보기로 하자. 이들 한자어를 살펴보는 까닭은 단순히 어떤 단어가 있는지를 알아보는 호사가적 취미 때문이 아니다. 이 한자어가 결국 오늘날까지 우리 문자 생활에 영향을 미치고 있을 뿐 아니라 이 단어로 인해 사라진 우리 고유어, 그리고 이 단어로 인해 우리 겨레가 새로이 상상하기 시작한 문명의 흔적을 기억하기 위해서다.

중국 문언(文言)에서 유래한 어휘

부모(父母,《효경》), 부부(夫婦,《역경》), 주인(主人,《예기》), 형제(兄弟,《예기》), 노인(老人,《사기》), 태양(太陽,《후한서》), 일식(日蝕,《사기》), 월식(月蝕,《한서》), 당시(當時,《손자》), 천하(天下,《상서》), 동굴(洞窟,《송설》), 정치(政治,《상서》), 정부(政府,《자치통감》), 행정(行政,《사기》), 무역(貿易,《사기》), 학교(學校,《삼국지》), 음악(音樂,《후한서》), 예술(藝術,《후한서》), 두부(豆腐,《서이공사書二公事》), 장(醬,《논어》), 이혼(離婚,《진서晉書》), 동거(同居,《한서》), 백지(白紙,《송서宋書》), 장군(將軍,《손자》), 곤충(昆蟲,《예기》), 공작(孔雀,《한서》), 낙타(駱駝,《후한서》), 장미(薔薇, 도연명〈문래사問來使〉), 노력(努力,《논형》), 시작(始作,《논어》), 조심(操心,《맹자》), 악수(握手,《사

기》), 과연(果然,《사기》), 기억(記憶,《남제서南齊書》) 등.[12]

위에서 살펴본 것은 극히 일부에 지나지 않을 것이다. 그럼에도 오늘날 온전히 우리말처럼 사용하는 단어가 중국의 다양한 고대 문헌에서 유래했음을 알 수 있다. 그리고 한 번 유입된 어휘는 우리의 삶과 생각을 형성하고 나아가 우리 겨레의 의식과 일체감을 이루기 마련이다. 이것이 문자 전쟁이 그 어떤 무력을 이용한 전쟁보다 치명적인 결과로 이어지는 까닭이다.

불교 유입과 더불어 들어온 어휘

세계(世界), 실제(實際), 출현(出現), 결과(結果), 감응(感應), 변화(變化), 의식(意識), 인간(人間), 장애(障碍), 진실(眞實), 수면(睡眠), 평등(平等), 비유(譬喩), 미래(未來), 자비(慈悲), 인상(印象), 천당(天堂) 등.[13]

위에서 살펴본 단어 가운데 우리가 불교 용어로 아는 것은 별로 없다. 대부분의 어휘가 불교와는 아무런 상관없이 사용되고 있다. 이로써 문화의 교류로 유입되는 어휘, 표현이 한 사회에 얼마나 광범위하게 영향을 끼치는지 알 수 있다. 따라서 향후에도 새로운 문화나 언어와 교류할 때 주목해야 할 부분은 어떤 어휘가 들어오느냐, 어느 문화권에서 들어오느냐가 아니라 그렇게 교류를 통해 유입된 어휘나 표현이 우리 겨레의 문자 생활, 언어생활에 어떤 영향을 미치느냐 하는 것이다.

중국의 구어(口語)인 백화문(白話文)에서 사용되던 어휘

독서(讀書), 인물(人物), 우연(偶然), 보고(報告), 선배(先輩), 훈련(訓練), 우산(雨傘), 도서(圖書), 밀랍(蜜蠟), 사탕(砂糖), 점점(漸漸), 평생(平生), 의구(依舊), 중

년(中年), 희롱(戱弄), 수리(修理), 도로(道路), 고소(告訴), 기력(氣力), 노파(老婆), 연대(年代), 비애(悲哀) 등.[14]

백화란 당나라 대에 발생하여, 송·원·명·청 시대를 거치면서 확립된 중국어의 구어체(口語體)를 가리키는데 이를 글로 표기한 것이 백화문(白話文)이다. 우리 겨레의 문자 생활과 견줘보면, 우리는 지배층과 기층 민중 사이에 사용하는 문자 간에 괴리가 있었고 중국은 말투에 괴리가 있었던 셈이다.

백화문 또한 지배층의 지지를 받지 못한 까닭에 오랜 시간 그 지위를 인정받지 못하다가 백성의 강력한 요구로《수호지》,《금병매》등 유명한 소설이 백화문으로 출간되어 널리 읽혔다. 우리 한글이 그랬듯이 중국에서도 근대에 들어서면서 개혁을 주장하는 이들에게 백화문이 사회적·문화적으로 재조명되어 후스(胡適), 천두슈(陳獨秀), 루쉰(魯迅) 등의 활발한 활동으로 백화문학이 현대 중국어 형성에 중심으로 자리 잡게 되었다.

사실 우리 눈에는 백화문에서 비롯된 어휘나 중국 고문헌(古文獻)에서 비롯된 어휘나 별차가 없어 보인다. 그러나 오늘날 우리가 사용하는 어휘 가운데 백화문에서 유래한 어휘는 앞서 살펴본 고문헌에서 비롯된 어휘보다 적은 듯한데 이는 우리 한자 생활이 중국의 유학 경전을 중심으로, 나아가 지배층에 의해 이루어졌기 때문이다.

일본 한자에서 유래한 어휘

최근까지 우리 문자 생활에서 가장 논란이 되는 부분을 꼽으라 하면 두 가지를 꼽을 수 있을 것이다. 하나는 한글 전용이냐 한자 혼용이냐 하는 문제요, 두 번째는 일본에서 들어온 용어의 사용과 관련된 것이리라. 그런데 한글 전용이냐 한자 혼용이냐와 관련해서는 많은 학자가 논의를 진행하고 있는 데 비해 일본에서 들어온 용어의 사용과 관련해서는 학자보다는 일반 한글 애호가, 그리고 현장에서 활동하는 전문가의 발언이 큰 듯하다.

이 까닭은 무엇일까? 학자들 입장에서 보면 다양한 문화가 만나면서 어휘의 수용과 확장, 발전은 어느 시대에나 있었던 현상이고 따라서 특별히 일본 어휘만이 제거의 대상이 되어야 하느냐에 대해 이론적 근거를 내세우기 어려울지 모른다. 반면에 우리나라와 일본 사이에 엄연히 존재하는 정치·사회·민족적 거리감과 그로부터 유래한 거부감(물론 이는 과거에 지속적으로 이루어진 일본의 침략 행위와 현재도 지속되고 있는 무례한 언동 탓이겠지만)을 정서적으로 보유할 수밖에 없는 일반인 입장에서는, 일본인이 일제강점기에 우리에게 사용을 강요했던 용어를 오늘에도 사용한다는 사실을 도저히 수용할 수 없기 때문일 것이다. 앞서 살펴본 칼베의 글에서도 이와 관련된 내용을 지적하고 있음을 기억해야 한다.

사실 일본에서 유입된 용어를 전문적으로 연구하는 이들을 제외하면 일반인은 어떤 용어가 일본 한자요, 어떤 용어가 아닌지 알기가 힘들다. 물론 항간에서 오늘날에도 사용되고 있는 순일본어로 된 어휘는 하루빨리 우리말로 바꾸어야 할 것이다. 그렇다면 순영어로 된 어휘는 또 어떻게 할 것인가 하는 고민은 필요없을까? 일본 어휘의 문제도 시간이 흐르면서 한편에서는 개선되는 반면 다른 한편에서는 광범위하게 일본어가 유입되고 있으니 향후 일본어와 관련된 논의는 지금까지와는 달리 매우 복잡하게 전개될 가능성이 높다. 우선 일본 한자에서 유래한 어휘를 살펴보기로 하자.

혁명(革命), 사회(社會), 기업(企業), 진화(進化), 추상(抽象), 법인(法人), 출판(出版), 구체(具體), 귀납(歸納), 현대(現代), 봉사(奉仕), 물리(物理), 화학(化學), 생물(生物), 미술(美術), 세균(細菌), 염색체(染色體), 원소(元素), 마취(痲醉), 방

부제(防腐劑), 고체(固體), 액체(液體), 교과서(敎科書), 공원(公園), 극장(劇場), 병원(病院), 세기(世紀), 현미경(顯微鏡), 비행기(飛行機) 등.[15]

사실 위에 열거한 사례는 극히 일부에 불과하다. 박영섭은 "현재 현대 한국어에 통용되는 한자어의 90퍼센트 이상이 일본어에서 온 것이다"[16]라고 했다. 한국 근대의 개화운동은 국어운동이 선도하였고 중국어와 마찬가지로 한국어도 이 시기에 신조어(新造語)를 집중적으로 받아들였다. 한중일 삼국이 다량의 동일한 한자어를 보유하고 있는 것은 당시 '서양의 학문이 동양에 점차 유입되었다(서학동점西學東漸)', '일본인이 창조한 한자어가 다시 중국과 한국으로 전파되었다(동어서귀東語西歸)'라는 역사적 배경과 직접적 관계가 있다.[17]

결국 오늘날 우리가 사용하는, 아니 동아시아에서 사용하는 한자어의 대부분이 일본에서 만든 한자어라는 말이다. 물론 일본의 직접적 침략 상태에 놓여 있던 우리나라의 정도가 조금 더 심할 수는 있지만 그 차이는 크지

표1 한·중·일 삼국에서 사용하는 한자어 어휘 비교

우리나라 뜻	일본 어휘	중국 어휘
기차	기차(汽車)	화차(火車)
수업	수업(授業)	상과(上課)
내일	내일(來日)	명천(明天)
평화	평화(平和)	화평(和平)
만년필	만년필(萬年筆)	강필(鋼筆)
무료	무료(無料)	면비(免費)
소개	소개(紹介)	개소(介紹)
영화	영화(映畵)	전영(電影)
회사	회사(會社)	공사(公司)
사진	사진(寫眞)	조상(照相)
시계	시계(時計)	종표(鐘表)
축구	축구(蹴球)	족구(足球)
정보	정보(情報)	신식(信息)

않다. 왜냐하면 서구 문물을 수용하는 데는 일본이 가장 적극적이었으며, 외국어를 그대로 표기하기보다는 신조어로 대신하는 것이 대세였던 시대에 새로운 문물의 명칭을 일본인이 만들기 위해서는 소리글자인 자신들의 가나보다는 한자가 월등히 유리했기 때문일 것이다.

한자 문화권의 본산인 중국조차도 이미 존재하는 신문물의 명칭이 있는데 굳이 새로운 명칭을 만들 필요성을 느끼지 못했을 것이다. 물론 오늘날 사용하는 한자어 가운데는 중국의 어휘와 한일 양국의 어휘가 다른 경우도 많이 있으니 표1을 보면 그 사실의 일단을 엿볼 수 있다.[18]

결국 일본에서 새롭게 만든 어휘 가운데 일부를 중국인은 자신들의 방식으로 만들어 사용하고 있는 셈이다. 그러나 중국을 방문해본 이들 가운데 한자를 해독할 수 있는 이들이 대부분 겪는 문자 면에서의 어려움은 어휘의 차이라기보다는 우리가 배운 한자(이를 중국에서는 번체자繁體字라고 한다)와 중국에서 사용하는 한자, 즉 간체자(簡体字) 사이의 차이일 것이다.

그만큼 중국과 우리나라가 사용하는 한자 어휘의 차이는 크지 않다. 물론 이 어휘 대부분은 앞서 살펴본 바와 같이 일본인이 만든 한자 어휘이므로 한자 해독(解讀)이 가능한 한중일의 시민이 상대방 국가를 방문할 때 그 어떤 외국을 방문할 때보다 편안함을 느끼는 것은 당연하다.

우리 겨레가 만들어 사용한 독자적 어휘

한자가 조어(造語) 능력이 뛰어나다는 사실에 대해 반론을 제기하는 이는 없을 것이다. 뜻글자가 가진 최대의 장점이 바로 글자가 가진 뜻을 이용해 새로운 개념이나 문물을 설명할 수 있는 것이니 말이다. 물론 우리 고유어를 이용해서도 조어는 가능하다. 그러나 소리를 나타내는 기호 역할을 하는 소리글자를 이용해서 새로운 개념이나 문물을 나타내는 어휘를 만들기 위해서는 두 가지 방법 가운데 하나를 선택해야 한다.

그 하나는 고유어 가운데 어원(語源)을 가지고 있어 소리 안에 뜻이 내포된 경우다. 이는 본질적으로 타고난 뜻이 아니라 소리에 뜻을 대응시킴으로써 2차적으로 형성된 뜻이다. 다른 하나는 소리만을 이용해 완전히 새롭게 어휘를 만드는 것이다. 그러나 이런 방식으로 만들어진 어휘가 시민에게 수용되기는 힘들다.

이는 말 그대로 조어를 위한 조어이기 때문에 어떤 논리적, 역사적 근거도 갖지 못하기 때문이다. 그리하여 대부분 고유어를 이용해 만들어진 어휘는 첫 번째 방식으로 이루어진 것이다. 그러나 이 또한 사회적으로 수용되기에는 어려움이 있는 게 사실이다.

여러 세기를 두고 한 말씨[言語]의 소리몰골[音韻 형태]을 항상 동일한 방향으로 닦아가, 드디어 그 말씨의 통일적 특질적 모습[面貌] 다만 그 뼈다귀[骨格], 곧 월만들기[構文]에서뿐만 아니라, 그 청각적 표현 곧 소리체계[音韻체계]에서도 인정됨에 이르게 하는, 이른바 경향(傾向, 기울성)이란 것이 이뤄지는 까닭을 우리가 알 수 있다. 이 경향은 각각의 개인을 겨레와 국민으로 결어매는, 저 정신스런 유사함, 정신스런 친족[一家] 및 함께느낌[共感]의 결과라 하겠고, 이러한 정신스런 친족으로 말미암아 규정되어 있음이 많다. 따라서 인종의 통일은 대체로 말씨의 통일과 합친다.

위에서 말한 바와 같이, 말씨[言語]는 우리를 산산이 갈라떼기도 하고, 또 한데 뭉치기도 한다. 갈라떼는 것은 이론적 요소의 일이니, 애지음[創造]의 정신이요, 한데 뭉치는 것은 의지적, 실제적 요소의 일이니, 피어남[發達]의 정신이다. 한 말씨[言語]의 이론적 정신은, 이름난 예술가로 말미암아서만 정당하게

잡아쥐어지며(파악되며), 꼴이뤄진다(형성된다).[19]

위 글은 한글 전용을 주장한 대표적인 국어학자 최현배의 저서《우리말 존중의 근본 뜻》의 일부다. 그런데 위 문장에는 무수히 많은 한자 어휘가 등장한다. 그 가운데 몇 개를 지은이는 자신이 만든 우리말 어휘로 바꾸어 사용하고 있는데 그 비율은 많아야 20퍼센트를 넘지 못한다. 그럼에도 위 문장을 읽는 이들은 상당한 어려움에 맞닥뜨리게 된다.

바로 이러한 점이 한글 전용을 주장하던 이들이 한자로 된 어휘마저 고유어로 바꾸자는 주장을 강력히 내세우지 못하는 까닭인 듯싶다. 그래서 최근의 한글 전용은 한자 어휘를 표기만 한글로 하자는 선에서 이루어지고 있다. 이와 관련해서는 뒤에 자세하게 재론하겠다. 그렇다면 우리 겨레가 만들어 사용하는 한자 어휘 가운데는 어떤 게 있을까?[20]

표2에 나오는 고유 한자 어휘는 우리나라의 근대 개화운동이 벌어질 무렵, 그러니까 국한문 혼용이 이루어지던 시대에 만들어진 것이다. 그러나 이렇게 만들어진 고유의 어휘 또한 오늘날에는 대부분 사라졌음을 확인할 수 있다. 결국 우리 한자어조차 일본 한자어의 공격 앞에 밀려나고 만 것이다. 그러나 뿌리 깊은 반일 감정은 그 후에도 우리만의 어휘 만들기로 이어졌으니 다음에는 그러한 어휘 몇 개를 살펴보자.

물건(物件), 책(冊), 편지(片紙), 환전(換錢), 농담(弄談), 부두(埠頭), 목수(木手), 식구(食口), 양반(兩班), 자미(滋味), 감기(感氣), 당신(當身) 등.[21]

이는 오늘날 우리가 사용하는 한자 어휘의 극히 일부에 불과할 뿐이니 대부분은 중국과 일본에서 유입된 것으로 인정해야 할 것이다. 이러한 상황에서 일본 한자를 배격하기 위한 노력이 어떤 방식으로 이루어져야 하고 어떤 성과를 거둘 수 있을지에 대해서는 신중한 고려가 필요할 것이다. 언

표2 고유 한자 어휘

어휘	뜻
유렵(遊獵)	사냥
부비(浮費)	비용
남비(濫費)	낭비
시험(試驗)	시험
가액(價額)	가격
교장(敎場)	교실
거류(去留)	거주
단행본(單行本)	단행본
최면술(催眠術)	최면술
풍신기(風信機)	선풍기
체전부(遞傳夫)	우체부
수창자(首唱者)	주동자
팔방미인(八方美人)	팔방미인

어생활은 언어를 사용하는 시민과 사회의 수용 태세를 벗어나 법이나 강제, 또는 당위성만으로 이루어질 수 없기 때문이다.

이렇게 해서 우리 고유어와 한자어 사이의 갈등, 혼합 상황에 대해 살펴보았다. 그리고 수많은 한자어의 유입이 우리 고유어에 다양한 영향을 끼쳤음을 또한 확인할 수 있었다. 이러한 영향은 천 수백 년 전부터 오늘날까지 지속되고 있다는 데에 의미가 있다.

1차 휴전협정,
차자표기법의 성립

신라가 당나라와 손을 잡고 고구려와 백제를 멸망시킨 후 제한적인 범위에서의 문자 전쟁은 끝이 났다. 그리고 그 결과는 한자의 승리도 아니요, 우리말의 완전한 패배도 아니었다. 만일 이때 탁월한 군주가 나타나 우리말을 표기할 수 있는 문자를 창제했다면 우리말의 승리라고 선언해도 무방하리라. 그러나 그런 일은 일어나지 않았다.

이는 우리 조상이 능력이 없어서가 아니라 그만큼 중국 주변의 다른 민족에 비해 한자 구사 능력이 뛰어났기 때문이라고밖에 할 수 없을 것이다. 지배층 입장에서는 한자라는 외국어를 구사함으로써 중국과의 교류, 나아가 중국에서의 출셋길도 열려 있고 나라 안에서는 자신들만이 문자를 사용함으로써 기층 민중을 지배해나가는 데도 수월할 뿐 아니라, 대부분의 용어가 한자로 이루어져 있음으로 인해 실생활에서도 별 어려움을 겪지 않는데 애써 새로운 문자를 만들 필요성을 느꼈겠는가.

그렇다고 모든 언어생활을 한자로만 할 수는 없는 노릇이었다. 특히 인간의 감정을 표현하는 노래 가사나 시 같은 문학적 산물에서는 더더욱 그러했을 것이다. 물론 순수하게 중국식 시가(詩歌)를 창작하는 데는 한자 외에는 필요한 것이 없었을 것이다. 그러나 순수한 중국식 시가 형식만으로 우리 겨레의 정서와 감정을 표기하는 데는 한계를 느끼게 되었을 것이고 이때 문제가 되는 것이 우리말 표기법이 없다는 사실이다.

행정 문서나 지명 표기 등에서는 한자만을 사용하는 것에 아무런 불편을 겪지 않았을지 모른다. 그러나 자신의 심경을 솔직히 일반인이 사용하는 입말, 즉 구어체(口語體)로 자연스럽게 표현하는 데는 한자만으로는 어려움을 겪었을 것이 분명하다.

1차 휴전협상은 바로 이런 상황을 극복하고자 이루어졌다. 그리고 그 결과물이 한자도 아니요, 우리 문자도 아닌 한자를 이용해 우리말을 표기하기 위해 탄생한 것이다. 이렇게 탄생한 우리말 표기법을 가리켜 차자표기법(借字表記法)이라고 하는데 '한자를 빌려 표기하는 법'이란 뜻이다. 차자표기법은 시대에 따라, 목적에 따라 다양한 방식이 있었다.

서기문(誓記文)식 표기법

지금부터 약 1500년 전 신라의 도읍지였던 경주 지방에서 두 청년이 자리를 함께했다. 분명 오늘날 전해오는 경상도 억양으로 대화를 주고받았을 것이다. 그리고 얼마 후 그들의 대화는 결론에 도달했으니 앞으로 더욱 열심히 공부하자는 건설적인 내용이었다. 그런데 그들은 그러한 대화를 말로 그친 것이 아니라 돌에 자신들의 다짐을 새겨 넣었다. 물론 자신들의 말을 표현할 글자가 없었기 때문에 어쩔 수 없이 한자로.

그렇게 해서 탄생한 것이 '임신서기석'이라고 하는 길이 34센티미터, 윗너비 11센티미터에 불과한 돌이었다. 그러나 이 작은 돌에 글자를 새겨 넣은 신라의 두 젊은이는 자신들의 손길이 닿은 이 돌이 1500년 가까이 지나한 나라의 보물 1411호로 지정될 것이라고는 꿈에도 상상하지 못했을 것이다. 그렇다면 이 돌에 어떤 내용이 어떻게 새겨져 있기에 문자 전쟁의 휴전 협상 탁상 위에 가장 먼저 오르게 된 것일까.

임신서기석(壬申誓記石)이란 명칭은 '임신년에 맹세를 기록한 돌'이란 뜻이다. 신라 시대에 우리가 사용하는 기원(紀元) 연도를 사용했을 리는 없으니 임신년이라는 연도 표기는 추정할 수밖에 없다. 학자들은 임신년을 552

임신년 유월 십육 일에 두 사람이 함께 맹세하여 기록한다. 하늘 앞에 맹세한다. 지금으로부터 삼 년 이후에 충성의 길을 따라 지키고 허물이 없기를 맹세한다. 만일 이 사실을 어기면 하늘에 큰 죄를 짓는 것임을 맹세한다. 만일 나라가 편안하지 않고 세상이 크게 어지러우면 충성의 길을 행할 것을 맹세한다. 또한 따로 앞서 신미년 칠월 이십이 일에 크게 맹세하였으니, 시경(詩經) 상서(尙書) 예기(禮記) 춘추전(春秋傳)을 삼 년 동안 습득하기로 맹세하였다.

임신서기석
6세기 중반에서 7세기 초반에 기록된 것으로 추정되는 임신서기석의 기록은 우리말 한자 표기법의 초기 형태라 할 수 있다.

년 또는 그로부터 60년 후인 612년으로 추정하고 있다. 내용은 이렇다.

> 임신년 6월 16일에 두 사람이 함께 맹세하여 기록한다. 하늘 앞에 맹세한다.
> 지금으로부터 3년 이후에 충성의 길을 따라 지키고 허물이 없기를 맹세한다.
> 만일 이 사실을 어기면 하늘에 큰 죄를 지는 것임을 맹세한다. 만일 나라가 편
> 안하지 않고 세상이 크게 어지러우면 충성의 길을 행할 것을 맹세한다. 또한
> 따로 앞서 신미년 7월 22일에 크게 맹세하였으니, 시경(詩經)·상서(尙書)·예
> 기(禮記)·춘추전(春秋傳)을 3년 동안 습득하기로 맹세하였다.[22]

맹세를 여러 번 하는 이 내용의 원문 가운데 맨 처음 일부를 살펴보자.
아랫줄은 대목을 해석한 것이다.

壬申年 六月 十六日 二人(두 이, 사람 인) 並(함께 병) 誓(맹세할 서) 記(기록할
기) 天(하늘 천) 前(앞 전) 誓(맹세할 서)

(임신년 6월 16일 두 사람이 함께 맹세하고 기록한다. 하늘 앞에서 맹세한다.)

그런데 이 가운데 중요한 것은 바로 밑줄 친 대목이다.

並(함께 병) 誓(맹세할 서) 記(기록할 기)

이 대목을 해석해 읽으면 '함께 맹세하고 기록한다'이다. 우리에게는 매
우 쉬운 해석이다. 다음 대목도 마찬가지다.

天(하늘 천) 前(앞 전) 誓(맹세할 서)

'하늘 앞에서 맹세한다.' 전혀 어려움이 없다. 그런데 이를 중국인에게 해
석하라고 하면 어떨까? 그들은 이를 제대로 해석할 수 없다. 왜? 중국인이
사용하는 한자의 문장 구조는 이것과 다르기 때문이다. 그렇다면 위 문장
을 중국인이 사용하는 식으로 쓰면 어떻게 될까?

並(함께 병) 記(기록할 기) 誓(맹세할 서)

('함께 기록한다, 맹세한 것을.')

誓(맹세할 서) 天(하늘 천) 前(앞 전)

('맹세한다, 하늘 앞에서.')

이게 제대로 된 순서다. 결국 첫 문장은 '竝誓記'가 '竝記誓'로 바뀌고, 두 번째 문장은 '天前誓'가 '誓天前'으로 바뀌어야 진짜 한자 문장인 셈이다. 결국 임신서기석에 새겨진 문장은 한자로 기록은 했지만 한자어가 아니라 우리말이었던 셈이다. 다만 우리말을 표현할 문자가 없었기 때문에 한자를 이용한 것으로 이것이 바로 '서기문체' 또는 '서기문식 표기법'이라고 일컫는 것이다. 즉, 우리 고유어를 기록하기 위해 한자를 사용한 최초의 방법인 셈이다. 물론 이전에도 한자를 이용해 고유어를 기록한 방법이 있었을 가능성은 높다. 그러나 증거물이 발견되지 않았기 때문에 이를 최초의 방법으로 여기는 것이다.

그렇다면 이전에 발견된 다른 비의 내용은 어떨까? 임신서기석 이전에 발견된 우리 겨레의 역사를 기록한 비석 가운데 대표적인 것은 광개토대왕릉비(414년)를 들 수 있다. 광개토대왕릉비 역시 이두문에 나타나는 표현이 일부 등장한다.[23] 그러나 전체적으로 이두문으로 쓰인 것은 아니기에 이를 이두문으로 쓰인 첫 번째 기록으로 보기에는 무리가 있다. 광개토대왕릉비처럼 유명한 비가 이두문의 효시라고 알려지지 않은 데는 그런 까닭이 있는 것이다. 결국 광개토대왕릉비는 이두문이라고 하는 차자표기법의 흔적이 남아 있는 기록인 셈이다. 그렇다고 그 시대에 고구려인이 이두를 사용하지 않았다고 볼 수는 없으니 어쩌면 생활 속에서는 이두가 일반적으로 사용되었을 수도 있다. 이토록 중요한 비문에 그 흔적이 남아 있을 정도니 말이다.[24]

여하튼 임신서기석이 탄생한 6세기 말 무렵에는 우리말을 한자를 이용해 기록하는 방식이 확립되었고 일반적으로 사용된 것이 분명하다. 이렇게 해서 우리 겨레는 한자와 휴전협정을 맺고 이때부터 우리 고유어를 한자로 표기하기 시작하였다. 한자와 우리 고유어의 공존(共存)이 시작된 것이다.

향찰(鄕札)

그런데 앞서 살펴본 서기체 표기법은 우리말을 표기하는 데 결정적인 약점이 있다. 그건 바로 우리말에는 있으나 한자에는 없는 조사(助詞)를 표기할 수 없다는 점, 그 무렵 사용하고 있던 우리말을 그대로 표기할 수 없다는 점, 우리말에 있는 어미(語尾)변화를 표기할 수 없다는 점 등이다.

예를 들어보자. 위의 서기체 표현에 따르면 하늘은 한자의 뜻에 따라 '天(하늘 천)'을 사용하였다. 그러나 우리 겨레가 하늘을 가리켜 '천'이라고 불렀을 리는 없다. 결국 우리말을 표기하는 대신 우리말의 뜻을 한자로 바꾸어 표기할 수밖에 없었다. 그리고 '~은, ~이' 등의 주격조사, '~에' 등의 처소격(處所格)조사 등은 한자로 표기할 수 없다. 한문은 기본적으로 조사를 필요로 하지 않기 때문이다.

또 우리말에서는 과거형, 미래형, 존댓말 등 다양한 어미변화가 이루어진다. 반면에 한문에는 그러한 것이 없다. 결국 우리말의 어미변화를 한자로는 기록할 수 없었던 것이다. 그리하여 우리 조상은 서기체 표기법을 대신할 더 좋은 방식을 찾았다. 그 결과 탄생한 것이 우리가 잘 아는 향가를 기록한 향찰 표기법이다. 이때 '향가(鄕歌)'란 중국 노래나 시가에 대해 '신라 고유의 노래'란 뜻에서 붙여진 이름이고 '향찰(鄕札)'이란 중국어에 대해 '신라 고유의 언어'란 뜻에서 붙인 이름이다.

그렇다면 향찰은 서기체 문장과 어떻게 다를까? 사실 오늘날 전해오는 향가는 고작 25편에 불과하다. 그리고 그 25편을 통해 신라인의 언어생활을 정확히 이해하는 것은 쉬운 일이 아님은 물론 어쩌면 불가능할지도 모른다. 그러나 일본인 학자 오구라 신페이(小倉進平)가 1929년 처음으로《향가 및 이두의 연구(鄕歌及び吏讀の硏究)》를 발표했고, 이에 자극받은 우리나라 학자 양주동(梁柱東)이 1942년《조선고가연구(朝鮮古歌硏究)》를 통해 오구라의 연구를 압도하며 향가 해독의 본격적 시대를 연 이후, 수많은 학자들이 25수의 향가를 정확히 해석하기 위해 지금 이 순간에도 각고의 노력을 기울이고 있으니 언젠가는 향가를 통해 신라인의 언어생활을 최대한 본모습에 가깝게 이해할 날이 올 것이다.

이렇게 고작 25수밖에 안 되는 향가를 수많은 학자가 평생을 걸고 해석하고자 하는데도 쉽지 않은 것은 그만큼 향가를 기록한 향찰이란 표기법이 어렵다는 사실을 반증하는 것이다. 따라서 우리 또한 모든 향찰 표기법을 이해하는 것은 어려울 뿐 아니라 그럴 필요도 없다. 여기서는 향찰 표기법의 기본적인 방식만 이해하기로 하겠다.

東京明期月良
夜入伊遊行如可
入良沙寢矣見昆
脚烏伊四是良羅
二肹隱吾下於叱古
二肹隱隱誰支下焉古
本矣吾下是如馬於隱
奪叱良乙何如爲理古[25]

〈처용가(處容歌)〉는 신라 49대 헌강왕(재위 875~886) 때 처용이라는 인물이 발표한 향가로 향가 가운데 가장 유명한데 그 내용은 고등학교를 얼핏이라도 다닌 사람이라면 다 알고 있을 것이다.

> 서울 밝은 달밤에
> 밤늦도록 놀다가
> 들어와 침실을 보니
> 다리가 넷이로구나.
> 둘은 내 것인데
> 나머지 둘은 누구 것이란 말인가
> 본래 내 것이지만
> 빼앗긴 것을 어찌하겠는가.[26]

그렇다면 이 유명한 향가의 해석은 어떻게 이루어졌을까? 다음은 우리나라를 대표하는 두 분 학자의 해석이다.

> 시볼 블긔 드래
> 밤드리 노니다가
> 드러사 자리 보곤
> 가르리 네히어라
> 둘흔 내해엇고
> 둘흔 뉘해언고
> 본디 내해다마른
> 아사늘 엇디 ᄒ릿고

東京 불기 드라라

밤 드리 노니다가

드러사 자리 보곤

가로리 네히러라

두브른 내해엇고

두브른 누기핸고

돈디 내해다마르는

아사늘 엇디 하릿고

— 김완진 해석[28]

　이것만 보아도 향가 해석, 즉 향찰의 본래 뜻을 확인하는 것이 얼마나 어려운지 알 수 있을 것이다. 그렇다면 학자들은 이 글을 어떻게 우리말로 해석하는 걸까? 앞서 살펴본 바 있는 서기체는 오로지 한자로, 그것도 한자의 뜻으로만 우리말을 기록하였다. 따라서 문장의 순서는 우리말이지만 문장 뜻은 한자 그대로 해석하면 되었다.

　반면에 향찰은 한자로 이루어진 것은 서기체와 같지만 한자의 뜻으로 쓰인 글자가 있는가 하면 우리말을 한자음을 빌려 기록한 경우도 있다. 그래서 해석에 어려움을 겪게 되는 것이다.

　그뿐이 아니다. 우리말을 한자음을 빌려 기록했음이 확인되었다 해도 그 음을 어떻게 읽었는지를 아는 것은 더욱 어렵다. 사실 그 시대에 그 한자가 어떻게 발음되었는지를 아는 것도 어려울 뿐 아니라, 어떻게 발음되었는지 안다 해도 우리 음을 표기하는 과정에서 음의 변화가 일어나지 않았다고 장담할 수 없기 때문이다. 이런 난관이 있기에 향가를 우리말로 해석하는 작업은 끝이 없는 것이다.

그럼 〈처용가〉를 통해 향찰의 일단(一端)을 살펴보기로 하자.

東京<u>明</u>期<u>月</u>良

夜入伊遊行如可

<u>入</u>良沙<u>寢</u>矣<u>見</u>昆

<u>脚</u><u>烏</u>伊<u>四</u>是良羅

<u>二</u>肹隱<u>吾</u><u>下</u>於叱古

<u>二</u>肹隱隱<u>誰</u><u>支</u><u>下</u>焉古

<u>本</u>矣<u>吾</u><u>下</u>是<u>如</u>馬於隱

<u>奪</u>叱良乙<u>何</u><u>如</u><u>爲</u>理古

위 문장에서 밑줄을 그은 부분은 한자의 뜻으로 쓰인 부분인 반면 나머지 부분은 한자의 음으로 쓰인 부분이다. 물론 이는 거칠게 표현한 것으로 더 세밀히 들어가 보면 훨씬 복잡한 구성으로 이루어져 있음을 알 수 있다. 그러나 우리는 지금 향찰의 해석을 연구하는 게 아니기 때문에 이 정도로 거칠게 이해해도 무리는 아닐 것이다.

위 문장은 한자를 어느 정도 아는 독자라면 읽을 수 있다. 반면에 한자를 모르는 독자라면 줄을 그었다고 해도 이해하기란 쉽지 않을 것이다. 그런 점을 감안해 앞의 두 줄만 좀 더 자세히 설명하기로 한다.

첫 문장 東京<u>明</u>期<u>月</u>良

한자 뜻 해석 동녘 동, 서울 경, 밝을 명, 기약할 기, 달 월, 선량할 량

우리말 해석 동경 밝기 다라래

둘째 문장 夜入伊遊行如可
한자 뜻 해석 밤 야, 들 입, 저 이, 노닐 유, 갈 행, 따를 여, 가할 가
우리말 해석 밤들이 노니다가

첫 번째 문장에서 '동경'은 한자 음 그대로 사용되었음을 알 수 있다. 반면에 明(밝을 명)은 음 대신 한자의 뜻인 '밝다'라는 뜻으로 쓰였음을 알 수 있다. 뒤에 오는 期(기약할 기)는 뜻과는 무관하게 '밝기'라는 우리말 표현을 나타내기 위해 한자의 음만 사용했음을 알 수 있다. 또 月(달 월)은 '달'이란 뜻으로 쓰인 반면 良(선량할 량)은 '달아래'라는 우리말을 표기하기 위한 것임을 알 수 있다. 달이 선량하다는 뜻으로 쓰일 까닭은 없으니 말이다.

둘째 문장은 첫째 문장보다 해석이 훨씬 쉽다. 夜入(밤 야, 들 입)은 '밤들도록' 즉, '밤늦도록'이란 우리말을 한자의 뜻으로 표현한 것이다. 뒤에 나오는 伊(저 이)는 우리말 주격조사 '이'를 나타내는 한자로 음만 빌려 쓴 것임을 쉽게 알 수 있다. 遊行(노닐 유, 갈 행)은 '노닐다', 즉 '놀며 다니다'란 뜻을 한자로 쓴 것이고, 如(따를 여)는 '따를'에서 '따→다'만 따서 쓰기 위해 이용한 것이다. 그래서 '流行如'가 합쳐 '노니다'라고 해석되는 것이다. 마지막에 나오는 可(가할 가)는 한자의 음인 '가'를 쓰기 위해 이용한 것이다.

위 해석 또한 맞다고 단언할 수 없다. 학자마다 약간씩 다르고 위의 해석에도 잘못이 있을 수 있기 때문이다. 그러나 큰 흐름에서는 어긋나지 않을 것이다. 결국 향찰이란 한 문장 안에서도 한자의 음을 이용하기도 하고 뜻을 이용하기도 하면서 우리 고유어를 표기하는 형식으로 이를 이해하기 위해서는 한 글자 한 글자의 음과 뜻을 유심히 살펴서 어떤 글자가 음으로 쓰

였고 어떤 글자가 뜻으로, 그것도 어떤 뜻으로 쓰였는지 깊이 연구해보아야 해석이 가능함을 알 수 있을 것이다. 게다가 더욱 어려운 점은 우리말의 옛 형태가 오늘날의 형태와 다르기 때문에 한자의 해석에 어려움을 겪는 것이다. 쉬운 예로 위의 첫 문장에서 '밝기'는 오늘날 '밝은'이다. 따라서 옛말을 알지 못하면 '期'를 해석하는 데 어려움을 겪는 것이다.

향찰에 대해서는 이 정도 살펴보기로 하자. 들어가면 들어갈수록 어려운 게 향찰의 세계니까. 다만 서기체와는 달리 향찰은 한자의 뜻과 소리를 동시에 사용해 그 시대에 우리 겨레가 사용하던 말에 가능한 가깝게 표기하기 위해 개발한 방식이란 점만 기억하자.

이두(吏讀)

이두는 신라의 고승(高僧)인 원효대사의 아들 설총(薛聰)이 만들었다고 전해오는 우리말 차자표기법인데 조금 더 정확히 말하자면 그전까지 전해오던 이두 방식의 표기법을 설총이 집대성했다고 보는 것이 옳을 것이다. 설총은 신라의 삼국통일을 전후해 태어난 것으로 알려져 있다. 따라서 이두 또한 그 무렵에 체계를 갖추었다고 볼 수 있다.

그렇다고 해서 이두문의 표현이 이때 등장한 것은 아니니 앞서 광개토대왕릉비에서 살펴본 바가 있듯이 오래전부터 고구려를 비롯한 우리 겨레는 차자표기법을 개발하여 사용하고 있었음이 분명하다. 그런 까닭에 이두가 먼저냐, 향찰이 먼저냐 하는 논의는 무의미하다. 이두와 향찰 모두 차자표기법의 일종이고 지역에 따라, 상황에 따라 이런 저런 차자표기법이 개발되고 있었을 테니까. 이러한 상황을 반영, 이두(吏讀)라는 단어에는 넓은 의미와 좁은 의미의 두 가지 개념이 포함되어 있다.

넓은 의미로는 이두를 포함해 향찰, 뒤에 살펴볼 구결(口訣) 등 차자표기법 모두를 아울러 이두라고 부르는 것이다. 반면에 좁은 의미로는 "'이두문에 쓰인 우리말'을 가리키는데 이두문은 행정 문서에 주로 쓰이는 실용적인 문장으로서 산문이 중심이 된다."[29] 또 하나 기억할 만한 것으로는 이두와 향찰 사이에 분명한 차이점을 찾기가 힘들다는 점이다. 그럼에도 이두와 향찰이란 명칭이 함께 쓰이는 데는 분명 이유가 있을 것이다. 이에 대해 남풍현은 이렇게 표현하고 있다.

> 산문 표기인 이두는 우리말의 반영보다는 전달 내용이 중요하므로 실사에 중심을 두어 우리말의 조사나 어미의 표기가 소홀해질 수 있지만, 시가(詩歌)의 표기는 시로서의 형식이나 운율도 중요하므로 그 표기가 충실해지는 경향이 있었을 것이다. 또 이두문은 문서로서의 자리가 굳혀지고 그 사용 범위가 한정되므로 일정한 투식(套式)이 있고 비교적 한정된 투어가 사용되지만, 향가는 시정(詩情)의 발로(發露)에서 지어지는 것이므로 이러한 제약이 없이 시작(詩作) 당시의 자연스러운 우리말이 사용된 점에서 차이가 있다. 우리 선인들의 문자 생활을 한문과 국어 문장으로 양분하면 순수 국어 문장 표기를 지향하는 것이 향찰이고 이보다는 한문적인 성격을 지향하거나 그에 의지하려는 경향을 띠는 것이 이두문이라고 할 수도 있다.[30]

또 향찰로 쓰인 향가의 경우에는 우리말에 사용되는 조사나 어미를 포함한 모든 우리말의 문법적 요소를 두루 갖추고 있는 반면 이두문의 경우에는 이런 부분이 생략된 경우가 있어 보충해 읽어야 하는 경우가 많다.[31] 그래서 결론적으로 남풍현은 이렇게 정의한다.

향찰은 고유명사 표기, 초기 이두문, 그리고 통일신라시대부터 나타난 토(吐)가 들어간 이두문의 표기법이 융합되어 자연스런 우리말을 거의 완벽하게 표기한 표기법이라 하겠다.[32]

그렇다면 이두란 명칭은 어디서 유래한 것일까. 吏讀(벼슬아치 이, 구절 두)는 '벼슬아치들이 사용하는 문장'이란 뜻이다. 즉, 이두라는 명칭은 이 표기법을 아전과 그들이 상대했던 서민층이 사용했기 때문에 태어난 셈이다. 결국 신라 이후 한글이 창제되기 전까지 최상층의 지배층은 한자를 사용했고, 그 아래 하급 관리와 이들을 상대해야 했던 민중은 이두를 사용했거나 문자 생활을 못 했다고 보면 옳을 것이다.

또 한 가지 중요한 점은 이두는 조선 후기에 이르기까지 사용되었다는 점이다. 그러니까 한글이 창제되어 두루 사용되고 있을 때도 이두는 완전히 사라지지 않았던 것이다. 그만큼 이두가 오랜 기간 사용되었음을 알 수 있다.

여하튼 이두란 하급 관리 등이 관용 문서를 작성할 때 사용하던 표현법으로 우리말을 표기할 문자가 없는 상태에서는 우리말을 소리 나는 대로 표기하는 데 가장 유용한 방법이었음은 두말할 나위가 없다. 이두가 세상에 선을 보인 후 1000년 가까이, 어떤 시대에는 매우 광범위하게 또 어떤 시대에는 부분적으로라도 사용되면서 이어져온 것은 우리말 표기에 있어 장점이 있었기 때문이었던 것이다.

덧붙여 이두는 이도(吏道), 이토(吏吐), 이찰(吏札) 등의 명칭으로도 사용되었다는 사실도 기억할 일인데 모든 명칭에 관리를 뜻하는 '吏'가 포함된 것에서 이 표기법이 관리의 행정 문서 작성에 주로 사용되었음을 알 수 있다.

구결 (口訣)

구결(口訣, 입 구·끊을 결)은 우리말로 '입겿'이라고 부르는데 한자 뜻만 보면 '입으로 말할 때 끊어 읽는 것'이라고 할 수 있다. 결국 구결이란 우리말과는 다른 문장 구조를 가진 한문 문장을 쉽게 이해할 수 있도록 보조적으로 사용한 글자를 가리킨다. 쉽게 말하자면 이런 것이다. 훈민정음에 나오는 유명한 문장을 하나 살펴보자.

원문 國之語音異乎中國與文字不相流通

이렇게 써놓으면 한문에 능통하지 않은 사람은 띄어쓰기도 없는 이 문장을 쉽게 이해하기 어렵다.* 그래서 이렇게 입겿을 붙인 것이다.

구결문 國之語音이 異乎中國ㅎ야 與文字로 不相流通홀씬

위 문장에서 줄을 그은 부분이 구결인 셈이다. 구결이 있는 문장과 없는 문장을 비교하면 구결이 있는 문장을 이해하기가 월등히 쉬울 것은 두말할 나위가 없다. 그렇다면 구결은 언제부터 우리나라에서 사용되었을까?

이에 대해서도 많은 의견이 있지만 우리 겨레가 한자를 사용하기 시작한 지 얼마 되지 않아서 구결이란 방식이 싹텄을 것이라는 게 일반적인 견해다. 물론 구결에 대해서도 고려 말의 충신인 정몽주, 조선 시대 문신인 권근이 확립했다는 기록이 전해오지만 이는 설총이 이두를 만들었다는 기록과

---

* 한문과 한자는 분명히 구분되어야 한다. 한문은 한자를 사용할 뿐 아니라 중국어의 구조로 이루어진 문장을 가리킨다. 반면에 한자는 중국어를 표기하는 문자다. 따라서 한문은 중국어를 공부하지 않은 사람은 이해하기 힘들지만 한자는 우리나라 초등학생이라도 조금만 공부하면 읽을 수 있다.

같이 두 사람이 구결의 형식을 집대성했다는 말의 다른 표현일 것이다.

구결은 앞서 살펴본 바와 같이 얼핏 보면 매우 간단한 방식으로 보인다. 그러나 사실은 그렇지 않다. 우선 한글이 창제되기 전에는 구결을 붙일 때 한자의 소리나 뜻을 이용해야 했다. 따라서 초기에는 사람마다 사용하는 글자가 달랐을 것이고 표기법 또한 문장 내에 사용하는 이두나 향찰과는 달리 이미 완성된 문장에 보조로 붙여야 했기 때문에 복잡했다. 한글 창제 이전에 사용된 구결문에 대표적으로 쓰인 글자 가운데 몇을 살펴보면 다음과 같다.

隱(숨길 은) → 은, 는 (주격조사)

乙(새 을) → 을, 를 (목적격조사)

厓(언덕 애) → 에 (처소격조사)

爲時尼(할 위, 때 시, 중 니) → 하시니

그러나 이 정도로는 구결의 맛을 느낄 수 없다. 왜냐하면 책 한 권에 이렇게 복잡한 한자를 써 넣기란 힘들 뿐 아니라 책에 빈칸도 남아나질 않았을 것이기 때문이다. 그리하여 우리 조상은 구결에 쓰이는 한자를 축약해서 사용하기 시작했다. 구결의 대부분을 차지하는 글자(91쪽 그림 참조)는 얼핏 보면 일본어의 가타카나 같기도 하고 문장 부호 같기도 하다. 그래서 오늘날 우리가 이 부호를 이해하는 것은 불가능에 가깝다. 학자도 이를 이해하는 데 어려움을 겪는데 앞서 살펴본 바와 같이 전해오는 책마다 그 형태가 다른 경우가 대부분이기 때문이다.

표3에 구결에 쓰인 다양한 부호를 첨부하였다. 기록한 방식만 보아도 구결은 우리가 상상하는 것보다 훨씬 광범위하게 사용되었다. 첫째, 필사 구

결(筆寫口訣)이란 사람이 간행된 자료에 붓으로 써 넣은 것이다. 말 그대로 읽는 사람이 다른 사람을 위해 한 자 한 자 표기해 넣은 것인데 전해오는 자료 가운데 가장 많은 부분이 이렇게 기록되어 있다. 둘째, 판각 구결(板刻口訣)은 목판본 책에 구결까지 넣어 함께 새긴 것으로, 이는 구결의 표기법이 개인적인 수준에서 공식적인 형태를 띠게 되었다는 특징이 있다. 셋째, 활자 구결(活字口訣)은 구결이 본문 글자와 같이 활자로 만들어져 사용된 것을 말한다. 이쯤 되면 구결이 당당히 문자의 위치를 차지하였음을 알 수 있다. 물론 이때도 구결의 형태는 본래 글자뿐 아니라 약자를 사용하기도 했다. 넷째, 각필 구결(角筆口訣)은 상아나 끝이 뾰족한 나무를 이용해 책에 부호 모양을 눌러 표기한 것이다. 각필이란 방식은 수메르 문자에서 쓰인 것으로, 글자 형태가 눌러 기록할 수 있을 때 사용하는데 그래서 수메르 문자를 쐐기문자라고 부른다. 문자 형태가 쐐기처럼 생겼기 때문이다. 각필 구결이 가능했던 것도 구결에 쓰인 부호가 이처럼 단순했기 때문일 것이다.[33]

표3 구결의 형태와 종류

구분	종류
ㄱ	可(가) 加(가) 巨(거) 去(거) 古(고, ㅁ) 등
ㄴ	那(나, 云) 乃(나) 女(녀) 了(ㄈ) 尼(니, ㄴ) 등
ㄷ	多(다, 夕) 如(다, ㅣ) 大(대) 加(더, 力) 등
ㄹ	乙(ㄹ/을) 羅(다, 罖·ᄉ·•) 難(란) 良(란) 등
ㅁ	亇(마) 麼(마, 広) 麻(마) 萬(만, 万) 賣(매) 등
ㅂ	邑(ㅂ, 巴) 등
ㅅ	叱(ㅅ, ㄴ) 舍(샤, 亽·八) 西(셔, 一) 所(소, 戶) 등
ㅇ	沙(아, ⺌) 兒(ᅀᆞ) 白(ᄉᆞ) 阿(아, ß) 등
ㅈ	其(져, 只) 齊(져, 斉) 之(지) 등
ㅌ	他(타) 吐(토) 土(토) 등
ㅎ	何(하) 下(하) 乎(호, ㄱ·ノ) 忽(홀) 등

※괄호 안의 ㅁ, ㄴ, 夕 등은 古, 尼, 多 등 구결의 축약 형태다.

우리는 앞에서 한자와 우리말 사이에 어떤 협상이 이루어졌고 그 협상 결과가 얼마나 오래, 그리고 광범위하게 우리 겨레의 언어생활을 기록해 왔는지 알아보았다. 이를 통해 우리는 한자의 유입이 우리 겨레에 미친 영향을 동전의 양면처럼 살펴볼 수 있을 것이다.

그 한쪽 면은 한자의 사용으로 인해 사라져가야 했던 수많은 우리 고유어, 한자를 문자로 사용함으로써 정확히 기록될 수 없었던 수많은 한민족(韓民族) 언어의 아픈 운명이다. 또 다른 면은 한자를 우리 겨레의 사용 방식으로 변형, 사용함으로써 문자의 부재(不在)를 극복하고 오늘날까지 한민족의 언어생활을 전할 수 있었다는 밝은 면이다.

어떤 면을 더 크게 보느냐는 사람에 따라 다를 것이다. 그러나 우리 문화를 5000년의 전통으로 복원할 수 있었다면 그건 온전히 기록 때문이다. 기록이 없는 문화는 문화의 주체, 내용, 형성 과정, 교류 과정 등을 상상하기 힘들기 때문이다. 우리 겨레는 슬기롭게 자신들의 삶과 생각을 다양한 방식의 기록으로 남겼다. 그리하여 우리는 우리 자신이 하늘에서 뚝 떨어진 존재가 아니라 과거와 이웃과 역사와 연결된 존재임을 확신하게 되었다. 그리고 이러한 확신에 근거해 우리는 우리 자신을 영원한 미래와 연결시켜 나아갈 것이다.

信行

可量復有變十方

億須⋯⋯現百億高座化百

無量⋯⋯其花各各座

無量⋯⋯山有無量化佛有

上皆有七⋯⋯各各坐寶蓮花花

無異一一國土中一一佛及大衆各各說般

若波羅蜜他方大衆及以化報此三界中衆

十二大衆皆來集會坐九劫蓮花座其會方

廣九百五十里大衆僉然而坐

爾時十号三明大滅諦金剛智釋迦牟尼佛

衆坐復有他方不

《구역인왕경》
본문 일부를 확대한 부분에 표기된 구결을 보면 얼핏 일본어
가타카나가 아닌가 착각이 들 만큼 흡사하다.

ㄱ ㄲ ㄴ ㄷ ㄸ ㄹ

ㅁ ㅂ ㅃ ㅅ ㅆ ㅇ

ㅈ ㅉ ㅊ ㅌ ㅍ ㅎ

세종이 즉위한 지 26년 되던 해인 1444년 12월
20일(음력) 정3품 당상관의 권한으로 실질적
책임자이던 부제학(副提學) 최만리(崔萬理)가 세종
임금 앞에서 장도를 한 것을 요청했다.

드디어 한글 군생이 빛발한 것이다. 결국 이 상소문은
한글 군생이 빛발할 못하는 신료보고문과 다를 바가 없다.
사실 집현전(集賢殿) 전14 두을 그대로 좋아된다 '어김 신료들이 모인
한석 가까이나온 땅을 못 그대로 임금의 뱃상에서 소중히
여기는 곳이었다.

그러나 그 무렵 대체학은
핵심상의 명예직일 뿐
실권제으로는 부제학이 최고
핵임자였다.

최만리는 그곳의 실권적인 뱃임자였다.
부제학이라고 하나 누군가는 위에 있는 상사를
모시는 부차적인 자리도 여길 수도 있다.

그럼을 임금이 신뢰하고 자타가 공인하는 핵옥적 같어룹 갖춘
권리가 공개적으로 임금의 정책에 반기를 드는 것은
그리고 이 상소문 한 장으로 인해 최만리는 한민족에게(韓民族)이
자신들의 문자를 포기하지 않는 한 영원히 악당(惡黨)은
이기기 오 않은 인물이 돼버렸다.

다

한글의 탄생과 제2차 전면전 발발

한글(훈민정음), 하면 가장 먼저 떠오르는 인물이 세종이라면 두 번째로 떠오르는 사람이 최만리가 아닐까 할 정도로 최만리라는 이름은 한글, 즉 훈민정음과 불가분의 관계를 맺게 된 것이다.

세종이 즉위한 지 26년 되던 해인 1444년 2월 20일(음력),
정3품 당상관인 집현전의 실질적 책임자인 부제학(副提學)
최만리(崔萬理)가 임금 앞에서 상소문 한 장을 읽었다.
드디어 한글전쟁이 발발한 것이다. 결국 이 상소문은 한글
전쟁의 발발을 뜻하는 선전포고문과 다를 바가 없다.

사실 집현전(集賢殿, 한자 뜻을 그대로 풀이하면 '어진 선비들이 모인
천자의 거처'다)은 뜻 그대로 임금의 입장에서 소중히 여기는
곳이었다.

최만리는 그곳의 실질적인 책임자였다. 부제학이라고 하
니 누군가는 위에 있는 상사를 모시는 자리로 여길 수도 있
다. 그러나 그 무렵 대제학은 형식상의 명예직일 뿐 실질적
으로는 부제학이 최고 책임자였다. 그만큼 임금이 신뢰하고
자타가 공인하는 학문적 깊이를 갖춘 관리가 공개적으로

임금의 정책에 반기를 표한 것이다.

그리고 이 상소문 한 장으로 인해 최만리는 한민족(韓民族)이 자신들의 문자를 포기하지 않는 한 영원히 악명(惡名)을 이어갈 운명에 처해졌다.

한글, 하면 가장 먼저 떠오르는 인물이 세종이라면 두 번째로 떠오르는 사람이 최만리가 아닐까 할 정도로 최만리라는 이름은 한글, 즉 훈민정음과 불가분의 관계를 맺게 된 것이다.

한글전쟁 선전포고문,
최만리의 상소

신 등이 엎드려 보옵건대, 언문(諺文)을 제작하신 것이 지극히 신묘하와 만물을 창조하시고 지혜를 운전하심이 천고(千古)에 뛰어나오나, 신 등의 좁은 소견으로는 오히려 의심되는 것이 있사와 감히 간곡한 정성을 펴서 삼가 뒤에 열거하오니 엎드려 임금께서 재가해주시옵기를 바랍니다.

하나, 우리 조선은 가장 앞선 조상 때부터 지성으로 대국인 중국을 섬기어 한결같이 중화(中華)의 제도를 전례 등을 따라 행했는데, 이제 글을 같이하고 법도를 같이하는 때에 언문을 창작하신 것은 보고 듣기에 놀라움이 있습니다. 설혹 말하기를, '언문은 모두 옛 글자를 본뜬 것이고 새로 된 글자가 아니라' 하지만, 글자의 형상은 비록 옛날 중국의 전서체(篆書體) 문자를 모방하였을지라도 음을 쓰고 글자를 합하는 것은 모두 옛것에 반대되니 실로 근거가 없사옵니다. 만일 중국에라도 흘러 들어가서 비난하여 말하는 자가 있사오면, 어찌 대국을 섬기고 중화를 사모하는 데에 부끄러움이 없으리까.

하나, 예로부터 중국 안에서는 풍토는 비록 다르오나 지방의 말에 따라 따로 문자를 만든 것이 없사옵고, 오직 몽고(蒙古)·서하(西夏)·여진(女眞)·일본(日本)과 서번(西蕃) 등에 각기 그들의 글자가 있으되, 이는 모두 오랑캐의 일이므로 족히 말할 것이 없사옵니다. 옛글에 말하기를, '중화를 사용해 오랑캐를 변화시킨다' 하였을 뿐, 중화가 오랑캐로 변한다는 말은 듣지 못하였습니다. 역대로 중국에서 우리나라는 기자(箕子)가 남긴 풍속이 있다 하고, 문물과 예악을 중화에 견주어 말하기도 하는데, 이제 따로 언문을 만드는 것은 중국을 버리고 스스로 오랑캐와 같아지려는 것으로서, 이른바 향기롭고 효능 좋은 소합향(蘇合香)을 버리고 사마귀 똥으로 만든 환약을 취함이오니, 어찌 문명의 큰 잘못이 아니오리까.

그리하나, 신라 설총(薛聰)의 이두(吏讀)는 비록 야비한 속된 말이오나, 모두 중국에서 통행하는 글자를 빌려서 문자에 보조적으로 사용하였기에, 비록 서리(胥吏)나 종의 무리에 이르기까지라도 반드시 익히려 하면, 먼저 몇 가지 글을 읽어서 대강 문자를 알게 된 연후라야 이두를 쓰게 되옵는데, 이두로 인하여 문자를 알게 되는 자가 자못 많사오니 또한 학문을 일으키는 데 큰 도움이 되었습니다.

만약 우리나라가 원래부터 문자를 알지 못하여 노끈을 엮어 사용하는 세대*라면 우선 언문을 빌려서 일단 사용하는 것은 가능할 것입니다. 그래도 바른 의논을 고집하는 자는 분명히 말하기를, '언문을 시행하여 임시방편을 하는 것보다는 더디고 느릴지라도 중국에서 통용하는 문자를 습득하여 길고 오랜 계책을 삼는 것만 같지 못하다'라고 할 것입니다. 하물며 이두는 시행한 지 수천 년이나 되어 관청의 장부나 여러 모임 등의 일에 사용하는 데 어려움이 없

---

* 결승문자(結繩文字)를 가리킨다.

사온데, 어찌 예로부터 시행하던 폐단 없는 글을 고쳐서 따로 야비하고 상스러우며 아무 이익이 없는 글자를 창조하시나이까. 만약에 언문을 시행하오면 관리 된 자가 오로지 언문만을 습득하고 학문하는 문자를 돌보지 않아서 관리들이 둘로 나뉠 것이옵니다. 진실로 관리 된 자가 언문을 배워 통달한다면, 후진(後進)이 모두 이러한 것을 보고 생각하기를, 27자의 언문으로도 족히 세상에 입신(立身)할 수 있다고 할 것이오니, 무엇 때문에 고심노사(苦心勞思)하여 성리(性理)의 학문을 궁리하려 하겠습니까.

이렇게 되면 수십 년 후에는 문자를 아는 자가 반드시 적어져, 언문을 이용해 관리의 일을 집행한다 할지라도, 성현의 문자를 알지 못하고 사리의 옳고 그름에 어두울 것이오니, 장차 무엇에 쓸 것이옵니까. 우리나라에서 오래 쌓아 내려온 학문을 무예(武藝)의 우위에 두는 가르침이 점차로 땅을 쓸어버린 듯 없어질까 두렵습니다. 전에는 이두가 비록 문자 밖의 것이 아닐지라도 유식한 사람은 오히려 야비하게 여겨 이문(吏文)으로써 바꾸려고 생각하였는데, 하물며 언문은 문자와 조금도 관련됨이 없고 오로지 시골의 상말을 쓴 것이겠습니까. 가령 언문이 전조(前朝) 때부터 있었다 하여도 오늘의 문명한 정치에 변로지도(變魯至道)* 하려는 뜻으로서 오히려 그대로 물려받을 수 있겠습니까. 반드시 고쳐 새롭게 하자고 의논하는 자가 있을 것으로서 이는 환하게 알 수 있는 이치이옵니다. 옛것을 싫어하고 새것을 좋아하는 것은 고금에 통한 우환이온데, 이번의 언문은 새롭고 기이한 한 가지 기예(技藝)에 지나지 못한 것으로서, 학문에 방해됨이 있고 정치에 유익함이 없으므로, 아무리 되풀이하여 생각하여도 그 옳은 것을 볼 수 없사옵니다.

---

* 선왕(先王)의 유풍만 있고 행하여지지 않던 노(魯)나라를 변화시켜 도(道)에 이르게 한다는 뜻.

그리하나, 말하기를, '형벌에 대한 옥사(獄辭)*같은 것을 이두 문자로 쓴다면, 문리(文理)를 알지 못하는 어리석은 백성이 한 글자의 착오로 혹 원통함을 당할 수도 있겠으나, 이제 언문으로 그 말을 직접 써서 읽어 듣게 하면, 지극히 어리석은 사람일지라도 쉽게 알아들어서 억울함을 품을 자가 없을 것이라' 하오나, 예로부터 중국은 말과 글이 같아도 옥송(獄訟) 사이에 억울하여 잘못된 것이 심히 많습니다. 우리나라로 말하더라도 옥에 갇혀 있는 죄수로서 이두를 해득하는 자가 친히 초사(招辭)**를 읽고서 허위인 줄을 알면서도 매를 견디지 못하여 그릇 항복하는 자가 많사오니, 이는 초사의 글 뜻을 알지 못하여 원통함을 당하는 것이 아님이 명백합니다. 만일 그러하오면 비록 언문을 쓴다 할지라도 무엇이 다르오리까. 이것은 형옥(刑獄)의 공평하고 공평하지 못함이 옥리(獄吏)의 어떠하냐에 있고, 말과 문자에 있지 않은 것을 알 수 있으니, 언문으로써 옥사를 공평하게 한다는 것은 그 옳은 줄을 알 수 없사옵니다. 그리하나, 무릇 일의 공을 세움에는 가깝고 빠른 것을 귀하게 여기지 않사온데, 국가가 근래에 조치하는 것이 모두 빨리 이루는 것을 힘쓰니 두렵건대, 정치하는 체제가 아닌가 하옵니다. 만일에 언문을 어찌할 수 없어 만들어야 한다면, 이것은 풍속을 바꾸는 큰일이므로, 재상으로부터 아래로는 모든 관료에 이르기까지 함께 의논하되, 나라 사람이 모두 옳다 하여도 세 번을 더 생각하고, 제왕(帝王)에 질정하여 어그러지지 않고 중국에 상고하여 부끄러움이 없으며 백세(百世)라도 성인(聖人)을 기다려 의혹됨이 없는 후라야 시행할 수 있는 것이옵니다. 이제 여러 사람의 의논을 채택하지도 않고 갑자기 관리들 10여 인으로 하여금 가르쳐 익히게 하며, 옛사람이 이미 이룩한 운서(韻書)를 고

---

* 형벌과 관련하여 관청의 재판 과정이나 판결을 적은 글.
** 죄를 지은 사람이 저지른 죄를 자세히 이야기하는 일을 이르던 말.

치고 근거 없는 언문을 억지로 끌어다 맞추어 공장(工匠) 수십 인을 모아 각본(刻本)하여서 급하게 널리 반포하려 하시니, 천하 후세의 공의(公議)에 어떠하겠습니까. 또한 이번 청주 초수리(椒水里)에 거둥하시는 데도 특히 연사가 흉년인 것을 염려하시어 호종하는 모든 일을 힘써 간략하게 하셨으므로, 전일에 비교하오면 10에 8, 9는 줄어들었고, 계달(啓達)하는 공무(公務)에 이르러도 또한 의정부(議政府)에 맡기시었사온대, 언문 같은 것은 국가의 급하고 부득이하게 기한에 미쳐야 할 일도 아니온데, 어찌 이것만은 행재(行在, 궁을 떠나 임금이 머물던 곳.)에서 급급하게 하시어 성궁(聖躬, 임금의 몸)을 조섭하시는 때에 번거롭게 하시나이까. 신 등은 더욱 그 옳음을 알지 못하겠나이다.

그리하나, 선유(先儒)가 이르기를, '여러 가지 귀한 노리갯감을 즐기는 것은 대개 지기(志氣)를 빼앗는다' 하였고, '서찰(書札)에 이르러서는 선비의 하는 일에 가장 가까운 것이나, 외곬으로 그것만 좋아하면 또한 자연히 지기가 상실된다' 하였습니다. 이제 동궁(東宮, 세자)이 비록 덕성이 성취되셨다 할지라도 아직은 성학(聖學)을 깊이 생각하시어 더욱 궁구해야 할 것입니다. 언문이 비록 유익하다 이를지라도 특히 문사(文士)의 육예(六藝)의 한 가지일 뿐이옵니다. 하물며 만에 하나도 정치하는 도리에 유익됨이 없사온데, 정신을 연마하고 사려를 허비하며 날을 마치고 때를 옮기시오니, 실로 때를 맞추어 애쓸 학업에 손실되옵니다. 신 등이 모두 문묵(文墨)의 보잘것없는 재주로 시종(侍從)에 대죄(待罪)하고 있으므로, 마음에 품은 바가 있으면 감히 침묵할 수 없어서 삼가 죽음을 각오하고 우러러 성총(聖聰)을 더럽히나이다.[1]

최만리,
그는 누구인가

최만리는 형편없고 무지하며 독선적이고 사대적인 인물이었을까? 최만리의 상소문은 선전포고라고 할 수 있다. 그는 정당하게 전쟁을 선언한 것이라는 말이다. 반면에 그의 상소문이 논리도 없고 시대적 의미도 없다면 전쟁이라기보다는 '난(亂)'이나 '쿠데타' 정도로 불러야 옳을 것이다. 이후 한글을 둘러싸고 벌어지는 수많은 다툼 가운데는 전쟁이라고 부를 수 없을 만큼 비합리적인 경우도 무수히 많음을 확인한다면 이러한 주장이 어떤 의미인지 알 수 있을 것이다.

최만리의 상소문은 매우 합리적이며 시대적 상황을 근거로 논리 정연하게 자신의 주장을 펼쳐 보이고 있다. 물론 전쟁 양측의 입장과 주장을 상세히 살펴보면 분명 한쪽이 더 옳고 다른 쪽이 더 그를지 모른다. 그러나 한쪽이 100퍼센트 옳고 다른 쪽이 100퍼센트 그른 경우는 흔치 않다. 만일 역사란 것이 그렇게 칼로 무 자르듯 명확한 것이라면 인류는 역사학자를 필요로 하지 않았을지도 모른다.

한글전쟁 역시 마찬가지였다. 오늘날 우리는, 최만리는 한글 창제를 반대한 사대주의자요, 고집불통의 수구적(守舊的) 선비로 쉽게 단죄(斷罪)할 수 있다. 그러나 우리 모두가 그 시대로 돌아갈 수 있다면 과연 세종의 입장을 옹호하고 최만리를 단죄할 수 있는 사람이 얼마나 될까?

우리는 지금 전쟁의 결과 초래될 상황에 대해 이야기하는 것이 아니다. 만일 이 전쟁에서 최만리가 승리했고 세종이 패했다면 오늘날 우리는 문자를 갖지 못한 채 이두를 사용하거나 지구 상의 수많은 민족처럼 알파벳을 이용해 우리말을 표기하고 있을 것이다. 그러나 세종은 승리했고 최만리로 대표되는 우리 고유 문자 반대파는 패했다. 그 결과 우리는 우리만의 문자인 한글을 갖게 된 것이다. 그렇다면 최만리의 주장이 그 나름의 합리성을 갖추고 선전포고를 했다는 주장이 곧 우리 고유 문자의 필요성을 무시하는 것일까?

다시 최만리의 상소문을 기록한 《조선왕조실록》 속으로 들어가 보자. 조목조목 따지고 든 최만리의 상소에 대해 세종은 어떻게 대응했을까?

> 너희들이 이르기를, '음(音)을 사용하고 글자를 합한 것이 모두 옛 글에 위반된다' 하였는데, 설총(薛聰)의 이두(吏讀)도 역시 음이 다르지 않으냐. 또 이두를 제작한 본뜻이 백성을 편리하게 하려 함이 아니겠느냐. 만일 그것이 백성을 편리하게 한 것이라면 언문은 백성을 편리하게 하려 한 것이다. 너희들이 설총은 옳다 하면서 군상(君上)의 일은 그르다 하는 것은 무엇이냐. 또 네가 운서(韻書)를 아느냐. 사성 칠음(四聲七音)에 자모(字母)가 몇이나 있느냐. 만일 내가 그 운서를 바로잡지 아니하면 누가 이를 바로잡을 것이냐. 또 소(疏)에 이르기를, '새롭고 기이한 하나의 기예(技藝)라' 하였으니, 내 늘그막에 날[日]을 보내기 어려워서 서적으로 벗을 삼을 뿐인데, 어찌 옛것을 싫어하고 새것을 좋아하여 하는 것이겠느냐. 또는 전렵(田獵)으로 매사냥을 하는 예도 아닌데 너희들의 말은 지나침이 있다. 그리고 내가 나이 늙어서 국가의 일반적인 사무를 세자에게 맡겼으니, 비록 세밀하고 작은 일일지라도 참예하여 결정함이 마땅하거든, 하물며 언문이겠느냐. 만약 세자로 하여금 항상 동궁(東宮)에만 있게 한다면 환관(宦官)에게 일을 맡길 것이냐. 너희들이 시종(侍從)하는 신하로서 내 뜻을 밝게 알면서도 이러한 말을 하는 것은 옳지 않다.[2]

이에 대해 다시 최만리 등은 이렇게 말한다.

설총의 이두는 비록 음이 다르다 하나, 음에 따르고 해석에 따라 어조(語助)와 문자가 원래 서로 떨어지지 않사온데, 이제 언문은 여러 글자를 합하여 함께 써서 그 음과 해석을 변화시킨 것이고 글자의 형상이 아닙니다. 또 새롭고 기이한 한 가지의 기예(技藝)라 하온 것은 특히 문세(文勢)에 인하여 이 말을 한 것이옵고 의미가 있어서 그러한 것은 아니옵니다. 동궁은 공사(公事)라면 비록 작은 일일지라도 참결(參決)하시지 않을 수 없사오나, 급하지 않은 일을 무엇 때문에 시간을 허비하며 심려하시옵니까.[3]

그러자 세종은 결론을 내린다.

"전번에 김문(金汶)이 아뢰기를, '언문을 제작함에 불가할 것은 없습니다' 하였는데 지금은 도리어 불가하다 하고, 또 정창손(鄭昌孫)은 말하기를, '삼강행실(三綱行實)을 반포한 후에 충신·효자·열녀의 무리가 나옴을 볼 수 없는 것은, 사람이 행하고 행하지 않는 것이 사람의 자질 여하에 있기 때문입니다. 어찌 꼭 언문으로 번역한 후에야 사람이 모두 본받을 것입니까' 하였으니, 이따위 말이 어찌 선비의 이치를 아는 말이겠느냐. 아무짝에도 쓸데없는 평범하고 속된 선비이다" 하였다. 먼젓번에 임금이 정창손에게 하교하기를, "내가 만일 언문으로 삼강행실(三綱行實)을 번역하여 민간에 반포하면 어리석은 남녀가 모두 쉽게 깨달아서 충신·효자·열녀가 반드시 무리로 나올 것이다" 하였는데, 창손이 이 말로 계달한 때문에 이제 이러한 하교가 있는 것이었다. 임금이 또 하교하기를, "내가 너희들을 부른 것은 처음부터 죄주려 한 것이 아니고, 다만 소(疏) 안에 한두 가지 말을 물으려 하였던 것인데, 너희들이 사리를 돌아보지 않고 말을 변하여 대답하니, 너희들의 죄는 벗기 어렵다" 하고, 드디어 부제학(副提學) 최만리(崔萬理), 직제학(直提學) 신석조(辛碩祖), 직전(直殿) 김문(金

汶), 응교(應教) 정창손(鄭昌孫), 부교리(副校理) 하위지(河緯之), 부수찬(副修撰) 송처검(宋處儉), 저작랑(著作郎) 조근(趙瑾)을 의금부에 내렸다가 이튿날 석방하라 명하였는데, 오직 정창손만은 파직(罷職)시키고, 인하여 의금부에 전지하기를, "김문이 앞뒤에 말을 변하여 계달한 사유를 국문(鞫問)하여 아뢰라" 하였다.[4]

이 글에서 눈여겨볼 대목은 마지막 죄를 주는 내용이다. 세종은 최만리를 비롯해 훗날 사육신 가운데 한 자리를 차지하는 충신 하위지 등 여러 집현전 소속 선비를 옥에 가두도록 명을 내린다. 그러나 이들 대부분은 이튿날 석방하고 파직시킨 정창손, 국문(鞫問) 즉 오늘날로 치면 고문을 통해 신문하도록 명을 내린 김문* 또한 얼마 후 복직시킴으로써 자신에게 선전포고를 한 모든 선비의 입장을 충분히 이해한다는 심경을 드러냈다.**[5]

선전포고를 당한 당사자가 자신에게 선전포고를 내린 상대를 이해한다고 하는 것, 그 선전포고에도 그 나름의 합당한 근거가 있다고 여긴 것은 한글전쟁의 본질과 이후 그 전쟁이 어떻게 전개될 것인지에 대한 추정을 가능케 한다. 그래서 최만리 일행의 주장을 시대적 · 현실적 상황을 무시한 채 무조건적으로 무지몽매한 사대주의 선비의 주장으로 치부해버려서는 안 되는 것이다. 만일 그렇게 단순하고 일방적인 방식으로 이 전쟁을 해석한다면 이후에도 한글을 둘러싸고 끊임없이 전개될 다양한 도전과 전쟁에 대응할 때 우리는 비합리적인 판단을 내릴 가능성이 높다. 사실 우리가 더욱 주목해야 할 전쟁은 과거에 일어난 전쟁이 아니라 앞으로 일어날 무수한 전쟁이기 때문이다.

---

* 김문은 1448년에 사서를 번역하는 사업을 주관한 공으로 승진이 예상되었으나 갑자기 세상을 떠나고 말았다.
** 김문과 정창손은 4개월 만인 1444년 6월 20일, 복직되었다.

한글은
왜 탄생했을까

앞서 우리는 중국, 즉 한자 문화권의 중심을 둘러싼 수많은 민족이 자신들의 말을 기록하기 위해 갖은 노력을 기울여왔음을 확인하였다. 그리고 그들 대부분은 한자를 원용(援用)하였건 모방하였건 직접 이용하였건 한자의 영향력에서 완전히 벗어나지 못했다는 사실 또한 알 수 있었다. 그런데 더욱 놀라운 것은 문화적으로 가장 뛰어났던* 우리 겨레는 여러 민족이 자신들의 표기법을 만들 때까지 독자적인 문자를 만든 적이 없었다는 사실이다. 초원에서 말 타고 다니면서 사냥이나 하던 민족, 또 저 멀리 떨어진 섬에 살면서 대부분의 문화를 우리 겨레로부터 전수받은 민족도 오래전부터 자신들만의 문자를 만들어 사용했는데 그보다 앞선 문화를 보유하고 있던 우리 겨레는 왜 우리만의 문자를 만들지 않았던 것일까?

이에 대해서 특별한 이유를 제시한 학자를 찾지 못했다. 그러니까 우리는 한글이라는 훌륭한 글자가 창제되었다는 사실만을 중시한 나머지 왜 한글이라는 우리 고유의 글자가 동아시아에서 가장 늦게 창제되었는지에 대해서는 고민하지 않은 것이다. 왜 우리 겨레는 가장 늦게 우리 고유의 문자를 갖게 되었을까? 이에 대해서는 몇 가지 가정이 가능하다.

첫째, 이두를 비롯해 우리 선조가 개발한 한자를 이용한 차자표기법(借字表記法)이 뛰어나 우리가 사용하는 말을 표기하는 데 다른 문자의 필요성을 느끼지 못했다. 둘째, 문자 생활을 필요로 하는 지식인층의 한자 사용 능력

---

* 이렇게 말하면 국수주의자(國粹主義者)의 사고라 할지 모르지만 아무리 살펴보아도 중국을 둘러싼 오랑캐 가운데 한겨레만큼 뛰어난 문화를 창조하고 발전시킨 민족은 찾아보기 힘들다.

이 매우 뛰어나 이를 사용하는 데 아무런 불편이 없었다. 따라서 이들은 다른 문자를 필요로 하지 않았다. 지식인은 곧 지배층이었던 시대에 지배층이 필요성을 느끼지 못하는 정책이 실현되기는 힘들었으므로 새로운 문자의 필요성은 없었던 것이다.

그 외에도 여러 가지 가설이 가능하겠지만 아무래도 두 번째 가정 때문이 아닐까? 이두를 비롯한 차자표기법이 우리 선조의 문자 생활에 큰 도움이 된 것은 사실이지만 형용사나 부사, 특히 의성어나 의태어 등을 표기하는 데는 치명적인 약점을 가지고 있다. 사실 돼지가 우는 "꿀꿀" 소리를 한자나 이두로 표기한다는 게 어디 가당키나 한가 말이다.

결국 우리 선조들은 '돼지가 울었다'라는 표현은 가능했지만 "돼지가 꿀꿀, 엄마소가 음메, 고양이가 야옹!" 하는 따위의 구수한 말을 글로 옮겨 아이들을 위한 글을 쓸 수는 없었던 것이다. 그러니 차자표기법으로 만족한 것은 '어차피 글이란 말과 다른 거야. 그러니 그런 내용은 글로 표현할 필요가 없는 것이지' 하는 공감대가 형성되어 있었기 때문에 가능했다고 보는 게 타당하다. 특히 지배층에게 문자란 공식적인 문서 또는 자신들의 철학을 기록하는 데 필요한 것이었다. 이는 매우 중요한 사실인데 그 시대는 오늘날 우리가 생각하는 세상과는 전혀 달랐다는 사실을 기억할 일이다.

예를 든다면 구어(口語), 즉 입으로 하는 말을 표기해야 할 필요성은 언제 생기는지 고민해볼 필요가 있다. 요즘도 문어(文語), 즉 문장에서 사용하는 말과 구어를 구분하는 것은 그리 특별한 일이 아니다. 그래서 학자의 논문이나 공식적인 문서, 인문학 도서 등 수많은 책은 문어로 기술(記述)하는 것을 당연하게 받아들인다. 반면에 생활 속에서 사람들이 주고받는 말을 기술해야 하는 문장은 소설, 시, 희곡, 노래 가사, 민속과 관련된 제한적인 전문서, 그밖에 보기 드문 책에 국한된다. 따라서 백성의 문자 생활이 극히 제한적일 수밖에 없던 과거에는 문자가 완벽하지 않아도 썩 곤란을 겪지 않았을 가능성이 높다.

특히 고려나 조선의 지배층은 한자 실력이 매우 뛰어났다. 따라서 그들에게 새로운 문자의 필요성은 극히 낮았던 것이다. 오죽하면 이두 또한 고위 지배층이 아니라 하급 관리가 사용하였겠는가 말이다. 결론적으로 우리 겨레가 새로운 문자를 주변의 모든 민족보다 늦게 발명한 것은 우리 겨레의 한자 실력이 워낙 뛰어났기 때문이라고밖에 달리 설명할 수가 없다.

지금 이 순간,
한글이 필요했다

그렇다면 왜 갑자기 조선 제4대 임금 대에 들어와 우리 문자가 필요하게 되었을까? 이에 대해서는 수많은 학자가 수많은 의견을 내놓았다. 그래서 정답을 이야기하는 건 불가능하다. 다만 여러 사람의 의견 가운데 합리적이라고 여겨지는 몇 가지를 소개한다.[*]

첫 번째로, 그 무렵 극단적인 혼란을 겪고 있던 한자 발음을 명확히 하기 위해서였다. 앞서도 여러 번 언급한 바 있지만 한자는 뜻글자다. 그렇다고 읽는 소리가 없을 리는 없다. 그런데 한자가 뜻글자이다 보니 소리를 표기할 방법이 마땅하지 않았다. 오늘날로 치면 발음기호가 없었던 것이다. 사

---

[*] 《국어사개설》(이기문, 탑출판사, 1981), 《조선언문실록》(정주리·시정곤, 고즈윈, 2011) 등 여러 저서에서 훈민정음의 탄생에 관한 내용을 읽을 수 있다.

실 소리글자의 대표적인 사례로 알려진 영어조차 발음기호가 없으면 단어를 읽을 수 없다. 알파벳 한 글자 한 글자는 읽을 수 있을지언정 그 알파벳이 모여 만들어진 단어는 일일이 발음을 어떻게 하라는 지시인 발음기호 없이는 읽을 수 없는 것이다.*

그런데 한자는? 소리글자도 아니지 않은가 말이다. 결국 중국인은 한자의 발음을 표기하기 위해 매우 어려운 방법을 사용할 수밖에 없었고 그건 다음 두 가지 가운데 하나다. 그 한 가지는 독약법(讀若法) 또는 직음법(直音法)이라고 하는 것으로 소리를 모르는 글자를 X라고 하면 소리를 아는 글자 Y를 이용해 X를 표기하는 것이다. 잘 알다시피 한자(漢字)는 한 글자가 한 음(音)을 갖는다. 그럼에도 그 글자는 각각 다른 뜻을 갖는다. 그러니 소리는 같으나 뜻과 형태가 다른 글자가 무수히 많을 수밖에 없다. 결국 이 문제점을 해결하기 위해 중국인은 사성(四聲), 즉 소리의 높고 낮음을 이용하게 된 것이다. 오늘날 우리가 중국어를 배울 때 가장 고통 받는 게 바로 사성을 표현하는 것인데, 이는 너무도 당연하다. 우리말에는 성조(聲調), 즉 소리의 높고 낮음이 없기 때문에 이를 표현하는 데 어려움을 겪는 것이다. 그런 방법을 채택해도 여전히 중국어는 같은 소리를 내는 수많은 글자, 즉 단어(한자는 한 글자가 한 뜻을 갖는 단어와 같으니까)가 있어서 사용하는 사람들로 하여금 혼란을 일으키게 한다.

또 다른 방법은 반절(反切)이라고 하는 것이다. 이는 소리를 모르는 글자 X를, 소리를 아는 Y와 Z라는 두 한자의 조합으로 나타내는 방식이다. 말로 하면 어려우니 예를 들어보겠다.[6]

---

* 이는 매우 중요한 사실인데, 많은 사람이 소리글자는 뜻글자와 달라서 읽는 데 특별한 노력이나 지식이 필요 없다고 여긴다. 그러나 영어를 비롯해 무수히 많은 소리글자 또한 발음기호, 즉 읽는 데 필요한 지식이 없이는 읽지 못한다. 이에 대해서는 후에 다시 논의할 예정이다.

東德紅反　東(동녘 동)의 소리는 德(덕 덕)의 첫 음인 'ㄷ'과 紅(붉을 홍)의 뒷부분인 'ㅎ'을 모아 소리를 낸다.

　이렇게 중국인에게도 어려운 한자음을 우리나라 사람이 제대로 읽는 것은 무척 힘들었을 것이 분명하다. 그러니 조선 시대 선비가 한자 발음을 정확히 한다는 것 또한 거의 불가능했을 것이고 그러다 보니 한자를 공부해야 하는 선비로서는 당연히 어려움을 겪었을 것이다.

　그 무렵 조선에서는 중국 당(唐)나라 때 도읍인 장안(長安) 지방의 음에 기반한 한자음을 사용하고 있었다. 이는 신라가 한반도를 통일한 시점에 중국과의 교류가 빈번하게 이루어지면서 그 무렵 중국을 통치하고 있던 당나라의 한자음을 수용했기 때문이다.[7] 그런데 당나라 때 사용하던 음은 시간이 흐르면서 당연히 변했을 것이고[*] 따라서 조선에서 사용하고 있던 한자음과는 상당한 차이가 났을 것이다.

> 조선 초기의 중국어는 '통어(通語)'(또는 범통어凡通語)라고 부르던 삼국시대의 중국어와 상당한 차이가 있었음을 알 수 있고 결국 이것은 한문(漢文)과 중국어(中國語)가 서로 다른 언어가 되었음을 가리킨다. 따라서 당시 조선의 지식인들은 한문과 다른 중국어를 별도로 학습하여야 하였으며, 문어(文語)로서도 한문 이외에 한이문(漢吏文)[**]도 학습하지 않을 수 없었다.

> 세종을 비롯한 조선 전기(前期)의 문자 정책을 주도한 지도자들은 이 사실을 직시하고 중국어 학습과 한자음의 정리에서 발음기호의 역할을 하며 우리말

---

[*]　그 후 당을 비롯해 수많은 나라가 탄생했다가 멸망하기를 반복했으니 도읍의 변화에 따라 지배층이 사용하는 발음 또한 변했을 것은 당연하지 않겠는가.

[**]　중국과 교류 시 사용하던 외교문서 및 관용 문서에 사용하던 문장.

도 기록할 수 있는 훈민정음을 제정한 것이다.[8]

위 글에 따르면 세종 시기 조선 선비는 한문과 중국어를 따로 배워야 할
만큼, 전통적인 한문은 같은 시대의 중국어와 전혀 달랐다. 결국 더 이상 이
를 방치할 수 없다고 여긴 세종이 그 무렵 조선에서 사용하던 한자음의 표
준화를 추진했고 이를 위해서는 조선인을 위한 발음기호가 필요했다는 것
이다. 한글, 즉 훈민정음은 이렇게 그 시대 한자음 표기의 표준화를 위해 창
제된 발음기호란 것이다. 이러한 이론을 뒷받침하는 중요한 사건이 있으니
바로《동국정운》이라는 책의 편찬이다.

동국정운,
우리나라의 바른 소리?

《동국정운(東國正韻)》의 한자 뜻을 풀면, '동국, 즉 우리나라의 바른 소리'라
는 뜻이니, 그 무렵 유일한 문자인 한자의 정확한 소리를 기록한 책인 셈이
다. 신숙주를 비롯해 최항, 성삼문, 박팽년, 이개, 강희안, 이현로 등 집현전
학자에 의해 편찬된《동국정운》은 훈민정음이 반포(頒布)된 이듬해 완성되
었고 그로부터 2년 후인 1448년 반포된다. 그러니까 한글이 창제됨과 동시
에《동국정운》역시 편찬되었다고 보아도 무리가 없을 것이다. 이러한 이
유로 한글은 한자음을 표기하기 위해 창제되었다는 이론이 탄생한 것이다.
《동국정운》외에도 이러한 이론을 뒷받침하는 내용이 있으니 바로 세종의
입에서 나온 다음과 같은 말이다.

"네가 운서(韻書)를 아느냐. 사성 칠음(四聲七音)에 자모(字母)가 몇이나 있느냐. 만일 내가 그 운서를 바로잡지 아니하면 누가 이를 바로잡을 것이냐."

이는 앞서 살펴본 최만리의 상소에 답한 세종의 말이다.

"내가 그 운서를 바로잡지 아니하면 누가 이를 바로잡을 것이냐."

세종 자신이 운서, 즉 한자음을 기록한 책의 잘못된 점을 바로잡기 위해 훈민정음을 창제했다고 말하는 것이다. 이와 관련해서 재미있는 내용이 하나 있어 소개한다. 재미있다고 해서 쓸모없는 내용이라거나 웃고 넘어갈 정도로 별 의미가 없다는 말은 아니다. 우리가 오늘날 머릿속에 새기고 있는 이론을 깨주는 참신함이 있다는 뜻이다.

강신항 '정음(正音)'이라고 하는 것이 그 본체가 정말 무엇인지, 백성에게 어떤 정음을 가르치겠다는 것인지 정말 그 당시에 서울 표준 발음을 가르치려고 한 것인지, 또는 한국의 표준 한자음인지, 제 생각에는 당시에 지금 우리가 생각하는 것과 마찬가지로 서울 표준음을 가르치겠다는 생각보다는 한자음이었다는 생각이 자주 듭니다. (중략)

서병국 이 훈민정음(訓民正音)이라는 자체가 문자를 지칭한 것이냐, 아니면 그 문자가 바로 그 당시의 표준 한자음을 적는 하나의 기호이니까 표준 한자음을 정리하는 그 자체의 하나의 도구를 훈민정음이라고 했느냐, 문자 자체의 명칭이냐 하는 점을 분명히 해주었으면 합니다.

강신항 선생님 질문이 훈민정음이라는 것이 문자 이름이냐, 그 당시의 한자 자체의 표준음을 적는 것이냐 그런 말씀입니까?

서병국 그것이 문자 이름이냐, 그 당시에 한국 한자음이 표준음이라는 뜻이겠느냐, 언문이라든지 무슨 언(言)이라든지 이렇게 표시하지 않고 정식 명칭이 훈민정음인데 어떤 문자 기호의 명칭을 의도하는 그런 문자가 있는데 그것을 가지고 한자음의 표준은 이것이다 하는 표준음 자체를 지칭하는 것이냐, 문자 그 자체를 지칭하는 것이냐 하는 점입니다.

강신항 제 생각에는 역시 문자보다는 음 같습니다.

서병국 《훈민정음》서문에 보면 문자 그대로 훈민(訓民, 백성을 가르침)했으니까 훈민(訓民)하고 그다음에 '편어일용의(便於日用矣)', 즉 '쉽게 익혀 편히 사용하도록 할 따름'이라 해서 끝에 편민(便民), 즉 백성을 편안케 하는 것이 요약하면 나오겠는데, 결국 훈민이라는 것은 한서(漢書) 같은 것을 일반 민중이 난삽해서 이해를 못하니까 성현의 뜻을 잘 이해 못한다, 성현의 뜻을 이해 못하니까 말소리에 대한 것을 정확히 해서 그 뜻을 가르치고, 성현의 도를 가르친다는 것이 인용문에도 나와 있습니다마는, 그렇다면 훈민정음 자체가 (중략) 사용해보니까 역시 우리 국어에도 적용할 수 있고 여러 가지로 기록할 수 있다는 의미에서 편민(便民)이라는 것이 끝에 들어가지 않았느냐, 그래서 훈민과 편민 사이에 한 3년 시차가 있지 않을까, 이런 생각을 해보는데 그런 문제는 어떻게 생각하시는지요?

강신항 옳은 말씀입니다. 어제도 말씀드린 것처럼 애당초 착상은 그런 데에서 나왔는데, 결과로는 훈민정음이 창제되게 된 것이라는 이야기입니다. 애당초는 한자를 가르치려고 했든지 음을 바르게 하고 옳은 음을 밝히려 했든지 간에, 올바른 교화(敎化) 정책을 써서 이상적인 유교 국가를 건설하려는 생각에서 추구하려다 보니까 결과적으로 훈민정음도 나오게 된 것이 아니겠느냐 하는 말씀입니다. (중략)

늘 한글날이면 제일 지나치게 매도되는 분이 최만리 선생하고 연산군이라고 제가 자주 얘기해왔습니다. 최만리 선생은 외직이라고는 강원도 관찰사 이외에는 늘 집현전에서 일생을 보내신 분입니다. 지금의 학술원 원장으로서 일생을 보내신 분이니까 (중략) 그분이 저희가 생각할 때에는 훈민정음을 창제할 때까지는 가만히 계셨습니다. 세종대왕을 깎아내리려는 것은 아닌데 훈민 정음을 창제해놓고 세종대왕께서 제일 처음에 하신 일이 무엇인가? 우리말 로 노래를 지으신 것도 아니고, 그것을 가지고 우리말의 글을 쓰신 것도 아닙 니다. 무엇보다도 먼저 중국의 《고금운회거요》*를 여러 사람을 동원해가지고 급히 서둘러서 번역을 하셨습니다. 그것을 최만리가 학술원 원장으로서 여러 동료들과 관찰을 해보니까, 훈민정음을 창제해놓고 불과 40일 동안에 급작스 러이 이런 일을 하시는 것을 보고는 도저히 이것은 참을 수 없다 해서 상소를 한 것으로 봅니다. (하략)[9]

위 내용은 좌담회를 녹취한 것이다. 따라서 논문이나 저서와는 달라서 정 리가 부족한 것은 사실이다. 그러나 그런 것을 감안하고 읽더라도 우리의 상상력을 자극하는 내용이 여럿 있기 때문에 여기에 소개하는 것이다.

훈민정음?

우선 훈민정음(訓民正音)이라는 명칭에 대해 참가자들은 문제를 제기하고 있다. 만일 처음부터 문자를 창제하고자 했다면 세종께서 당연히 '○○○ 자(字)' 또는 '○○○문(文)'이라는 명칭을 붙였지 않겠느냐 하는 의문이 다. 그 무렵 중국의 문자를 한자(漢字)라고 부른다는 사실을 모르는 사람은

---

* 1434년(세종 16)에 간행된 운서(韻書)로, 원(元)나라 황공소가 편집한 《고금운회》를 원나라 웅충이 요점만 뽑아 30권으로 편성한 책이다.

없었고 문자(文字)라는 단어 또한 모르는 사람이 없었을 테니 당연히 '文' 또는 '字'라 이름 지었어야 하는 것이다. 그럼에도 '소리'를 뜻하는 음(音)을 붙인 것은 훈민정음을 초기에는 한자음을 기록하기 위한 발음기호 수준으로 여긴 것 아니겠느냐 하는 것이다.*

이에 대해 이의(異義)를 제기하는 이도 있다. 홍윤표는 저서 《한글 이야기》에서 《훈민정음》 서문에 나오는 '문자와로 서로 사뭇디' 할 때의 문자는 단순히 글자가 아니라 '예전부터 전하여 내려오는, 한자로 된 숙어나 성구(成句) 또는 문장'을 가리킨다고 하며, 따라서 '문자'와 구분되는 명칭으로 '정음'이란 명칭을 만들었다고 주장하였다. 그러면서 "나랏 말ᄊᆞ미 중국에 달아"가 '정음'이고, "國之語音이 異乎中國ᄒᆞ야"가 '문자'라고 하였다.[10]

이 이론 또한 충분히 합리적인 주장이기도 하다. 따라서 위 내용 가운데 어떤 것이 옳다 그르다, 결론을 내리기는 힘들 것이다.

다른 하나는 한글이 창제되고 반포되기까지 걸린 3년이 넘는 기간 동안 무슨 일이 있었는지에 대한 질문이다. 한글은 1443년 겨울에 세종이 창제하였다. 그것을 〈세종실록〉에서는 다음과 같이 기록하고 있다.

이달에 임금이 친히 언문 28자를 만드시었다. 그 글자는 옛 전서(篆書)를 본뜨고 초·중·종성을 나누었는데 합한 뒤에야 글자가 이루어진다. 무릇 한자와 우리나라 말을 다 능히 적을 수 있으니 비록 간단하고 요약되나 전환이 그지없다. 이를 훈민정음이라고 한다.[11]

---

* 정광 또한 그의 저서 《훈민정음의 사람들》(정광, 제이엔씨, 21쪽)에서 '이때까지는 어디까지나 발음기호로서 신문자를 만든 것이다'라고 적고 있다.

비록 간단한 기록이나 한글의 이름, 글자의 수효와 체계, 그리고 효용까지 모두 밝혀놓았다. 〈세종실록〉에는 이듬해 2월에 한글과 관련된 두 기사가 나타난다. 그 하나는 16일에 세종이 집현전 교리 최항 등에게 언문 곧 한글로《고금운회거요》를 번역하도록 한 일과, 다른 하나는 20일에 집현전 부제학 최만리 등이 한글의 창제를 반대하는 상소를 올렸는데 그 속에 아전 10여 인에게 한글을 가르치고 한자의 발음 사전인 운서에 한글로 한자의 발음을 표기하려는 일이 있음을 말한 내용이 그것이다. 이로써 나라에서는 창제된 뒤로 이내 한글을 실제로 사용하는 사업을 착수한 것이 분명하다. 그러나 일반 백성에게 널리 한글이 알려지게 된 것은 1446년(세종 28) 9월 상순에 반포된 책《훈민정음 해례본》이 계기가 된다.[12]

위 글을 보면 앞의 좌담회 내용이 상상만은 아님을 알 수 있다. 물론 우리는 좌담회에서 가정한 내용이 사실인지 아닌지 확인할 수 없다. 다만 3년이라는 시간 동안 무수히 많은 일이 벌어졌을 것임은 쉽게 짐작할 수 있다.

지난 기간* 동안 외부로 알려지지 않도록 비밀을 유지하면서 훈민정음을 창제할 만한 능력을 갖춘 개인(세종 혼자 훈민정음을 창제했다고 가정하는 경우) 또는 집단(세종과 그를 지원한 집현전 학사, 그리고 세자 등 세종의 가족을 포함하는 경우)이 사업 결과를 발표했다면 이후에는 그를 보완하거나 정리하는 사업은 비밀리에 진행하던 과거와는 전혀 다른 성과를 거둘 수 있었을 것이다.[13] 따라서 3년 남짓한 기간 동안 훈민정음이 처음 창제될 때의 상태보다는 훨씬 발전했을 것이라는 가정은 매우 타당한 것이다.

---

* 그 기간이 얼마 동안인지는 알 수 없다. 훈민정음이 창제되었다는 사실만 기록되었을 뿐 얼마나 오래 준비했는지에 대해서는 기록이 없으므로.

두 번째 이론은 한자에 예속된 채 살아온 우리 겨레를 그 고통으로부터 해방시키기 위해 우리말을 기록할 수 있는 새로운 문자를 창제했다는 것이다. 이 이론에 대해서는 특별히 설명하지 않아도 모두들 고개를 끄덕일 것이다. 그만큼 널리 알려진 이론이고 더욱이 한글의 주체성과 독창성을 드높이는 데 이보다 더 좋은 이론이 없어서 특별한 거부감 없이 널리 받아들여지고 있다.

세 번째로 세종 대에 이르러 안정기에 접어든 조선 정부가 통치 철학을 온 백성에게 널리 알려 나라의 기틀을 확고히 하기 위해 만든 것이 한글이라는 이론이다. 이에 대해서는 그 누구보다 세종 자신이 언급한 바 있다. 앞에 인용한 〈세종실록〉을 다시 보자.

내가 만일 언문으로 삼강행실(三綱行實)을 번역하여 민간에 반포하면 어리석은 남녀가 모두 쉽게 깨달아서 충신, 효자, 열녀가 반드시 무리로 나올 것이다.

삼강행실(三綱行實)은 유교의 도덕규범이자 통치 이념의 근간이 되는 세 가지 강령으로 임금과 신하 사이의 질서를 강조한 군위신강(君爲臣綱), 부부 사이의 질서를 강조한 부위부강(夫爲婦綱), 부모와 자식 사이의 질서를 강조한 부위자강(父爲子綱)을 가리키는 것이다. 즉, 삼강행실이란 충(忠), 열(烈), 효(孝)라고 하는 유교적 통치 이념을 으뜸으로 삼아야 한다는 행동 강령인 셈이다.

그리하여 세종은 즉위 16년 되던 1434년, 진주에서 김화(金禾)라는 자가 아버지를 살해한 사건이 일어나자 삼강을 백성에게 널리 알리고자 이 책의 간행을 명했다. 이에 설순(偰循) 등이 우리나라와 중국의 자료를 참고해 충신, 효자, 열녀 각 35명씩 105명을 뽑아 그 행적을 그림과 함께 편집해 간

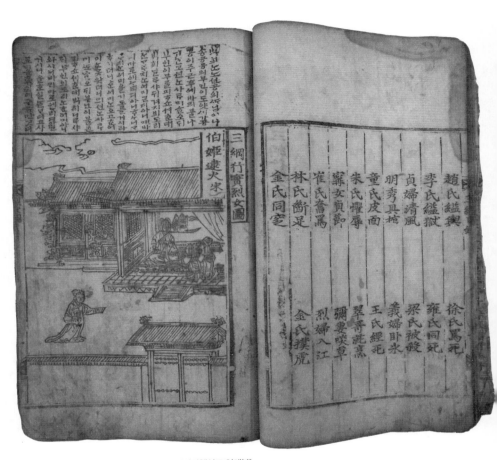

《삼강행실도 언해본》
백성에게 조선의 새로운 통치 이념과 유교의 도덕규범을 전하고자 편찬한 《삼
강행실도》가 처음 간행된 때는 세종 16년(1434)이다. 그러나 세종의 뜻과는 달
리 언해본, 즉 한글본이 출간된 것은 훈민정음이 창제된 후 40년 가까이 지난
성종 12년(1481)이었다. 출처 : 문화재청

행하였다. 그래서 책 이름이 '그림이 들어간 삼강행실'이란 뜻에서《삼강행실도(三綱行實圖)》가 된 것이다.

세종은 한자로 간행한《삼강행실도》를 백성이 모두 읽을 수 있도록 쉬운 글자로 만들면 국가가 추구하는 철학이 온 나라에 퍼져나가지 않겠는가, 하고 되묻는 것이다. 실제로《삼강행실도》는 세종 사후(死後)인 1481년(성종 12년) 언해(諺解), 즉 한글로 번역되어 출판됐으며 이후에도 여러 차례 간행되어 성리학의 이념을 백성에게 전파하는 데 큰 역할을 하였다.

그렇다면 위 세 가지 이론 가운데 정답은 무엇일까? 아마 세 가지 모두 정답일 것이다. 이 위대한 문화가 탄생하는 데 어찌 한 가지 목적만으로 탄생했겠는가. 그러니 정도의 차이는 있을지언정 이제 막 안정기에 접어든 나라를 다스리던 군주로서 노심초사하던 세종이 세 가지 목표 모두를 염두에 두고 고민에 고민을 거듭하다가 새로운 문자 창제라는 놀라운 성과를 거두게 되었다고 보는 게 합리적일 것이다.

물론 이 책이 국어학에 관한 전문서라면 세 가지 이론을 두고 이런저런 논의를 거듭할 수도 있을 것이다. 그러나 우리는 지금 한글 탄생 이전부터 영원히 지속될 문자인 한글의 미래에 이르는 멀고도 먼 장정에 돌입한 상태다. 따라서 이러한 논의는 우리의 발걸음을 더디게 할 뿐이다. 우리는 현실을 있는 그대로 받아들인 상태로 앞으로 나아갈 뿐이다. 그럼 다시 최만리로 돌아가 보자.

최만리,
수구사대주의자인가,
합리적 보수주의자인가

우리가 최만리라는 인물에 관심을 갖는 것은 문자로서 한글이 탄생한 이후 말의 전쟁이 아니라 문자 전쟁으로서는 처음 맞이한 상대이기 때문이다. 전쟁에서 맞닥뜨린 상대의 정체가 과연 무엇인지 아는 것은 전쟁의 진실을 파악하는 데 기본 아니겠는가. 그리고 그러한 작업이야말로 향후 다시 일어날지도 모르는 전쟁에 대비하는 데 중요하다.

언문 반대의 상소문은 마치 정인지의 서문을 미리 반박하는 것과 같은 느낌을 주고 있다. 전체 문장이, "종왈(縱曰), 당왈(儻曰), 약왈(若曰)"* 등의 말로 전제된 것이 확실히 일정한 누구의 견해를 반박하는 것임에 틀림이 없기 때문이다. 시기로 보아 정인지의 1446년 서문이 최만리 등의 상소를 반박하였을 수는 있어도 최만리 등의 1444년 상소가 정인지의 서문을 미리 반박하였다고 하지는 못한다. 그러나 최만리 등의 상소는 그 자체가 이미 일정한 견해를 반박하는 태도인 동시에 또 정인지의 서문에서 하필 그들의 반박을 도모하였으리라고 생각할 수도 없다. 여기에서 홍기문은 대개 한글이 발표된 후 집현전 안에서 그 공들인 효과로 몇 가지 항목이 열거되었던 것으로 추정하고, 최만리 등은 그 항목에 대한 논박을 열거하였음에 대하여 정인지는 다시 그 공들인 효과를 가져와 한글을 예찬하였다고 설명한다. 이에 대하여 강신항은 상소문과 〈해례본 서(解例本序)〉의 내용에서 서로 반박한 듯한 항목을 일일이 대조

---

* 縱, 儻, 若이란 한자는 모두 부정적인 무리를 뜻하는 글자다.

한 뒤에, 한글 창제 과정에 여러 문신들 사이에 있었던 거듭된 찬반의 논의를
정리한 것이 상소문과 정인지의 서문으로 나타났다고 추측하였다.[14]

위 글은 국어학자로서 평생을 보내고 2006년 타계한 안병희 전 국립국
어연구원장의 저서《훈민정음 연구》에서 발췌한 것이다. 결국 많은 국어학
자는 최만리의 상소문이 단순히 한 사대주의자나 수구파 선비가 돌출 행동
을 한 것이거나 막무가내로 세종의 한글을 폄하하려는 의도로 상소를 올린
것이 아니라는 데 의견을 함께하고 있음을 알 수 있다.

최만리와 그와 뜻을 함께하는 여러 선비들과 한글 창제에 음으로 양으로
힘을 더한 선비들 사이에 치열한 논의가 거듭되었고 그 결과물이 최만리의
상소문으로 요약되었다는 것이다. 그리고 최만리를 비롯한 한글 창제 반대
론자의 주장에 대해 정인지를 비롯한 찬성론자가 이론적으로 대응한 것이
〈해례본 서〉*라는 말이다. 이와 연관해서 살펴볼 글이 하나 더 있다.

그러나 최만리 파의 사상을 단지 사대주의로 총괄해버리는 것은 너무나 성급
한 생각이다. 그것은 '정음'에 반대하는 상소문의 정치적인 측면만을 보고 있
는 것이다. 여기서는 다음의 두 가지 점을 함께 보아야만 한다.
첫 번째로 반드시 주시해야 할 것은, "지식인들에게 한자 한문이 삶이자 죽음
이었던" '정음' 이전 에크리튀르**의 자기장(磁氣場)이다. 최만리 파의 입장은
당대의 지식인들 가운데 압도적인 다수파의 입장이었고 한자 한문에 살고 죽
어가는 사람들의 존재적 근원에서 나오는 소리였다. 그것은 지식인으로서의

---

*   〈해례본 서〉는《훈민정음 해례본》〈서문〉을 가리킨다.
** 글 또는 문자언어를 뜻하는 불어. 글을 쓰는 행위 또는 글을 쓰는 방법인 문체, 서체, 문자나 표기법
    등을 폭넓게 의미한다.

마땅함이었고 상식이었고 자연이었고 이성(理性)이기도 하였다. 정통파였던 것은 최만리와 한자 한문 원리주의였으며, 세종과 에크리튀르 혁명파가 이단(異端)이었던 것이다. (중략)

두 번째로 보아야 할 것은 최만리 파의 사상이 '정음'에 대해 다름 아닌 언어학적, 문자론적, 더 나아가 '지적(知的)' 지평에서 물음을 던지고 있다는 점이다. 최만리를 둘러싼 오늘의 담론 중에는 위의 첫 번째 지적에서와 같이 15세기라는 시대 배경을 고려하여 사대주의라는 단죄(斷罪)에서 거리를 두려는 연구자가 적지 않다.

그에 비해 최만리의 논의가 언어학적, 문자론적인 '지(知)'의 지평에서 벌어진 사상투쟁이었다는 사실은, 기존의 훈민정음론에서는 거의 언급되지 않았다.

한마디로 말해 '한자 한문 원리주의'로 총괄할 수 있는 최만리 파의 사상은, 압도적으로 우세한 앙시앵 레짐=구체제의 단순한 대변이었다기보다는 '정음'의 잠재력으로 인해 뒤흔들리게 될 한자 한문 에크리튀르의 근간(根幹)과 그것을 떠받치는 근원적 사상을 원리주의적으로 순화, 이론화한 것이었다.[15]

책의 처음부터 끝까지 한글이라는 문자에 대한 이론적, 정치적, 사상적, 창의적 찬사로 일관되어 마치 한글 전용주의자가 쓴 듯한 책 《한글의 탄생》의 저자인 일본인 노마 히데키의 말은 한글이라는 탁월한 문자의 주인으로서 우리가 미처 보지 못한 면을 객관적으로 파악하고 있는지도 모른다. 사실 우리는 한글의 거대한 숲 속에서 향긋한 피톤치드 향에 취해 있어 최만리라는 한글 창제 반대론자의 의견을 이론적으로가 아니라 감정적으로 반박하고 있었는지도 모른다.

여하튼 우리나라 국어학자의 의견과 외국인의 의견을 종합해봐도 최만리가 고집불통에 중국이라면 사족을 못 쓰는 사대주의자이기 때문에 한글 창제에 반대한 것은 아님이 분명해 보인다. 대신 최만리를 비롯한 동시대의 주류 선비들로서는 어느 날 갑자기 나타난 새로운 문자로 인해 기존의 학문적 질서, 나아가 사고의 틀이 변모할 것을 우려했다고 보는 편이 합리적일 것이다. 이는 오늘날 누군가가 나서서 세계화 시대를 준비하기 위해 '영어 공용화'를 주장할 때 대다수 시민이 보일 반응과 크게 다르지 않을 수도 있다. 그리고 덧붙여 반드시 기억해야 할 내용이 있다.

만일 세종이 창제한 한글이 오늘날 우리가 사용하는 문자와는 사뭇 달리 편의성이나 난이도 등에서 뒤떨어지는 문자였다면? 당연히 최만리의 주장은 시대의 지원을 받았을 것이고 중국을 둘러싼 여러 민족이 창제한 문자가 그러했듯이 결국 소멸의 길로 접어들었을 것이다. 그렇다면 당연히 최만리는 우리 역사에 길이 남을 합리적 보수주의자요, 목숨을 걸고 임금의 독단을 막아낸 충신이 되었을 것이다.

그러나 최만리의 불행은 한글이라는 문자가 태어난 지 600년이 지난 오늘날에도 한민족 모두에게 지적 세례를 안겨줄 만큼 뛰어날 뿐 아니라 디지털 시대를 맞아 오히려 세계인이 인정할 만큼 탁월한 글자라는 사실로부터 비롯되었다.

훈민정음과
관련된 의문

이제 본격적으로 전쟁의 불씨가 된 한글에 대해 살펴볼 때가 되었다. 사실 세종은 한글을 창제한 것이 아니라 훈민정음을 창제하였다. 그리고 훈민정음이라는 명칭은 우리가 생각하듯 단순하지 않다. 그런 까닭에 한글의 참 모습을 살펴보기 전에 알아두면 좋을 사전 지식을 정리하기로 하자.

우선 훈민정음이란 용어에는 두 가지 뜻이 포함되어 있다. 하나는 세종이 1443년 12월에 창제한 문자다. 오늘날 우리가 한글이라고 부르는 문자의 본래 명칭이 훈민정음이었다는 말이다. 그렇다면 다른 하나는? 학자들은 세종이 집현전 학사들에게 편찬케 하여 1446년 9월 상한(上澣, 상순이란 뜻)에 발표한 훈민정음 해설서의 명칭 또한 《훈민정음》이라고 부른다.* 결국 훈민정음이라는 명칭에는 문자로서의 명칭과 책 제목의 두 가지 뜻이 동시에 담겨 있는 셈이다.

이와 관련해서 기억해두어야 할 내용이 있다. 《훈민정음》은 국보 제70호로 지정되어 있을 뿐 아니라 1997년 10월에는 유네스코 세계기록유산으로 지정되기도 하였다. 그런데 이를 잘못 이해한 몇몇 사람들은 한글이라는 우리 문자가 세계기록유산으로 등록되었다거나 국보로 지정되어 있다고 여기기도 한다. 세계기록유산으로 등재된 것도, 국보 제70호로 지정된 것도 모두 《훈민정음 해례본》 또는 《훈민정음 원본》이라고 불리는 책이다.

다른 하나는 문자로서의 훈민정음을 누가 창제했느냐 하는 것이다. 이에 대해서는 무수히 많은 학자가 연구에 연구를 거듭했다. 그 결과 세종 혼자 창제했다는 이론부터 세종과 그의 가족 몇이 비밀리에 창제했다는 이론, 그리고 집현전 학자들 가운데 세종이 뜻을 함께하는 몇몇 학자와 창제했다는 이론 등 다양한 의견이 존재한다. 그러한 이론을 주장한 책을 읽다 보면 어떤 이론이라도 다 옳은 것으로 보인다.

따라서 우리는 이에 대한 결론을 내리지 않을 것이다. 누가 창제했건 한

---

* 책으로서의 《훈민정음》은 해설이 붙어 있다고 해서 《훈민정음 해례본》이라고도 한다.

글 창제의 정신에는 변함이 없을 것이기 때문이다. 그리고 그건 우리가 결론 내릴 성질이 아니다. 이와 관련해서 잠깐 살펴볼 문장이 있다. 앞서 살펴본 바 있는 안병희 교수의 글이다.

> 필자는 2001년 논문[16]에서 역사의 전환기에는 위대한 인물이 존재한다고 하면서 국어의 문자사(文字史)에 위대한 발자취를 남긴 두 인물로 이두를 창시한 설총과 한글을 창제한 세종을 든 일이 있다. 문자사의 관점에서 한글의 무한한 앞날을 생각하면 세종의 공적이 훨씬 커지겠지만, 현대까지의 문자 사용 연대만 따진다면 천년이 훨씬 넘게 문자 생활의 한 축을 담당한 설총의 공적이 오히려 크다고 설명한 바 있다. 사료에만 의존하면, 이두는 설총 혼자서 창시하고 한글은 세종 혼자서 창제하였다고 할 수밖에 없다. 그러나 아무리 훌륭한 인물이라 하여도 혼자 힘으로 위대한 업적을 이루지는 못한다. 시대 상황을 예민하게 파악하고 자기의 능력을 최대한 발휘하면서 주변의 인물을 적절하게 활용하여야 이룩할 수 있다. 상대적으로 더 많은 사료가 있는 한글 창제에는 협찬자로 집현전 학사의 이름을 구체적으로 들 수 있다. 이두의 창시에도 당시의 국학(國學) 동료의 협력이나 선배인 강수(强首)의 가르침이 없었다고 못할 것이다. 사료의 제약으로 그 이름들을 자신 있게 들지 못할 뿐이다. 요컨대 그러한 협찬이나 협력이 있었다고 하여 문자사(文字史)에 이룩한 세종과 설총의 위대한 공적을 낮추어 보아서는 안 된다.[17]

이 글이 말하고자 하는 바야말로 학문적 판단과 일반적 판단 사이에 놓인 이론적 차이를 잘 보여준다고 하겠다. 오늘날 이두를 만든 것으로 알려진 설총과 세종을 비교하는 사람도 없을 뿐 아니라 혹시 있다 해도 설총의 업적이 현재까지만 놓고 본다면 더 크다는 안 교수의 주장에 동의할 사람이 있을지 의문이다. 그러나 학자는 일반인이 원하는 말을 하는 사람이 아니다. 일반인으로서는 상상도 하지 못할 일이지만 그것이 학문적인 근거를 가진 것이라면 당당히 펼쳐 보이는 것이 참된 학자다.

그런 면에서 위 글을 통해 우리가 우리 겨레의 문자 생활을 돌아보고 새로운 시각을 갖게 된다면 그것으로 학자의 역할은 충분했다고 할 것이다. 덧붙여 위 글에서처럼 한글 창제 과정에 세종과 그의 가족만이 참여하였건 더 많은 학자가 참여하였건 그건 세종의 한글 창제라는 공적을 훼손시키는 이유로 작동할 수 없다는 사실도 기억할 일이다.

마지막으로 살펴볼 것은 한글을 창제하는 데 참고한 문자가 있는가, 있다면 어떤 문자인가 하는 점이다. 이는 일반인들로서는 가장 궁금한 것이기도 할 뿐 아니라 오늘날까지 다양한 주장이 전개되어 있어 혼란을 겪기도 하는 문제다.

첫 번째로, 오래전에는 우리 겨레 고유의 가옥에 사용된 문창살의 문양을 보고 그 모습을 본떠 만들었다는 이야기가 널리 퍼졌다. ㄱ, ㄴ, ㄷ, ㄹ, ㅁ 등의 모습이 모두 사각형이 지속적으로 연결된 우리나라 전통의 문창살 모양에서 나올 수 있는 형태이기 때문이었다.

그러나 이는 훗날 전혀 근거가 없는 것으로 확인되었다. 왜냐하면 이러한 이야기가 전파될 때만 해도《훈민정음 해례본》이 발견되기 전이라 훈민정음이 무엇에 바탕을 두고 창제되었는지 전혀 알 수 없었다. 그런데《훈민정음 해례본》이 1940년에 발견되면서 훈민정음의 창제 근거와 활용 등에 대한 해석이 확인되었기 때문에 아무런 근거 없이 제기된 문창살 모양을 본떠 만들었다는 이론은 자취를 감춘 것이다.

두 번째 살펴볼 것은 고전(古篆) 기원설이다. 고전(古篆)이란 옛날 중국에서 사용하던 한자의 한 형태인 전자(篆字)를 가리키는데 이러한 설이 나오게 된 데는 그만한 근거가 있다.

설혹 말하기를, '언문은 모두 옛 글자를 본뜬 것이고 새로 된 글자가 아니라' 하지만, 글자의 형상은 비록 옛날 중국에서 사용한 전서체 문자를 모방하였을 지라도 음을 쓰고 글자를 합하는 것은 모두 옛 것에 반대되니 실로 근거한 것 이 없사옵니다.[18]

최만리가 인용한 '옛 글자를 본뜬 것이고', '비록 옛날 중국에서 사용한 전서체 문자를 모방하였을지라도'라는 문장으로부터 고전 기원설은 고개 를 내밀었다. 그리고 그 후 간행된 《훈민정음 해례본》 가운데 정인지의 서 문에도 이러한 내용이 등장한다.

계해년 겨울, 우리 전하께서 정음 28자를 창제하시고, 간략하게 예의(例義)를 들어 보이시고 그 이름을 훈민정음이라고 지으셨다.
형상에서 비롯한 글자 모양은 중국의 고전(古篆)을 모방하였고, 소리의 원리 로부터 기인하였으므로 음은 칠조에 맞고, 삼재의 뜻과 이기(二氣)의 오묘함 이 두루 포함되지 않은 것이 없다.[19]

그뿐이 아니다. 《조선왕조실록》에도 이러한 내용이 나온다.

세종 25년 계해(1443) 12월 30일(경술) 훈민정음을 창제하다. 이달에 임금이 친히 언문(諺文) 28자(字)를 지었는데, 그 글자가 옛 전자(篆字)를 모방하고, 초 성(初聲)·중성(中聲)·종성(終聲)으로 나누어 합한 연후에야 글자를 이루었다.[20]

그러니 훈민정음이 중국의 옛 한자인 전자(篆字)를 모방해 만들어졌다는 데 이의를 제기하기 힘들다. 그런데 신기한 것은 만든 사람들이 이구동성으로 전자를 모방해 만들었다고 하는데 제3자가 보기에는 도대체 두 글자 사이에 특별한 공통점을 찾을 수 없다는 사실이다. 그렇다면 왜 훈민정음을 만든 당사자들은 이러한 주장을 하는 것일까? 이에 대해서는 '한글은 어떻게 만들어졌을까'에서 본격적으로 다룰 예정이다.

다음으로 파스파 문자 모방설을 들 수 있다. 파스파 문자는 앞서 살펴본 바가 있듯이 몽골의 황제 쿠빌라이가 티베트 승려 파스파에게 명하여 만든 것으로 1269년에 반포되어 약 100년간 사용되다 사라졌다. 그렇다면 왜 파스파 문자가 한글의 원형이라는 의견이 나온 것일까? 파스파 문자는 한글과 흡사한 면이 있다. 그건 바로 문자가 네모, 즉 방형(方形)을 띠고 있다는 것이다.

그러나 이것만으로는 파스파 문자를 모방했다는 증거가 될 수 없다. 왜냐하면 세상에 방형을 띤 문자는 그 외에도 많기 때문이다. 대표적으로 한자 또한 방형 문자라고 할 수 있다. 그렇다면 그 외에 또 다른 근거가 있을까? 조선의 실학자였던 이익(1681~1763)이 편찬한 백과사전적 저서 《성호사설》〈인사문(人事門)〉'언문' 편에 이런 내용이 있다.

우리나라의 언문 글자는 세종 28년인 병인년에 처음 지었는데, 온갖 소리를 글자로 나타내지 못할 것이 없었다. 사람들은 이를, "창힐(倉頡)*과 태사(太史) 주(籀) 이후로 처음 있는 일"이라 하였다.

---

* 고대 중국 황제(黃帝) 때 좌사(左史)인데 새와 짐승의 발자취를 보고 그 형상을 모방하여 글자를 만들었다고 전한다.

원 세조(元世祖) 때에 파스파(巴思八)가 부처가 남긴 가르침을 얻어 몽고의 글자를 지었는데, 평·상·거·입(平上去入)의 네 가지 음운(音韻)으로써 순(脣)·설(舌)·후(喉)·치(齒)·아(牙)·반순(半脣)·반치(半齒) 등 칠음(七音)의 모음과 자음으로 나누어 소리가 있는 것은 하나도 빠뜨림이 없었다. (중략)

우리나라에서 언문을 처음 지을 때는 궁중에 관서를 차리고 정인지·성삼문·신숙주 등에게 명하여 찬정(撰定)하게 하였다.

이때 명나라 학사(學士) 황찬(黃瓚)이 죄를 짓고 요동으로 귀양왔는데, 성삼문 등을 시켜 찾아가 질문하게 했으니 왕복이 무릇 13차에 이르렀다는 것이다. 그러나 추측해본다면 지금 언문이 중국의 문자와 판이하게 다른데 황찬과 무슨 관련이 있었겠는가?

이때는 원 나라가 멸망한 지 겨우 79년이었으니 몽고의 문자가 반드시 남아 있었을 것이며, 황찬이 우리에게 전한 바는 아마도 이밖에 다른 것은 없었을 것이다. (중략)

거감주(居甘州)는 곧 서역(西域)에 있는 나라로서 불교를 신앙하는데, 파스파(巴思八)가 전한 바에 이미, "불교에 의거하여 몽고의 글자를 지어 원나라 시대에 통용했다" 했으니, 공주가 사용한 문자가 이 글이 아니고 무엇이겠는가? 그렇다면 지금의 언문과 모습은 다르지만 뜻은 같았을 것이다. (중략)

서역(西域)의 문자는 음성이 갖춰지지 않은 것이 없으나, 옥(屋)·옥(沃) 이하 입성(入聲) 17운밖에는 아마 별다른 음성이 없을 것이니, 황찬에게서 얻은 것이 이와 같은 종류이다. 그렇다면 이것이 파스파가 끼친 뜻임을 또 알 수 있는데, 후일에 나온 것이 더욱 공교하다고 할 만하다.[21]

이 내용이 한글이 파스파 문자를 모방해 만들어졌다는 근거의 핵심이다. 이익 외에도 몇몇 학자가 이 이론을 주장했으나 확인할 방도는 없다.

그 외에도 고대 우리나라에서 사용했다고 전해오는 가림토 문자를 모방했다는 이도 있고 일본인은 자신들의 고대 문자인 신대 문자(神代文字)를 모방한 것이 한글이라고도 주장하는데 대부분 근거를 찾기 힘들다.

한글은
어떻게 만들어졌을까

그렇다면 정확한 근거에 입각해 살펴본다면 한글은 어떻게 만들어졌을까? 앞서 잠깐 살펴본 바가 있는데 《훈민정음 해례본》이 1940년 발견되면서 훈민정음 연구는 획기적인 전환점을 맞게 된다. 《훈민정음 해례본》이 발견되기 전에 훈민정음과 관련된 자료는 〈훈민정음 언해〉라고 불리는 자료가 유일했는데, 이는 조선 제7대 임금인 세조가 부친인 세종과 모친인 소헌왕후, 그리고 어려서 사망한 아들의 명복을 빌기 위해 1459년(세조 5)에 간행한 《월인석보(月印釋譜)》의 첫머리에 실린 것이다. 《월인석보》는 세종이 지은 《월인천강지곡(月印千江之曲)》을 본문으로, 자신이 지은 《석보상절(釋譜詳節)》을 주석으로 달아 합편(合編)해 간행한 것이다. 즉, 〈훈민정음 언해〉는 그 자체로 존재했던 게 아니라 《월인석보》의 앞부분에 실려 있던 것이다.

그런데 《훈민정음 해례본》이 발견되기 전에는 이 자료가 훈민정음에 관한 유일한 자료였던 까닭에 문자로서 훈민정음의 제자(製字) 원리 등을 알 수 없었다. 왜냐하면 〈훈민정음 언해〉는 훗날 발견된 《훈민정음 해례본》 가운데 '어제(御製) 서문'과 '예의(例義)' 부분만을 본문과 함께 한글로 옮겨 적은 것이기 때문이다.

그럼 우리에게 잘 알려진 〈훈민정음 언해〉 부분을 살펴보자.

훈민정음 언해

나·랏:말ᄊᆞ미

中듕國·귁·에 달·아

文문字·와·로 서르 ᄉᆞᄆᆞᆺ·디 아·니ᄒᆞᆯᄊᆡ

·이런 젼·ᄎᆞ·로 어·린 百·ᄇᆡᆨ姓·셩·이 니르·고·져·ᄒᆞᇙ·배 이·셔·도

ᄆᆞ·ᄎᆞᆷ:내 제·ᄠᅳ·들 시·러 펴·디 :몯ᄒᆞᇙ ·노·미 하·니·라

·내 ·이·ᄅᆞᆯ 爲·윙·ᄒᆞ·야:어엿·비 너·겨

·새·로 ·스·믈여·듧字·ᄍᆞᆼ·ᄅᆞᆯ ᄆᆡᇰ·ᄀᆞ노·니

:사ᄅᆞᆷ:마·다 :ᄒᆡ·ᅇᅧ :수·ᄫᅵ 니·겨 ·날·로 ·ᄡᅮ·메 便뼌安한·킈

ᄒᆞ·고·져 ᄒᆞᇙ ᄯᆞᄅᆞ·미니·라[22]

대한민국 사람이라면 대부분 알고 있는 이 부분은 〈훈민정음 언해〉 가운데서도 어제(御製) 부분이다. 즉 임금이 직접 편찬한 부분이란 뜻이다. 그래서 위 문장을 읽어 보면 임금이 백성을 향해 말하듯이 씌어 있음을 알 수 있다. 그런데 위 문장은 〈훈민정음 언해〉 가운데서 언해한 부분이고, 132쪽 사진에 나와 있듯이 본문을 보면 맨 앞부분에는 한문 문장이, 그다음에는 한글로 풀이한 부분이 나올 뿐 아니라 상세한 해석도 덧붙여져 있음을 알 수 있다.

형식적으로는 한문 문장의 한자건 풀이한 부분의 한자건 한자 다음에 한자보다 작은 한글로 토씨를 달아놓은 것이 눈에 띈다. 이를 가리켜 '동국정

운식 표기법'이라고 하는데, 앞서 살펴본 바 있듯이 《동국정운》은 한자 하나하나에 대해 정확한 발음을 표기한 사전이다. 그리고 한글의 창제 목적 가운데는 한자음을 정확히 표기하기 위한 발음기호의 역할도 있음을 살펴본 바 있다. 따라서 〈훈민정음 언해〉를 보아도 한글을 한자음을 표기하기 위해 만들고 실제로 사용했음을 알 수 있는데 〈훈민정음 언해〉에는 위 내용 외에도 각 글자의 소리에 대한 설명이 붙어 있다. 이 부분을 '예의(例義)'라고 한다. 그 가운데 ㄱ 부분만 살펴보면 다음과 같다.

ㄱ·ᄂᆞᆫ:엄쏘·리·니 君군ㄷ字쭝·처섬·펴·아·나ᄂᆞᆫ 소·리·ᄀᆞᆮᄐᆞ·니
글·바·쓰·면 虯끃ᄫᅟᅵᆼ·字·쭝처섬·펴·아·나ᄂᆞᆫ 소·리·ᄀᆞᆮ·ᄐᆞ·니·라[23]

그런데 위 내용을 통해 알 수 있다시피 〈훈민정음 언해〉에는 훈민정음 창제 동기와 훈민정음 각 글자의 소리가 어떻다는 내용만이 실려 있다. 따라서 이 자료만으로는 훈민정음이 어떤 원리로 창제되었는지 알 수 없었던 것이다. 앞서 문창살 이론이 나온 것도 이 때문이었다. 그런데 1940년에 이 모든 의문점을 풀어줄 자료가 발견되었으니 바로 《훈민정음 해례본》이다.

훈민정음 해례본

《훈민정음 해례본(解例本)》은 1940년 경상북도 안동의 한 집에서 발견되었고 이를 간송 전형필이 구입해 보관하면서 오늘날까지 전하고 있다. 그런데 한 가지 아쉽다면 발견 당시 책의 맨 앞 두 장이 떨어져 나간 상태였다는 점이다.

《훈민정음 해례본》은 세종 어제(御製)의 본문과 집현전 학사들이 편찬한

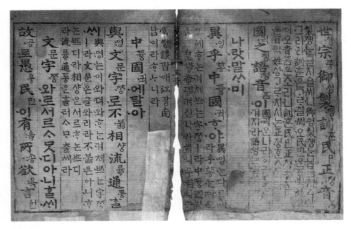

〈훈민정음 언해〉

동국정운식 표기법으로 작성된 〈훈민정음 언해〉의 어제 부분.

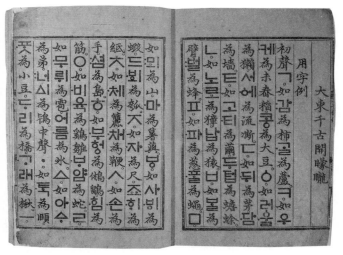

〈훈민정음 해례본〉

〈훈민점음 해례본〉 가운데 〈용자예〉 부분.

해례 부분으로 이루어져 있다. 이 가운데 본문은 앞서 살펴본 〈훈민정음 언해〉와 같다. 따라서 이 부분은 더 이상 살펴볼 필요가 없을 것이다. 해례본이 중요한 까닭은 언해에서는 볼 수 없는 내용이 첨부되어 있기 때문이다.

해례 부분은 〈제자해(制字解)〉, 〈초성해(初聲解)〉, 〈중성해(中聲解)〉, 〈종성해(終聲解)〉, 〈합자해(合字解)〉, 〈용자예(用字例)〉로 나뉘어 있으며 맨 마지막에는 정인지가 쓴 〈훈민정음 서(序)〉가 실려 있다. 세종이 집필한 〈어제 서문〉이 책의 앞에 실려 있으므로 이와 구분 짓기 위해 정인지의 서문은 후서(後序)라고 부르기도 한다. 그렇다면 세종의 어제 서문과 정인지의 서문은 어떻게 다를까?

> 세종의 서문은 한글 창제의 동기와 목적을 밝힌 것이고, 정인지의 서문은 세종의 한글 창제의 동기와 목적을 자세히 설명하고서 한글의 우수성을 말한 뒤에 세종의 명령에 따라 집현전 학사들이 해례를 짓게 된 경위를 밝힌 것이다.[24]

세종이 직접 지은 서문은 앞서 언해본에서 살펴보았다. 그렇다면 정인지의 서문 내용은 어떠할까? 우리는 앞에서 잠깐 정인지의 서문 내용을 살펴본 적이 있다. 한글의 '고전(古篆) 기원설'과 관련해서다. 그러나 정인지의 서문에는 이외에도 한글의 창제와 관련된 중요한 내용과 철학이 담겨 있다. 이 긴 내용을 우리가 다시 살펴볼 필요가 있는 까닭이다.

> 천지자연의 소리가 있다면 반드시 그에 맞는 글자가 있어야 한다. 그러므로 중국에서는 소리에 맞는 글자를 만들어서 모든 사물의 실제 형상과 통하게 하였고, 천·지·인[三才]의 도리를 책에 싣게 하니, 후세 사람이 이를 바꾸지 못

하였다.

그러나 세계는 기후와 토질이 서로 다르며, 말소리의 기운 또한 서로 다르다. 대개 중국 이외의 나라말은 말소리는 있으나 그에 해당하는 글자는 없다. 그래서 중국 글자를 빌려서 사용을 하고 있으니, 이는 둥근 구멍에 모난 자루를 낀 것과 같이 서로 어긋나는 일이니 어찌 막힘이 없겠는가?

글자란 각자 살고 있는 곳에 따라서 정해질 것이지, 그것을 강제로 같이하게 할 수는 없다.

우리나라는 예악(禮樂), 문장 등 문물제도가 중국에 견줄 만하나 다만 나라말 만은 중국과 같지 않다. 그래서 글 배우는 이는 뜻을 깨치기 어려워 힘들고 법을 다스리는 이는 그 곡절을 알기 어려워 힘들어한다.

옛날, 신라의 설총이 처음으로 이두를 만들었는데, 관청과 민간에서는 지금도 그것을 쓰고 있다. 그러나 이는 한자를 빌려서 사용하므로, 어떤 것은 어색하고 어떤 것은 우리말에 들어맞지 않는다. 그래서 속되고 이치에 맞지 않을 뿐만 아니라 우리말을 적는다고 해도 그 만분의 일도 통하지 못하는 것이다.

계해년 겨울, 전하께서 비로소 정음 28자를 창제하시고, 간략하게 예의(例義)를 들어 보이시고 이름을 훈민정음이라고 지으셨다.

이 글자는 모양을 본떠 만들되 글자 모양은 중국의 고전(古篆)을 본떴고, 소리의 원리를 바탕으로 하였으므로 음은 칠조에 맞고, 천·지·인의 뜻과 음양(陰陽)의 오묘함이 두루 포함되어 있다. 또 이 28글자만으로도 전환이 무궁하여 간단하고도 요긴하며 정확하게 통하는 까닭에, 슬기로운 사람은 하루아침을 마치기도 전에 깨치고, 어리석은 이라도 열흘이면 배울 수 있다.

이 글자로 한문을 풀면 그 뜻을 알 수 있고, 이 글자로 송사를 심리하더라도 실정(實情)을 정확히 알 수 있게 되었다.

또한 한자음은 청탁을 분명히 구별할 수 있고, 악가(樂歌)의 율려(律呂)가 고르게 되며, 쓰는 데 갖추어지지 않은 바가 없고, 어떤 경우에라도 통하지 않는 곳이 없다.

바람 소리, 학의 울음소리, 닭 우는 소리, 개 짖는 소리일지라도 모두 이 글자를 가지고 적을 수 있다.

마침내 전하께서 저희들에게 이 글자에 대한 해석을 자세히 하여 여러 사람들을 가르치라고 분부하시니, 이에 신(臣)은 집현전 응교 최항, 부교리 신 박팽년, 신 신숙주, 수찬 신 성삼문, 돈녕부 주부 신 강희안, 행(行)집현전 부수찬 신 이개, 신 이선로 등과 더불어 삼가 여러 해(解)와 예(例)를 지어서 이 글자에 대한 경개를 서술하고, 보는 이로 하여금 스승이 없어도 스스로 깨우치도록 바랐사오나, 그 깊은 연원이나 자세하고 묘한 깊은 이치에 대해서는 신들이 능히 펴 나타낼 수 있는 바가 아니다.

공손히 생각하옵건대, 우리 전하께서는 하늘이 내신 성인으로서 지으신 법도와 베푸신 시정 업적이 온갖 임금을 초월하여, 정음을 지으심도 어떤 선인(先人)의 설을 이어 받으심이 없이 자연으로 이룩하신 것이라. 참으로 그 지극한 이치가 들어 있지 아니한 데가 없으니, 이는 한 개인의 사적(私的)인 작업으로 이루어진 것이 아니다.

대저 우리 땅에 나라가 선 것이 오래전의 일이나, 문물을 창조하시고 사업을 성취시켜 주실 큰 지혜는 오늘을 기다리심이 계옵셨구나!

정통 11년 9월 상한, 자헌대부·예조판서·집현전 대제학·지춘추관사·세자 우빈객, 신 정인지는 두 손 모아 절하고 머리 조아려 삼가 씀.[25]

정인지의 후서야말로 훈민정음이 추구하는 바가 무엇이며 그 의미가 무엇인지를 구체적으로 표현한 명문장이라 할 수 있다. 이에 대해서는 수많은 학자가 정인지의 글을 인용하면서 훈민정음의 장점과 특징을 확인한 데서도 알 수 있다. 특히 "바람 소리, 학의 울음소리, 닭 우는 소리, 개 짖는 소리일지라도 모두 이 글자를 가지고 적을 수가 있다(雖風聲鶴 鷄鳴狗吠 皆可得而書矣)"라는 대목이야말로 훈민정음이 가진 놀라운 능력을 이토록 잘 나타내는 글이 없을 만큼 정곡을 찌른 것이다.

앞서도 언급한 바 있듯이 한자나 이두로 기록할 때 공문이나 학술적 문장의 경우에는 특별한 어려움을 겪지 않을지 모른다. 그러나 정인지의 말대로 우리 겨레는 훈민정음이 탄생하기 전까지 바람 소리나 학의 울음소리, 닭 우는 소리, 개 짖는 소리를 그대로 표기할 수 없었다. 결국 한자나 이두로는 결코 표기할 수 없었던 우리 겨레의 말을 드디어 기록할 수 있게 되었다는 '우리말 독립선언서'라고 해도 지나치지 않은 게 정인지 서문인 셈이다. 그리고 그 결과 우리 겨레는 말로만 이어져 내려오던 문명과 문화, 정신과 감정을 표기해 역사에 기록하고 후대에 전할 수 있게 된 것이다. 이보다 더 본질적인 문자의 역할이 어디 있겠는가.

그런 까닭에 훈민정음을 살펴볼 때 반드시 읽어야 할 문장에는 세종 어제서(御製序)와 함께 정인지의 후서(後序)도 포함되어야 한다.

해례본 본문,
그 합리적 세상으로의 여행

그렇다면 해례본의 본문에는 어떤 내용이 담겨 있을까? 앞서 살펴본 바와 같이 해례본은 〈제자해(制字解)〉, 〈초성해(初聲解)〉, 〈중성해(中聲解)〉, 〈종성해(終聲解)〉, 〈합자해(合字解)〉, 〈용자예(用字例)〉로 구성되어 있다. 이 대목에 어떤 내용이 포함되어 있는지 안다면 우리는 한글의 본모습에 한걸음 더 가까이 갈 수 있을 것이다.

맨 앞에는 언해본에 실린 세종 어제 서문, 그리고 새 글자의 음과 운용법을 설명한 예의(例義) 부분이 자리하고 있다. 해례 부분에는 먼저 제자해(制字解), 즉 글자를 만든 원리, 글자를 만든 기준, 자음 체계와 모음 체계, 음의 형태 등에 관하여 설명하는 부분이 나온다. 해례본이 우리에게 중요한 것은 바로 이 제자해 부분 때문이라고 해도 지나치지 않을 만큼 훈민정음의 원리가 모두 등장한다. 그 가운데 일부만 살펴보기로 하자.

정음 28자는 각각 그 모양을 본떠 만들었다

- 첫소리는 17자이다.
- 어금닛소리 ㄱ는 혀뿌리가 목구멍을 닫는 모양을 본떠 만들었다.
- 혓소리 ㄴ는 혀끝이 윗잇몸에 붙는 모양을 본떠 만들었다.
- 입술소리 ㅁ는 입 모양을 본떠 만들었다.
- 목구멍소리 ㅇ는 목구멍 모양을 본떠 만들었다.
- ㅋ는 ㄱ에 비해 소리가 조금 세므로 한 획을 더한 것이다.

  무릇 사람의 소리도 오행에 근본을 둔다. 그러므로 이 모두가 네 계절에 어울려도 어그러짐이 없으며 오음과도 잘 어울려 어그러지지 않는다.

- 목구멍이 깊숙하고 미끄러움은 오행 가운데 물에 해당한다. 목구멍소리는 비고 통함이 깨끗한 물이 흐르는 것과 같다. 계절로는 겨울이고 소리로는 우(목구멍소리)가 된다.

중성 11자 제자 풀이

- 가운뎃소리는 11자이다.

'•'(아래 아)는 혀를 오그려서 소리는 깊게 내니 하늘이 자시(子時)에 열리는 것처럼, 모양이 둥근 것은 하늘을 본뜬 것이다.

'—'는 혀를 조금 오그려서 소리는 깊지도 않고 얕지도 않으니 땅이 축시(丑時)에 열림과 같은 것인데, 모양이 평평함은 땅을 본뜬 것이다.

'ㅣ'는 혀를 오그리지 아니해서 소리는 얕게 내고 사람이 인시(寅時)에 태어남과 같으며, 그 모양이 서 있는 것은 사람을 본떠 만든 것이다.

초·중·종성이 합하여 이루어지는 글자풀이

- 초·중·종성이 합해서 글자를 이루는 것은, 움직임과 고요함이 서로 근본이 되고 음양이 서로 바뀌는 뜻이 있으니, 움직이는 것은 하늘이요 고요한 것은 땅이며 움직임과 고요함을 겸한 것은 사람이다.

- 대개 오행이 하늘에 있어서는 신의 운행이고, 땅에 있어서는 바탕의 이룸이며, 사람에 있어서는 인(仁)·예(禮)·신(信)·의(義)·지(知)이니 이는 정신의 뜻이요, 간장·심장·비장·폐·신장은 그 바탕을 이룬다.

- 초성에는 일어나고 움직이는 뜻이 있으니 하늘의 일이요, 종성에는 그치고 멈춤의 뜻이 있으니 땅의 일이며, 중성은 첫소리 나는 것을 이어받고 종성이 이루어지는 것을 이어주니 사람의 일이다. 대개 글자의 소리의 요점은 가운뎃소리에 있으니, 초성과 종성이 합해서 소리를 이룸이 역시 하늘과 땅이 만물을 생기게 하나 그 재료를 이루도록 서로 돕는 것은 반드시 사람에게서 힘입는 것과 같다.

- 끝소리를 다시 첫소리로 쓰는 이치는, 움직여서 양이 된 것은 건(乾)이요, 고요해서 음인 것 또한 건(乾)이니, 건(乾)은 실제로 음과 양으로 나뉘어도 다스리지 않음이 없으니, 일원(一元)의 기운이 고루 흘러 막힘이 없고 사계절

의 운행이 돌고 돌아 끝이 없으므로, 정(貞)에서 다시 원(元)이 되고 겨울에서 다시 봄이 되는 것처럼 초성이 다시 종성이 되는 것과 종성이 다시 초성이 되는 것이 역시 같은 뜻이다.[26]

위에서 볼 수 있듯이 제자해에 나오는 내용은 훈민정음이 어떤 원리로 만들어졌고 왜 글자를 만들 때는 초성·중성·종성을 모아 만들어야 하는지 그리고 초성, 즉 첫소리 자음을 왜 받침으로 사용하도록 했는지 등과 같은 글자를 사용하는 방법과 아울러 원리까지 설명하고 있는 것이다.

그러하기에 해례본이 우리 앞에 나타나자마자 훈민정음은 인류 역사상 누가 언제 창제했는지, 문자를 만든 원리는 무엇인지 그리고 그 문자를 사용할 때는 어떻게 해야 하는지가 밝혀진 유일한 문자로 자리한 것이다. 그뿐이 아니라 이 모든 내용을 구체적인 해설본 형태로 출판한 일 또한 인류 역사상 유일한 사례로 인정받은 것이다.

다음은 초성해(初聲解) 부분이다. 초성해는 훈민정음에서 말하는 초성이 무엇인지 설명하는 부분이다. 이 부분은 언해본에 나오는 예의(例義) 부분과 겹친다고 할 수 있으니 특별히 독창적인 내용이 담겨 있는 것은 아니다. 이는 다음에 나오는 중성해, 종성해 부분도 썩 다르지 않으므로 여기서 부연 설명하지 않겠다.

다음은 합자해(合字解) 부분인데 이 부분은 기억해야 할 내용이다. 왜냐하면 훈민정음이라는 문자를 어떻게 사용할 것인지를 알려주는 내용이기 때문이다. 합자(合字)란 '합할 합(合)'과 '글자 자(字)'로 이루어진 단어이니, 글자를 만들기 위해 무엇을 어떻게 합해야 하는지 알려주는 부분인 셈이다. 그럼 합자해 부분을 잠깐 살펴보기로 하자.

- 초성·중성·종성, 삼성이 합쳐져 글자를 이룬다. 초성은 중성의 위에 위치하기도 하고, 중성의 왼쪽에 위치하기도 하는데, '군'의 ㄱ은 ㅜ 위에 있고, '업'의 ㅇ 은 ㅓ의 왼쪽에 있는 따위와 같다. 중성은 둥근 것과 가로로 된 것은 초성의 아래에 있으니 • ㅡㅗㅛㅜㅠ가 그것이다. 세로로 된 것은 초성의 오른쪽에 있으니 ㅣㅏㅑㅓㅕ가 그것이다. '튼'의 • (아래 아)는 ㅌ의 아래에 있고, '즉'의 ㅡ 는 ㅈ의 아래에 있으며, '침'의 ㅣ는 ㅊ의 오른쪽에 있는 것 따위와 같다. 종성이 초성과 중성의 아래에 있는 것은 '군'의 ㄴ은 '구' 아래에 있고, '업'의 ㅂ이 '어' 아래에 있는 것 따위와 같다.[27]

위에서 알 수 있듯이 훈민정음을 창제할 당시 세종께서는 모아쓰기를 염두에 두고 한글을 만든 것이 분명하다. 모아쓰기란 '쉽'처럼 초성·중성·종성을 모아 한 글자로 만드는 것을 가리킨다. 이에 반해 풀어쓰기란 'ㅅ ㅜ ㅣ ㅂ'처럼 자음과 모음 각각을 풀어 영어처럼 쓰는 것을 말한다.

마지막으로 용자해(用字解)란 '쓸 용(用), 글자 자(字)'로 이루어진 단어로 글자의 표기 사례를 들어 소리를 분명히 알려주는 부분이다. 용자해를 잠깐 살펴보면 '초성 ㄱ은 감(감나무 시柿), 굴(갈대 노蘆)과 같다'처럼 자음과 모음이 어떤 단어에 어떻게 쓰이는지 사례를 알려주는 부분이다.

위에서 우리는 세종과 집현전 학사들이 어떤 철학과 어떤 방식, 나아가 어떤 목적을 가지고 훈민정음을 창제했는지 그리고 이렇게 만든 훈민정음을 어떻게 사용하기를 바랐는지 살펴봤다. 그 가운데 최근까지, 즉 1900년대 이후에도 논란이 거듭된 모아쓰기와 풀어쓰기에 대해 살펴보기로 하자.

이는 최근까지 두 가지 방식을 놓고 논란이 일었다는 측면에서도 짚고 넘어가야 할 문제지만 한글이라는 문자가 출발점에서 어떤 철학과 의미, 기능을 가지고 출발했는지를 살펴보는 데도 매우 중요한 요소이며, 후에 살펴보겠지만 모아쓰기와 풀어쓰기 사이에는 전면전은 아니라도 국지전(局地戰)이라고 부를 만한 갈등이 존재했기 때문이다.

모아쓰기 대
풀어쓰기

모아쓰기와 풀어쓰기를 살펴보기에 앞서 한 가지 기억할 내용이 있다. 바로 음절문자와 음소문자의 차이점인데 이에 대해서는 앞서 잠깐 살펴본 적이 있다.

> **음절문자**(音節文字) 한 음절이 한 글자로 되어 있어 그 이상은 나눌 수 없는 표음 문자. 일본의 가나 따위가 있다.
> **음소문자**(音素文字) 표음 문자 가운데 음소적 단위의 음을 표기하는 문자. 한글, 로마자 따위가 있다.[28]

위 내용은 사전에 나온 해설이다. 결국 음절문자는 하나의 소리를 나타내는 기호가 한 글자로 되어 있어 더 이상 나눌 수 없는 소리글자인 데 비해 음소문자는 하나의 소리를 나타내는 기호가 여러 개로 나뉠 수 있는 소리글자인 셈이다. 알고 나니 간단하지 않은가. 음소문자인 한글에서 '가'는 'ㄱ+ㅏ'로 구성된다. 즉, '가'라는 소리를 나타내기 위해서 두 요소가 합쳐진 것이다. 이에 반해 음절문자인 일본어에서 '가'라고 읽는 글자 'か'는 더 이상 나눌 수가 없다. 그래서 음절문자라는 것이다.

일반적으로 음절문자에 비해 음소문자가 더 후대에 탄생한 문자로 알려져 있다. 그러니까 음절문자에 비해 음소문자가 더 발전한 것이라고 단정짓기는 어렵지만 문자의 역사를 보면 음소문자가 가장 최근에 나타났다는 말이다. 그러니 조금이라도 발전한 문자일 가능성이 높지 않을까 하는 상상은 가능하다.

왜냐하면 인간이 낼 수 있는 소리는 무한에 가깝다. 그런데 어떤 문자가 음절문자라면 그 많은 소리를 표현하는 데 무수히 많은 글자가 필요할 것이다. 일본어가 외국어를 표기하는 데 곤란을 겪는 까닭이 여기에 있다. 글자 종류는 한글에 비해 월등히 적어서 배우기 쉬울지 모른다. 그러나 그 글자로 모든 소리를 나타낼 수는 없는 노릇이다. 그래서 일본인들은 외래어를 참으로 어색하게 읽는 것이다. '커피'를 '고히'라고 하거나 '세일'을 '세루'라고 읽는 것은 모두 음절문자 일본어의 한계 때문이다.

반면에 음소문자인 한글의 음소는 24개밖에 안 되지만 이를 조립해 만들어내는 글자는 무수히 많다. 그래서 글자를 다 배우는 데는 일본어를 배우는 데 비해 오래 걸릴지 모른다. 그렇지만 우리는 coffee라는 외국어를 커피, 코피, 커휘, 코휘, 카피 등 원어에 가까운 소리로 표기할 수 있다. sale 또한 세일, 쎄일, 새일, 쌔일, 샐, 쎌 등으로 표기가 가능하다. 여하튼 오래전 정인지가 "바람 소리, 학의 울음소리, 닭 우는 소리, 개 짖는 소리일지라도 모두 이 글자를 가지고 적을 수 있다"라고 말했듯이 한글은 세계에서도 탁월한 소리글자임은 분명하다.

자, 그럼 다시 모아쓰기 대 풀어쓰기 문제로 돌아가 보자. 위에서 살펴본 바와 같이 한 소리를 한 글자로 나타내는 음절문자는 글자를 더 이상 나눌 수 없다. 그런 까닭에 음절문자는 모아쓰기를 할 것이냐, 풀어쓰기를 할 것이냐를 고민할 필요가 없다. 왜? 한 소리를 나타내는 글자는 나눌 수 없는 한 글자니까.

반면에 음소문자는 한 소리를 나타내는 글자가 여러 요소로 구성되어 있기 때문에 모아쓰기를 할 수도 있고 풀어쓰기를 할 수도 있다. 그래서 두 가지 가운데 어느 것을 선택하느냐 하는 문제가 발생하는 것이다. 그렇다면 세계에서 가장 유명한 음소문자 가운데 하나인 알파벳은 어떨까? 알파벳은 영어로 alphabet이다. 이 글자는 다음과 같이 소리와 글자가 대응한다.

알 = al / 파 = pha / 벳 = bet

위에서 알 수 있듯이 알파벳의 경우 한글과 같은 음소문자이기는 하지만 소리를 표현할 때는 한글과 확연히 다름을 알 수 있다. 한글이 한 소리를 한 글자로 나타나는 데 비해 알파벳은 한 글자일 수도 있고 두 글자, 세 글자일 수도 있으며 네 글자 이상인 경우도 허다하다. 왜 그럴까? 한글이 모아쓰기를 선택한 반면 알파벳은 풀어쓰기를 선택했기 때문이다. 그래서 우리나라에서도 한글을 풀어쓰기하자는 논의가 있어왔다.

물론 이 논의가 일어난 것은 1900년대에 들어와서이기는 하지만 한글 창제 시점에 한글이 어떤 구조로 이루어졌는지 그리고 왜 한글을 모아쓰기하기로 집현전 학자들이 해례본에 적어놓았는지를 함께 살펴보아야 모아쓰기와 풀어쓰기 사이의 국지전을 이해할 수 있을 거라 믿기에 지금 그 논의를 살펴보는 것이다.

세계에서 가장 많은 나라에서 소리를 나타내기 위해 사용하는 문자가 알파벳인 까닭에 우리는 소리글자 하면 알파벳을 떠올린다. 그뿐이랴? 오늘날 세계를 지배하는 문자는 영어다. 물론 어떤 언어가 세계의 중심 언어가 되느냐 하는 문제는 간단한 게 아니다. 오늘은 영어가 세계어의 중심일지 모르지만 내일 당장 어떻게 변할지 모르는 것이 또 언어의 세계다.

여하튼 요즘 세계는 영어를 중심으로 회전한다. 그런 까닭에 우리는 영어라는 언어의 문법적 기능, 형태 등을 자신도 모르는 사이에 기준으로 삼는 경향이 있다. 풀어쓰기 또한 그렇다. 풀어쓰기가 처음 언급된 것은 1900년대 초반이었다.[*]

근대 들어 서구 문화가 유입되면서 한글을 새로운 서사 규범에 따라 쓰려는 시도가 있었다. 음소문자를 사용하는 서구 문화의 서사 규범이 우리의 서사 규범에 대한 일대 반성을 불러일으켰던 것이다. 세로쓰기를 가로쓰기로 바꾸고, 띄어쓰기를 도입한 것은 모두 영어의 서사 규범을 따른 것이었다. 그리고 영어의 서사 규범을 따라 한글의 서사 규범을 확립하려는 과정에서 풀어쓰기가 논의되었다.

풀어쓰기에 대한 공식적인 논의는 1908년 12월에 제출된 국문연구소의 '국문연구의정안'에 나온다. 따라서 풀어쓰기 문제가 공론화된 것은 이보다 훨씬 이전이었음을 알 수 있다. 풀어쓰기를 주장한 이들은 영어의 알파벳처럼 풀어쓰기를 하는 것이 음소문자로서 한글의 장점을 최대한 살리는 것이라 생각했다.

(중략)

이러한 논의의 중심에는 주시경이 있었다. 주시경은 국문연구소의 논의 과정에서는 원칙상 풀어쓰기가 정당하나 훈민정음 이래로 내려오는 전통을 따르자는 안을 내놓은 바 있다. 그러나 그는 1908년부터 작고한 1914년까지 풀어쓰기에 대한 주장을 발전시켜나갔다.[29]

---

[*] 풀어쓰기 주장이 처음 제기될 무렵에는 《훈민정음 해례본》이 발견되기 전이다. 따라서 그 무렵 풀어쓰기를 주장한 사람들이 해례본의 내용을 알았다면 자신들의 주장을 거두어들였을지도 모른다. 물론 그 후에도 풀어쓰기를 주장한 이들이 있다는 것 또한 분명한 사실이다.

위 글에서 알 수 있듯이 풀어쓰기는 영어의 문법과 형태로부터 영향 받은 바가 크다. 그리고 풀어쓰기를 주장한 사람들이 내세운 장점은 다음 네 가지로 요약할 수 있다. 첫째, 모아쓰기에 비해 읽기와 쓰기가 쉽다. 둘째, 한글의 기계화가 쉽다. 셋째, 맞춤법이 간편해진다. 즉, 모아쓰기를 할 때는 받침이 혼란을 일으키지만 풀어쓰기를 하는 순간 받침이 사라지므로 맞춤법이 간편해진다는 것이다. 넷째, 한자 폐지가 앞당겨진다. 풀어쓰기를 하는 순간 한자를 쓸 수 없으므로 한자는 자연히 사라지게 된다는 것이다.[30]

풀어쓰기는
과연 한글인가

그렇다면 위 장점은 정말 장점일까? 그리고 그 무렵 풀어쓰기를 주장한 사람들의 의견에 따라 풀어쓰기를 했다면 오늘날 우리는 더욱 편리한 문자 생활을 하고 있을까? 앞서 언급한 바 있듯이 풀어쓰기는 영어의 영향이 절대적이었다. 우선 풀어쓰기가 모아쓰기에 비해 읽기와 쓰기가 쉽다는 주장은 옳은가?

146쪽 사진은 주시경 선생이 발행한 조선어 강습원 수료 증서(순 한글로 '맞힌보람')로 수료자는 독립운동가 윤복영인데 주시경 선생의 의지를 반영하여 풀어쓰기로 적혀 있다. 위 수료증 가운데 가장 쉽게 읽을 수 있는 부분은 맨 아랫줄일 듯싶다. 내용은 '스승 한힌샘'인데 한힌샘은 잘 알려져 있듯이 주시경의 호다.

오늘날 우리는 풀어쓴 이 수료 증서가 모아쓴 글보다 읽기 쉽고 쓰기 쉽

주시경 선생이 발행한 1911년 조선어 강습원 수료 증서
맨 위에 순 한글로 '맞힌보람'이라고 쓰여 있다. 풀어쓰기는 모아쓰기를 한글
창제의 기본 원리로 상정한 《훈민정음 해례본》이 발견되기 전에 나온 주장
이다. 그러나 해례본이 발견된 후에도 지속적으로 주장되었다는 사실을 기억
한다면, 한글을 둘러싼 논의가 반드시 논리와 객관성에 근거했다기보다는 주
관과 감정에도 영향을 받은 것이 아닌가 하는 심경을 지울 수 없다.
출처 : 〈동아닷컴〉, 2009년 10월 8일

다는 데 동의하기 어렵다. 모아쓰기에 워낙 익숙해서 풀어쓰기한 것을 읽는 것이 어려울 거라는 데 대해서는 모두가 동의할 것이다. 그렇다면 쓰는 것이라도 쉬워야 할 텐데, 저렇게 쓰느니 영어로 쓰는 게 훨씬 편할 듯하다. 저렇게 쓴다면 띄어쓰기가 갖는 장점조차도 사라질 듯하다.

이에 대해 '알파벳처럼 단어를 한 덩이로 읽어가기 때문에 읽기는 그만큼 능률적으로 되며, 알파벳처럼 필기체를 만들어 쓸 수 있기 때문에 필기가 매우 빨라진다는 것이다'[31]라고 풀어쓰기를 주장하는 측에서는 근거를 댔다고 한다. 그러나 알파벳처럼 단어를 한 덩이로 읽는 것과 한글처럼 단어를 한 글자로 읽는 것 가운데 어떤 게 읽기가 쉬울까?

두 번째 이유는 기계화가 쉽다는 것이었다. 그런데 이 또한 옛날 영문 타자기만 존재할 때의 이야기다. 온갖 첨단기기가 난무하는 이때에 한글의 기계화가 어려워서 한글 쓰기가 어렵다는 사람이 있다면 그야말로 우물 안 개구리라고 손가락질을 받을 것이다. 오늘날 세계의 언어학자 대부분이 한글이야말로 첨단 IT 시대에 가장 효과적인 언어라고 이구동성으로 말하고 있지 않은가. 만일 100년 전, 그리고 그 후로도 한참 동안 그 무렵 시대 상황에 맞추어 한글은 기계화에 장애가 되니 풀어쓰기를 하자는 이들의 주장이 받아들여졌다면? 오늘날 첨단기기 시대에 우리는 세종과 집현전 학사들의 놀라운 혜안(慧眼)을 알아보지 못했음을 자책하며 다시 옛 방식인 모아쓰기로 돌아가느라고 법석을 떨었을 것이다.

셋째, 맞춤법이 간편해진다. 즉, 모아쓰기를 할 때는 받침이 혼란을 일으키지만 풀어쓰기를 하는 순간 받침이 사라지므로 맞춤법이 간편해진다는 것은 사실일까. 이는 전혀 사실이 아니다. 풀어쓰기를 하더라도 받침이 남는 것은 당연하다. 따라서 받침이 사라진다는 말은 어불성설이고 이에 대해서는 더 이상 설명할 필요성을 느끼지 못한다.

넷째, 한자 폐지가 앞당겨진다는 이점이 있다고 한다. 이 주장은 한글 풀어쓰기와는 상관이 없는 내용이다. 한자 폐지는 한자를 쓰느냐 마느냐를 결정할 일이지 기존의 한글 사용법이 한자를 없애기에 장애가 되니 다른 사용법을 사용하자는 것은 주객(主客)이 전도(顚倒)된 논의다. 한자를 사용할 필요가 없으면 왜 필요가 없는지를 말해야지, 한자를 사용하지 못하게 하기 위해 한글 용법을 바꾼다는 발상은 위험하기 짝이 없어 보인다.

결국 여러 차례 풀어쓰기에 대한 논의가 일었음에도 오늘날 풀어쓰기는 더 이상 수면 위로 부상하지 않는다. 이는 한글 풀어쓰기는 용도 폐기될 수밖에 없는 논의임을 시대가, 사용자가 확인해준 것이라 해도 지나치지 않다. 이렇게 해서 모아쓰기와 풀어쓰기의 국지전은 모아쓰기의 승리로 끝이 났다.

그렇다면 왜 훈민정음은 모아쓰기를 선택했던 것일까? 그리고 그 이론적 근거는 무엇이었을까? 앞서 우리는《훈민정음 해례본》에 한글은 모아쓰도록 한다는 내용이 있음을 확인하였다. 즉, 세종과 집현전 학사들은 훈민정음을 모아쓰기 문자로 만든 것이다. 이는 한글은 모아쓰기를 해야 한다는 절대 명제이기도 하다. 그렇게 만들었으니 그렇게 써야 하는 것이다. 그리고 세종과 집현전 학사들에게는 그렇게 만든 까닭이 있었고 그렇게 써야 할 까닭이 있었던 것이다.

이제 한글 모아쓰기의 본질이 무엇인지 그리고 그 배경에는 어떤 이론이 있는지 살펴보기로 하자. 간단히 말하자면 한글 모아쓰기는 단순히 '모아쓰기'라는 방법의 문제가 아님을 이 과정을 통해 알게 될 것이다.

한글을 만든 원리,
그리고 한자

세상에 무(無)에서 유(有)를 창조하는 일은 없다. "만일 내가 다른 사람보다 조금이라도 멀리 내다볼 수 있었다고 한다면 그것은 나에게 거인들의 어깨가 있었기 때문이다." 이 말은 인류 역사상 가장 독창적인 사고를 한 천재 가운데 하나로 꼽히는 뉴턴이 한 말이다. 그만큼 새로운 발명, 발견, 사상의 창조 등 모든 것이 어느 날 문득 한 사람의 번뜩이는 사고에서 탄생하는 일은 드물다는 말이다. 결국 어떤 천재도 그 이전에 수많은 인류가 형성한 기반 위에서 새로운 문물, 사상을 창조하기 마련이다.

세종이 그 어떤 과거의 문명에도 의지하지 않고 어느 날 갑자기 꿈속에서 놀라운 신기(神氣)를 받아 한글을 창제했어야만 위대한 인물일까? 혹시라도 그 무렵 조선의 문화계를 둘러싸고 있던 여러 나라의 문화적 전통을 바탕으로 새로운 문물을 창조했다면 그저 그런 인물로 평가해야 할까?

그렇지 않다. 세종이 진정 위대한 인물이라면 꿈속에서 신기를 받아 한글을 창제하는 대신 그 무렵 세상에 존재했던 문명의 자취를 취합해 그로부터 더욱 진전하고 탁월한 무엇인가를 창제했어야 한다. 그리고 그는 그렇게 했다. 그는 지식인이자 지성을 소중히 여긴 인물이지 무당이 아니기 때문이다.

너희들이 이르기를, '음(音)을 사용하고 글자를 합한 것이 모두 옛 글에 위반된다' 하였는데, 설총(薛聰)의 이두(吏讀)도 역시 음이 다르지 않으냐. 또 이두를 제작한 본뜻이 백성을 편리하게 하려 함이 아니하겠느냐. 만일 그것이 백성을 편리하게 한 것이라면 이제의 언문은 백성을 편리하게 하려 한 것이다. 너희들이 설총은 옳다 하면서 군상(君上)의 하는 일은 그르다 하는 것은 무엇이냐. 또 네가 운서(韻書)를 아느냐. 사성 칠음(四聲七音)에 자모(字母)가 몇이나 있느냐. 만일 내가 그 운서를 바로잡지 아니하면 누가 이를 바로잡을 것이냐.[32]

최만리 등의 상소에 대해 세종이 답한 내용 가운데 일부다. 위 글을 보면 세종이 한글을 창제하기 전에 얼마나 많은 공부를 했는지 알 수 있다. 즉, 그는 그 무렵 거인의 어깨 위에 오르려 최선의 노력을 기울였던 것이다. 그리고 그 결과 거인의 어깨 위에서 인류 역사에 길이 남을 새로운 문자를 창제한 것이다.

위 글에는 두 가지 유의할 내용이 담겨 있다. 하나는 "설총의 이두도 역시 음이 다르지 않으냐. 또 이두를 제작한 본뜻이 백성을 편리하게 하려 함이 아니겠느냐" 하는 기존 문자 생활에 대한 분석과 현실 감각이요, 다른 하나는 "네가 운서를 아느냐. 사성 칠음에 자모가 몇이나 있느냐. 만일 내가 그 운서를 바로잡지 아니하면 누가 이를 바로잡을 것이냐" 하는 말 속에 담긴 것과 같이 그 무렵의 동양 언어학에 대한 해박한 지식과 중국 운서의 문제점을 정확히 파악하고 있는 분석력이다.

결국 세종은 그 누구보다 그 무렵 중국어의 현실과 영향력, 그리고 한계, 우리 겨레의 언어생활이 품고 있는 모든 문제를 제대로 파악하고 있었던 것이다. 한글은 바로 이러한 지적 배경 아래서 창제될 수 있었던 셈이다. 이와 관련해서 강창석은 다음과 같이 말하고 있다.

세종은 불완전한 차자(借字) 표기 대신에 그것을 대체할 수 있는 새 문자를 만들고자 했지만, 그 과정에서 차자 표기의 경험과 교훈까지 몽땅 버린 것은 아니었다. 오히려 그것을 새 문자의 설계와 제정에 적극 활용했던 것으로 여겨진다. 새로 만든 문자의 성격이 차자 표기가 지향했던 것과 일치하는 것이었기 때문이다. 이것은 기존의 것에 대한 불만 사항이 곧 새로운 것의 희망 사항이 된다는 점에서 너무나 당연한 현상이며, 특이한 일이 아니다.

한자는 표의문자(表意文字)이고 음절문자(音節文字)이다. 그래서 글자 수가 많고 자획도 복잡하다. 한자의 그런 특성이 국어 표기를 불완전하고 어렵게 만드는 요인이었다. 따라서 차자 표기가 시작되면서 한자의 그런 특성을 국어에 맞게 변형시키는 현상이 나타났다. 즉 한자의 획을 간소화하고 그것을 표음문자화하는 등의 시도가 일찍부터 있었던 것이다. 그런 과정에서 국어의 음과 한자음에 대한 분석이 필요했고 그것이 실제로 이루어졌음은 두말할 필요가 없다. 즉 성운학(聲韻學)이라는 이론이 도입되기 이전에도 우리 나름의 음 분석 전통이 있었던 것이고, 음의 삼분법에 해당하는 인식도 그런 전통 속에서 일찍부터 있어온 것이다. 예컨대, '밤'에서 ㅁ이나 '간'에서의 ㄴ만을 따로 적은 신라 시대의 차자 표기 예에서 그것을 확인할 수 있다.(밤=夜音, 간=去隱).

위와 같이 볼 때, 한글의 청사진이나 제자 원리 등은 외래 이론이나 세종 개인의 창의에 의해서 나온 것이 아니라, 국어 표기의 오랜 경험과 교훈을 통해서 얻어진 것이라고 말할 수도 있다. 물론, 그렇게 본다고 해서 세종의 공과 능력을 과소평가하는 것은 결코 아니다. 오히려 현실을 직시하고, 경험에서 교훈을 얻고, 모든 것을 쉽고 상식적인 방법으로 해결했다는 점에서 더 높이 평가해야 마땅할 것이다.[33]

그렇다면 한글의 창제 원리는 한자와 무슨 관련이 있을까? 사실 문자의 겉모습만 보면 한글과 한자 사이에는 아무런 연관성도 없어 보인다. 그러나 앞서 살펴본 바와 같이 그 시대 세종과 조선의 문자적 세계관의 전체라해도 지나치지 않은 한자가 어찌 세종과 집현전 학사들에게 영향을 미치지 않았겠는가.

　한자를 대상으로 하는 중국 문자학에서 '문자(文字)'란 용어를 '문(文)'과 '자(字)'의 복합어로 다루고 있다. 원칙적으로 말하면 '문(文)'은 더 이상 분석되지 못하는 '단체(單體)'의 글자이며, '자(字)'는 둘 또는 그 이상의 문(文)으로 분석되는 글자, 곧 단체인 문(文)이 둘이나 그 이상이 결합된 '합체(合體)'의 글자다. 한자의 제자(制字) 방법인 육서(六書)*와 관련하여 설명하면, 상형이나 지사에 의하여 만들어진 글자는 문(文)이고 회의나 형성에 의하여 만들어진 글자는 자(字)인 것이다.[34]

　위 내용은 한자를 전혀 모르는 분들은 이해하기 힘들지 모른다. 그러나 한자를 조금만 아는 분이면 이해하기 어렵지 않은 내용이다. 이해를 돕기 위해 간단히 예를 들어보겠다.

　1. 문(文) - 더 이상 나눌 수 없는 글자.

　예 : 산(山, 산의 모양을 본떠 만든 상형문자), 천(川, 물 흐르는 모양을 본떠 만든 상형문자), 상(上, 땅을 기준으로 위를 나타낸 지사 문자)

　2. 자(字) - 문(文)이 둘 이상 모여 만들어진 글자. 따라서 둘 이상으로 나눌 수 있다.

　예 : 지(枝)(=木+支, 나뭇가지를 나타내는 형성 문자, 형성 문자란 소리를 나타내는 글자와 뜻을 나타내는 글자가 모여 한 글자를 이루는 것. 지枝에서 소리는 지支, 뜻은 목木이 담당)

---

* 　한자의 여섯 가지 구성 방법은 상형(象形), 지사(指事), 회의(會意), 해성(諧聲), 전주(轉注), 가차(假借) 등이다.

조립된 문자,
한자

또 하나 알아야 할 사실은 한자는 물건의 모습을 본떠 만든 글자보다 형성 문자나 회의 문자처럼 조립한 글자가 대부분을 차지한다는 것이다. 결국 우리가 한 글자 한 글자 독립적이라고 생각했던 한자도 알고 보면 두 글자, 세 글자가 합해져 만들어진 경우가 대부분이라는 말이다. 그리고 합해져 만들 때에는 뜻 부분과 소리 부분이 더해지는 경우가 대부분이었다. 오늘날 모든 한자를 온전히 독립적인 상형문자인 것처럼 주장하는 사람은 이러한 한자의 제자 형식을 모르기 때문이다. 그렇다면 이와 같은 중국 문자학과 한글 사이에 무슨 연관이 있단 말인가?

> 그리하여 한글의 기본자는 단체(單體)인 점에서 상형과 지사에 의한 문(文)에 대응되고, 그 밖의 글자는 합체(合體)인 점에서 회의와 형성에 의한 자(字)에 대응되는 셈이다. (중략)
>
> 초성의 기본자는 '제자해(制字解)'의 설명 그대로 육서의 상형에 의하여 만들어진 글자다. 다만 상형에 의한 한자의 '일(日)' '월(月)' 등이 글자가 나타내는 물체의 형상을 본뜬 데 대하여, 한글은 글자가 나타내는 소리의 조음(調音)에 관여하는 주된 발음기관이나 조음할 때의 발음기관의 특징적인 모습을 본뜬 모습이 다르다. 이는 표어문자(表語文字)인 한자와 표음문자(表音文字)인 한글의 본질에 말미암는다.[35]

안병희 교수의 이 이론은 사실 특별한 것이 아니다. 많은 학자가 이러한 의견을 펼치고 있으니 말이다. 특히 초성이 발음기관의 모습을 본떠 만든 것은 상형의 방법이요, 중성인 '·, —, ㅣ'가 '천·지·인'이라는 추상적인 개념에서 비롯된 것인 만큼 한자 지사(指事)의 방법이라 할 수 있다. 또한 ㄱ에서 한 획을 더 그어 ㅋ을 만들고 ㄴ에 한 획을 더 그어 ㄷ을 만든 것은 한자 구성 방식 가운데 형성(形聲)의 방법을 도입한 것으로 파악하고 있다는 사실에 주목할 일이다.

이 이론에 따르면 한글을 창제할 당시 세종과 집현전 학사들은 그 무렵 문자 세계를 지배했던 한자의 조어법(造語法)을 완전히 무시한 채 새로운 문자를 만든 것은 아닌 듯하며 이 정도 참고하는 것은 합리적인 사고를 하는 사람에게는 너무도 당연한 태도라 할 것이다.

그럼 지금까지의 논의를 정리해보자. 첫째, 한글은 그 무렵 혼란에 빠진 한자음의 정확한 표기를 위해 창제하였다. 둘째, 한글이라는 새로운 문자를 만들면서 한자의 조어법을 참고하였다. 물론 이는 지금까지의 논의 가운데 극히 일부다. 그리고 한글이 창제된 목적이 위의 것만이 아님은 앞에서 살펴보았다.

다만 지금 우리는 왜 한글을 창제한 세종과 집현전 학사들이 모아쓰기를 제시했는지 살펴보고 있을 뿐이다. 결국 한글은 한자와 문자의 형태(생김새), 문자의 방식(뜻글자 대 소리글자)이라는 면에서 근본적으로 다르면서도 한편으로는 함께 갈 수밖에 없는 운명이었던 셈이다.

한글과 한자는 참으로 공동운명체인가

그렇다면 함께 갈 수밖에 없는 운명이란 무엇일까? 그건 바로 한자(漢字) 한 글자에 한글 한 글자가 조응(照應)해야 한다는 사실이었다. 한글의 창제 목적 가운데 한자음의 정확한 표기가 포함되어 있음을 잊지 않는다면 당연히 한자 한 글자를 표기하기 위해서는 한글 한 글자가 필요하지 않겠는가 말이다. 물론 여러 글자로 표기할 수도 있다. 그러나 그건 한 글자 대 한 글자의 조응 방법이 도저히 불가능할 때 선택해야 할 최악의 경우다. 다음 예를 보자.

飛 : 비 : fly(또는 bi)

여러분 같으면 어떻게 만들고 싶은가. 합리적인 사고를 하는 사람이라면 당연히 한 글자에 한 글자를 대응시키고자 노력할 것이다. 영어가 우리에게 익숙하기 때문에 위 예가 낯설지 않을 뿐이지, 세상에 태어나 처음 이 문자를 접하는 사람이 있다면 당연히 질문할 것이다.

"왜 한 글자에 세 글자(두 글자)를 대응시키지요?"

그렇다. 따라서 한 글자에 한 글자를 대응시키는 것이 합리적이고 효율적임은 두말할 나위가 없다. 그리고 한글이 세계에서 가장 뛰어난 글자 체계가 된 것은 바로 이런 합리적 정신, 효율성을 중시한 세종과 집현전 학사들의 놀라운 창의력, 사고의 유연성이 있었기 때문이다.

이제 한글을 창제하는 과정에서 세종이 겪었을 어려움과 그를 극복하고자 노력한 과정을 안병희 교수의 저서를 통해 살펴보기로 하자.

새로운 문자를 음절문자로 하느냐 음소문자로 하느냐 하는 근본적인 문제에서 결국 한글과 같이 음소문자이면서 음절문자*로 하는 결론에 도달하는 일도 쉽지는 않았을 것이다. (중략)

《동국정운》의 편찬에서 보는 바와 같이 교정한 한자음을 정확하게 표기하려면, 표기하려는 음절의 숫자가 훨씬 늘어날 뿐 아니라 한자를 차용하여 변형한 음절문자로는 표기의 정확성도 기대하기 어려운 것이다. 여기에서 음소문자이면서 음절문자의 방안이 채택된 것이 아닌가 한다. (중략)

한글 자모의 제자에 한자의 구성 원리가 참고되었을 뿐 아니라 그것을 모아쓰는 방식도 네모 글자인 한자와 같게 하였다. (중략)

한자에서 문(文)을 모아써서 자(字)를 만드는 결합의 방식과 순서가 너무도 일치함을 발견한다. 자(字)를 이루는 문(文)의 결합은 상하나 좌우로 모아쓰거나 아래에 받쳐 쓰는 방식이다. 한글의 결합도 초성과 중성은 상하나 좌우로 모아쓰고 종성은 그 아래에 받쳐 쓰는 방식과 똑같은 것이다. 순서도 한자의 결합에 나타나는 필순과 같다. 언제나 초성을 먼저 쓴 뒤에 중성을 이어쓰고, 마지막으로 종성을 받쳐 쓰는 순서인 것이다. 그뿐 아니라 모아쓸 때에 한글 자모(字母)의 자형(字形)이 조금씩 변형되는 사실도 한자의 자(字)에 있는 요소가 단독으로 쓰인 문(文)에서 변형되는 것과 같다. 예컨대 초기의 한글 문헌으로 확인하는 바와 같이 한자어 뒤에서 사잇소리를 표기하기 위하여 단독으로 쓰인 ㅅ과, ㅡ 위와 ㅏ, ㅓ 앞이나 받침의 ㅅ은 결코 같은 자형이 아니다. 한자 금(金)의 자형이 종(鐘), 금(鑾)에 쓰인 金과 다른 사실에 일치하는 것이다.[36]

결국 한자 한 글자에 한글 한 글자를 조응시키기 위해 상상력과 창의력

---

* 　모아쓰기를 하는 순간 음절문자의 성격을 띤다는 말.

을 발휘한 결과 음소문자이면서 음절문자 형태를 갖춘 세계 유일의 문자가 탄생한 것이다. 덧붙여 음소문자로서는 보기 드물게 네모형의 정형화된 글자로 사용할 수 있게 되었고 그러기 위해서 또다시 한글 자음을 쓰이는 위치에 따라 형태를 약간씩 변형시키는 창의력이 발휘된 것이다. 이렇게 해서 쓰이는 위치에 따라 형태가 바뀌는 세계에서 유일한* 글자로, 표음문자인 한글이 탄생하게 된 것이다.

이와 달리 알파벳이나 일본의 가나는 글자의 형태가 변하는 창의력이 발휘되지 못한 까닭에 인쇄체와 필기체, 대문자와 소문자, 가타카나와 히라가나 등 결과적으로 글자 숫자의 두 배, 세 배, 심지어 네 배의 서로 다른 글자를 사용하게 된 것이다. 그뿐이 아니다.

> 표음문자의 표기 순서가 발음의 선조성(線條性, 구성 요소가 줄을 이루어 이어지는 성질)에 합치하는 원리를, 한글의 합자법(合字法)은 네모 글자로 모아쓰면서도 필순으로 지키도록 한 것이다.[37]

모아쓴 한자의 경우에는 어떤 경우에는 앞 글자가 소리를 담당하고 어떤 경우에는 뒤 글자가 소리를 담당하는 데 비해 한글은 모아쓰기를 했으면서도 늘 초성부터 중성, 종성의 순서로 소리를 내도록 만들었다는 것이다. 그리고 안병희 교수는 이러한 한글 창제의 배경과 내적 논리를 바탕으로 다음과 같은 결론에 도달한다.

> 한글 자모의 제자(制字)뿐 아니라 그 합자법에도 한자의 영향이 있음을 말하

---

* 표의문자 하나, 표음문자 하나이므로 유일하다고 했을 뿐 실제로는 한자와 한글, 둘이다.

지 않을 수 없다. 그러한 결과로 한글과 한자는 섞어 쓰더라도 붓놀림이 한결같이 매우 자연스럽지만, 한글과 알파벳을 섞어 쓸 경우에는 큰 위화감이 생기는 것이다. (중략)

지금까지 설명한 제자와 합자법으로써 한글은 단어 문자인 한자와 본질적으로 다른 음소문자이면서 한자와 공존하여 사용될 수 있는 성격을 가지게 되었다. 한글의 창제가 독창적인 사실은 아무도 부인할 수 없지만, 한자와 한글의 관계가 얼음과 숯의 관계가 아니라 그것을 보완하면서 공존하도록 한 점도 인정하여야 한다.[38]

휴전의 성립,
한글의 승리

한편 강창석은 앞의 논문에서 한글의 모아쓰기와 관련해서 한걸음 더 나아간 이론을 전개한다. 바로 한글의 글자꼴 자체가 모아쓰기를 전제로 결정된 것으로 보고 있는 것이다.

한글의 글자꼴에는 음운론적인 정보와 철학적인 정보 등이 본래 입력되어 있는 것이다. 각 글자들이 나타내는 소리의 단위는 로마자와 같이 음소이지만, 로마자와는 구분되는 까닭도 바로 거기에 있다.

두 번째 특징 즉, 각각의 글자들이 고유의 꼴을 지니면서도 그것이 실제로는 독립적인 것이 아니라 다른 단위의 한 요소라는 점은 두말할 필요도 없이 모아쓰기라고 하는 표기 원리에서 비롯되는 현상이다. 모아쓰기라는 표기 원리는 글자꼴이 결정되고 난 후에 정해진 것이 아니라, 그렇게 모아쓰는 것을 전제로 하여 각각의 글자꼴들이 결정된 것으로 여겨진다. 따라서 모아쓰기라는 표기 원리는 각 글자꼴의 결정에 결정적인 영향을 미쳤음에 틀림없다. (중략) 주시경 선생을 비롯하여 여러 사람들이 한글의 풀어쓰기를 주장한 바 있는데, 그런 주장의 내용 중에는 글자꼴의 수정도 대개 포함되어 있다. 그런 점들이 곧 현재의 글자꼴이 모아쓰기를 전제로 해서 나온 것임을 말해주는 것이다.

초성과 중성의 글자꼴이 처음부터 분명하게 구분되어 만들어진 것도 그것을 합쳐서 쓸 것임을 미리 염두에 두었기 때문으로 이해될 수 있다. 로마자의 경우처럼 표기하는 경우에는 자음과 모음이 형태상으로 특별히 구별되어야 할 이유가 없는 것이다.[39]

이 이론에 따르면 모아쓰기 하도록 만든 글자를 풀어쓴다는 것은 앞뒤가 안 맞는다고 할 수 있다. 특히 늘 중성으로 쓰이는 모음의 형태가 자음과 확연히 구별되도록 만들어졌다는 것* 은 모아쓰기를 전제로 한글이 창제되었다는 의견에 무게감을 더해준다. 결국 위에서 살펴본 다양한 의견을 통해, 한글이 한자와의 공존을 전제로 창제되었다고까지 하기는 무리겠지만 공존할 때 더욱 그 빛을 발하는 것은 사실임을 알 수 있다.

이는 오늘날 한글에 의지해 살아가고 있는 우리보다 한글을 창제한 세종과 집현전 학사들이 더 잘 알고 있을 것이다. 그리고 위에서 살펴본 한글과 한자의 협력, 보완, 공존의 철학은 이후 우리의 문자 생활을 세계 그 어느 민족에 비해서도 현격한 차이가 나도록 할 것이다. 이에 대해서는 책의 맨 뒷부분, 즉 한글의 미래를 살펴보는 대목에서 다시 알아보기로 하자.

---

* 형태뿐 아니라 제자 원리도 전혀 다르다는 사실.

이렇게 첫 번째 전면전은 끝이 났다. 누구의 승리도 아닌 평화협정을 통해 전면전은 종말을 고한 것이다. 그렇다면 본질적으로는 누구의 승리일까? 당연히 한글의 승리다. 새로운 세력과 기존 세력이 맞붙었는데 양 세력이 평화롭게 공존하기로 협정이 맺어졌다면 본질적으로는 새로운 세력이 승리한 셈이나 마찬가지 아니겠는가. 100퍼센트를 담당했던 기존 세력의 힘은 그 규모가 크든 작든 줄어들 수밖에 없을 테니까.

그리하여 한글이 창제된 이후 약 50년 간 평화의 시대가 지속되었다. 그리고 그동안 한글은 평화 속에서 자신의 세력을 지속적으로 확장시켜나갔다. 그 무렵 한글의 세력 확장 과정을 잠깐 살펴보자.

한글의
세력 확장

세종 28년 병인(1446, 정통11) 12월 26일(기미), 이과(吏科)와 이전(吏典)의 취재에 훈민정음을 시험하게 하였다.

이조에 전지(傳旨)하기를, "금후로는 이과(吏科)와 이전(吏典)의 취재(取才) 때에는 훈민정음(訓民正音)도 아울러 시험해 뽑게 하되, 비록 의리(義理)는 통하지 못하더라도 능히 합자(合字)하는 사람을 뽑게 하라" 하였다.[40]

조선 시대에 과거 시험은 사대부의 삶을 좌우하는 결정적인 수단이요, 목적이었다. 따라서 과거 시험 과목이 무엇이냐는 사대부들에게 매우 중요한 관심사였다. 훈민정음이 반포(1446년 9월)된 지 얼마 지나지 않아 전면적인 시행은 아니라 할지라도 훈민정음이 국가공무원 시험 과목이 되었다는 사실은 훈민정음이 국가의 문자 체계로 자리 잡아가고 있음을 확인시켜주는 사례라 할 것이다. 그리고 이듬해에는 훈민정음 시험이 확장되기에 이른다.

세종 29년 정묘(1447, 정통12) 4월 20일(신해), 함길도 자제의 관리 선발에 훈민정음을 시험하게 하다.

이조(吏曹)에 전지하기를, 정통(正統) 9년 윤7월의 교지(敎旨) 내용에, '함길도의 자제로서 내시(內侍)·다방(茶房)의 지인(知印)이나 녹사(錄事)에 소속되고자 하는 자는 글씨·산술(算術)·법률·《가례(家禮)》·《원속육전(元續六典)》·삼재(三才)를 시행하여 입격한 자를 취재하라' 하였으나, 관리 시험으로 인재를 뽑는 데에 꼭 6가지 재주에 다 입격한 자만을 뽑아야 할 필요는 없으니 다만 점수가 많은 자를 뽑을 것이며, 함길도 자제의 삼재(三才) 시험하는 법이 다른 도의 사람과 별로 우수하게 다른 것은 없으니, 이제부터는 함길도 자제로서 관리 시험에 응시하는 자는 다른 도의 예에 따라 6재(六才)를 시험하되 점수를 갑절로 주도록 하고, 다음 식년(式年)부터 시작하되, 먼저 훈민정음을 시험하여 입격한 자에게만 다른 시험을 보게 할 것이며, 각 관아의 관리 시험에도 모두 훈민정음을 시험하도록 하라.[41]

문종 2년 임신(1452, 경태3) 4월 4일(무진), 예조에서 진사의 시취 조건을 아뢰다.

예조(禮曹)에서 진사(進士)의 시취 조건(試取條件)을 아뢰었다. 《동국정운(東國正韻)》은 이미 고금(古今)의 운서(韻書)를 참작하여 정한 것이므로 운(韻)을 사용하는 데 있어서는 장애(障碍)가 없으니, 빌건대 《예부운(禮部韻)》과 같이 대략 주해(注解)를 내어서 거자(擧子)로 하여금 압운(押韻)하는 데 쓰도록 하소서.[42]

이때 예조에서는 진사에 응시하는 이들의 조건으로 《동국정운》의 소리를 사용하도록 문종에게 아뢴 것이다. 물론 그 시대 진사 시험은 오늘날과 같은 단답식이나 객관식이 아니라 문장, 그 가운데서도 특히 시를 짓는 것이었으니 《동국정운》의 한자음을 한시(漢詩)의 압운으로 사용하자고 건의한 것이다. 이 또한 《동국정운》이라는 사전을 국가의 공식 발음으로 수용한 사례라 할 것이다. 마침내 조선의 헌법이라고 할 수 있는 통치 법전인 《경국대전》에서도 한글, 즉 언문(諺文)을 과거 시험 과목으로 명시하기에 이른다.[43]

이렇게 과거 시험에 훈민정음을 도입하는 것 외에도 훈민정음으로 표기된 다양한 책자를 발간, 배포하였고 특히 세조대에 들어서면서 어제 서문(御製序文)이 실려 유명한 《월인석보》를 비롯해 《능엄경》, 《법화경》 등 많은 불교 서적을 간경도감(刊經都監)에서 훈민정음으로 해석해 간행하여 배포하였다.

유교 국가인 조선에서 수많은 불경을 언해(諺解), 즉 한글로 풀이해 보급하는 것은 국가의 정책과 어긋나 보이기도 한다. 그러나 지배층이 아무리 유교를 통치 이념으로 삼았다 해도 불교 국가인 고려가 멸망한 지 고작 50여 년밖에 지나지 않은 상태에서 기층 민중의 종교적 관념이 하루아침에 불교를 잊고 유교를 수용하기란 쉽지 않을 것이다. 결국 지배층의 통치 이념과 일반 백성의 사상 사이에는 괴리감이 존재했고, 이런 상황에서 세종과 세조는 백성의 적극적인 참여를 이끌어내고 또 아직은 완전히 탈각하지 못한 자신들의 정서에도 맞는 불교 서적을 한글로 간행, 백성을 덕으로 포용하고자 하는 행동을 보인 것이라 여겨진다.

특히 조카 단종을 제거하고 왕위에 오른 세조로서는 자신이 지은 부도덕한 행위를 모를 리 없었고 이러한 죄의식으로부터 심리적으로 탈출하기 위해서라도 죽은 자를 위로할 수 있는 불경 언해에 심혈을 기울였을 것이다. 결국 이런저런 이유로 성행한 불교 서적의 언해 작업은 결과적으로 일반 백성 사이에 훈민정음의 보급을 급속히 확산시키게 된 것이다.

그 후 성종과 연산군 대에 이르러서는 그 범위를 확대하여 당나라 때 시인 두보의 시를 언해한 《두시언해(杜詩諺解)》를 비롯해 불경, 중국 서적, 그리고 농서(農書) 등 다양한 책이 언해되어 간행되기에 이른다. 그 결과 한글은 창제된 지 50여 년 만에 한 나라의 문자로서 굳건히 자리 잡는 듯 보였다. 그러나 예상하지 못한 난관이 기다리고 있었으니 이건 전쟁이라고 할 만한 논리도 갖추지 못한 것으로 단순한 쿠데타에 불과했다.

연산군이 창위에 오른 것은 한글이
반포된 지 48년, 즉 50여 년도 채 되기
전이었다. 그렇다면 그 50년 동안 무슨
일이 있었을까?

ㆍ ㄱ ㄲ ㄴ ㄷ ㄸ ㄹ

우리가 생각한 것보다 훨씬 빠르게
ㆍ 한글은 백성 속으로 퍼져나갔다.

ㅁ ㅂ ㅃ ㅅ ㅆ ㅇ

그러한 사람을 확인할 수
있는 자료 가운데 하나가
《조선왕조실록》일 것이다.

ㅈ ㅉ ㅊ ㅌ ㅍ ㅎ

한글을 향한
연 산 군 의
쿠 데 타

라.

임금에게 보고하거나 해결해야 할 일이라면 나라의 중대사일
것은 분명한가에 그 가운데 한글과 관련된 내용을 살펴보면
그 무렵 한글의 위상을 확인할 수 있을 테니 말이다.

연산군이 왕위에 오른 것은 한글이 반포된 지 48년, 즉 50년도 채 되기 전이었다. 그렇다면 그 50년 동안 무슨 일이 있었을까? 우리가 생각한 것보다 훨씬 빠르게 한글은 백성 속으로 퍼져나갔다. 그러한 사실을 확인할 수 있는 자료 가운데 하나가 《조선왕조실록》일 것이다. 임금에게 보고하거나 해결해야 할 일이라면 나라의 중대사일 것은 분명하기에 그 가운데 한글과 관련된 내용을 살펴보면 그 무렵 한글의 위상을 확인할 수 있을 테니 말이다.

쿠데타 전야

성종 16년 을사(1485, 성화 21) 7월17일(을축), 호조 판서 이덕량 등이 저자 사람들의 불편함을 아뢰고, 투서 사건이 생기다.

호조 판서(戶曹判書) 이덕량(李德良)과 참판(參判) 김승경(金升卿)이 아뢰기를, "최근 사람들의 진언(陳言)으로 인하여 신 등에게 한성부(漢城府)·평시서(平市署)와 함께 의논하여 저자를 옮기도록 명하셨습니다. 이에 저잣거리 사람들이 신 등을 원망하며 길을 가로막고 불편함을 호소하고 있는데, 만약 명령이 내리면 반드시 의견이 분분하여 글을 올릴 것입니다" 하니, 전교하기를, "본래 백성을 편하게 하려고 하는 것인데, 무엇 때문에 불편하다고 말하는가? 저자를 옮기는 것은 백성들이 원하는 바에 따른 것인데, 명령을 아직 내리지도 않았음에도 갑자기 불편을 말함은 어찌된 것인가? 경 등은 한성부(漢城府)·평시서 제조(平市署提調) 및 내관(內官) 안중경(安仲敬)과 함께 가서 그 말을 듣고 아뢰도록 하라" 하였다. 이덕량 등이 물러간 지 얼마 안 되어 다시 와서 언문(諺文) 두 장을 가지고 들어와 아뢰었는데, 이는 곧 저자 사람이 판서(判書)와 참판(參判)을 비웃고 헐뜯는 말이었다. 그 내용을 대략 살펴보면, 저자를 옮겨 배치하는 것은 공적인 목적이 아니라 하고, 판서가 제 자식을 위한 것이라 하고, 참판이 뇌물을 받기 위한 것이라 하며, 신정(申瀞)은 탐욕스러워 법에 저촉되었다 하고, 윤필상(尹弼商)은 재물을 키우다가 홍문관(弘文館)의 논의(論議)를 초래하였다는 등 나쁜 말과 욕설에 찬 비방을 하지 않는 바가 없었다.

이덕량이 이에 아뢰기를, "이 글은 어떤 사람이 신의 동생 집에 몰래 던진 것입니다. 그리고 호조의 낭청(郎廳)이 철물전(鐵物廛) 앞을 지나가는데, 한 사람이 말하기를, '철물은 매우 무거워서 옮겨놓기가 어렵다. 만약 면포(綿布) 7, 8동만 뇌물로 준다면 반드시 예전대로 돌아갈 것이다'라고 하였다 합니다. 신 등이 이같은 오명을 듣고서 마음이 아픔을 견디지 못하겠습니다. 청컨대 유사(攸司)로 하여금 투서한 자를 추국(推鞫)하게 하소서" 하니, 전교하기를, "저자 사람들이 재상을 비방하고 헐뜯었다 하니, 윗사람을 업신여기는 풍조가 이와 같은데, 국가의 기강이 어디에 있단 말인가? 이것은 익명서의 예가 아니므로, 끝까지 힐문하면 죄인을 알아낼 수 있을 것이니, 처음 시작한 자는 마땅히 통렬하게 징계하도록 하겠다. 백성들은 마음에 맞지 않으면 반드시 비방을 일으키는 것이니, 경 등은 이것을 가지고 의심하여 기가 꺾여서는 안 된다" 하였다.

이덕량 등이 아뢰기를, "철물전과 면주전(綿紬廛) 사람이 저자 옮기는 것을 가장 싫어하니, 마땅히 먼저 이 두 전에 나와 장사하는 사람들을 국문(鞫問)하여야 합니다" 하니, 전교하기를, "의금부(義禁府)로 하여금 속히 붙잡아서 다스리게 하라" 하였다. 이 일에 관련되어 갇힌 자가 79명이나 되었다.[1]

연산군의 부친인 성종 대인 1485년, 그러니까 훈민정음이 반포된 지 40년도 채 되지 않은 시기에 이미 시장 상인들 사이에서는 한글이 일상적으로 통용되고 있음을 알 수 있는 기사다. 시장 상인이 집단적으로 자신들의 의사를 한글로 표기한 후 공공연히 표시했다는 것은 정부 기관인 호조(戶曹)와 그 장관을 상대로 싸움을 걸었다는 말과 다르지 않으니 말이다.

결국 이 글을 통해 세종이 의도한 바, 즉 "어리석은 백성들이 말하고 싶은 바가 있어도 제 뜻을 펼치지 못하는 사람이 많다. 내 이를 안타깝게 여겨 새로 스물여덟 자를 만드노니 사람마다 쉽게 배워 익혀 쓰기에 편리하도록 하겠노라" 하는 목표가 달성되었음을 알 수 있다. 만일 한글이 없다면 어찌 수많은 시장 상인이 자신들의 뜻을 적어 정부 기관에 알릴 수 있겠는가.

그런데 위 기사를 보면 한글을 써서 벌을 내렸다는 말은 없다. 즉, 그 무렵 한글을 사용하는 것은 아무런 문제도 되지 않았음을 확인할 수 있다. 그리고 조선 시대를 통틀어 가장 패악한 군주로 꼽히는 연산군의 시대가 도래하였다. 그렇다면 연산군은 처음부터 한글에 부정적이었을까?

연산군은
한글의 적이 아니다

연산군 10년 갑자(1504, 홍치 17) **윤 4월 5일**(을축), **유순·허침 등이 폐비의 일을 상고하여 아뢰다.**

유순(柳洵)·허침(許琛)·이집(李諿)·김수동(金壽童)이, 《실록(實錄)》을 상고하여 아뢰기를, "회릉(懷陵, 연산군의 모친인 폐비 윤씨의 묘)이 폐위당할 때 언문 글을 쓴 자는 나인이기 때문에 확인할 수 없으며, 《실록》에 오르지 않은 것은 확인할 근거가 없습니다. 나인으로서 그 일에 간섭한 자는 권 숙의(權淑儀)·엄 숙의(嚴淑儀)·정 숙원(鄭淑媛)이며, 일을 의논한 사람은 전에 벌써 상고하여 아뢰고 빠진 자는 없습니다. 다만 언문을 가지고 온 자는 노공필(盧公弼)·성준(成俊)이었습니다" 하니, 전교하기를, "준과 공필의 죄는 윤필상(尹弼商)과 벌이 같을 것이다" 하였다.

순 등이 아뢰기를, "필상은 그 일에 참여하여 의논하였으나, 준과 공필은 그와 차이가 있습니다. 회릉이 폐위되어 사삿집에 거처할 때 대사헌 채수(蔡壽)는 그것이 불가함을 간했습니다. 그리고 성종께서 의논하여 그 죄를 다스리고자, 공필에게 명하여 삼전(三殿, 3왕의 대비)께 아뢰게 하니, 삼전께서 언문 편지를 붙여서 성종(成宗)께 아뢰게 하였으며, 준은 대사를 다 정한 후에 명을 받들어 삼전께 고하니, 삼전께서 언문 편지를 준에게 주어 아뢰게 하였습니다. 두 사람은 다만 삼전 및 성종의 명으로 왕복하며 회계(回啓, 임금의 물음에 대하여 신하들이 심의하여 대답하던 일)했을 뿐이요 건의한 일이 없으니, 그 죄는 필상과 차이가 있습니다" 하니, 전교하기를, "그 죄가, 필상과 같게 벌줄 수는 없다 하더라도, 역시 가벼이 논할 수 없는 일이니, 그들의 죄를 의논해서 아뢰라" 하였다.[2]

위 내용은 연산군의 가장 취약한 부분이자 결국 임금의 자리에서 쫓겨나 죽음에 이르는 일인 어머니 폐비 윤씨에 관한 것이다. 윤씨가 폐위당할 무렵 일어난 일과 그에 관련된 사람들의 죄를 의논하는 과정을 그린 위 내용을 보면 사적 감정이 담겨 있을 수밖에 없는 일임에도 그 처리에 특별히 광기어린 부분은 보이지 않는다.

게다가 위 내용을 보면, 죄를 내리는 까닭이 한글을 사용했기 때문은 아님이 분명하다. 우리는 그 시대에 여성이 한글 사용에 익숙했음을 알 수 있을 뿐이다.

쿠데타의
발발

그런데 같은 해 7월, 갑자기 한글에 대한 쿠데타가 발생한다. 쿠데타는 한글로 된 투서 한 장으로부터 비롯되었다.

연산군 10년 갑자(1504, 홍치17) 7월 19일(정미), 신수영이 언문으로 된 투서를 비밀히 아뢰다.

신수영(愼守英)이 비밀리에 글을 올리기를, "새벽에 제용감정(濟用監正) 이규(李逵)의 심부름이라고 하는 사람이 신의 집에 투서하였기에 보니 곧 익명으로 쓴 글이었습니다" 하니 전교하기를, "이규를 불러 '네가 무슨 글을 신수영의 집에 전하였느냐'라고 물으라" 하였다. 그러자 규가 '그런 일이 없다'라고 하니 전교하기를, "곧 도성의 각 문을 닫고, 위장(衛將) 각 2인과 부장(部將) 각 4인과 입직한 사복(司僕)들이 나누어 맡아 지켜 사람이 나가는 것을 금하라. 또 창의문(昌義門)부터 동소문 성 위까지는 이미 내관에게 명하여 지키게 하였거니와, 창의문부터 돈의문(敦義門)·남대문·남산·동대문·동소문 성 위까지는 다 군사를 파수 세워서 도망하는 것을 막으라" 하였다. 드디어 사람을 물리치고 봉서(封書, 임금이 종친이나 근신近臣에게 사적으로 내리던 서신)를 내렸는데, 그 글 석 장이 다 언문으로 쓰였으나 사람 이름은 모두 한자로 쓰였으며, 첫 표면에는 무명장(無名狀)이라 쓰여 있었다.

그 내용은 첫째는, "개금(介今)·덕금(德今)·고온지(古溫知) 등이 함께 모여서 술을 마시는데, 개금이 말하기를 '옛 임금은 어려운 때일지라도 이토록 사람을 죽이지는 않았는데 지금 우리 임금은 어떤 임금이기에 신하를 파리머리 끊듯이 죽이는가. 아아! 어느 때나 이를 분별할까?' 하였다. 덕금이 말하기를

'그렇다면 반드시 오래가지 못하려니와, 무슨 의심이 있으랴' 하며 말하는 것이 심하였으나 이루 다 기억할 수는 없다. 이런 계집을 일찍이 징계하여 바로잡지 않았으므로 가는 곳마다 말하는 것이다. 만약 이 글을 던져버리는 자가 있으면, 내가 '개금을 감싸려 한다'라고 상언(上言, 백성이 임금에게 글을 올리던 일)하리니, 반드시 화를 입으리라" 하였다.

둘째는, "조방(曺方)·개금·고온지·덕금 등 의녀(醫女)가 개금의 집에 가서 말하기를 '우리 옛 임금은 의리에 어긋나는 일을 하지 않았는데, 지금 우리 임금은 여색을 밝히는 것이 심해 이제 또한 여기(女妓)·의녀·현수(絃首, 무당을 따라다니며 거문고를 타는 여자) 들을 모두 다 살펴서 후궁으로 들이려 하니, 우리 같은 것도 모두 들어가게 되지 않을까? 국가가 하는 짓 또한 그른데 어찌 신하의 그릇을 바로잡을 수 있을까. 아아! 우리 임금이 이렇듯 크게 무도(無道)하다' 하였으니, 발언한 계집을 크게 징계하여야 옳거늘, 어찌하여 국가가 있으되 이런 계집을 징계하지 않는가? 이런 계집을 능지(凌遲, 대역죄를 범한 자에게 내리던 극형. 죄인을 죽인 뒤 시신의 머리, 몸, 팔, 다리를 토막 쳐서 각지에 돌려 보이는 형벌. 능지처참)하고서야 이런 욕을 다시 듣지 않으리라" 하였다.

셋째는, "개금·덕금·고온지 등이 함께 말하기를 '신씨(申氏)가 아니었다면 금년에 사람들의 억울함이 이토록 극에 이르겠는가. 어찌하면 신씨의 아비·할아비·아들·손자를 아울러 모조리 없애어 씨를 말릴 수 있을까? 우리 임금이 신하를 많이 죽여서 거동 때에는 반드시 부끄러운 마음이 있으므로 사족의 아낙을 모조리 쫓는 것이며, 이로 말미암아 제 집의 아내로 삼으려는 것이 아닌가. 어느 때에나 이런 대(代)를 바꿀까?' 하였으니, 이런 계집은 모름지기 징계하여야 한다" 하였다.

전교하기를, "개금 등을 곧 잡아다가 빈청(賓廳)에서 국문(鞫問)하되, 정승 유순(柳洵)·허침(許琛)·박숭질(朴崇質), 의금부 당상 김감(金勘)·정미수(鄭眉壽)·김수동(金壽童)·이계남·승지 박열(朴說)과 권균(權鈞)으로 하여금 섞여서 다스리게 하라" 하였는데, 개금 등이 다 모른다고 공초(供招)하였다.

전교하기를, "오늘 안으로 바삐 찾아서 잡되, 그 조목을 의논하여 아뢰라" 하였는데, 순 등이 의논하여 아뢰기를, "고발하는 자가 있으면 범인의 재산을 주고 면포(綿布) 5백 필을 상 주되, 직첩(職牒, 조정에서 내리는 벼슬아치의 임명장)이 있는 자이거든 당상관(堂上官)으로 올리고, 직첩이 없는 자이거든 정3품의 직첩을 주고, 천인(賤人)이거든 영원히 양인(良人)이 되는 것을 허락하며, 알고도 고발하지 않는 자는 참(斬)하여 재산을 몰수하며, 모의에 참여한 사람이 자수하거든 죄를 면하소서" 하였다.[3]

위 내용에 등장하는 세 장의 한글로 쓰인 투서가 쿠데타의 빌미가 된 것이다. 그리고 그 투서에는 연산군의 폭압을 비난하는 내용이 적혀 있었던 것이다. 그런데 사실 위 투서를 자세히 살펴보면 연산군의 폭압을 비난하는 이들의 면면을 밝힘으로써 오히려 연산군을 비난하는 자들을 고발하는 내용으로 이루어져 있다.

그러니 위 글을 쓴 자에게는 상을 내리고, 연산군을 비방하는 것으로 등장하는 자들에게 벌을 내리는 것이 옳을 것이다. 그러나 연산군은 그렇게 하지 않았다. 자신을 비방하는 것으로 등장하는 개금 등 의녀(醫女)를 잡아다 문초했으나 자신들은 모른다고 하자, 즉시 그들을 풀어준 다음 이 글을 쓴 자를 잡아들이라는 명을 내린 것이다. 결국 글을 쓴 자는 남의 이름을 내세워 연산군의 악행을 천하에 밝힌 것이다.

그렇다면 그는 누구일까? 연산군의 품행으로 보아서, 이런 내용을 쓴 자가 있다면 즉시 잡아들여 능지처참형에 처할 것은 불을 보듯 분명해 보인다. 그리고 우리의 예상대로 연산군은 이 사건에 매우 신속하게 대응한다.

신속하고
철저하게

연산군 10년 갑자(1504, 홍치17) 7월 19일(정미), 투서한 자를 고발한 사람에게 상주게 하다.

전교하기를, "익명서를 넣은 사람을 잡아 아뢰는 자에게 상으로 내릴 베[布] 5백 필을 의금부(義禁府)의 문에 달라" 하였다.[4]

범인을 잡아들이라는 명을 내림과 동시에 상으로 줄 베 500필을 의금부문 앞에 매달으라고 명을 내렸으니 의금부 문 앞에 쌓여 있었을 베 500필과 그 모습을 보며 군침을 흘렸거나, 혀를 끌끌 찼을 그 시대 백성의 모습이 눈에 선하다. 그리고 이튿날 연산군은 놀라운 명을 내린다. 한글에 대한 쿠데타가 시작된 것이다.

연산군 10년 갑자(1504, 홍치 17) 7월 20일(무신), 투서의 일로 언문을 배우거나 쓰지 못하게 하다.

전교하기를, "어제 입궐하였던 의정부·의금부(禁府)의 당상(堂上)을 부르라. 또 앞으로는 언문을 가르치지도 말고 배우지도 말며, 이미 배운 자도 쓰지 못하게 하라. 언문을 아는 자는 누구든 한성의 오부(五部)로 하여금 적발하여 고하게 하되, 알고도 고발하지 않는 자는 이웃 사람까지 죄를 주라. 어제 죄인을 잡는 조항을 성안에는 이미 통유(通諭)하였거니와, 성 밖 및 외방에도 통유하라" 하였다.[5]

드디어 조선 전역에서 한글이 사라질 위기에 처한 것이다. 가르치지 못하고 배우지 못하며 이미 알고 있는 자라 하더라도 쓰지 못하게 하면 한글은 사라질 것이 당연하다. 게다가 더한 것은 아는 자는 누구든 관가에 알려야 하며, 한글을 아는 자를 알면서도 고하지 않으면 당연히 죄를 받게 된 것이다. 옆에 사는 사람이 한글을 아는지 모르는지 서로 감시해야 하는 시대가 온 것이다. 한편 한글로 된 투서에 이름이 오른 의녀들 또한 힘겨운 시간을 보내야 하는 것은 마찬가지였다.

7월 20일(무신), 투서의 일로 의녀 개금·덕금·고온지 등을 국문케 하다.

"의녀(醫女) 개금(介今)·덕금(德今)·고온지(古溫知) 등을 추국(推鞫)할 때에도 봉해서 내린 글은 사람 없는 데서 열어보고, 사관(史官)일지라도 베껴 쓰지 말라. 이들과 관계를 맺고 있는 음탕한 사내들이 분명 많을 것이니, 그중에 반드시 미워하고 사랑하는 자가 있을 것이고, 그들이 서로 의심하여 이런 일을 꾸며 만들었을 수도 있으니, 이런 뜻으로 상세히 묻되, 숨기는 자가 있거든 형신(刑訊, 죄인의 정강이를 때리며 캐물음)하고, 말에 관련된 자는 계달(啓達, 신하가 글로 임금에게 아뢰던 일)을 기다릴 것 없이 곧 잡아와서 국문하라. 또 마을 사람의 가구 수를 각각의 집에 따라 써 올리되, 아무는 아무 날 아무 곳에 나갔고 아무는 집에 있어 출입이 없었다는 내용을 쓰게 하라. 또 이웃 마을로 하여금 서로 고하되, 아무 집의 아무가 언젠가는 집에 있더니 이제는 나갔고 아무 집의 아무가 언젠가는 나갔더니 이제는 돌아왔다고 고하게 하라. 또 언문을 아는 자를 적발하여 하나하나 쓰게 하여 봉해 내린 글과 비교하여 살피라. 현수(絃首)·침선비(針線婢, 상의원에 속하여 바느질을 맡아 하던 기녀) 및 다른 사람 중에 이와 같은 이름을 가진 자를 한성부와 오부로 하여금 상세히 찾아서 아뢰게 하라" 하였다.[6]

연산군의 재능은 분명 뛰어났음을 위 내용을 통해서도 알 수 있다. 투서에 거론된 의녀와 연관된 사내 가운데는 의녀와 사랑싸움 끝에 의처증 같은 것이 발동해 상대 여성을 곤경에 빠뜨리기 위해 이런 일을 저질렀을지도 모르니 그 부분을 집중적으로 조사하라는 것은 오늘날 경찰도 배워야 할 듯싶다. 게다가 온 마을을 뒤져서 집집마다 누가 어디를 가고 왔는지 오늘날 용어로 알리바이를 확인하고 덧붙여 제3자에게 그 알리바이를 확인토록 하라니 참으로 수사관을 했어도 잘했으리라는 생각이 든다. 그러나 이렇게 신속하고 철저하게 조사에 임했으나 범인은 쉬이 잡히지 않는다. 그래서 이틀 뒤 다시 후속 쿠데타를 일으킨다.

쿠데타의
후속 조치

연산군 10년 갑자(1504, 홍치 17) **7월 22일**(경술)**, 언문으로 구결 단 책을 불사르고 한어를 언문으로 번역하는 것을 금하다.**

전교하기를, "언문을 쓰는 자는 기훼제서율(棄毁制書律)로, 알고도 고하지 않는 자는 제서유위율(制書有違律)로 논하여 판단을 내리고, 조정의 벼슬아치 집에 있는 언문으로 구결(口訣) 단 책은 다 불사르되, 한자어를 언문으로 번역한 것은 금하지 말라" 하였다.[7]

위 내용에는 이름도 어려운 두 가지 법률이 등장한다. 한글을 사용하는 자를 처벌하는 근거로 삼으라는 기훼제서율은 중국 명나라의 형법전(刑法典)인《대명률》에 규정된 법규 가운데 하나로 '임금이나 세자가 조서(詔書)

로 내린 명령을 손괴시키는 죄를 처벌하던 법규'다. 《대명률》은 중국의 형법이지만 조선에서도 형법의 근간으로 적용되었으며 그 내용을 조선 실정에 맞추어 해석한 《대명률직해(大明律直解)》가 편찬되어 널리 사용되었다.

또 다른 법령인 제서유위율도 《대명률》에 등장하는데 제서, 즉 임금의 명령이나 세자의 명을 받들어 시행하는 데 위배한 자에 대해 곤장 100대에 처하도록 규정하는 내용이다.

한편 위 법령의 시행은 훈민정음 연구에 있어서도 커다란 영향을 끼치게 되는데, 아마 이 무렵 수많은 훈민정음 관련 서적이 사라졌을 것으로 추측된다. 물론 이렇게 사라진 초기 한글 서적이 오늘날 남아 전한다면 그보다 더 소중한 문화재는 없을 것이다. 그러나 이렇게 사라진 것은 우리 눈에 보이지 않기 때문에 아쉬움이 덜하다.

반면에 앞서 살펴본 바가 있는, 훈민정음 연구사에 있어 가장 중요한 자료인 《훈민정음 해례본》은 발견 당시 앞부분 두 장이 사라진 상태여서 관계자들을 안타깝게 만들었다. 그리고 앞부분 두 장을 없앰으로써 이 책의 실체를 감추고자 한 것은 바로 위에서 연산군이 명한 내용 때문으로 추정된다. 그런데 이 정도로 그칠 연산군이 아니었다.

연산군 10년 갑자(1504, 홍치 17) 7월 23일(신해), 익명서에 관련된 죄인의 국문을 재촉하다.

전교하기를, "익명서를 보낸 것은 윗사람을 비방함이니, 신하된 자로서 몹시 분하여 엄히 징계하여야 하는 바이니, 관련되어 잡힌 사람이 많이 상하게 되더라도 조금이라도 늦추지 않아야 하거늘, 어찌하여 예사로 보고 늦추어 국문(鞫問)하지 않는가? 김세호(金世豪) 같은 자는 일이 관계됨이 의심스러움에도 곧 국문하지 않으니, 옳지 못한 것이 아닌가?" 하매, 정원이 아뢰기를, "신 등이 저마다 분한(憤恨)을 품고 죄인을 찾아내어 시원히 다스리고자 하는데, 어찌 가히 짐짓 늦추오리까. 이제 언문을 아는 사람을 모아서 그 필적을 밝혀 기어코 알아내 오리다" 하였다.[8]

잡혀 온 자가 국문을 당하다가 죽는 한이 있어도 빨리 범인을 찾아내라는 연산군의 명을 거역할 자가 어디 있겠는가. 그러니 눈으로 확인하지 않아도 그때 궁 안에서 벌어진 피비린내 나는 모습이 선하게 떠오르는 듯하다. 그리고 드디어 한글을 쓸 줄 아는 사람들을 상대로 필적 감정이 시작된다.

연산군 10년 갑자(1504, 홍치 17) 7월 23일(신해), 유순 등이 익명서의 필적을 알아내는 자에게 상 주기를 청하다.

정승들 및 의금부 당상에게 명하여 오부(五部) 중에서 언문을 아는 자를 모아 글씨를 시험하게 하였으나, 그 필적이 대략 비슷해서 가릴 수 없으매, 유순(柳洵) 등이 아뢰기를, "이것으로 진위(眞僞)를 알아내기는 어려우니, 청컨대 익명서를 널리 보여서 필적을 알아보는 자에게 고발하게 하면, 알아낼 수 있을지 모릅니다" 하니, 전교하기를, "그리하라" 하였다. 순 등이 현상금과 벌주는 조목에 대해 다시 의논하여 아뢰기를, "본인이 나타나 고발함이 사실인 사람은 모두 전의 의논에 따라 상을 주되, 천인(賤人)에게는 전보다 상포(賞布)를 갑절로 주고, 필적을 잘 알되 원수 짓기를 두려워하여 고하지 않는 자가 있으면 전례에 따라 알고도 고하지 않은 죄로 논죄하소서" 하였다.[9]

오늘날에도 어려운 필적 감정이 그 시대에, 제대로 이루어졌을 리 없다. 결국 그 방식보다는 투서를 직접 보임으로써 백성들의 신고에 의지하기로 결정한 것이다. 그렇다고 해서 필적 감정이 중단된 것은 아니었다.

연산군 10년 갑자(1504, 홍치 17) **7월 25일**(계축), **언문과 한자를 아는 자들의 필적을 모으게 하다.**

전교하기를, "서울과 서울 바깥의 언문 및 한자(漢字)를 아는 자로 하여금 각각 한자·언문 네 통을 쓰게 하여 책을 만들어서, 그 하나는 의정부에, 하나는 사헌부(司憲府)에, 하나는 승정원에 두고, 하나는 대내에 들여서 뒷날의 상고에 갖추라" 하였다.[10]

특히 이날의 명령은 훗날을 대비한 것으로, 글자를 아는 모든 사람들의 글자를 모아 정부 각 부서에 비치함으로써 나중에 다시 이런 일이 벌어지면 그때 범인을 찾자는 것이니, 오늘날로 치면 지문을 수집해놓거나 DNA를 채집해놓았다가 후에 범인을 찾는 데 사용하겠다는 발상과 다름이 아니다.

연산군 10년 갑자(1504, 홍치 17) **7월 27일**(을묘), **정승과 승지 등이 익명서의 필적을 대조하다.**

정승 및 금부 당상·승지 들이 당직청(當直廳)에 출근하여 관아에 속한 이 가운데 언문을 아는 사람들을 모아서 언문을 베끼게 하여 익명서의 필적과 견주어 살피기를 여러 날 하였다.[11]

한 나라의 정승부터 당상관, 승지 등 최고위 벼슬아치들이 출근해서 온종일 하는 일이 관아에서 일하는 자들이 써낸 한글 필적을 확인하는 것이었으니 이 시대가 정상이 아님은 두말할 나위가 없다. 그러나 여전히 범인의 행적은 묘연했으니 이 사태가 언제까지 갈지 아무도 알 수 없었다.

연산군 10년 갑자(1504, 홍치 17) 8월 2일(기미), 승지 박열 등이 오부 사람들이 쓴 언문을 입계하다.

승지 박열(朴說) 등이 오부(五部) 사람들이 쓴 언문(諺文)을 임금에게 상주하여 올리니, 전교하기를, "성 밖 사람들도 또한 모두 찾아서 시험 삼아 쓰도록 하라" 하였다.[12]

이제 모든 관리는 물론 성 밖에 거주하는 사람들을 일일이 찾아다니며 한글을 쓰도록 하는 지경에 이르렀다.

쿠데타의
부작용

연산군 10년 갑자(1504, 홍치 17) 8월 5일(임술), 김인령의 종 장내은산이 주인집에 원한을 품고 무고하니 신문하게 하다.

김인령(金引齡)의 종 장내은산(張內隱山)이란 자가 승정원에 고하기를, "인령의 유모(乳母)가 저의 집에 왔는데, 걱정스러운 빛이 있어 이유를 물었더니 '국가에서 언문을 아는 사람을 찾는다는데, 아들 장수정(張守貞)이 언문을 조금 알고 있으나 지금 죽은 주인을 위하여 묘소를 지키고 있으므로, 자수하고 싶어도 올 수가 없어 걱정한다'고 하였습니다. 종의 생각에는 주인 인령이 일찍이 사헌부의 지평(持平)으로 장형을 받아 죽었고, 그 사촌아우 김천령(金千齡) 또한 죄를 입어 부관(剖棺)하는 형을 받았으니, 반드시 이 사람이 원한을 품고 한 일이 아닌가 합니다" 하니, 빈청(賓廳, 정승이 집무하던 곳)에서 국문하도록 하였는데, 말하는 바에 어긋남이 많았다. 이에 유모의 여종을 문초하자 말하기를, "이 사람은 본래 제멋대로 행동을 하여, 죽은 주인의 상복을 며칠 입다가 벗어 버리고, 그 아내의 딸에게 장가를 들고자 하므로 주인이 그 버릇없음을 미워 하자 이 때문에 원한을 품고 무고한 것입니다" 하였다. 전교하기를, "장내은산 (張內隱山)을 신문하라" 하였는데, 즉시 자백하기를, "사실 이런 일은 없었습니 다. 유모가 번번이 여주인에게 없는 죄를 지어 고자질을 하되, 종더러 제멋대 로 한다 하며 자주 가재도구를 빼앗기 때문에 무고한 것입니다" 하였다. 전교 하기를, "이는 도리에 어긋나고 불순한 자이니, 의금부에 굳게 가두어놓고 스 스로 목매지 못하도록 하라" 하였다.[13]

결국 사적 원한을 갚기 위해 무고한 사람을 고발한 것이다. 그런데 이런 일이 한두 건이겠는가.

연산군 10년 갑자(1504, 홍치 17) 9월 7일(갑오), 황해도 관찰사 민이가 이극균과 관계된 수 상한 사람을 잡았다고 치계하다.

황해도 관찰사 민이(閔頤)가 달려와 보고하기를, "풍천부사(豊川府使)가 행동이 수상한 사람을 잡아 그 행동거지를 조사하여 언문책(諺文册) 두 권을 얻었는 데, 죄인 이극균·윤필상·조지서(趙之瑞)의 이름이 기록되어 있습니다" 하니, 전교하기를, "의금부로 보내 국문하라" 하였다.[14]

그러나 이렇게 잡혀 온 사람들이 죄인으로 밝혀졌다는 사실은 어디에도 없다. 결국 연산군의 한글 말살 정책은 사적 감정에서 비롯된 무책임한 언 동이었던 셈이다. 그렇다면 과연 연산군은 한글에 대해 분노와 증오심을 가지고 있었을까? 그리하여 한글 역사에 길이 남을 역적일까? 그렇게 여길 근거는 또 있다.

연산군 11년 을축(1505, 홍치 18) 5월 24일(무신), 첩 채란선에게 뽑히지 않게 꾸미지 말라 한
죄로 한곤을 능지하고자 하다.

전교하기를, "한곤이 그의 첩 채란선(採蘭仙)에게 언문 편지를 통하여 '예쁘게
꾸미지 말라. 예쁘게 꾸미면 뽑힐 것이 틀림없다' 하였는데, 대저 운평은 국가
에 속한 공물(公物)이거늘, 이와 같이 변변치 못한 자가 스스로 차지하여 제 것
을 삼았으니, 죄가 능지처참에 처하여 마땅하다" 하였다.[15]

한글 편지를 첩에게 보내다가 들킨 한곤을 잡아들여 신문한다는 내용의
글이 기록되어 있음을 통해 앞서 연산군이 내린 한글 사용 금지령이 실제
로 집행되었음을 알 수 있다. 그러나 이 내용은 한글 편지 때문에 능지처참
에 처함이 마땅한 것이 아니라 연산군 자신의 지시에 따라 모아놓은 가무
(歌舞) 기생인 운평을 사사로이 첩으로 만든 것이 큰 죄란 것이다. 즉, 실록
에 적혀 있는 것과 같이 운평은 나라의 재산인데 사적으로 사용한 것이 죄
란 뜻이므로 이는 한글 편지와는 무관하다고 보아야 할 것이다. 그렇다고
해도 연산군 시대에 한글을 사용함으로써 벌을 받은 사례가 있음은 분명한
것으로 보인다.

그런데 다음 기사를 보면 연산군이 한글에 가한 탄압의 실제가 무엇인지
혼란스럽다. 다음 기사는 앞의 사건이 일어난 그해 말에 있었던 일을 기록
한 것이다.

연산군과 한글의
평화로운 동거

**연산군 10년 갑자(1504.홍치 17) 12월 10일(병인), 병조 정랑 조계형에 명하여 언문으로 역
서를 번역하도록 하다.**

병조 정랑 조계형(曺繼衡)에게 명하여 언문(諺文)으로 역서(曆書)를 번역하도록
하였다.[16]

그리고 이듬해 말에는 이런 일도 있었다.

**연산군 11년 을축(1505, 홍치 18) 11월 18일(기해), 악장을 새로 지어 흥청 등으로 학습하게
하여 틀리면 벌을 주게 하다.**

전교하기를, "새로 지은 악장(樂章)으로 경청곡(敬淸曲) · 혁반곡(赫盤曲) · 태화
음(泰和吟)을 여민락(與民樂) · 보허자(步虛子) · 낙양춘(洛陽春) 등의 가사에 맞추
어, 진서(眞書)와 언문(諺文)으로 인쇄하되, 그 고저(高低)를 점찍어서 흥청(연산
군 10년에 나라에서 모아들인 기녀) · 운평(연산군 때, 여러 고을에서 널리 모아둔 가무歌舞 기
생, 이들 가운데서 대궐로 뽑혀 온 기생이 흥청이다) 등으로 하여금 각자 가지고 학습
하여 음운(音韻)의 고저를 분명히 하도록 힘쓰게 해야 한다. 시창(試唱)할 때에
한 자라도 틀리면 그 틀린 잣수의 다소로써 벌의 경중을 정하리라. 그리고 어
전(御前)에서 주악할 때는 가곡을 더욱 분명히 하고, 크게 불러도 안 되며 갈고
(羯鼓, 타악기의 한 종류) 등의 악기와 함께 연주해야 한다. 이 뜻으로 깨우쳐주라"
하였다.[17]

그러니까 새로운 음악을 만든 후 이의 가사를 한자와 한글로 인쇄해서

기생들에게 배우도록 하라는 것이다. 위의 두 가지 사례를 보면, 연산군은 한글 말살 정책을 펼친 게 아니라 오히려 한글을 역서와 음악 등 다양한 분야에서 사용하도록 장려한 인물인 셈이다. 결국 연산군의 한글 말살 정책은 정책이라기보다는 자신을 비난한 한 통의 투서에 발끈해 일으킨 일종의 실패한 쿠데타였던 셈이다.

그 결과 수많은 한글 관련 서적이 사라져갔을 개연성으로 인해 그의 행동은 우리 한글 역사에 천추의 한을 남겼음이 분명하지만 연산군 입장에서 보면 자신이 한글 탄압에 앞장선 인물로 낙인찍히고 있는 역사에는 억울함을 표할 것 또한 당연하리라. 그리고 이듬해인 1506년 9월 2일 중종반정(中宗反正)으로 인해 연산군이 폐위됨으로써 연산군과 한글 사이에 벌어진 쿠데타 또한 실패를 맞이한다.

연산군을 위한
변명

연산군의 한글 억압 정책은 결코 바람직한 것이 아닐뿐더러 합리적인 동기에서 비롯된 것도 아니었다. 그렇다면 그 무렵 한글은 제대로 평가받고 있었을까? 앞서 한글과 한자 사이에 벌어진 제2차 전면전은 평화협정으로 마무리되었고 이는 곧 한글의 승리와 다름없다는 언급을 한 바 있다. 그러나 이는 한글이 조선 백성 사이에 독립적인 문자로 자리를 잡았다는 면에서 승리라 표현한 것일 뿐이다. 그 후로도 한글은 공식적으로는 대접받지 못했다.

1485년 1월부터 시행된 《경국대전(을사대전)》 권3 〈예전(禮典)〉에서 용문자식(用文字式, 문자를 사용하는 양식이라는 뜻)이라는 항목으로 각종 공문서의 양식이 예시되어 있다. 공적인 문서에서의 문자 사용의 규범을 보인 것이다. 이에 따르면 모든 문서는 한자로 작성하게 되어 있다. 한자는 물론 이두의 표기에 사용된 경우도 포함된다. (중략)

다시 말하면 한글의 반포 이후에도 소극적이지만, 법전으로는 한글이 배제되고 한자 사용만이 공문서에서 허용되었음을 알 수 있다. 한글 사용은 불문율로써 금지되었다고 할 것이다.

그러나 한글 사용의 금지가 적극적으로, 곧 명문(明文)으로써 규정된 사실도 발견된다.*[18]

이런 규정이 사라지고 한글이 공적인 문자로 인정받기까지는 그 후로도 한참을 기다려야 했으니 1894년 11월 22일 공포된 고종의 칙령에 '법률과 칙령은 모두 한글로써 으뜸을 삼되 한문의 번역을 붙이며, 혹 국한문을 혼용할 수 있다'[19]라는 내용이 실리면서부터인 셈이다.

실로 훈민정음이 창제된 지 450년이 지나서 비로소 한 나라의 정식 문자로 인정받게 된 것이다. 현실이 그러한데 연산군에게만 모든 비난을 쏟아붓는 것이 과연 옳은 것인가. 누군가가 무기명(無記名)으로 자신의 가장 취약한 약점을 비난하는 글을 온 나라 안에 퍼뜨린다면 그걸 너그럽게 이해할 사람이 과연 몇이나 될까?

---

* 한글 사용 금지가 명문화된 사례로는 법령 편람집인 《백헌총요》에 나오는 문장인 '언문으로 된 문서와 증인과 필집인(筆執人)이 없이 작성된 문서는 정당한 문서로 인정하지 않는다는 규정', 그리고 사채(私債), 즉 개인 간의 채권, 채무를 규정한 문서에 증인과 필집인이 없고, 또 문서가 한글로 되었을 때는 채권을 인정하지 말라는 내용이 있다.

우리는 연산군을 비판할지언정 비난해서는 안 된다. 감정에 따라 행동할 때 비난의 화살을 피해갈 수 있는 사람은 비난하는 당사자 외에는 아무도 없다. 이게 한글전쟁 과정에서 늘 비난의 화살만을 받아온, 그리고 앞으로도 영원히 받아야 할 시시포스의 운명과도 같은 연산군을 위해 최소한의 변명을 하는 까닭이다.

영웅의 탄생

난세(亂世)는 영웅을 낳는다. 그리고 한글의 역사에서도 이러한 속설은 어긋나지 않았다. 앞서 우리는 우리 겨레의 문자 생활에서 가장 뛰어난 인물로 설총과 세종을 선정한 안병희 교수의 글을 본 적이 있다. 그렇다면 한글의 탄생 이후 결코 잊어서는 안 되는 인물로는 누가 있을까? 물론 사람에 따라, 학자에 따라 여러 의견이 있을 수 있다. 그런데 이 인물을 빼놓고는 한글 역사를 이야기할 수 없다는 데 이견(異見)을 달 사람은 별로 없을 것이다.

세종이 한글을 창제함으로써 우리 겨레의 문자 생활에 새로운 세상을 펼쳐주었다면, 이 사람은 그 세상이 운용(運用)될 수 있는 모든 체제를 갖추어 놓았다고 할 수 있다. 그러니 한글을 논하면서 이 이름을 빼놓고는 아무것도 이야기할 수 없다. 그의 이름은 최세진(崔世珍, 1468~1542)*이다.

---

* 최세진이 언제 태어나고 언제 사망했는지에 대해서는 의견이 분분했다. 그러나 정광에 따르면, 1999년에 최세진의 묘지명(墓誌銘)이 발견됨으로써 1468년에 태어나 1542년에 향년 75세를 일기로 사망한 것으로 확인되었다. 이 책에서도 이 의견에 따라 최세진의 생물연도를 기재한다.

최세진은 한글 나라의 영웅이요, 특히 오늘날 한글을 세계에서 가장 뛰어난 문자로 자랑스러워하며 어깨를 으쓱거리는 한국인이라면 더더욱 기억하고 그의 업적을 잊어서는 안 된다. 우리가 사용하는 한글은 엄밀하게 말하면 세종이 창제한 훈민정음이 아니라 최세진이 훈민정음을 재정리한 언문이니까.

사실 이 글을 읽기 전까지 최세진이라는 인물에 대해 알지 못한 독자도 있을 것이고 알더라도 이름 정도, 또는 그가 편찬한 책 몇 권에 대해 아는 게 전부인 독자가 대다수일 것이다. 그러나 최세진이 70평생에 걸쳐 이룩한 업적을 하나하나 살펴보면 왜 그가 한글의 중흥조(中興祖)인지 알 수 있을 것이다. 이와 관련해 정광은 이렇게 말했다.

> 국어학사에서 최세진이 차지하는 비중은 매우 크다고 할 수 있다. 그의 업적은 훈민정음 창제에 관여한 집현전 학자들에 필적한다고 보아도 과언은 아니다. (중략)
>
> 그러나 훈민정음의 창제에 직접 관여한 세종과 문종(文宗), 집현전 학자들이 모두 세상을 떠나고 이들의 뒤를 이어 신문자(新文字) 보급에 노력한 세조(世祖)마저 저 세상으로 간 다음에 정음에 대한 연구는 급격하게 퇴조하였다. 특히 연산군의 폭압 정치 하에서 신문자는 대단한 박해를 받았으며 자칫하면 한때 유행하고 없어진 원나라 대의 파스파 문자처럼 역사의 뒤안길에 사라졌을지도 모른다. 중종(中宗)조에 들어와서 신문자를 널리 보급하고 고유어나 한자의 동음(同音) 표기, 그리고 중국어를 비롯한 외국어 발음 표기 수단으로 훈민정음을 다시 정리한 것은 역시 최세진의 공이라고 아니할 수 없다.[20]

한글이 우여곡절을 겪으면서 위기에 처했다 해도 파스파 문자처럼 역사의 뒤안길로 사라졌을 것이라고 여겨지지는 않는다. 왜냐하면 한글은 문자를 사용하는 백성의 입장에서 폐기하기에는 너무나 효과적인 문자였기 때문이다. 그러나 정광의 주장이 전혀 무의미한 것 또한 아니다. 역사를 보면 효과적이고 의로운 것이 비효율적이며 불의한 것에 패한 사례 또한 무수히 많음을 확인할 수 있기 때문이다. 그렇다면 최세진의 업적이 과연 무엇일까? 그는 한글의 중흥조로 추앙받을 만한 인물일까?

최세진,
언어의 연금술사

최세진은 생애 내내 논란에 싸여 살았다. 《조선왕조실록》을 살펴보면, 그에 대한 긍정적인 기사보다 부정적인 기사가 훨씬 많음을 알 수 있다. 왜 그럴까? 아마 그의 출신 성분 때문이 아닐까 판단된다.

중종 4년 기사(1509, 정덕 4) 1월 4일(정유), 대간이 최세진이 사표로서 적합하지 않다고 아뢰니 그를 체직하라 하다.

대간이 앞의 일을 아뢰고, 또 아뢰기를, "최세진(崔世珍)이 상중에 첩을 얻었다는 일에 대하여, 그 추안(推案)을 고찰한 즉 그 이웃들이 모두 상을 당하기 전의 일로 형을 받은 것이라고 심문에 따라 공술하였습니다. 그러나 끝까지 추궁하여 심문하지 아니하였기 때문에 세진(世珍)도 또한 자신의 죄 없음을 밝히지 못하였습니다. 대체로 그 집안 신분이 장사를 업으로 하였고, 그 신분 또한 낮으며, 일찍이 서울에 부임할 때 남의 재물을 많이 가지고 가다가 법관(法

官)에게 탄핵을 당한 바도 있었으니, 스승으로서 적합하지 않음에 의심할 바 없습니다" 하니, 전교하기를, "최세진(崔世珍)의 일이 과연 아뢴 바와 같다면 사표(師表)에 합당하지 아니하니 그를 체직(遞職, 벼슬을 갈아냄)하도록 하라" 하였다.[21]

일반적으로 상대방을 비판할 때 가장 자주, 그리고 쉽게 쓰이는 것이 출신을 드러내는 것이다. 그리고 이는 매우 비합리적이지만 상당한 설득력을 갖는 게 현실이다. 위 글을 보면 최세진에게 특별한 죄가 없음은 이미 확인한 상태다. 그럼에도 '그 집안 신분이 장사를 업으로 하였고, 그 신분 또한 낮으며'라는 말로 최세진이 가르치는 일에는 적절치 않다고 주장했고 이러한 주장이 받아들여져 최세진의 벼슬이 취소되었음을 알 수 있다. 그뿐이 아니다.

중종 12년 정축(1517, 정덕 12) **12월 7일**(무신), **사헌부가 재상을 잘못 다룬 수령들이 파직될까 두려워 직임을 회피하니 추고하도록 청하다.**

대간이 전의 일을 아뢰고, 최세진은 경솔하고 미천해서 장관에 적합하지 못함을 논하였다. 사헌부가 또 아뢰기를, "각도(各道)의 재난과 상처를 잘못 다룬 수령들이 장차 파직될 것을 알고 혹은 일을 보지 않기도 하고 혹은 벼슬을 버리고 나들이하기도 하니 공무 집행에 대해 추고(推考, 벼슬아치의 죄과罪過를 추문推問하여 고찰함)하게 하고, 그중에 백성을 다스리는 일에 힘쓰지 않은 자는 관찰사로 하여금 살피게 하소서" 하였는데, 수령의 일은 그대로 따르고, 나머지는 다 윤허하지 않았다.

사신(史臣, 사초史草를 쓰던 신하. 곧 예문관 검열을 이르는데, 여기서는 이 글을 쓴 작자)은 논한다. 최세진은 성품이 본시 탐욕스럽고 야비하나 한어(漢語)에 능통하여 가업(家業)을 잃지 않았다. 요행히 과거에 올라 벼슬길이 열렸다. 강예원 교수 (講隸院敎授)를 겸직하였는데 무릇 통사(通事, 조선 시대의 통역관)나 습독관(習讀官, 훈련원에 속한 종9품 무관 벼슬)을 선발할 때에는 그 권세를 이용하여 아무는 능하고 아무는 능하지 못하다 하므로 제조(提調)는 최세진의 말을 어기지 못했다. 이렇게 해서 그 직을 높이기도 하고 낮추기도 해서 서울로 가게 했으므로 무뢰배들이 앞을 다투어 그의 집에 모여 만나기를 요망하였다. 또 중국을 왕래하는 자들은 자신이 얻어온 진귀한 물품을 모두 그의 집에 실어 보냈는데 그는 태연히 받고 부끄러워하지도 않았다. 이로 말미암아 날로 가세가 풍부해졌으나, 공론은 그를 비루하게 여겼다.[22]

이외에도 최세진을 비난하는 논의는 무수히 많다. 그럼에도 최세진이 꾸준히 직을 유지할 수 있었던 데는 중종의 총애가 큰 몫을 차지하였다. 위 글에서도 중종이 최세진을 보호하자 이에 격분한 사초를 쓰는 이가 최세진에 대한 비난을 기록한 것이 눈에 띈다. 사실 최세진이 훗날 한글의 중흥에 큰 공을 세우기까지는 수많은 난관을 극복해야 했다. 그리고 위에서 살펴본 비난 이전에 결정적인 순간이 있었다.

연산군 12년 병인(1506, 정덕 1) 1월 14일(갑오), 최세진이 파방 후에 익명서 투척자로 의심하니, 권균이 파방은 그 후의 일이라 하다.

전교하기를, "최세진(崔世珍)이 급제 사실을 발표한 후 취소한 데 대해 원망을 품고 익명서를 던진 듯하니, 아울러 국문하는 것이 어떠한가?" 하매, 승지 권균(權鈞) 등이 아뢰기를, "그 일은 익명서 사건 발생 후에 있었던 일입니다" 하였다.[23]

이 사실은 앞서 살펴본 바 있는 연산군 비방 투서 사건과 관련된 내용인데, 사건 발생 1년도 더 지난 1506년에 와서 연산군이 최세진이 혹시 범인이 아니냐고 묻는 내용이다. 만일 이때 최세진의 알리바이가 권균에 의해 입증되지 않았다면 최세진 역시 추국을 당한 끝에 목숨을 잃었을지도 모른다. 이해는 연산군이 권좌에서 쫓겨난 해이니 그만큼 연산군의 행동 또한 비이성적이었을 것은 당연하니 말이다. 그러나 다행히도 그의 급제 취소가 투서 사건 이후에 일어났기에 누명을 벗을 수 있었던 것이다.

위에서 살펴본 사례는 최세진이 겪은 난관 가운데 극히 일부에 불과하다. 그럼에도 최세진은 꿋꿋이 살아남아 결국 한글의 중흥조라는 칭호를 얻기에 이르렀다. 그렇다면 과연 최세진은 오로지 중종의 사적(私的) 총애를 받아 이 난관을 극복하였던 것일까?

중종, 최세진을
끝까지 옹호하다

중종 10년 을해(1515, 정덕 10) 11월 14일(병신), 유순이 중국과의 주청·통자하는 문서 및 이문(吏文)을 잘할 자를 따로 교육시키자고 건의하다.

영의정(領議政) 유순(柳洵)이 의논드리기를, "우리나라가 중국을 섬기는 것은 다른 외국과 달라서, 모든 주청(奏請)이나 자문을 청할 때 다 이문(吏文)*을 쓰

---

* 관청에서 쓰는 글이란 뜻으로, 중국에서 상용하는 공문의 문장투를 말한다. 조선과 중국이 문서로 왕래할 때는 중국의 관용문자(官用文字)와 백화(白話)와 일정한 서식(書式)으로 된 이 문장을 썼으므로 특별히 이를 '이문'이라 이름 붙이고 이를 쓰는 관원을 두었다.

고, 또 중국 사신 중에 문관(文官)이 오면 음운(音韻)을 잘 알지 못하여 대응할 수 없으므로 어쩔 줄 몰라 함으로써 늘 사신의 웃음거리가 됩니다. 자제를 보내어 이문과 중국어를 배워 오도록 한 후 가르치게 하면 중국어의 음과 이문을 잘 아는 자가 늘어날 것이니, 상의 뜻이 매우 마땅합니다. 그러나 자제를 보내어 입학시키는 일은 전조(前朝)인 고려 이래로 오래 시행하지 않다가 세종조에서 옛 규례에 의거하여 주청한 적이 있으나 중국에서 끝내 허가하지 않았는데, 대개 외국인이 도읍에 오래 머무르며 중국의 일을 엿보는 것을 좋아하지 않기 때문이었습니다. 더구나 중국에 사고가 많아서 조정의 정사가 점점 어지러워져서, 국자감(國子監)에서 학생을 기르는 일 같은 것은 소홀히 하여 예전 같지 않을 터인데, 어찌 외국인을 받아들이겠습니까? 신은 이런 생각을 합니다. 지금 문신(文臣) 중에 이문 및 한음(漢音)을 잘 아는 자는 다만 최세진(崔世珍) 한 사람뿐이므로, 이 사람이 아니면 무릇 주청·자문을 청하는 문서 및 중국과 주고받는 문장을 맡아서 손을 댈 자가 없으니, 이는 매우 염려스러운 일입니다. 세진이 지금 승문원(承文院)에 나아가 가르치는 관직을 겸해서 습독(習讀) 등의 일에 종사하나, 습독하는 자의 수가 매우 많아서 확실히 재주를 성취하는 자를 보기 어려울 듯합니다.

신이 바라건대, 문신 중에서 나이 젊고 침착하여 성질과 도량이 합당한 자를 5, 6명이 넘지 않게 가려서 가르치되, 두세 해로 한정해서 가르쳐 성취하면 스승과 학생에게 함께 상을 주어 장려하고 그렇지 못하면 함께 꾸짖어 벌을 주어, 권장하고 징계하는 방도로 삼으소서. 이렇게 하면 어찌 한두 사람의 쓸 만한 자가 나오지 않겠습니까?" 하고, 정광필(鄭光弼)·송일(宋軼)·노공필(盧公弼)·김전(金詮)·남곤(南袞) 등의 의논도 대략 같았으므로, 유순(柳洵)의 의논을 따랐다.[24]

그랬다. 최세진은 그 무렵 중국과의 서류 소통은 물론이고 중국 사신과의 대화를 비롯해 모든 의사소통을 담당할 만한 거의 유일한 관리였다. 최세진이 살아남은 것은 중종의 총애 때문이 아니라 그 누구도 갖지 못한 외국어와 우리말에 대한 탁월한 능력 때문이었던 것이다. 그런데 최세진의 능력은 단순히 통역관 수준에 머무르지 않았다.

그는 자신의 외국어 및 어학 능력을 십분 활용해 나라 전체의 외국어 습득 능력을 향상시키는 데 기여할 수 있는 서적을 편찬하는 능력과 더불어 백성의 지적 능력을 높이기 위해서는 무엇을 어떻게 개선하고 어떤 방식으로 교육을 추진해야 하는지 알고 있는 인물이었다. 이것이 최세진의 진면목이었다. 자, 그럼 최세진의 진면목을 좀 더 살펴보기로 하자.

중종 32년 정유(1537, 가정 16) 12월 15일(경신), 최세진이 《운회옥편》과 《소학편몽》을 바치니 상을 내리다.

상호군(上護軍) 최세진(崔世珍)이 《운회옥편(韻會玉篇)》과 《소학편몽(小學便蒙)》을 가지고 들어와서 아뢰기를, "우리나라에는 《운회》는 있으나 《옥편》이 없기 때문에 참고하여 보기가 어려우므로 신이 글자의 종류를 모아 《운회옥편》을 만들어 바칩니다. 만약 간행하도록 하신다면 글자를 참고해 검토하는 데 보탬이 있을 것입니다. 그리고 우리나라는 《소학》으로 자제들을 가르치는데 내편(內篇)은 모두가 본받을 만한 성현의 일이지만 외편(外篇)은 아이들이 배우는 데 긴요하지 않은 듯하고, 또한 두루 읽을 수 없기 때문에 신이 그중에서 본받을 만한 일을 종류대로 뽑아서 네 권으로 나누어 만들어서 바칩니다. 본편(本篇)에서 더하거나 덜어버린 것이 없습니다. 간단하고 복잡하지 않으며 편리하고 쉬우니 만약 간행하도록 명하신다면 아이들이 배우는 데 보탬이 있을 것입니다" 하니, 정원에 전교하였다. "최세진이 바친 《소학편몽》과 《운회옥편》은 쉽게 깨우칠 수 있게 하였고 어린아이들이 배우는 데도 편리하게 하였으니, 최세진이 유념하여 책을 만든 것은 진실로 가상하다. 특별히 술을 내려주고 안구마(鞍具馬, 안장을 얹은 말) 한 필을 지급하고 첨지(僉知, 중추부의 정삼품 당상관 관직)에 제수하라." [25]

최세진이 두 권의 책을 중종에게 바친 1537년은 그의 나이 70세 되던 해다. 오늘날에도 70세 된 사람이 책을 집필하기란 결코 쉬운 일이 아니다. 그렇다면 두 권의 책은 어떤 내용일까. 먼저 《운회옥편(韻會玉篇)》은 우리나라 사람이 편찬한 최초의 옥편이다.[26] 그러니 이것만으로도 최세진의 업적은 실로 크다고 아니할 수 없다.

최세진은 중국 옥편인 《고금운회》가 중국 음에 따라 글자를 배열한 까닭에 우리나라 사람이 사용하기에 불편함이 크다는 사실을 알고는 한자를 부에 따라 분류한 후 다시 중국음인 4성의 순서로 배열한 옥편을 편찬한 것이다. 한자를 분류한 부라는 것 또한 중국과는 완전히 다른 독창적인 것으로 최세진이 독자적으로 분류한 것이다.[27]

반면에 《소학편몽》은 중국 송나라 때 발간된 아동을 위한 학습서인 《소학》을 우리나라 실정에 맞게 재편집하여 실질적인 교육서가 되도록 만든 것이라고 최세진 스스로 말하고 있다. 결국 최세진이 임금에게 바친 두 권의 책은 종류가 전혀 다른 것으로, 한 권은 한자 학습에 도움이 되는 사전류인 반면 다른 한 권은 아동 교육서인 셈이다. 그런 까닭에 최세진을 단순한 외국어 전문가나 통역가로 치부할 수 없는 것이다.

사실 앞서 실록에도 나왔듯이 최세진은 한미한 가문 출신으로 높은 벼슬에 오를 수 있는 신분이 아니었다. 그러나 출중한 외국어 실력으로 신분의 벽을 뛰어넘었고 급기야 역사에 굵은 획을 그을 수 있었던 것이다. 위에서 살펴본 업적만으로도 최세진이라는 이름은 역사에 기록될 만함을 누구나 알 수 있다.

훈몽자회의
창의성

최세진 하면 떠오르는 책은 《훈몽자회》다. 최세진이 편찬한 책은 앞서 살펴본 《운회옥편》과 《소학편몽》 그리고 고려 시대 이후 중국어 학습서로 활용된 《노걸대》와 《박통사》를 번역한 《번역 노걸대》와 《번역 박통사》를 비롯해 여러 권이었다. 그러나 그 가운데 우뚝 솟은 책이 바로 《훈몽자회》다.

사실 최세진은 《훈몽자회》보다 다른 책에 더 심혈을 기울였을지도 모른다. 《훈몽자회》는 아동을 위한 한자 교육용 도서였다. 반면에 앞서 살펴본 《운회옥편》이나 《번역 노걸대》 등은 한자를 사용하는 모든 사람을 위한 책일 뿐 아니라 성인을 위한 책이니 더 중요하다고 여겼을 가능성이 높다. 반면에 유명한 국문학자인 이기문 교수는 최세진의 저술 가운데 가장 중요한 것은 《사성통해(四聲通解)》라고 말한다.[28]

그러나 우리는 왜 그런 책의 저자로서 최세진은 기억하지 못하면서도 《훈몽자회》 하면 최세진을 떠올리는가? 그건 그 책이 그만큼 우리 겨레의 문자 생활에 끼친 영향이 크기 때문이다. 《훈몽자회》는 앞서 설명한 바와 같이 당시의 아동을 위한 '한자 교육'용 도서다. 그래서 오늘날의 일반인이 보기에는 어려움이 있다. 그렇다면 어디에 한글과 관련된 내용이 나올까? 다음에 《훈몽자회》의 내용을 잠깐 살펴보기로 하자.

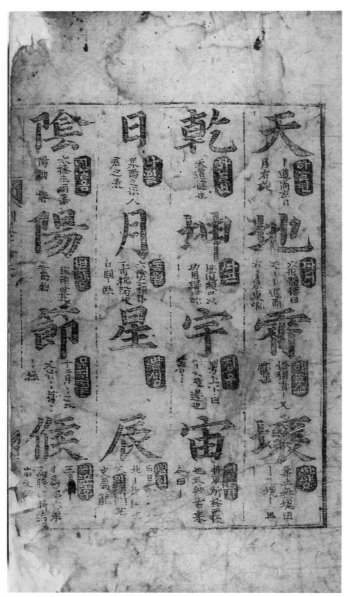

일본 교토(京都) 히에이 산(北叡山)의 에이산(叡山) 문고본 《훈몽자회》
1527년 간행된 이 판본은 유일한 활자본이며 초간본으로 추정된다.

《훈몽자회》

《훈몽자회》의 한자 학습법은 천자문의 그것과는 사뭇 달랐다. 가장 큰 차이점은《천자문》이 문장 형식을 띤 반면《훈몽자회》는 비슷한 뜻을 가진 글자들끼리 모았다는 것이다.

《훈몽자회》'범례'

《훈몽자회》권두에 실려 있는 범례(凡例) 부분. 책의 해설을 읽는 데 도움이 되는 한글 사용법을 싣고 있다.

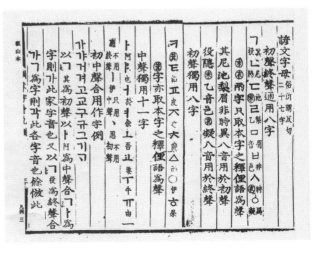

그림에서 알 수 있듯이 《훈몽자회》는 우리가 익히 알고 있던 한자 학습서인 《천자문》과 비슷하게 편찬되어 있다. 그러나 그 내용은 상당히 다르다. 천자문식 학습법에 익숙한 어린이를 위해 조선의 어린이에게 맞는 새로운 한자 학습서를 만든 것이다. 그 내용의 앞부분만 잠깐 살펴보자.

표4 《천자문》 내용

天	地	玄	黃	宇	宙	洪	荒
하늘 천	땅 지	검을 현	누를 황	집 우	집 주	넓을 홍	거칠 황
하늘은 검고 땅은 누렇다.				우주는 넓고 거칠다			

표5 《훈몽자회》 내용

天	地	霄	壤	乾	坤	宇	宙
하늘 천	땅 지	하늘 소	땅 양	하늘 건	땅 곤	집 우	집 주

두 책에 실린 앞의 여덟 글자만 보아도 그의 차이점을 알 수 있다. 《천자문》이 네 글자씩을 모아 한 문장으로 만드는 방식을 취한 데 비해 《훈몽자회》는 비슷한 뜻을 가진 글자들을 모아 학습하도록 만들었다.

어떤 방식이 옳고 그르냐, 효율이 높냐 낮냐를 떠나 최세진은 중국식 《천자문》보다는 자신의 방식이 조선 땅의 어린이가 한자를 배우는 데 더 효과적이라고 생각한 것이다. 이와 관련해서 밝혀둘 사실 하나는 《훈몽자회(訓蒙字會)》, 즉 '어리석은 아이들을 가르치는 글자 모음'이라는 책 이름답게 조선 시대를 통틀어 가장 많이 보급된 한자 학습서였을 뿐 아니라 일본에서도 이 책이 널리 사용되었다는 사실이다.[29] 이를 통해 우리는 3300자가 넘는 한자가 실린 《훈몽자회》가 초보자가 한자를 배우는 데 꽤 효과적인 학습서였음을 확인할 수 있다.

훈몽자회에도
한계는 있으니

그렇다고 《훈몽자회》가 완벽한 기초적인 한자 학습서로 자리매김한 것은 아니었다. 거기에는 몇 가지 이유가 있다. 《훈몽자회》에는 글자의 뜻을 한글로 적어놓아 아이들이 한글을 통해 한자 공부를 하도록 만들었다. 그 아래 작게 적혀 있는 한자는 글자와 관련된 지식을 한자로 해설한 것이다.

사실 '하늘 천(天)'을 배우는 아이들에게 왜 '하늘의 길은 늘 왼쪽에서 오른쪽으로 해와 달이 돈다'라는 어려운 한자 해설을 붙여놓았는지 잘 모르겠지만 여하튼 그런 내용이 적혀 있다. 이는 아마 《훈몽자회》를 가르치는 훈장 선생님들로 하여금 '天'자를 가르치면서 부수적으로 이 뜻도 함께 가르치라는 의미로 써놓은 것으로 보인다.

이외에도 《훈몽자회》는 몇 가지 문제점을 안고 있다. 우선 《천자문》이 1000자를 가르치는 데 비해 《훈몽자회》는 그 3배가 넘는 3360자에 이르는 한자를 수록하고 있다. 오늘날 대한민국에서 초등학생 또는 일반인에게 필요한 필수 한자를 약 1800~3000자로 선정한 것을 감안한다면 한자로 문자 생활을 하던 조선 시대에 이 정도 숫자를 많다고 할 수는 없을 것이다. 그러나 이기문은 《훈몽자회》에 기초적인 한자가 너무 많이 빠져 있다는 사실을 지적한다.[30] 그러면서 그렇게 된 까닭은 최세진이 《훈몽자회》를 집필하면서 세운 기준에 문제가 있다고 본다.

최세진은 《훈몽자회》에 수록하는 한자를 실자(實字), 즉 '새, 짐승, 초목의 이름'을 중심으로 실재하는 것을 나타내는 글자 중심으로 선정했다고 말하고 있다.[31]

그런데 그의 주장과는 달리 글자 선택을 자신의 기준에 맞추려다 보니 오히려 《훈몽자회》에는 기초적인 글자가 누락된 반면 별로 중요하지 않은 글자가 포함되기도 한 것이다. 그러하기에 조선 시대 말까지 최세진의 뜻과는 달리 초보자를 위한 한자 교육서로는 《훈몽자회》뿐 아니라 《천자문》과 《유합》이 동시에 사용되었다.

훈몽자회,
한글 학습의 새로운 장을 열다

그런데 우리가 정말 귀하게 여기고 살펴보려고 하는 것은 '범례(凡例)' 부분이다. 범례 부분에는 이런 내용이 있다.

"언문자모(諺文字母) 속소위반절27자(俗所謂反切二七字)."

이 내용을 풀이하면 이렇다.

'언문 자음과 모음은 사람들이 말하기를 반절 27자라고 한다.'

우리는 이를 통해 몇 가지 사실을 알 수 있다. 첫째, 최세진은 한글을 훈민정음이 아니라 언문이라고 불렀다. 둘째, 그 무렵 일반 백성은 한글을 훈민정음도 아니고 언문도 아니라 '반절(反切)'이라고 불렀다. 셋째, 세종께서 창제한 28자의 한글이 최세진 대에 와서는 27자로 줄었다.

첫 번째 항목에 대해서는 특별히 의문을 가질 내용이 없다. 훈민정음은 탄생 이후 훈민정음이라는 명칭보다는 언문이라는 명칭으로 더 많이 불렸으니까. 국가의 기록인 《조선왕조실록》을 보더라도 훈민정음이라는 명칭은 세종 대에나 사용될 뿐 이후에는 대부분 언문이라는 명칭으로 등장한다. 따라서 언문이라는 명칭을 최세진이 사용했다고 해서 그가 한글을 낮춰 부르려는 의도가 있었다고는 볼 수 없다.

두 번째 항목은 낯설 수도 있다. 언문이라는 명칭이 있는데 갑자기 반절이라는 명칭이 왜 등장하는지 궁금할 수도 있다. 우리는 앞서 반절이라는 명칭을 살펴본 적이 있다.(108쪽) 중국에서 한자음을 표기할 때 반절법을 사용한다는 내용을 살펴본 것이다. 다시 한 번 그 내용을 확인해보자.

'東德紅反', 즉 東(동녘 동)의 소리는 德(덕 덕)의 첫 음인 'ㄷ'과 紅(붉을 홍)의 뒷부분인 'ㅎ'을 모아 소리를 낸다. 한글을 반절이라고 부른 것은 바로 이로부터 비롯되었는데 한글 또한 두 글자 또는 세 글자가 모여 한 소리를 내는 까닭에 같은 원리라고 여겨 반절이라고 부른 것이다.

물론 본질은 다르다. 한자(漢字)는 한 글자의 소리 일부를 떼어내어 다른 글자 소리 일부와 합치는 것임에 비해 한글은 각기 다른 자음이나 모음을 붙여 한 글자를 만들고 그 글자의 소리를 내는 것이다. 그러나 옛 사람들이 이런 음운학적 차이를 이해하는 것은 불필요할 뿐 아니라 불가능한 일이기도 했다. 다만 소리를 내는 방식이 같다고 여긴 것은 충분히 이해가 된다. 이런 까닭에 일반 백성은 한글을 반절이라고 부른 것이다.

마지막 항목은 매우 중요한 것이다. 세종 때 창제된 글자 수에 변화가 있다는 것은 27자로 줄인 것이 누구이건 훈민정음이 본래 모습에서 변한 것이기 때문이다. 그렇다면 어떤 글자가 사라졌을까? 사라진 비운의 글자는 'ㆆ'이다. 이 글자가 사라지게 된 까닭은 이 글자의 소리가 우리나라에서 사용하는 한자음이나 우리말을 표기하기 위해 만들어진 글자가 아니라 중국 한자음을 표기하기 위해 만들어진 것이기 때문이었다. 즉, 훈민정음을 처음 창제할 때 목표로 한 중국 한자음의 정확한 표기라는 목적이 날이 갈수록 희미해져가면서 15세기 중엽에 이르러서는 이 글자가 더 이상 사용되지 않게 된 것이다.

그렇다면 최세진은 왜 한자 학습서인《훈몽자회》에 한글 학습과 관련된 내용을 실은 것일까? 이와 관련해 최세진은 자신의 의도를 책의 '범례' 편에 남겨놓았다. '무릇 후미진 곳이나 지방에 사는 사람들 가운데는 당연히 언문을 이해하지 못하는 이가 많으므로 여기에 언문의 자모(字母)를 함께 적음으로써 먼저 언문을 배우고 다음에《훈몽자회》를 배우도록 하였다. 그렇게 하면 한자를 모르는 이라도 언문을 배워 한자를 알게 되면 가르쳐주는 선생이 없다 해도 머지않아 한자를 깨우칠 수 있을 것이다.'[32]

얼핏 보면 세종께서 훈민정음 어제 서문(御製序文)에 써놓은 글과 느낌이 흡사함을 알 수 있을 것이다. 여하튼 최세진 또한 이런 내용을 실은 것은 누구든 쉽게 문자 생활을 할 수 있도록 돕기 위해서였던 것이고 이러한 의도는 세종의 한글 창제 의도와 크게 다르지 않음을 알 수 있다.

훈몽자회 범례,
훈민정음의 재탄생

분명《훈몽자회》는 한자 학습서이다. 그런데 이 책으로 인해 우리 겨레는 한글 학습에 일대 전환을 가져오게 된다. 참으로 아이러니한 일이다. 한자를 보급하기 위한 학습서 덕에 한글 학습이 효과적으로 이루어지다니.

다음에는《훈몽자회》에 등장하는 한글 관련 내용을 살펴보기로 하자. 도대체 어떤 내용이 실려 있기에《훈몽자회》출간 전과 후의 한글 학습에 일대 전환이 이루어졌는지.

《훈몽자회》〈범례〉는 크게 세 부분으로 이루어져 있다. 본문이라고 할 수 있는 첫 부분은 10조로 이루어져 있다. 그리고 그다음에 앞서 살펴본 바 있는 "언문자모(諺文字母) 속소위반절27자(俗所謂反切二七字)" 부분이 실려 있고, 마지막으로 〈평상거입정위지도(平上去入定位之圖)〉가 실려 있다. 이 가운데 우리가 주목하는 부분은 두 번째 부분이다. "언문자모(諺文字母) 속소위반절27자(俗所謂反切二七字)"를 제목으로 한 이 부분에는 훈민정음의 기본적인 지식을 수록됨으로써 《훈몽자회》를 공부하는 어린이들이 먼저 한글을 익힌 다음 이를 바탕으로 한자 공부에 나서도록 한 것이다.

따라서 이 두 번째 부분에는 《훈민정음》에 대한 상세한 해설과 학습법이 담겨 있고 결과적으로 이를 통해 중세 조선의 수많은 어린이가 한글을 익히게 된 것이다. 그런데 그뿐이 아니다. 최세진은 자신의 뛰어난 어학 능력을 기반으로 한글 학습에 도움이 될 수 있도록 학습법을 정리, 수록한 것이다. 그리고 이 내용은 이후 한글에 대한 근대적 정리와 학습법이 정해지기 전까지 규범으로서 역할을 하게 되었다. 이 때문에 《훈몽자회》가 그토록 중요한 자료로 인정받고 오늘날까지 이에 대한 연구가 끊임없이 지속되고 있는 것이다.

한편 범례 첫 부분의 10조 가운데 우리가 주목해야 할 것은 마지막 9조와 10조다. 나머지 8개조는 한자 수록 기준 등이기 때문에 특별히 기억할 필요는 없을 것이다.

9조 '무릇 후미진 곳이나 지방에 사는 사람들 가운데는 당연히 언문을 이해하지 못하는 이가 많으므로, 여기에 언문의 자모(字母)를 함께 적음으로써 먼저 언문을 배우고 다음에 《훈몽자회》를 배우도록 하였다. 그렇게 하면 한자를 모르는 이라도 언문을 배워 한자를 알게 되면 가르쳐주는 선생이 없다 해도 머지않아 한자를 깨우칠 수 있을 것이다.'

10조 무릇 멀리 있는 주(州)와 군(郡)에서 이 책을 널리 간행하여 한 마을에 한 권씩 각기 가르치는 이를 세워 어린이를 부지런히 가르치도록 권장하고, 아이들이 학문을 이룬 후 향교와 국학에 진출하도록 돕는다면 사람들이 모두 배우기를 즐겨할 테니 이 책을 만든 이로서 뜻을 이룰 것이다.[33]

이 부분에서 최세진은 왜《훈몽자회》에 언문 학습법을 기록했는지 설명하고 있다. 그래서 우리는 그의 이름을 기억할 필요가 있는 것이다.

훈민정음 자음과 모음의 재구성

이렇게 범례 10조를 적은 다음에 나오는 대목이 유명한 언문 자모에 대한 내용이다. 이 내용은 워낙 중요한 자료이기 때문에 원문을 번역문 다음에 병기한다.

언문 자모(세상에서 이르기를 반절 27자라 하는 것諺文字母俗所謂 反切二十七字)

① 초성과 종성에 두루 쓰는 8자(初聲終聲通用八字)

ㄱ(기역) ㄴ(나은) ㄷ(디귿) ㄹ(리올) ㅁ(미음) ㅂ(비읍) ㅅ(시옷) ㅇ(이응)

末, 衣,* 두 글자는 글자의 우리말 뜻을 취해 사용하였다.

기 니 디 리 미 비 시 이의 8음은 초성에 사용하고 역 은 귿 을 음 읍 옷 응의 8음은 종성에 사용한다.

(ㄱ其役ㄴ尼隱ㄷ池末ㄹ梨乙ㅁ眉音ㅂ非邑 ㅅ時衣ㅇ異疑末衣兩字只取本字之釋俚語爲聲 其

尼池梨眉非時異八音用於初聲役隱末乙音邑衣疑八音用於終聲)

② 초성에만 쓰는 8자(初聲獨用八字)

ㅋ(키) ㅌ(티) ㅍ(피) ㅈ(지) ㅊ(치) ㅿ(ᅀᅵ) ㅇ(이) ㅎ(히)

箕자 역시 이 글자의 우리말 뜻을 취하여 사용하였다.

(ㅋ箕ㅌ治ㅍ皮ㅈ之ㅊ齒ㅿ而ㅇ伊ㅎ屎 箕字亦取本字釋俚語爲聲)

③ 중성에만 쓰는 11자(中聲獨用十一字)

ㅏ(아) ㅑ(야) ㅓ(어) ㅕ(여) ㅗ(오) ㅛ(요) ㅜ(우) ㅠ(유) ㅡ('응'에서 종성은 사용하지 않

음) ㅣ('이'에서 중성만 사용함) •('ᄉ'에서 초성을 사용하지 않음)

(ㅏ阿ㅑ也ㅓ於ㅕ余ㅗ吾ㅛ要ㅜ牛ㅠ由ㅡ應(不用終聲)ㅣ伊(只用中聲·思(不用初聲))

④ 초성과 중성이 합하여 글자를 만든 사례(初中聲合用作字例)

가 갸 거 겨 고 교 구 규 그 기 ᄀᆞ

ㄱ을 초성으로 중성 ㅏ를 합하면 ㄱ+ㅏ인데, 이는 곧 '가'로, 이는 '가'라는 소

리이다. 또 거기에 ㄱ을 종성으로 합하여 쓰면 가+ㄱ으로 이는 '각'인데, 이는

'각'이라는 소리다. 나머지도 이를 모방하였다.

(가 갸 거 겨 고 교 구 규 그 기 ᄀᆞ以ㄱ其爲初聲以ㅏ阿爲中聲合ㄱㅏ爲字則가家字音也又以

ㄱ役爲終聲合가ㄱ爲字則각此各字音也餘做此)

---

*   末은 '끝 말'이고, 衣는 '옷 의'다. 그래서 위에서 ㄷ근의 뒷글자를 나타낼 한자가 없어서 末의 뜻인
'끝(끝)'을 사용했고, 시옷의 뒷글자도 衣의 뜻인 '옷'을 사용해 표시했다는 뜻이다.

⑤ 초성과 중성과 종성이 합하여 글자가 된 사례(初中終三聲合用作字例)

간(肝) 간(笠) 갈(刀) 감(柿) 갑(甲) 갓(皮) 강(江)

ㄱ ㅋ 이하 각 음이 초성이 되고, ㅏ 이하 각 음이 중성이 되어 글자를 만든 것이 '가, 갸'와 같은 예로 176자를 만들 수 있다. ㄴ 이하의 7음을 종성이 되게 하여 글자를 만든 것은 '간'에서 '강'까지 7자이다. 다만 ㆁ의 초성과 ㅇ의 음을 사람들이 서로 비슷하게 소리내기 때문에 초성으로는 늘 ㅇ음을 사용하며, 만일 위의 글자가 ㆁ음으로 종성으로 사용되면 반드시 초성은 ㅇ음을 사용한다. ㆁ의 소리는 코를 움직여 소리를 내고, ㅇ의 소리는 목구멍 속에서 내므로 가볍고 빈 소리가 된다. 그러므로 처음에는 약간 달라도 대체로 비슷한 것이다. 한자음의 ㆁ음 초성은 'ㄴ'음이 되든지 혹은 ㆁ과 ㅇ이 서로 섞여 구별이 되지 않는다.

(간肝 갇笠 갈刀 감柿 갑甲 갓皮 강江 // ㄱㅋ下各音爲初聲 ㅏ下各音爲中聲作字如가갸例作一百七十六字 // 以ㄴ下七音爲終聲作字如肝至江七字 唯ㆁ之初聲與ㅇ字音俗呼相近故俗用初聲則皆用ㅇ音若上字有ㆁ音終聲則下字必用ㆁ音爲初聲也ㆁ字之音動鼻作聲ㅇ字之音發爲喉中輕虛之聲而已故初雖稍異而大體相似也 漢音ㆁ音初聲或歸音於尼或ㆁㅇ相混無別)[34]

이 내용을 잘 읽어보면 한글이 어떻게 구성되어 있고 그 자음과 모음을 이용해 글자를 만드는 방법은 무엇이며 소리의 차이는 무엇인지도 부분적으로 설명하고 있다. 결국 최세진은 이 짧은 내용을 이용해 한글을 처음 접하는 사람일지라도 글자의 소리가 어떻게 나며 어떻게 만들고 어떻게 사용하는지를 일목요연하게 설명하고 있는 셈이다. 이것이 최세진이《훈몽자회》의 '범례' 부분을 통해 그 시대, 조선의 아이들뿐 아니라 그 후 400년 가까운 기간 동안 조선 백성이 한글을 쉽게 익힐 수 있도록 만든 놀라운 성과이며 이러한 이유로 그를 한글의 중흥조(中興祖)라고 부르는 것이다.

그렇다면 위 내용을 간단히 요약하면 무슨 내용일까? 사실 위 내용을 독자 여러분이 읽어보면 무슨 말인지 알기는 하겠지만 한 대목 한 대목이 어떤 무게감을 갖는지 파악하는 것은 쉬운 일이 아니다. 왜냐하면 우리는 한글학자가 아니기 때문이다. 따라서 다음에는 위 내용이 갖는 의미 그리고 그 뒤에 감추어진 진실까지 살펴보기로 하자.

최세진은 첫 문장에서 ㄱ ㄴ ㄷ ㄹ ㅁ ㅂ ㅅ ㅇ의 명칭을 정해 기록하였다. 만약 그렇지 않았다면 우리는 이제껏 ㄱ ㄴ ㄷ ㄹ ㅁ ㅂ ㅅ ㅇ을 어떻게 불러야 할지 몰랐을 수도 있다. 그만큼 최세진이 이룬 성과가 큰 것이다. 그래서 한글 시대를 연 인물 가운데 한 사람인 주시경 선생은 이에 대해 '명칭을 처음으로 만들었다'라고 하였고 주시경의 제자인 최현배 또한 자신의 저서에서 이렇게 말한 바 있다.

> 낱낱의 한글 글자의 이름을 지었다. 곧 세종대왕의 훈민정음은 한글 스물여덟 자를 낳기만 하고 그 이름은 짓지 아니하였다. 최세진의 《훈몽자회》는 훈민정음이라는 어머니가 낳은 스물여덟 아이 가운데 하나가 없어진 뒤에 스물일곱 아이*의 이름을 지은 작명부(作名父, 이름을 지어준 아버지)이다.[35]

그런데 조금만 살펴보면 자음의 이름을 정하는 방법에 몇 가지 의문이 든다. 첫 번째 의문은 ㄱ ㄴ ㄷ ㄹ ㅁ ㅂ ㅅ ㅇ에 모두 ㅣ를 붙였다는 사실이다. 왜 그랬을까? 만일 이것이 온전히 최세진의 독창적인 작업이라면 최세진이야말로 명실상부한 자음 명칭을 만든 아버지라고 할 수 있다. 그러나 왜 자음에 'ㅣ'를 붙였는지에 대해서는 여러 가지 의견이 있다.

---

* 훈민정음 창제 당시에는 있었으나 이때는 사용하지 않던 ㆆ을 제외하고 27자가 되었다는 뜻이다.

《훈민정음해례본》에서 훈민정음의 자모를 설명하는 부분을 언해본을 통해 보면 'ㄱ는 엄쏘리니 君군ㄷ字쫑처섬 펴아 나는 소리 ᄀᆞ티니'와 같이 내용을 찾을 수 있다. (중략)

그런데 직접 쓰여 있지는 않지만 'ㄱ'의 이름을 알 수 있는 단서가 하나 있다. 그것은 'ㄱ' 뒤에 붙은 조사 '는'이다. (중략)

이 '는'은 받침이 없는 음절 아래 연결되는 것이며 또한 모음 연결 법칙에 따라 위 음절이 양성모음일 때 붙는다. 그러므로 'ㄱ'의 이름은 받침이 없이 양성모음으로 끝남을 추정할 수 있다. 그렇다면 '가'일까? 규칙상으로 보면 세종 당시에 사람들은 위의 자모 설명을 '가는 엄쏘리니…'와 같이 읽었을 가능성이 높다. 그러나 가능성만 놓고 본다면 '가'뿐 아니라 '기'도 그 이름이 될 수 있다. '기'의 'ㅣ'는 중성모음이기 때문에 '는'을 써도 문제가 없기 때문이다.[36]

그러니까 ㄱ을 세종 때부터 '가'나 '기'로 읽었을 가능성이 높다는 말이다. 만일 '기'로 읽었다면 최세진이 온전히 혼자 힘으로 이름을 붙였다고 보기는 힘들 것이다. 더욱이 자음을 한자로 표기한 其役, 尼隱, 池末, 梨乙, 眉音, 非邑, 時衣, 異疑에서 뒤에 오는 글자들인 役, 隱, 末, 乙, 音, 邑, 衣, 疑 가운데 隱, 乙, 音은 옛날부터 사용해 오던 이두나 향찰에서 '은, 을, 음' 등의 우리말을 표기할 때 자주 사용하던 한자다.[37]

그렇다면 최세진은 그 무렵 말로 전해오던 자음의 소리를 그 나름대로 정리하여 표기한 것은 아닐까. 물론 최세진이 기록한 것과 같이 완벽한 것은 아닐지라도 단편적으로 전해오던 소리를 체계화시켜 적은 것은 아닐까? 하는 의문이 드는 것이다. 그렇다고 해도 최세진의 업적이 폄하되는 것은 아니다. 앞서도 언급한 바 있듯이 하늘에서 뚝 떨어지는 지식이나 법칙은 없다. 영웅은 그런 기적을 행하는 사람이 아니라 일반인이 사용하는 단편적인 것을 모아 체계를 잡는 사람이기 때문이다.

두 번째 의문은 왜 ㄱ ㄴ ㄷ ㄹ ㅁ ㅂ ㅅ ㅇ의 이름은 두 글자, 즉 기역, 니은 등으로 붙인 반면 ㅋ ㅌ ㅍ ㅈ ㅊ ㅿ ㅇ ㅎ는 한 글자, 즉 키, 티, 피로 붙였는가 하는 점이다. 이는 두 글자로 이름을 붙인 자음은 초성과 종성에 두루 쓰는 자음인 반면, 한 글자로 이름을 붙인 자음들은 초성에만 사용하는 것이다. 결국 기+역에서 '기'는 초성에 사용할 때의 소리, '역'은 종성에 사용할 때의 소리를 나타내는 것이라 볼 수 있다. 반면에 초성에만 쓰는 글자는 당연히 초성에 사용할 때의 소리만 나타내면 되므로 한 글자로 표기한 것이다.[38]

마지막 의문은 초성과 종성에 두루 쓰이는 글자의 이름이 통일되지 않았다는 점이다. 즉, '니은, 리을, 비읍, 이응'은 모두 뒤에 'ㅇ + ㅡ + 해당 자음'을 사용했는데, '기역, 디귿, 시옷'은 왜 '기윽, 디읃, 시읏'이라고 하지 않았을까? 이는 《훈몽자회》에서 최세진이 자음의 소리를 한자를 이용해(어떤 경우는 과거의 차자표기법을 이용) 표기하다 보니 '윽, 읃, 읏'을 표기할 수 없었기 때문이라고 볼 수 있다. 아무리 뛰어난 중국어 전문가라 해도 이런 발음을 가진 한자는 없으니 말이다.*[39]

최세진은 ③에서 중성에 쓰이는 글자, 즉 우리가 모음이라고 부르는 것을 'ㅏ ㅑ ㅓ ㅕ ㅗ ㅛ ㅜ ㅠ ㅡ ㅣ'의 순서로 배열하였다. 그렇다면 훈민정음에서는 어떤 순서로 배열하였을까? 'ㆍ ㅡ ㅣ ㅗ ㅏ ㅜ ㅓ ㅛ ㅑ ㅠ ㅕ'가 《훈민정음 해례본》에 나오는 배열 순서다. 어떤 것이 사용하기에 더 좋은지에 대해서는 사람마다 의견이 다를 수 있다. 그러나 분명한 것은 오늘날

---

* 북한에서는 기윽, 디읃, 시읏으로 사용하고 있다.(《훈민정음 연구》, 안병희, 서울대학교출판부, 2007, 270쪽)

우리가 사용하고 있는 것은 최세진이 배열한 모음 순서라는 점이다. 그가 새로이 배열한 모음 순서가 그 후 모든 사람에게 받아들여질 만큼 실용적이었다는 사실을 말해주고 있다. 그래서 이런 의견이 등장하게 된다.

> 비록 그의 창조적 의견으로 넘치는 것은 아니라고 해도 이 부분처럼 한글의 실제 학습을 위해서 잘 요약된 글을 우리는 그의 앞에서도 뒤에서도 찾아보기 어렵다. 이리하여 이 부분은 한글의 학습과 보급에 크게 이바지했던 것이다.[40]

지금까지 최세진이라는 인물의 삶으로부터 그의 다양한 업적과 한계까지를 살펴보았다. 그리고 제비 다리를 고쳐주고 심은 박에서 금은보화가 쏟아져 나와 갑자기 갑부가 된 '흥보' 대신 인류가 이룩해온 문명의 기반 위에서 놀라운 창의력을 발휘하여 후대에 그 성과를 전달하는 이를 영웅이라고 부른다면 최세진이야말로 한글전쟁의 과정에서 탄생한 영웅이었다.

게다가 그는 전쟁의 한복판에서 이룬 단 한 번의 승리가 아니라 평화의 시대에 전쟁을 준비하며 철저히 전략을 세워나간 진정한 영웅이었다. 시대가 영웅을 만든다는 말의 예외가 한글전쟁 과정에서 있었다면 바로 최세진이 유일한 인물이라고 할 만하다. 그는 영웅으로서 한글의 시대를 만들어 나갔던 것이다.

ㄱ ㄲ ㄴ ㄷ ㄸ ㄹ

ㅁ ㅂ ㅃ ㅅ ㅆ ㅇ

ㅈ ㅉ ㅌ ㅍ ㅎ

최세진의 창조적 재구성에 의해
훈민정음 속 언문, 반절 언문은 조선의
곳곳에 스며들기 시작했다.

그리하여 청구권에서는 그들을 받아들이지 않지만 세탁하기
되어 조선 땅에 뿌리 없는 곳이 없게 되었다. 그리고 얼마 후
한글전성과는 전혀 다른 성격의 진정 속 문화 전쟁이 아닌 무력
전쟁이 발발했다. 인권해방이 일어난 것이다.

인권해방을 제기로 조선의
국가 세계에는 일대 변환이
일어난다.

그리고 국가 세계의 변환을 정치세계뿐아니라
사회 · 경제 세계의 문화의 변환 · 신포세포도를
포함한 네겹 국가의 통과까지 건반적인 분야에서
이루어진다.

한   글,
서서히 조선을
뒤 흔 들 다

마

거칠게 말하자면 임진왜란 이전의
조선과 이후의 조선은 다른 나라라
해도 지나친 말이 아니다.

최세진의 창조적 재구성에 의해 훈민정음, 즉 언문, 반절, 한글은 조선 땅 곳곳에 스며들기 시작했다. 그리하여 정규 군에서는 그들을 받아들이지 않았지만 게릴라가 되어 조선 땅에 닿지 않는 곳이 없게 되었다. 그리고 얼마 후 한글전쟁 과는 전혀 다른 성격의 전쟁, 즉 문화 전쟁이 아닌 무력 전 쟁이 발발했다. 임진왜란이 일어난 것이다.

임진왜란을 계기로 조선의 국가 체제에는 일대 변환이 일어난다. 그리고 국가 체제의 변환을 정치체제뿐 아니라 사회·경제적 변환, 문화의 변환, 신분제도를 포함한 내적 질서의 붕괴까지 전반적인 분야에서 이루어진다.

거칠게 말하자면 임진왜란 이전의 조선과 이후의 조선은 다른 나라라 해도 지나친 말이 아니다.

게릴라전의 시작

잘 알려져 있다시피 1592년에 발발한 임진왜란(壬辰倭亂)과 이어 1597년에 재발하여 이듬해인 1598년에 종료한 정유재란(丁酉再亂)은 조선 백성의 정부에 대한 믿음을 완전히 무너뜨리고 만 사건이었다. 아니 믿음만이 아니라 정부의 행정 체제, 사회 체제, 경제적 토대까지 모든 것이 무너져 내린 사건이었다.

임진왜란을 계기로 조선의 신분제도는 결정적인 붕괴가 시작되었음은 잘 알려진 일이다. 그뿐이 아니라 경제를 지탱하던 농토의 황폐화는 이후 경제 체제의 대 변화를 가져오게 되었다. 그러나 그 무엇보다도 심각한 것은 백성이 조선 정부를 더 이상 인정하지 않게 되었다는 사실이다. 이를 상징적으로 보여주는 것이 경복궁 방화(放火) 사건이다.

선조 25년 임진(1592, 만력20) 4월 14일(계묘), 도성의 궁성에 불이 나다.

도성의 궁중에 설치한 관서에 불이 났다. 임금께서 탄 수레가 떠나려 할 즈음

도성 안의 간악한 백성이 먼저 내탕고(內帑庫, 조선 시대에 임금의 개인적인 재물을 넣어 두던 곳간)에 들어가 보물을 다투어 가졌는데, 이윽고 수레가 떠나자 난을 일으킨 백성들이 크게 일어나 먼저 장례원(掌隸院, 조선 시대에 노비 문서와 노비와 관련된 소송을 맡아보던 관아)과 형조(刑曹)를 불태웠으니 이는 두 곳의 관서에 공사노비(公私奴婢)의 문적(文籍)이 있기 때문이었다. 그러고는 마침내 궁성의 창고를 크게 노략하고 연이어 불을 질러 흔적을 없앴다. 경복궁(景福宮)·창덕궁(昌德宮)·창경궁(昌慶宮)의 세 궁궐 또한 일시에 모두 타버렸는데, 창경궁은 바로 순회세자빈(順懷世子嬪)의 찬궁(欑宮, 관을 안치한 곳)이 있는 곳이었다. 역대의 보물과 문무루(文武樓)·홍문관에 간직해둔 서적, 춘추관에 보관된 각조의 실록, 다른 창고에 보관된 전조(前朝)의 사초(史草,《고려사高麗史》)를 수찬할 때의 초고(草稿,《승정원일기承政院日記》)가 남김없이 타버렸고 내외 창고와 각 관서에 보관된 것도 모두 도둑을 맞아 불탔다. 임해군의 집과 병조판서 홍여순(洪汝諄)의 집도 불에 탔는데, 이 두 집은 평상시 많은 재물을 모았다고 소문이 났기 때문이었다. 유도대장(留都大將, 임금이 서울을 떠나 거둥할 때, 도성 안을 지키던 대장)이 몇 사람의 목을 베어 군중을 진압하고자 하였으나 난에 합세한 백성이 떼로 일어나서 금지할 수가 없었다.[1]

이 기사를 보면 왜 임진왜란을 계기로 조선이라는 국가·사회·경제 기반이 무너졌는지 쉽게 알 수 있다. 임금은 궁을 버리고 도망쳤고 백성은 임금 개인의 금고를 털었다. 이어 신분제도의 기반을 받치고 있던 노비 문서를 완전히 없앴으며 나아가 나라의 역사마저 불태워버렸다.

그럼에도 조선은 망하지 않았다. 그리고 그 배경에는 그때까지 단 한 번도 역사의 전면을 장식한 적이 없었던 백성이 있었다. 지배층이 버린 나라를 기층 민중이 구한 것이다. 이쯤 되자 지배층 또한 어쩔 수 없이 기층 민

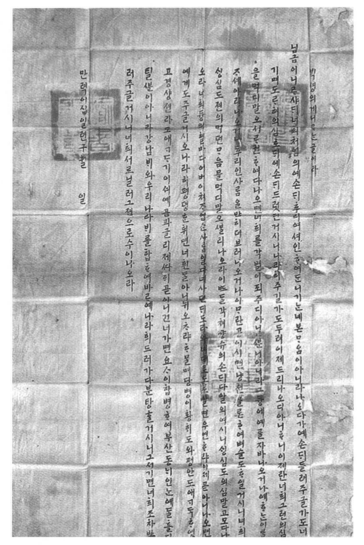

선조국문유서
기층 민중의 존재를 인정할 수밖에 없었던 조선의 현실을 보여주는 대표적인
사례라 할 수 있다. 출처: 지역정보포털

중의 존재를 인정할 수밖에 없었다. 그리고 그들이 존재를 인정한 것은 민중의 존재, 왜군의 조총(鳥銃)에 맞서는 민중의 죽창(竹槍)뿐이 아니었다. 민중이 사용하던 한글 또한 인정하지 않을 수 없었던 것이다.

선조국문유서

빅셩의게 니르는 글이라

님금이 니르샤티 너희 처엄의 예손티 후리여셔 인ᄒᆞ여 ᄃᆞ니기는 네 본ᄆᆞᄋᆞ미 아니라 나오다가 예손티 들려 주글가도 너기며 도르혀 의심호티 예손티 드럿던 거시니 나라히 주길가도 두려 이제 드라나오디 아니ᄒᆞ니 이제란 너희 그런 의심을 먹디 말오 서르 권ᄒᆞ여 다 나오면 너희를 각별이 죄 주디 아닐 ᄲᅮᆫ니 아니라 그 듕에 예를 자바 나오거나 예 ᄒᆞᄂᆞᆫ 이를 ᄌᆞ셔 아라 나오거나 후리인 사ᄅᆞᆷ을 만히 더브러 나오거나 아ᄆᆞ란 공 이시면 냥쳔 믈론ᄒᆞ여 벼슬도 ᄒᆞ일 거시니 너희 싱심도 젼의 먹던 ᄆᆞᄋᆞᄆᆞᆯ 먹디 말오 ᄲᆞᆯ리 나오라 이 ᄠᅳ들 각쳐 쟝슈의손티 다 알외여시니 싱심도 의심 말고 모다 나오라 너희 둥의 혈마 다 어버이 쳐ᄌᆞ 업슨 사ᄅᆞᆷ일다 네 사던 티 도라와 녜대로 도로 살면 우연ᄒᆞ랴 이제 곧 아니 나오면 예게도 주글 거시오 나라히 평뎡ᄒᆞᆫ 휘면 너흰들 아니 뉘오ᄎᆞ랴 ᄒᆞ믈며 당병이 황ᄒᆡ도와 평안도애 ᄀᆞ득ᄒᆞ엿고 경상 젼라도애 ᄀᆞᄃᆞ기 이셔 예 곧 과글리 제 ᄯᅡ히 곧 아니 건너가면 요ᄉᆞ이 합병ᄒᆞ여 부산 동ᄂᆡ 인ᄂᆞᆫ 예돌흘 다 틸 ᄲᆞᆫ이 아니라 강남 빈와 우리나라 빈를 합ᄒᆞ여 바ᄅᆞ 예 나라희 드러가 다 분탕홀 거시니 그 저기면 너희조차 ᄡᅳ러 주글 거시니 너희 서르 닐러 그 젼으로 수이 나오라

이는 '선조국문유서(宣祖國文諭書)'라고 불리는 문서의 내용이다. 현대어로 고치면 다음과 같다.

백성에게 이르는 글이라.

임금께서 이르시되 "너희가 처음에 왜적에게 포로가 되어서 그들을 이끌고 다니는 것은 너희의 본마음이 아니라 도망치다가 나오다가 붙들려 죽지 않을까 여기기도 하며 도리어 의심하기를 왜적에게 잡혀 있었으므로 나라에서 죽이지 않을까 두려워하기도 하여 이제 나오지 않는 것이다. 이제는 너희가 그런 의심을 먹지 말고 서로 권하여 다 나오면 너희에게 각별히 죄를 주지 않을 뿐 아니라 그중에 왜적을 잡아 나오거나 왜적이 하는 일을 자세히 알아 나오거나 포로가 된 사람을 많이 데리고 나오거나 해서 어쨌든 공이 있으면 양민과 천민을 막론하고 벼슬도 내릴 것이니 너희는 전에 먹고 있던 마음을 먹지 말고 빨리 나와라. 이 뜻을 각처의 장수에게 다 알렸으니 전혀 의심하지 말고 모두 나와라. 너희들이 설마 다 어버이나 처자가 없는 사람이겠느냐? 너희가 살던 곳에 돌아와 예전처럼 살면 좋지 않겠느냐? 이제 곧 나오지 않으면 왜적에게 죽을 것이고 나라에서 평정한 후에는 너희들인들 뉘우치지 않겠느냐? 하물며 명나라 군사가 황해도와 평안도에 가득하고 경상도와 전라도에도 가득하여 왜적이 곧 급히 저희의 땅으로 건너가지 않으면 두 나라 병사가 합병하여 부산과 동래에 있는 왜적을 다 칠 뿐 아니라 중국 배와 우리나라 배를 합하여 바로 왜국에 들어가 다 분탕질을 칠 것이니 그때면 너희도 휩쓸려 죽을 것이니 너희들이 서로 전하여 그 전에 빨리 나와라."

만력 21년(1593년) 구월 일[3]

이 문서는 1593년 9월 한양으로 귀환을 준비하던 선조가 경상도 남부 지방에서 왜군에게 투항한 후 왜군을 돕기도 하던 조선인 포로에게 내린 것이다. 유서(諭書)는 임금이 내리는 명령이다. 그러므로 이 내용은 곧 법이나 마찬가지다. 그런 문서에서 임금이 왜적에게 투항한 포로에게 죄를 묻지 않을 뿐 아니라 공을 세웠다면 벌을 주기는커녕 벼슬을 내리겠다고 언급하고 있다.

그만큼 조선 조정은 사라져버린 백성의 신뢰를 얻기 위해 갖은 노력을 기울일 수밖에 없었던 것이다. 그리고 그러한 노력은 당연히 백성의 눈과 가슴으로 전해질 수 있는 수단, 즉 한글로 기록할 수밖에 없었다. 백성들에게 내린 한글 문서 한 장이 보물 제951호로 지정된 까닭이 여기에 있다. 즉, 이 문서는 단순히 한글로 된 한 장의 종이가 아니라, 조선 조정이 백성들과 소통하겠다는 의지를, 형식을 벗어나 보여주는 상징인 셈이다.

이 문서를 통해 우리가 확인할 수 있는 사실이 있다. 그 하나는 이 무렵에 이르러 한글은 훈민정음 창제 시기의 형태와는 사뭇 달라졌다는 것이다. 문서의 내용을 보면 누구나 알 수 있듯이 초기 한글의 모습보다는 훨씬 이해하기 쉬운 형태를 띠고 있다. 이는 최세진이 정리한 새로운 한글 표기법을 기반으로 하면서 또 다른 변화가 일어났기 때문인데, 바로 ' ㅸ, ㅿ, ㆁ, ㆆ'의 네 글자가 사라졌고 방점 또한 사라지게 사라졌기 때문이다. 다른 하나는 이 문서가 방문(榜文, 어떤 일을 널리 알리기 위하여 사람들이 다니는 길거리나 많이 모이는 곳에 써 붙이는 글)이었다는 것이다.

선조 26년 계사(1593, 만력21) 9월 9일(경신), 왜적에 투항한 백성을 효유하여 불러낼 일을 조처하라 명하다.

비망기로 일렀다. "부산(釜山) 등지에 있는 우리 백성으로서 왜적에게 투항하여 들어간 자가 매우 많은데 돌아오고 싶어도 돌아오면 화를 당할까 의심하는 자가 어찌 없겠는가. 별도로 방문(榜文)을 만들어 분명하게 고유(告諭)하되, 나오면 죽음을 면제시켜줄 뿐만이 아니라 평생토록 면역(免役)시킬 것은 물론 혹 포상으로 벼슬도 줄 수 있다는 등의 일을 참작해서 의논하여 조처하도록 비변사에 이르라."[4]

위 내용은 《조선왕조실록》에 실린 글이다. 즉, 임금이 직접 비망기를 내려 위 내용을 방문(榜文)으로 만들어 널리 알리라고 한 것이다. 이를 통해 추정할 수 있는 사실이 있으니 한글로 된 문서라면 모든 백성은 아닐지라도 많은 백성이 내용을 알 수 있고 이 내용이 널리 퍼질 것이라는 사실 정도는 조정에서도 인지하고 있었다는 것이다.

앞에서 살펴본 바가 있지만, 그 무렵 조선에서는 공문서를 한자 또는 이두로 적어야 했다. 그럼에도 이 문서는 임금의 이름으로 백성에게 직접 한글로 적었다. 드디어 임금이 백성의 눈높이에 맞추기 위해서는 어떻게 해야 하는지 깨닫게 된 것이다. 이렇게 한글은 임진왜란을 겪으며 조선 방방곡곡에서 한자를 상대로 게릴라전을 벌였고 점차 그 영역을 확장시켜나가고 있었던 것이다.

그리고 장수 권탁(1544~1593)은 김해성(金海城)을 지키고 있던 중 이 유서(諭書)를 접하고 적진에 숨어 들어가 수십 명의 왜적을 물리치고 조선인 포로 100여 명을 구해 나왔다. 그러나 이 과정에서 입은 상처로 인해 목숨을 잃은 그는 1722년(경종 2)에 통정대부에 추증되었다. 그가 가슴에 품고 있었을 이 유서는 그의 가문에서 보관해 우리 시대까지 전해졌고 지금은 부산시립박물관에 보관되어 있다.

한글,
조선을 뒤흔들다

임진왜란은 조선이라는 나라를 기반부터 뒤흔들었다. 그리고 그렇게 고통을 겪은 후유증을 봉합하기도 전에 또다시 엄청난 수난을 겪게 되었으니 정묘호란(丁卯胡亂, 1627)과 병자호란(丙子胡亂, 1636)이 그것이다. 청(淸)나라가 조선을 침략한 두 난리는 임진왜란과는 비교도 되지 않을 정도로 신속하게 끝이 났다. 정묘호란*은 약 2개월 만에 협상에 의해, 병자호란 또한 2개월이 채 되지 않는 기간 만에 조선의 치욕적인 항복으로 종말을 고했으니 6년 가까운 세월에 걸쳐 전쟁의 참화를 겪은 임진왜란과는 비교할 수 없을 것이다.

그럼에도 병자호란이 역사적으로는 훨씬 심각한 오점을 남겼으니 두 달도 채 안 되는 저항 끝에 항복한 대가는 너무 컸다. 조선의 왕 인조(仁祖)는 남한산성을 나와 송파구 삼전도에서 청나라 황제를 향해 세 번 절하고 아홉 번 머리를 땅에 찧는 항복의 예를 갖추어야 했고 국가적으로는 다음과 같은 내용의 화약(和約)을 맺어야 했다.

1. 조선은 청에 대하여 신하의 예를 행할 것.
2. 조선은 명의 연호를 폐지하고 교통을 끊으며, 명에서 받은 고명과 책인을 헌납할 것.
3. 조선은 왕의 큰아들과 둘째아들 그리고 대신의 자녀를 인질로 보낼 것.
4. 청이 명을 정벌할 때는 기일을 어기지 않고 원군을 파견할 것.

---

* 이때는 후금(後金)이 침략했다. 후금은 이후 1636년에 국호를 청(淸)으로 바꾸었다.

5. 내외 여러 신하와 혼인하고 개인적 관계를 굳게 할 것.

6. 성곽의 증축과 수리는 사전에 허락을 얻을 것.

7. 황금 100냥, 백은(白銀) 1000냥을 비롯한 물품 20여 종을 세폐(歲幣)로 바칠 것.

8. 성절·정삭·동지·경조 등 사신은 명나라와의 예를 따를 것.

9. 가도(椵島, 명나라의 잔당이 머물던 평안도에 속한 섬)를 청이 공격할 때 병선 50척 을 보낼 것.

10. 조선인 포로의 도망 사실을 숨기지 말 것.

11. 일본과의 무역을 종전대로 하고, 일본의 사신을 청나라에 내조케 할 것.[5]

이로써 조선 조정은 제21대 영조(英祖, 1694~1776, 재위 1724~76)가 즉위하기 전까지 약 한 세기 가까이 허울뿐인 나라로 존재했다. 그리고 이러한 혼란기를 겪으면서 조선의 양반과 서민층 모두 과거와는 다른 삶에 눈을 뜨기 시작했다. 평온하고 안정적인 사회에서는 보수적인 태도가 당연히 득세하기 마련이겠지만 내일을 알 수 없을 만큼 급변하면서도 그 변화가 고통으로 가득한 사회라면 진보적이거나 변혁적인 사고가 고개를 드는 것은 너무도 당연하다 할 것이다.

한글은 이러한 사회적 분위기의 조성에 따라 보다 적극적으로 조선 사회를 지배하기 시작했다. 물론 정책적으로는 아직 변혁을 꾀할 정도가 아니었지만 실질적으로는 한글이라는 문자가 사회 전반, 즉 양반 사회까지 침투하기 시작한 것이다.

노래,
조선을 풍미하다

조선의 대표적인 노래를 들라 하면 시조를 들 수 있다. 물론 오늘날의 독자는 시조를 노래라기보다는 문학작품으로 이해하려 할 것이다. 그러나 시조(時調)는 엄연히 노래다.* 시조 외에 조선 후기로 가면 판소리라는 불후의 예술 작품이 등장한다. 그러나 그전에 조선을 풍미한 노래 형식은 시조였다.

물론 시조 외에 가사(歌辭)도 있었다. 그러나 우리에게 정철(鄭澈, 1536~93)의 〈관동별곡〉, 〈사미인곡〉 등으로 잘 알려진 가사는 노래라기보다는 산문에 가깝다는 게 학자들의 견해다. 반면에 시조는 오늘날에도 노래로 불릴만큼 오랜 역사를 가지고 있다.

> 이 몸이 죽고 죽어 일백 번 고쳐 죽어
>
> 백골이 진토 되어 넋이라도 있고 없고
>
> 임 향한 일편단심이야 가실 줄이 있으랴

이 시조는 모르는 분이 없을 만큼 유명한, 고려 말 충신 정몽주의 시조 〈단심가(丹心歌)〉다. 그러나 고려 말에 한글이 있을 리 없으니 이렇게 기록되어 전해올 리는 절대 없다. 그래서 광해군 때 선비 심경호가 편찬한 《해동악부(海東樂府)》에 처음으로 다음과 같이 한역(漢譯)된 가사가 전한다.

---

* 시조(時調)는 시절가조(時節歌調)의 줄임말로 3장 형식의 정형시에 반주 없이 정해진 가락을 얹어 느릿하게 부르는 노래다. 이 이름은 조선 영조 때 유명한 가객(歌客), 이세춘(李世春)이 지은 말로 한 시절에 유행한 노래, 즉 유행가란 뜻이다. 그래서 '詩調'가 아닌 '時調'다.

此身死了死了　一百番更死了

白骨爲塵土　　魂魄有也無

向主一片丹心　寧有改理與之[6]

위 한문을 해석하면 우리가 알고 있는 〈단심가〉가 될 것이다. 그러나 실제로 그렇게 될 가능성은 거의, 아니 전혀 없다. 왜냐하면 한자를 한글로 해석할 때 운율을 맞추어 해석할 까닭이 없기 때문이다. 게다가 시조는 3-4-3-4, 3-4-4-4, 3-5(6)-4-3처럼 매우 엄격하게 자수를 맞추어야 하는 형식이기 때문이다.

결국 한자로 기록한 것은 우리말로 전해오던 가사를 표기할 방법이 없기 때문에 어쩔 수 없이 한자로 번역해 표기한 것이 분명하다. 그렇다면 정몽주의 〈단심가〉만 그럴까? 아니다. 수많은 시조 대부분이 문장 대신 노래로 전해오던 것을 훗날 문자로 표기하여 기록한 것이다.

노래하는 이, 가사를 기록하다

1728년, 그러니까 조선에 정치·문화적 서광이 조금씩 비추어오던 영조 4년, 가객(歌客) 즉 그 무렵의 노래꾼인 김천택이란 분이 한 권의 책을 엮어 내었다. 책 이름은 《청구영언(靑丘永言)》. 한자 뜻을 풀어보면 '조선 땅에 전해오는 영원한 말'이다.

이 책이 우리나라에서 잊혀온 수많은 시조를 처음으로 우리말로 기록한

것이다. 그러니까 김천택이라는 가객이 스스로 노래를 부르면서 느낀 안타
까움, 즉 입에서 입으로 전해오면서 사라지고 훼손된 수많은 노래가 더 이
상 보존될 수 없을지도 모른다는 위기감에서 이 책을 편찬한 것이다. 그리
고 이로 인해 우리는 조상이 수백 년에 걸쳐 남겨놓은 노래 가사, 즉 시조
를 모두는 아닐지라도 대부분의 자취를 보존할 수 있게 된 것이다.

이 역사적인 작업은 한글이라는 문자가 있었기에 가능했다. 그렇지 않았
다면 3-4-3-4, 3-4-4-4, 3-5(6)-4-3이라는 시조의 형식 대신 한문으로
번역해놓은 노래 가사를 우리는 배워야 했을 것이다. 신라인이 부른 향가
를 오늘날 우리가 어려운 향찰로 공부할 뿐 그 정확한 내용과 곡조를 부를
수 없듯이.

그렇다면 이 소중한 책《청구영언》은 어떤 내용을 담고 있었을까? 이에
대해서는 그 시대 시인이며 김천택의 팬이자 벗이기도 했던 정래교(鄭來僑,
1681~1757)가 김천택의 부탁을 받고 쓴 서문을 통해 살펴보는 편이 나을 듯
하다.

> 옛날 노래는 반드시 시를 사용하였다. 노래를 글로 쓰면 시가 되고, 시를 악기
> 로 연주하면 노래가 된다. 노래와 시는 이처럼 같은 것이다.
>
> 대개 가사를 지으려면 문장과 소리, 음률에 정통하지 않으면 불가능하다. 시
> 를 잘하는 자는 노래가 부족하고 노래를 하는 자는 시가 부족하기 때문이다.
> 이 시대에 이르러 대대로 인재가 모자라지 않았으나 가사를 짓는 이는 아예
> 없거나 한둘에 불과할 뿐 아니라, 있는 것 역시 후세에 전하지 못하였다. 나라
> 에서 문학만 숭상하고 음악을 소홀히 여겼기 때문이라 어찌 아니하겠는가?
>
> 남파(南坡) 김천택은 좋은 노래를 잘 불러 온 나라에 명성이 높을 뿐 아니라
> 소리와 운율에도 정통할 뿐 아니라 문예에도 뛰어났다. 이미 스스로 노래를

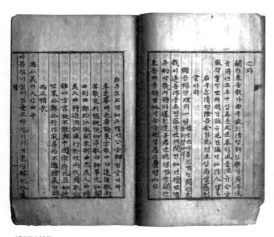

《청구영언》

《청구영언》은 지금까지는 전해지는 가집(歌集) 중 편찬 연대가 가장 오래되고 방대하다. 《해동가요(海東歌謠)》, 《가곡원류(歌曲源流)》와 함께 3대 노래집으로 꼽힌다.

지어 마을 사람들에게 익히도록 하였을 뿐 아니라 우리나라의 이름 높은 이들과 탁월한 선비들이 지은 것, 시중의 가요 가운데 음과 선율에 맞는 것 수백여 수를 수집한 후, 잘못된 것을 바로잡아서 한 권으로 엮었다.

그리고 나에게 서문을 청하니, 이는 그것을 널리 전하는 데 그 뜻이 있는 것이리라. (중략)

그 가사가 비록 시의 기교에는 미치지 못하지만, 세상에 이익을 주는 것이 오히려 많은데도 세상의 군자들이 버려두고 채록하지 않았으니 어찌된 것인가? 어찌하여 음을 감상하는 자가 이를 과소평가하고 돌보지 않았는가?

남파 김천택이 이에 느낀 바가 있어, 수백 년 동안 전해오는 것 중에 까마득히 오래되어 빛을 잃었던 것을 찾아 드러내어 후세에 전하고자 하였다. 만약 지은이들이 저승에서라도 이를 안다면 반드시 남파를 아침 어스름에 떠오르는 구름으로 여길 것이다. (중략)

1728년 3월 상순 흑와(黑窩) 정래교가 서문을 쓰다.[7]

그렇다. 김천택은 분명 문인이 아니라 가수였다. 그리고 자신이 부르는 시조가 옛 모습 그대로 전해오지 못하는 것이 안타까워 전국 각지의 시조를 채록한 후 한 권의 책으로 편찬한 것이다. 오늘날 전해오는 《청구영언》은 여러 종인데 책에 실린 시조가 판본마다 달라 580수에서 1000수 가까운 판본도 있다.

김천택이라는 선구자가 처음 우리 전통 시조를 채록, 정리한 후 연이어 그의 작업을 풍요롭게 만들기 위한 후손의 노력이 이어졌다. 그 또한 가객인 김수장(金壽長, 1690~?)은 1755년, 그러니까 《청구영언》이 편찬된 지 30년도 채 안 되어 《해동가요(海東歌謠)》를 편찬하였다. 이 책 또한 제목을 풀어 보면 '우리 겨레의 노래'라는 뜻이니 《청구영언》과 썩 다르지 않다. 작가 위주로 작품을 배열한《해동가요》또한 여러 판본이 존재하는데 대부분 600수 내외의 작품을 수록하고 있다.

조선 3대 시조집으로 알려진 서적 가운데 마지막으로 편찬된 것이 박효관(朴孝寬, ?~?), 안민영(安玟英, ?~?) 두 사람의 가객이 편찬한《가곡원류(歌曲源流)》다. 1876년, 그러니까 고종이 즉위한 지 13년 되던 해에 편찬한 책이니 앞의 두 책에 비해서는 100년 이상 뒤에 간행된 것이다. 그만큼 앞의 성과를 집대성한 결과 고구려의 창작품인 을파소의 작품으로부터 편찬자인 안민영의 작품에 이르기까지 1000여 년 동안의 작품을 수록하였다. 특히 이 책은 남창(男唱) 시조와 여창(女唱) 시조를 구분하여 수록함으로써 말 그대로 시조를 노래로서 다루었음을 보여주고 있다.

이야기,
백성을 어루만지다

노래는 이야기보다 더 많은 사람들을 위로한다. 그러나 이야기는 노래가 다루지 못하는 부분까지 확장시킨다. 노래가 감성에 호소한다면 이야기는 이성에 호소한다. 나아가 이성을 통해 세상의 확장으로 나아가도록 기여한다. 그런 까닭에 역사적으로 노래가 먼저 등장하고 난 후 오랜 시간이 지나 이야기, 즉 소설이 등장한다. 우리나라도 예외는 아니었다.

처음 소설이 등장한 것이 15세기 후반이었으니 조선 초기 문인인 김시습(金時習, 1435~93)의 작품집인《금오신화(金鰲新話)》다. 그러나 이는 한문으로 된 작품이었으므로 일반 백성에게 전파되는 데는 한계가 있었다. 백성은 이야기의 즐거움을 느끼기 위해 100년 이상을 더 기다려야 했다.

허균(許筠, 1569~1618)은 국가 변란죄로 참수형을 당한 조선 선비였다. 그가 변란을 꾀했는지 아니면 무고를 당했는지는 역사학자가 판단할 몫이다. 다만 우리가 알고 있는 것은 역사적으로 개혁적이지 않은 인물이 이런 죄목으로 벌을 받은 적이 없다는 사실이다. 결국 허균이 죄인인지 아닌지는 모르겠지만 그가 개혁적 인물이었다는 것은 알 수 있는 셈이다.

조선의 당당한 권문세가 출신*인 그가 언문이자 반절로 불리던 한글로 된 소설《홍길동전》을 처음으로 썼다는 사실은 우연이 아니다.** 게다가 소설의 소재가 영웅담이라는 사실은 그가 현실 세계에서 고통받는 백성에게 희망을 주고 나아가 자신이 이루지 못한 사회 개혁의 꿈을 글을 통해서라도 이루고자 했음을 알 수 있다.

태평성대에는 영웅이 필요하지 않다. 평범한 사람의 맺힌 한, 그들의 능력으로는 해결할 수 없는 문제, 극복하지 않고는 견딜 수 없는 어려움이 있을 때 우리는 영웅을 기대한다. 홍길동은 그런 시대가 낳은 영웅이요, 백성들에게 그러한 영웅의 존재를 알림으로써 절망에서 벗어나 꿈꾸고 행동하고 희망을 갖기 바란 개혁가 허균의 대국민 선언이었던 셈이다. 그리고 그

---

* 그의 아버지 허엽은 대사간 등을 지냈고, 형인 허성은 임진왜란 발발 전에 정사 황윤길, 부사 김성일과 함께 서장관으로 일본을 다녀왔으며 이후 판서를 두루 지냈다. 형인 허봉 또한 벼슬길에 올랐으나 후에 벼슬을 사양하고 방랑 생활을 하다가 사망했다. 누이인 허난설헌이 조선을 빛낸 여류 시인임을 모르는 분은 없을 것이다.

** 《홍길동전》이 허균의 창작물인가, 한글로 쓰였는가, 오늘날 전하는 《홍길동전》이 허균이 지은 것인가 등에 대한 다양한 논란이 제기되기도 한다.(《홍길동전 연구》, 이윤석, 계명대학교 출판부, 1997 참조) 그러나 처음 허균이 홍길동전을 지었다고 기술한 《택당문집(澤堂文集)》의 내용이 완전히 허구라고 볼 이유가 없기 때문에 《홍길동전》을 허균이 지었다는 데 대해서는 의심의 여지가 없다고 하겠다. 다만 오늘날 전해오는 한글본 《홍길동전》이 대부분 1800년대에 출간된 판본이라는 사실로 비추어 우리가 읽고 있는 한글본 《홍길동전》이 허균이 창작한 《홍길동전》과 같은 것인가 하는 의문은 유효하다고 보겠다.

선언은 당연히 백성의 문자인 한글로 기록되어야 했다.

홍길동이 한글로 탄생한 후 조선 백성은 다양한 영웅, 그리고 현실의 고통으로부터 벗어나 즐거움을 만날 수 있는 이야기를 접하게 되었다.《유충렬전》,《임경업전》,《임진록》 등은 백성의 맺힌 한을 풀어줄 영웅을 소개했고《춘향전》,《심청전》,《흥부전》 등은 절망 속을 헤매던 백성에게 한 줄기 즐거움을 전해줌으로써 팍팍한 현실을 극복할 수 있는 힘을 전해주었다.

또한 김만중의《구운몽》*,《사씨남정기》 등은 중국을 배경으로 했고 그 내용 또한 몽환적(夢幻的)이라는 측면에서 다른 작품과는 사뭇 다르지만 소설이라는 형식면에서 일층 발전된 모습을 보여줌으로써 이후 발표된 소설에 모범이 되었다는 점을 생각하면 그 의의 또한 크다고 하겠다. 그 외에도《한중록》,《계축일기》와 같은 궁중 수필이 등장하기도 하였으니《홍길동》의 탄생 이후 한글을 통한 문학적 성과는 봇물처럼 터져 나오게 된 것이다.

그러나 잊어서는 안 되는 사실은 이때도 한글은 합법적인 조선의 문자가 아니라는 사실이다. 결국 이 무렵 발간된 한글 소설을 비롯한 한글 문장은 피지배층, 또는 소외층을 위한 글이라는 사실, 공식적으로 인정받지 못했으나 광범위한 백성이 수용했다는 것이다.

"뒤죽박죽"

보수(保守), 즉 '지킨다'는 것은 그리 간단한 것이 아니다. 지키고자 하는 편

---

* 《구운몽》이 본래 한글 소설이었느냐에 대해서는 이견이 있다.

에서는 때에 따라서는 목숨을 걸기도 하는 것이 현실이다. 물론 진보(進步), 즉 나아가고자 하는 편 또한 목숨을 거는 것이 비일비재한 일이다. 결국 새로운 파도의 움직임이 지속되면 이러한 물살에 대응해 바위의 저항 또한 지속되는 것이 현실이다.

새로운 것이 태동하면 기존의 것이 반발하고, 그 반발을 극복하기 위해 다시 새로운 것이 수정, 진보하는 것. 이야말로 인류 문명의 발전에 원동력일 것이다. 한글이 조선 사회에 광범위한 영향력을 끼치게 되는 과정에서도 한문의 저항은 지속되었고 이러한 저항을 극복하는 과정에서 한글은 더욱 강인한 논리적 힘을 갖게 된다.

여기 편지 하나를 소개한다. 이 편지는 조선 제22대 왕인 정조(재위, 1777~1800)가 심환지에게 보낸 것으로 밝혀져 세간의 화제를 불러일으킨 편지다.

어제 편지는 자세히 보았다. 간밤에 잘 있었는가? 나는 또 이명연의 일 때문에 어젯밤에도 눈을 붙이지 못하였으니 한바탕 웃을 일이다. 처음에는 그가 필시 미리 공초(供招, 죄인이 범죄 사실을 진술하던 일)의 초고를 만들어두었을 것이라 생각하였다. 그런데 여러 날을 기다렸다가 대질신문하게 하였더니, 그는 그간의 사실을 전혀 모르고 두려워 어쩔 줄 몰라 하면서, 그를 빠져나가게 해주려고 잡아다가 심문한 것을 자기를 추궁하는 절차인 양 착각하였다. 그리하여 첫 번째 공초와 두 번째 공초에서 횡설수설하였다고 한다. 어찌 이렇게 몰지각한 놈이 있단 말인가? 어제의 공초는 비로소 빠져나갈 길을 알고서 말한 것이었다. 이제 와서는 탕척(蕩滌, 죄명을 씻어줌)하여 서용(敍用, 죄를 지어 면관免官되었던 사람을 다시 벼슬자리에 등용함)한들 어찌 절대로 안 될 것이 있으랴. 원정(原情, 억울한 사정을 하소연한 내용을 적은 문서)은 조보(朝報, 승정원에서 재결 사항을 기록하고 서사書寫하여 반포하던 관보)에 내도록 하였는데, 먼저 이렇게 베껴 보낸다.

요사이 벽패(僻牌)가 탈락한다는 소문이 자못 성행한다고 하는데, 내허외실에 비한다면 그 이해와 득실이 과연 어떠한가? 이렇게 한 뒤라야 우리 당의 광사(狂士, 열성적인 선비)를 얻을 수 있을 것이다. 지금처럼 벽패의 무리가 뒤죽박죽이 되었을 때에는 종종 이처럼 근거 없는 소문이 있다 해도 무방하다. 이해할 수 있겠는가? 이만 줄인다.[8]

이 편지가 우리를 놀라게 하는 것은 편지 마무리 부분에 등장하는 유일한 한글 "뒤죽박죽"이다. 한자로 써 내려가다 '뒤죽박죽'이라는 표현에 걸맞은 한자가 떠오르지 않아서 사용했음이 분명한 이 글자를 보면서, 우리는 참 많은 것을 떠올리게 된다.

가장 먼저 떠오르는 의문점은 정조가 이 표현을 의도적으로 사용했느냐 하는 점이다. 수많은 정조의 편지를 보면 한글이 등장하는 경우가 거의 없다. 그런 상황에서 한글을 의도적으로 사용했다면 이는 단 네 글자로 현 상황을 극적으로 표현하려는 대단한 결단이라 아니할 수 없다. 반면에 이에 어울리는 한자가 순간 떠오르지 않아 한글을 사용했다면 이는 특별한 의미를 부여할 일이 아닐 것이다.

마지막으로 자신의 뜻을 표현할 한자를 알지 못했거나 아예 배운 적이 없어서 '뒤죽박죽'이라는 표현을 사용할 수밖에 없었다면 이는 매우 중요하다. 결국 '뒤죽박죽'이라는 표현을 사용한 까닭이 첫 번째 경우나 세 번째 경우였다면 그 의미가 매우 큰 반면 두 번째 경우라면 이는 단순히 순간적인 기억력 상실로 넘길 수 있을 것이다.

그렇다면 진실은 무엇일까? 그에 대해서는 정조 외에는 알 수 없을 것이다. 그러나 전후 맥락을 살펴본다면 마지막 경우였을 가능성이 가장 크다

정조가 심환지에게 보낸 편지
한문 편지 안에 유일하게 한글로 적힌
'뒤쥭박쥭'이란 표현이 특이하다.

고 하겠다. 왜냐하면 첫 번째 경우처럼 특별히 '뒤죽박죽'인 상황을 강조하고자 했다면 이 편지 외에도 여러 번 그러한 강조법이 사용되었어야 한다. 그러나 아무리 많은 정조 어찰(御札)을 살펴보아도 그런 경우는 찾을 수 없었다. 게다가 그 내용이 이 편지보다 훨씬 강경하거나 자극적인 경우에도 이렇게 의도적으로 한글을 사용한 사례가 없다는 것이다. 따라서 '뒤죽박죽'이라는 우리말 명사를 대신할 한자를 알지 못하고 있었다고 보는 게 타당할 것이다.

이는 무엇을 말함인가? 정조의 수많은 어찰에서 정조는 많은 경우 자신의 심경이나 기분, 느낌을 정확히 표현하는 데 어려움을 겪었을 가능성이 매우 높다. 즉, 한문으로 표기하는 데 용이한 문장은 대부분 공식적인 문장, 논리적 문장, 형식을 중시하는 문장, 객관적 사실을 기술한 문장이다.

반면에 개인적 감정이나 미묘한 심리 상태, 자신의 행동과 관련해 솔직한 감정을 표현하는 데는 역시 우리 고유어가 먼저 떠올랐을 것이다. 그러나 임금으로서 한문 문장을 사용해야 한다는 의무감 때문에 그런 상태를 가장 유사하게 표현할 한문투 문장을 찾아냈을 것이 분명하다.

사실 정조가 원손(元孫)*일 때에 쓴 한글 편지를 보면 그 또한 태어나면서부터 우리말로 생각하고 우리글로 표현하던 한국인임을 확인할 수 있다. 그러나 세손(世孫)**이 된 다음부터 그는 한문으로 쓰도록 교육받았을 것이다. 한문으로 쓰도록 교육받았다는 것은 한문 문장구조로 생각하도록 교육받은 것과 마찬가지이다.

이와 관련해서 살펴보고 넘어갈 내용이 있다. 말과 말을 표현할 수단인

---

* 아직 왕세손으로 책봉되지 아니한 왕세자의 맏아들. 또는 상왕의 맏손자.
** 다음 왕위를 이을 왕자의 맏아들.

상풍의
긔후평안호
신이안아외□□
벗라와뵈와디오
래오니섭섭□□
소와호얻다니어
제봉셔보옵고
든든반갑수와
호오며
한아바님꼐올셰
평안호오시다호
온녕깃브와
호옵누이

정조가 어릴 때 외숙모에게 보낸 한글 편지
정조는 8세 때 세손에 책정되었으므로 이
편지는 그 이전 원손 시절에 쓴 것이다.

문자 사이에 논리적 대응이 되지 않는 경우 어떤 문제가 나타나는지에 대한 것이다.

> 현재 어문학계, 번역학계에서는 번역에 대해서 잘된 번역인가, 잘못된 번역인가 하는 논의를 왕성하게 하고 있다. 이를 보면, 잘된 번역은 결국 의미적 등가성(等價性)을 일차적으로 구현하고, 문체적 등가성을 아울러 구현하는 것을 지향점으로 삼고 있음을 알 수 있다. 구조적 등가성이 배제되는 것은 언어 유형이 서로 다른 언어권의 번역에서는 자연스러운 것이며 지향해야 하는 것이 된다. (중략)
> 번역의 역사가 전혀 없었던 상황에서 구조적으로 등가성을 추구하는 번역 방식을 채택한 것은 당연한 것이었다. (중략)
> 이런 상황에서 한문 문장을 국어로 번역한다고 할 때 그 사정은 한문 구조를 파괴하지 않은 상태로 옮기는 것 외에는 다른 표현 구조를 생각하기 어려웠을 것이다.[9]

위 내용을 간단히 설명하자면, 외국어를 우리말로 옮길 때는 문장의 구조를 같게 옮겨서는 안 되고 의미를 같게, 나아가 문체를 같게 옮겨야 한다. 그러나 번역 초기에는 문장의 구조를 맞추게 되는 것이 현실이라는 말이다. 이러한 문제를 현실 속에서 느끼는 독자는 꽤 많을 것이다. 우리나라처럼 외서(外書) 번역이 많은 상황에서 번역서를 읽을 때 느끼는 어색함은 대부분 외국어의 문법 구조를 그대로 우리말로 옮김으로써 나타나는 것이기 때문이다. 그런데 우리말의 전통 속에 한문 번역으로 인해 발생한 문제가 그대로 남아 있다는 사실을 아는 사람은 과연 몇이나 될까.

첫째, 한문의 어순은 '주어-서술어-목적어'로, 우리말 어순 '주어-목적어-서술어' 구조와 다르다. 그런데 한문을 우리말로 번역하면서 이 기본 구조조차 원전에 충실하고자 했던 것이다. 그 결과 도치문과 분열문이 탄생하게 된 것이다.

둘째, 한문은 문장의 분절이 많지 않다. (중략) 한국어는 첨가어로서 연결어미, 종결어미를 쓰지 않으면 문장 자체가 이루어지지 않는다. 그런데 한문 번역에서는 종결어미보다는 연결어미를 더 많이 선택하게 된다. 왜냐하면 연결어미를 씀으로써 한문 원전에 분절되지 않는 것을 그대로 유지할 수 있기 때문이다. 이런 연유로 하여 우리 문장은 길이가 매우 길어졌다.

셋째, 한국어의 명사형 구조는 '-ㅁ/음', '-기', 그리고 '것'의 형식이 있다. 그런데 이 중 새로운 형태소를 가장 적게 첨가하는 형태가 바로 '-ㅁ/음'이다. 한문 원전의 개념어 한 글자에 해당하는 것을 명사화해야 할 때 가장 적은 변형을 주는 것이 된다. 그러면서 대부분의 명사형은 '-ㅁ/음'형으로 구사되었다.

넷째, 한문의 구조에는 소유격 '之(갈 지)'로 이루어지는 표현이 많이 사용되는데, 이것이 또한 그대로 직역(直譯)되면서 우리말 성격과는 잘 맞지 않는 소유격 구문이 형성된다.[10]

그리고 우리말의 전통 속에 스며 있는 한문 문장의 문법 구조 문제를 제기한 저자는 이런 아쉬움을 토로한다.

세계에서 어느 날 창제를 선포한 문자 발명국은 우리나라밖에 없다. 그리고 발명된 문자를 사용하여 언어적 사고를 문자언어의 문장으로 옮겨 처음으로 가시적인 하나의 문장 모습을 인식한다는 것, 한국 외의 다른 어떤 역사에서도 일어나지 않은 일이었다. 다시 말해, 예로부터 전해져 내려온 문장의 전통을 가지지 않은 상황에서 어느 날 처음으로 문장 형식을 만들어내는 역사가 이루어졌던 것이다. 이러한 특별한 상황 속에 탄생한 국어의 문어(文語) 문장은 결론적으로 말하면, 문어 문장답지 못한 문장 형식을 지니게 되었고, 이 형식은 문장의 고유한 정형이 되어 이후 500여 년간 지속되는 것이다.[11]

그러하기에 '우리말 문장의 현대화 과정은 이때 형성된 문장 정형을 깨면서 현재적 정형을 찾아가는 변천과 다분히 관련이 되었던 것'[12]이라고 말한다. 결국 한 나라 고유의 문자 생활이 이루어지기 위해서는 얼마나 많은 난관이 도사리고 있는지 그리고 그 과정에서 우리가 미처 깨닫지 못하고 넘어가는 문제는 또 얼마나 많은지를 보여주는 좋은 사례인 셈이다.

다시 정조의 편지로 돌아가자. 앞서 살펴본 바와 같이 다른 문자를 오랜 시간 사용해왔다면 우리말이 있고 이를 그대로 표현할 우리 글자가 있다 해도 그 쉬운 일조차 쉽지 않음을 알 수 있다. 그런 상황에서 아무리 뛰어난 정조라고 해도 다르겠는가.

어려서는 자신의 뜻을 그대로 표현할 수 있는 한글을 이용했다 해도 한문을 배운 이후에 한문 문장을 쓸 때는 한문 문장 구조로 사고하고 한글을 사용할 때는 우리말 문장 구조로 사고하는 것은 결코 쉬운 일이 아니다. 그런 상황에서 자신도 모르게 튀어나온 게 '뒤죽박죽'이라는 우리말인 것이다.

내 감정을 어떻게 해야
드러낼 수 있단 말인가

그렇다면 이런 상황은 정조만 겪었을까? 결코 그렇지 않을 것이다. 수많은 한문 사용층 또한 겪었을 어려움이 분명하다. 그러하기에 평생을 한문 서적과 한문 문장에 파묻혀 살던 조선 최고의 유학자 또한 한글로 된 글을 남긴 것이다. 물론 한문으로 집필한 서적이나 문장에 비한다면 극히 적은 양이지만 그래서 더욱 그들이 한글을 어떻게 수용했는지 알 수 있는 것이다.

그들은 한글을 가능하면 사용하지 않으려 했음이 분명하다. 그렇지 않다면 이토록 적은 양의 한글 문장을 남겼을 리가 없다. 물론 이들이 가족 사이에 주고받은 편지 대부분은 한글로 작성되었다. 그러나 그 외의 문장이 한글로 작성된 예는 거의 없다. 그렇기 때문에 이들이 한글로 남긴 문장은 역설적으로 우리말과 우리 정서를 표현하기 위해서는 한글만 한 문자가 없음을 드러낸다고 할 것이다.

그 애는 육날메투릴 신고
손톱에는 모싯물이 들어 있었지.
고구려 때 모싯물이 들어 있었지.
그 애 손톱의 반달 속으로
저녁 때 잦아들던 뻐꾹새 소리
나와 둘이 숨 모아 받아들이고,
그 애 손톱의 반달 속으로 다시 뻗쳐 나가는 뻐꾹새 소리
나와 둘이 숨 모아 뻗쳐 보내던
그 계집아이는……

위 시를 도대체 어느 나라 어느 언어로 표기할 수 있을까? 한글, 그리고 우리말 이외에 이 시가 담고 있는 감성 그대로 표현할 수 있는 언어가 과연 있을까? 물론 한글로 쓰인 위 시만의 문제가 아니다. 다른 나라의 시 또한 우리가 그 느낌을 온전히 받아들인다는 것이 불가능한 것은 마찬가지다.

어느 사회나 시 없는 독자적인 문화는 없지만 조선은 감성이 움직이는 사회가 아니라 이성이, 철학이, 그것도 남의 나라에서 태동한 철학이 움직이던 사회였다. 그러하기에 한글이 주류(主流)로 자리하기에는 아직 넘어야 할 산이 많았다.

또 다른 저항,
문체반정

하루는 천신(賤臣)이 망령되게 패관잡기(稗官雜記)*에 나오는 말을 사용하였다. 이에 임금께서 하교하여 준절히 꾸짖기를, "문장이 비록 기예(技藝) 가운데 한 가지이기는 하지만, 위로는 다스리고 가르치는 수준을 점칠 수 있고 아래로는 성정(性情)의 그름과 바름을 엿볼 수 있다. 육경(六經)의 도는 지극히 크면서도 간략하고, 한(漢)·당(唐)·송(宋)의 문장은 바르고 우아하다고 일컬어진

---

* 조선 명종 때의 문인 어숙권이 지은 패관문학서, 우리나라의 정사(政事)·인물·풍속·일화(逸話)·시화(詩話)·민속·문물제도 따위를 모아 해설을 붙인 책.

다. 오늘날 문장을 하는 자들은 학문이 재주를 따르지 못하여, 어렵다는 이유로 싫증을 내며 도리어 명·청의 소품(小品)을 배우고, 거기에 푹 빠져 스스로 기뻐하는 것들이 대부분 잗달게 조잘거리는 말이니, 이 어찌 세도(世道)의 복이겠는가. 더구나 그대들은 집안에서 시를 전수받아 대대로 조칙을 관장해온 자들로서, 너무 앞서는 자는 조금 낮추고 모자라는 자는 좀 더 노력해서 자신의 재능을 다해야 할 것이다. 만의 하나라도 바른 도(道)를 버려두고 오랑캐의 패관잡기에 물들어, 지름길을 찾아서 궁색하게 걷고 날아가는 새를 보느라고 엉뚱한 대답을 한다면, 문장의 덕을 펴는 데 해를 끼치고 선조를 욕되게 하는 것이니, 어찌 모르고 저지른 작은 잘못에 그치겠는가" 하였다. 이어 내각에 명하여 함사(緘辭, 임금이 비밀스럽게 내린 말)를 내어 추문(推問, 죄상을 심문함)하게 하고, 또 자송문(自訟文, 반성문) 한 편을 지어 올려 감히 다시는 그렇게 하지 않겠다고 말하게 한 뒤에야 직무를 보도록 하였다.[14]

위 글은 조선 시대 문신인 남공철(1760~1840)이 기록한 문장이다. 내용을 살펴보면 임금이, 자신이 중국의 전통적인 문장 표현 대신 그 무렵 새롭게 유행하는 명·청나라 대의 문장, 즉 패관문학(稗官文學)적 글을 쓴 것을 엄히 나무라고 죄를 묻기까지 한 후에 다시는 그런 문장을 쓰지 않겠다는 반성문을 받고서야 용서하였다는 것이다. 애들도 아니고 벼슬아치에게 반성문을 쓰게 한 것을 보면 대단한 잘못인 듯한데 그게 바로 문장의 표현 방식이라니. 아니 잘못된 것이 아니라 자신의 마음에 들지 않는다는 말이 오히려 맞는 말일 것이다.

패관문학이란 패관*이 채집한 항간의 이야기를 기록하고 그것에 기록하

---

* 중국 한나라부터 민간에 떠도는 이야기를 모아 기록하는 일을 맡아 하던 임시직 벼슬아치.

는 이의 뜻을 덧붙이고 다듬는 등의 과정을 거쳐 탄생한 문학이다. 그리고 이러한 패관문학이야말로 근대적 의미에서 소설의 탄생에 크게 기여한 것도 사실이다.

물론 패관문학이 정통 문인 입장에서는 공적인 문장도 아니요, 그렇다고 격식을 갖춘 시문(詩文)도 아니니 마음에 안 드는 게 사실이었을 것이다. 그러나 오늘날의 시각으로 보면 글의 형식이나 내용, 나아가 글투가 마음에 안 든다고 관료에게 벌을 내린다는 것은 상상하기도 힘든 일일 것이다. 그렇지만 그랬다. 만인지상(萬人之上)에 자리한 임금의 마음에 안 들면 무슨 일이든 당하는 게 왕조 시대 아니던가. 그런데도 불세출의 성군(聖君)으로 일컬어지는 정조가 이런 일을 저질렀다니 이해하기 힘든 독자도 많을 것이다.

사실 이는 단순히 몇몇 사대부에 국한된 사건이 아니라 문체반정(文體反正)이라는 명칭으로 역사에 기록된 사건의 본질이다. 문장의 체제가 정, 즉 바름에 위배된다는 뜻의 문체반정. 결국 정조는 남공철을 비롯한 여러 선비의 글 형식이 바르지 않으므로 이를 바로잡겠다고 나선 것이다. 그렇다면 정조는 왜 이토록 사소해 보이는 일로 그토록 성을 냈던 것일까?

패관문학,
잡스러운 글

그 무렵 조선에서는 박지원(朴趾源, 1737~1805)을 중심으로 많은 인재가 활약하고 있었다. 《청장관전서》로 역사책에 이름을 남긴 이덕무(1741~93),

《발해고》를 남긴 실학파 역사가 유득공(1749~?), 《북학의》로 찬란한 이름을 남긴 박제가(1750~1805)는 모두 서얼 출신이면서 뛰어난 글재주를 지녔는데, 이들 모두가 박지원의 제자였다. 그러니 박지원의 영향력은 꽤나 컸다고 할 수 있을 것이다.

그러나 박지원은 개인적 이유로 오래도록 벼슬길에 나아가지 않았는데 나이 44세가 되어서야 영조의 부마(사위)이자 그의 팔촌형인 박명원이 청나라에 정사(正使)로 파견되자 그의 자제군관 자격으로 동행하였다. 1780년 5월 25일 출발한 후 10월 27일에 한양에 돌아온 그는 그때의 경험을 바탕으로 《열하일기(熱河日記)》를 저술하게 된다. 《열하일기》는 잘 알려져 있다시피 26권 10책으로 이루어진 방대한 여행기다.

박지원은 이 여행을 통해 상당한 문화적 충격을 받은 듯하다. 그리고 그 결과 자신의 사상에도 커다란 변화를 가져오게 된다. 《열하일기》는 그러한 개인적 충격과 더불어 새로운 문명에 대한 깨달음, 그리고 타국의 거울을 통해 본 자국의 모습을 다양한 형식과 문체로 표현한 우리 근대 문학의 대표작이라 할 수 있다. 《열하일기》가 단순한 기행문이 아닌 까닭은 〈양반전〉, 〈호질〉 같은 동 시대를 비판하면서도 탁월한 이야기 구조를 가진 다양한 작품이 이 안에 포함되어 있기 때문이다. 《열하일기》와 〈허생전〉, 〈양반전〉이나 〈호질〉을 각기 다른 작품으로 알고 있는 사람도 꽤 많다. 그러므로 《열하일기》의 놀라운 세계를 경험한 독자라면 모두 연암(燕巖) 박지원이라는 인물에 대해 새로운 눈으로 바라보게 되는 것이 사실이다.

이는 21세기를 사는 우리 눈에 비친 연암의 모습이요, 그 시대의 주류 인사들에게는 전혀 다른 시각으로 보였음에 분명하다. 우선 연암은 《열하일기》에 각기 다른 작품으로 포함된 〈양반전〉, 〈허생전〉 등을 통해 그 시대 조선의 불합리한 사회구조를 통렬히 비판하였다. 그뿐이랴? 그 시대에 아직도 오랑캐로 치부되던 청나라 문물의 선진성과 합리성에 대한 적극적인 수용 태도를 보임으로써 기득권 세력의 반감을 사고 있었다.

정조 또한 그 시대의 기득권 세력임에는 분명했다. 그가 아무리 연암을 인정했다 하더라도 자신의 시대를 부정하고 새로운 시대를 준비해야 한다는 거침없는 비판에까지 고개를 끄덕이기는 쉽지 않았을 것이다. 물론 정조 자신은 연암의 이러한 비판 정신과 진보적 태도에 수긍을 하였다 해도 자신을 둘러싸고 있는 수구 세력의 저항마저 무시하기는 힘들었을 거라는 의견도 있다. 그 어느 쪽이든 간에 정조로서는 새롭게 성장하는 비판 세력이자 진보 세력의 행동에 무조건적으로 순응할 수 없을 것임은 분명한 사실이다.

정조의 패관잡기 발언은 그러한 과정에서 나온 결과이다. 그리고 이런 발언은 여러 번에 걸쳐, 그리고 분명하게 이루어짐으로써 일과성(一過性) 발언이 아님을 분명히 한다.*15

자신은 한문으로 편지를 쓰다가 갑자기 한글을 사용할 만큼 한문과 한글 사이에서 사고의 갈등, 표현의 갈등을 겪고 있던 정조가 한글과 한문 사이에 존재하는 문제도 아니고 오로지 문체만을 문제 삼아 조선 제일의 선비들에게 반성문을 요구했다는 위 글을 접하면서 우리는 또 다른 충격에 빠지게 된다.

그러니까 한글이 문제가 아니라 고아(古雅)한 문체 대신 시정잡배가 사용하는 문체가 문제라는 말이다. 말이 시정잡배지, 어찌 박지원 같은 선비가 시정잡배의 문투를 썼겠는가. 여하튼 정조는 패관문학에서 사용하는 항간

---

* 문체반정에 대해서는 그 무렵 성리학에 반하는 문물에 대한 탄압이라는 주장과 함께 탕평책의 일환으로 문체반정을 활용했다는 주장도 강하다.

에 떠도는 유의 문장을 사용하지 말라고 경고하고 나선 것이다.

그렇다면 도대체 이런 문장이 왜 문제가 되는 것일까? 문장이 곧 사회요, 사회가 곧 정치이며, 정치가 곧 사상임을 깨닫는다면 정조가 문장을 자신의 의도대로 바로잡으려고 한 것은 곧 정치를 자신의 의도대로 이끌어가려고 한 것이요, 나아가 조선의 사상을 왕권 중심의 국가 체제로 형성하려는 의도를 간파할 수 있을 것이다. 그리고 이는 최만리가 세종의 훈민정음 창제에 맞서 목숨을 내걸고 맞선 것과 본질적으로 다르지 않다. 글·말·문장이야말로, 한 사회·나라·사상의 본질을 좌우하기 때문이다.

우리가 '한글전쟁'이라는 보이지 않는 싸움의 과거로부터 현재, 미래를 살펴보는 것 또한 단순히 한글이 우리 것이기에 복고적 취미로 살펴보거나 국수적 애국자이기 때문에 관심을 갖는 것이 아니다. 어떤 무기보다 더 치밀하면서도 지속적이며 영원한 힘을 갖는 것이 바로 언어(言語), 말과 글이기 때문이다.

엄격히 형식적인 관점에서 언어를 기술하게 되면, 언어란 하나의 부호이며, 정박지(碇泊地)나 물 빠진 부두에 비교될 수 있는 하나의 구조물과 같은 것으로 기술할 수 있지만, 선박이 인간 역사와 연결된 것으로 보는 것과 같은 차원에서 보면, 언어란 이 세상과 직접적인 연관 관계를 갖고 있는 것이기 때문에, 언어학은 이와 같은 사실을 고려해야 할 것이다.

언어의 역사가 있다면, 그것은 사회의 역사 속의 한 장(章)이 되거나 아니면 사회 역사의 언어적 측면이 될 것이다. 만약 폭력이 역사의 위대한 산파 역할을 했다는 말을 생각해본다면, 바로 그 폭력도 언어 역사에 영향을 끼치고 있는 것이다.[16]

언어가 인간의 말을 표현하는 하나의 부호에 불과하다고 믿는 분은 없겠지만 언어의 역사가 곧 사회의 역사를 구성할 뿐 아니라 역사에 영향을 미친 모든 것이 결국은 언어에도 영향을 미친다는 위 글은 우리에게 많은 생각을 하게 만든다. 결국 정조는 문체반정을 통해 자신의 통치 기반을 확고히 하고 나아가 조선의 정체성을 확고히 지키고 싶었던 것이다. 그건 성리학(性理學)에 바탕한 정통 유교 이념의 국가였다. 그러한 국가가 붕괴되는 데는 몇몇 도적보다 국가 철학에 어긋나는 한 권의 책이 더욱 큰 역할을 할 수 있음을 정조는 깨달았던 것이다.

한글, 떨치고
일어나지 못하다

그렇다면 이쯤에서 한글은 한번쯤 기지개를 켜야 하지 않았을까? 한글이 고고지성(呱呱之聲)을 울린 지 300년이 넘었고 한 사회, 한 나라의 밑바탕에서는 한글이 주력 문자로 자리 잡았을 뿐 아니라 한글 소설이 등장했다. 한 나라의 하늘이라고 일컬어지는 임금도 한글 쓰기를 주저하지 않을 정도라면 한글이 한 번쯤은 떨쳐 일어나야 하지 않았을까?

옛날 주자라 하는 성현이 계셔서 서로 친한 부인네께 일가친척이 아니어도 언간을 보내신 일이 있었으니 죄인* 이 그 예에 의거하여 언간을 한적 아뢰고

---

* 이 편지를 쓴 우암 송시열이 이때 유배 중이었기 때문에 스스로 죄인이라 칭한 것임.

자 하되 이제 시절에는 없었던 일이오매 자제하다가 엊그제 한 가지로 죄를 입은 사람의 아내가 죄인에게 글로 적어 묻거늘 헤아리며 이제도 일이 해롭지 아니하겠도다 하여 천만 황공하옵다가 적어서 알립니다.[17]

위 글은 조선 숙종 때 활동한 우암 송시열(1607~89)이 73세 되던 해에 쓴 편지의 앞부분인데 받는 사람은 그의 제자인 정보연의 아내인 민씨 부인이다. 그 무렵 24살을 일기로 요절한 제자의 미망인을 위로하고 격려하고자 쓴 편지인데 한글로 되어 있다.

송시열은 조선을 통틀어 가장 보수적인 유학자라고 해도 지나치지 않을 만큼 주자를 신봉했으며 나아가 두 번에 걸친 예송논쟁(禮訟論爭)*을 일으킬 만큼 유학의 형식에 목숨을 걸다시피 한 보수파의 대표격 인물이었다. 그렇기에 그가 사망한 후 전국 각지에 그를 제향(祭享)하는 70여 개의 서원이 설립되었으며 1744년에는 문묘배향(文廟配享)이 이루어졌으니 조선을 대표하는 유학자로서 학문적, 정치적 권위를 국가도 나서서 인정한 것이다. 그리고 그의 학풍을 이어받은 이들은 조선 후기 성리학의 주류를 형성하며 조선의 강력한 지배 이데올로기로 작동할 만큼 죽어서도 조선을 좌지우지한 인물이었다.

그런 그가 애제자의 아내인, 자신보다 50여 년 아래인 아녀자에게 한글 편지를 쓴 것이다. 그만큼 그 시대에 한글은 기층 민중이 아니라 최상 지배층에게도 퍼져 있었던 것이다. 물론 그의 편지 내용을 읽어보면 한글로 씌어 있을 뿐이지 표현 방식은 한자로 쓰인 글과 별반 다르지 않을 만큼

---

* 1659년 효종이 급서한 후 부친인 인조의 후비(后妃)인 자의대비가 상복(喪服)을 입는 기간이 얼마 동안이어야 하느냐를 가지고 남인 세력과 다툰 1차 예송논쟁과 1674년 효종의 비인 인선왕후가 사망하자 자의대비가 상복을 얼마나 입을 것인가로 논쟁한 2차 예송논쟁을 이름.

격식을 갖춘 글임을 알 수 있다. 그러니 우리말 고유의 표현 또한 나타날 리 없다.

그렇다고 해도 한글로 쓰인 것은 분명하다. 그만큼 이 무렵 한글은 사회의 저변에 확산되어 있었음이 분명하다. 이렇게 음지에서는 한글이 지속적으로 그 영향력을 키워나가고 있음에도 사회 지배층이 한글을 광범위하게 사용했다거나 공식적으로 한글이 공식적인 자리를 차지하려는 움직임이 일어났다는 소식이 없는 건 어떻게 받아들여야 할까?

사실 우리는 역사에 등장하는 사건을 추적하느라 역사에서 일어나야 함에도 일어나지 않은 사건에는 관심을 갖지 않는다. 그리고 그에 해당하는 대표적인 사건으로 실학사상(實學思想)이 만개하면서 조선에 새로운 학풍, 사회적 환경을 조성하던 시기에 한글에 대한 어떤 움직임도 없었다는 사실을 꼽을 수도 있지 않을까.

앞서 살펴본 바와 같이 실학자의 핵심인 박지원 등은 조선에 문체 개혁을 통한 사회 전반의 소통에 나서고자 했고 항간에서 널리 사용되는 문체의 사용은 당연히 신분을 뛰어넘어 조선의 모든 백성이 다양한 생각과 상상력을 공유할 것이었다.

그러하기에 정조는 그러한 움직임에 일정 정도 제동을 걸었던 것이다. 그러나 그러한 지배층의 제동이 오래간 적은 별로 없다. 그렇다면 정조가 물러난 이후에 다시 움직임이 활성화돼야 하는 것 아닌가. 그리고 그 중심에는 당연히 한글이 자리 잡아야 하는 것 아닌가 하는 의문을 품는 것은 어찌 보면 당연한 것이리라. 그러나 실학자의 활발한 활동에도 한글은 그 어떤 역할도 하지 못했다.

왜 새로운 사회, 새로운 사상, 새로운 세계에 대한 관심으로 충만했던 실학자는 자신들의 뜻을 백성과 공유하기 위해 한글을 사용하지 않은 것일까? 그렇게 할 수 있었다면 실학사상은 우리가 교과서에서 배우는 것 이상으로 조선 후기에 일대 사상운동으로 확산되었을 것이고 나아가 나라가 슬픈 종말로 이어지기 전에 새로운 국가를 건설하고자 하는 혁명적인 움직임이 일어날 수도 있었을 텐데….

혁명하는 선비,
선비의 혁명

실학자의 개혁 사상이 싹트기 훨씬 전에 조선 땅에는 《홍길동전》이라는 한글로 쓰인 소설이 등장했다. 그러니 사회의 개혁을 추구하던 실학자에게 한글이란 더 이상 코페르니쿠스가 목숨을 내걸고 주장해야 했던 지동설(地動說)도 아니요, 조선 선비로서는 금기시해야 할 그 무엇도 아니었다. 그러나 조선을 통틀어 가장 개혁적이라고 믿어왔던 실학자가 한글을 다룬 방식은 썩 개혁적이지 않았다.

특히 앞서 정조로부터 문체가 바르지 못하다고 지적받은 적이 있던 박지원(朴趾源, 1737~1805)은 자신보다 150년 이상을 앞서 살면서 한글 소설을 통해 백성과 소통하고 조선에 새로운 의욕을 불러일으키고자 했던 허균을 분명 알고 있었을 텐데 그의 뒤를 따르지 않았다. 그리하여 그는 그의 소설 가운데 가장 혁명적이라고 일컬어지는 〈양반전〉조차 한글 대신 한문으로 썼다. 허위와 가식, 그리고 거짓투성이인 양반 사회를 통렬히 비판한 이 소설이 한문으로 쓰였다면 그의 다른 소설, 이를테면 〈호질〉이나 〈허생전〉이 한문으로 쓰인 것은 당연한 결과일 것이다.

그렇다면 그는 과연 누구를 위해 〈양반전〉을 쓴 것일까? 다 무너져가는 조선의 거짓 신분 질서를 비판함으로써 그가 얻고자 한 것은 무엇이었을까? 결론적으로 그는 조선의 혁신을 위해 〈양반전〉을 쓴 것이 아니었다. 단지 자신이 몸담고 있던 양반 사회의 천박한 면을 다름 아닌 양반에게 보여 줌으로써 양반 사회의 자정(自淨) 노력을 요구했던 것 이상도 이하도 아니었을 것이다.

물론 실학자라고 일컬어지는 선비가 조선의 백성을 위해 갖가지 노력을 기울인 것은 부인하지 못할 사실이다. 그러나 그것이 한계였다. 이미 조선은 제도를 통해서는 개선할 수 없는 상황에 직면한 상태였다. 그럼에도 그들은 그 상황을 수용할 수 없었다. 한마디로 그들의 본질은 선비였던 것이다. 선비였기에 그들이 외친 혁명은 '선비의 혁명'이었다. 그리고 '선비의 혁명'은 선비라는 울타리를 벗어날 수 없다.

> 만년의 그의 사상은 구체적 개혁안의 제시에 주력하는 경향이었고, 따라서 비판력은 약화되고 개량적·타협적인 성격을 나타내고 있다.[18]

이러한 평가가 백과사전에 실릴 수 있었던 데는 그만한 까닭이 있었던 것이다. 물론 박지원만의 문제는 아니었다.

> 정약용이 문제시하는 언어적 현실은 한자(漢字, 공동 문어) 의미의 표준성과 규범성의 동요이다. 이 동요와 혼란이란, 한자의 의미가 불확정적인 혼란 상태를 보이거나 지시 대상과의 관계가 불투명하다는 뜻이다. 이러한 상황을 야기한 결정적 원인은, 한자의 본래적 의미=기원으로부터 이탈되어 있는 '조선의 언어 현실'이다. 한자라는 말과 지시 대상(의미) 사이의 안정성과 투명성이 와

해된 것은, 그 본래적 의미라는 기원을 망각하고 조선의 언어 현실 속에서 그 의미를 왜곡시켜왔기 때문이다. 이러한 입장에서 정약용은 공동 문어의 경전들을 주된 근거로 삼아 명확한 척도를 마련하려고 노력한 것이다. 정약용의 경학과 경세학을 염두에 둔다면, 한자 의미의 명징성은 육경 사서의 연원에 다가서는 통로이자, 동시에 불투명한 현실을 제어하는 근거이기 때문이다.[19]

정약용은 한자의 정확한 뜻이 왜곡되고 있는 현실을 바로잡고자 여러 저서를 통해 이를 지속적으로 지적하였다. 그러한 저서 가운데서도 《아언각비(雅言覺非)》는 대표적인 실학자의 문자 관련 서적이지만 그 책이 추구하는 방향은 우리의 바람과는 많이 다르다.

> 정약용의 의도는 여기서 분명하게 나타난다. 시간의 흐름 속에서, 언어(한자어)의 의미가 변화를 겪게 되는데, 이로 인해 의미의 "실(實)"(혹은 "진(眞)")로부터 멀어진 의미가 파생된다는 것이다. 실(實)로부터 멀어진 언어의 의미라 하더라도, 그것을 '또 다른' 의미로 이해할 수 있지만, 정약용은 "비(非)" 즉 왜곡과 오류로 접근하고자 하였다. 이에 따라 시비의 대비가 생겨나는 바, 무엇보다 시비를 판단할 수 있는 기준이 요구될 수밖에 없다. 물론 그 기준은 경사(經史)를 중심으로 하는 정전에서 적출되었다. 이러한 태도는 《아언각비》의 서술 구조에서 잘 나타난다.[20]

즉, 정약용은 한자어의 본래 의미가 변해가는 것을 자연스러운 의미의 변화나 확장 등으로 인정하는 대신 옳은 것이 그른 것으로 왜곡되어가는 것으로 본 것이다. 따라서 《아언각비》는 왜곡되어 사용되는 한자어의 의미를 바로잡겠다는 의도에서 집필된 것이다. 이러한 사고의 소유자였기에 정약용이 집필한 아동용 학습서《아학편》이 추구하는 방침 또한 같은 의도를 내포할 것은 당연한 것이다.

> 그것《아학편》은 한자의 본래적 의미를 강조함으로써 지시 대상과의 혼란을 막고, 나아가 한자의 분류와 배치를 통해 의미론적 세계상을 구성하는 것을 목적으로 한 것이다.[21]

정약용이 활약한 시대가 한자어와 한글이 혼재된 채 사용되고 있으면서도 정치·사회적인 기준 등이 확립된 상태가 아니라 사람에 따라 다소간의 혼란을 느끼게 되고, 그러한 혼란을 극복하고자 하는 방향 또한 각기 다를 수 있다고 이해한다고 해도 정약용의 우리말과 한글에 대한 시각은 개혁적이라고 할 수는 없다. 더욱이 1527년 집필된《훈몽자회》보다 300년 가까운 세월 후에 편찬된 아동용 한자 학습서《아학편》이《훈몽자회》의 실용성에 미치지 못했다는 사실은 우리말에 대한 시각을 넘어 우리에게 시사하는 바가 크다.

물론 모든 실학자가 그러한 것은 아니다. 그러나 중농학파(重農學派)에 속한 정약용으로부터 중상학파(重商學派)로서 더욱 근대적 개혁에 눈을 떴던 박제가 등 그 누구도 근본적인 조선의 혁명을 꾀할 의도를 가지고 있지 않았다.

반면에 허균은 어떠했는가. 그는 타고난 혁명가였다. 혁명가가 선비 집안에 태어난 것이다. 그는 선비이기 이전에 혁명가였고 그가 꿈꾼 혁명은 겉을 바꾸는 치장이 아니었다. 그리하여 그가 그린 세상은 가장 높은 자리에 있는 자신이 가장 낮은 자리로 내려가는 변혁이었다. 그러한 철학의 소유자였기에 개혁을 앞에 세운 실학자보다 200년 가까운 세월을 앞서 한글로 소설을 쓰는 놀라운 행동을 실천에 옮길 수 있었던 것이다. 그러하기에 결국 목이 잘리는 형벌을 받고 조선 땅을 떠나야 했겠지만.

결국 한글은 허균 이후 제대로 꽃을 피울 수 없었다. 그리고 그 꽃이 봉오리를 터뜨리기까지에는 더 많은 시간이 필요했다. 그리고 그 안타까운 시간 동안 한글은 오로지 밑바닥 백성 차지였다.

> 도련님 춘향 옷을 벗기려 할 제 넘놀면서 어룬다. 만첩청산(萬疊靑山) 늙은 범이 살찐 암캐를 물어다 놓고 이는 빠져서 먹진 못하고 흐르릉 흐르릉 아웅 어루는 듯, 북해 흑룡이 여의주를 물고 채운(彩雲)간에 넘노는 듯, 단산(丹山) 봉황이 죽실을 물고 오동 속을 넘노는 듯, 춘향의 가는 허리를 에후리쳐 담쑥 안고 기지개 아드득 떨며 귓밥도 쪽쪽 빨며 입술도 쪽쪽 빨면서 주홍 같은 혀를 물고 오색단청 순금장 안에 쌍거쌍래 비둘기같이 꾹꿍 꿍꿍 으훙거려 뒤로 돌려 담쑥 안고 젖을 쥐고 발발 떨며 저고리 치마 바지 속곳까지 활씬 벗겨 놓으니 춘향이 부끄러워 한편으로 잡치고 앉았을 제, 도련님 답답하여 가만히 살펴보니 얼굴이 복짐(심한 운동으로 상기되고 약간 부어오른 것처럼 보이는 모습)하여 구슬땀이 송실송실 앉았구나.[22]

실학자가 왕성히 활동하고 있을 18세기에 조선 백성에게 가장 큰 즐거움을 안겨주던 판소리 〈춘향가〉의 일부다. 내용이 야하기는 하지만 전혀 야하게 느껴지지 않는 것은 글을 쓴 이가 천박한 포르노 문학을 추구한 게 아니라 남녀노소 백성의 고통을 한순간이나마 위로해주고자 자신이 가진 지식을 총동원해 해학이 담긴 예술로 승화시켰기 때문이리라. 한글은 이런 이름 없는 이들에 의해 환한 꽃으로 피어날 날까지 마르지 않고 씨앗을 품을 수 있었던 것이다.

ㄱㄲㄴㄷㄹ

ㅁㅂㅃㅅㅆㅇ

ㅈㅉㅌㅍㅎ

- 1894년 1월, 조선 백성들은 더 이상 지난날의
순량한 지배계층에 얽기길 거부했다. 그리고
수동적으로 자비로운 게 아니라 능동적으로
자신들의 운명을 스스로 개척해나가고자
행동에 나섰다. 동학농민운동의 시작이다.

- 위 사발통문(沙鉢通文)은 그 운동의 시작을
알린 신호탄이었고, 단군조 이래 있던
한자료 적은 부분에는 한글로 부가하여
누구든 읽을 수 있게 했다.

- 이처럼 백성은 기존의 모든 체제와 수단,
권한에 저항하는 것을 의미한다. 따라서
백성에는 타협이란 없다. 타협의 길을
열어둔 것은 백성이라 말하지 않는다.

- 수만 명의 백성이 목숨을 바쳐 싸운 사건을
'운동'이라고 칭하는 것, 이러한 이해에 인식에 문제를
제기하는 것으로부터 문자 전쟁은 비롯된다는 우리가
결 읽다시피 실제로 들어간다 수만 명 백성들의
무수한만 찾아진 셈.

- 그러나 이 낯두것이며도 혁명적인 사건으로 인해
조선의 지배층은 더 이상 현 체제로도 자신들의
위치를 보존할 수 없다는 사실을 깨닫게 된다.

근대의 시작,
제 3 차
전 면 전

바.

그렇게 시작된 정치 혁신, 사회 혁신 과정에서 한국은 새로이
전면전을 벌이게 된다. 그리고 그 전쟁은 다행히도 명백한
승리로 귀결된다. 자, 그 승리의 과정을 찾아보자.

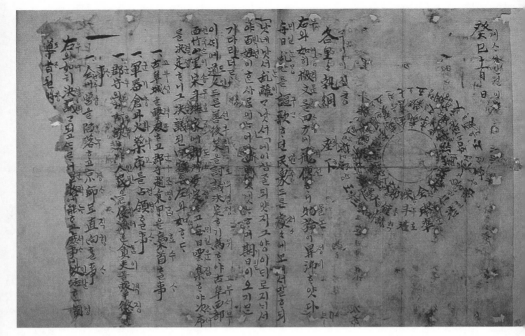

동학농민운동의 시작을 알리는 사발통문
한자와 한글을 혼용하여 작성하였는데, 한자 옆에는 한글로 부기하여 누구나 알아볼 수
있게 만들었다. 이 사발통문에서 눈여겨볼 대목은 「낫네 낫서 난리가 낫서」 「에이 참졀
되얏지 그양 이디로 지니셔야 百姓박성이 흔사롬이느 어디 남아 잇겟느」라는 그 무렵
백성들의 의견을 대화체로 실은 것이다. 특히 한글 표기법이 확립되기 전인데도 대화체를
표기하기 위하여 「 」라는 부호를 사용한 것이 눈에 띈다.

계사(1893) 십일월 일(癸巳 十一月 日)

전봉준(全琫準), 송두호(宋斗浩), 정종혁(鄭鐘赫), 송대화(宋大和), 김도삼(金道三), 송주옥(宋柱玉), 송주성(宋柱晟), 황홍모(黃洪模), 최흥열(崔興烈), 이봉근(李鳳根), 황찬오(黃贊五), 김응칠(金應七), 황채오(黃彩五), 이문형(李文炯), 송국섭(宋國燮), 이성하(李成夏), 손여옥(孫如玉), 최경선(崔景善), 임노홍(林魯鴻), 송인호(宋寅浩)

각리 리집강 좌하(各里 里執綱 座下)

우(右)와 여(如)히 격문(檄文)을 사방(四方)에 비전(飛傳)하니 물론(物論)이 정비(鼎沸)했다. 매일난망(每日亂亡)을 구가(謳歌)하던 민중(民衆)들은 처처(處處)에 모여서 말하되, "났네 났어 난리가 났어", "에이 참 잘 되었지. 그냥 이대로 지내서야 백성(百姓)들이 한 사람이나 어디 남아 있겠나" 하며 기일이 오기만 기다리더라.

이때에 도인(道人)들은 선후책(善後策)을 토론 결정(討議決定)하기 위하여 고부 서부면 죽산리(古阜 西部面 竹山里) 송두호가(宋斗浩家)에 도소(都所)를 정(定)하고 매일 운집(每日雲集)하여 차서(次序)를 결정(決定)하니, 그 결의(決議)된 내용(內容)은 좌(左)와 여(如)하다.

1. 고부성(古阜城)을 격파(擊破)하고 군수(郡守) 조병갑(趙秉甲)을 효수(梟首)할 사(事).

1. 군기창(軍器倉)과 화약고(火藥庫)를 점령(占領)할 사(事).

1. 군수(郡守)에게 아유(阿諛)하여 인민(人民)을 침어(侵漁)한 탐리(貪吏)를 격징(擊懲)할 사(事).

1. 전주영(全州營)을 함락(陷落)하고 경사(京師)로 직향(直向)할 사(事).

우(右)와 같이 결의(決議)되고 따라서 군략(軍略)에 능(能)하고 서사(庶事)에 민활(敏活)한 영도자(領導者)될 장(將)…*1

1894년 1월, 조선 백성은 더 이상 자신들의 운명을 지배층에 맡기길 거부했다. 그리고 수동적으로 거부만 한 게 아니라 능동적으로 자신들의 운명을 스스로 개척해나가고자 행동에 나섰다. 동학농민운동의 시작이다.

위 사발통문(沙鉢通文)은 그 운동의 시작을 알린 신호탄이었고, 한글로 적혀 있다. 한자로 적은 부분에는 한글로 부기하여 누구든 읽을 수 있게 했다. 이처럼 혁명은 기존의 모든 체제와 수단, 집단에 저항하는 것을 의미한다. 따라서 혁명에는 타협이란 없다. 타협의 길을 열어둔 것은 혁명이라 말하지 않는다.

그러하기에 동학농민운동이 진정 백성의 뜻이 폭발한 혁명

---

* 이하 부분은 훼손되어 알아볼 수 없다. 한편 이 사발통문이 진본이 아니라 사본이라는 의견이 있으나 내용에 대해서는 대부분의 학자가 동의하고 있으므로 이를 인용하는 데는 무리가 없을 것이다.

이라면 한글로 그 뜻을 전하는 것은 너무도 당연한 일이었으리라. 그러나 동학농민운동(이 애매하기 그지없는 대한민국 역사학계의 공식 용어 또한 밑으로부터의 혁명을 용납할 수 없었던 학문적 지배층, 정치적 지배층의 산물일 것이다. 수만 명의 백성이 목숨을 바쳐 싸운 사건을 '운동'이라고 칭하는 것. 이러한 애매한 인식에 문제를 제기하는 것으로부터 문자 전쟁은 비롯된다)은 우리가 잘 알다시피 실패로 돌아간다. 수만 백성의 목숨만을 앗아간 채.

그러나 이 비극적이면서도 혁명적인 사건으로 인해 조선의 지배층은 더 이상 현 체제로는 자신들의 위치를 보존할 수 없다는 사실을 깨닫게 된다. 그렇게 시작된 정치 혁신, 사회 혁신 과정에서 한글은 새로이 전면전을 벌이게 된다. 그리고 그 전쟁은 다행히도 명백한 승리로 귀결된다. 자, 그 승리의 과정을 짚어보자.

한글,
백성의 주검 위에서
꽃피다

고종 32권, 31년(1894 갑오 / 청 광서光緖 20년) 11월 21일(계사), 칙령 제1호에서 제8호까지 보고하다.[2]

칙령(勅令)

제1호, 내가 재가(裁可)한 공문 식제(公文式制)를 반포하게 하고 종전의 공문 반포 규례는 오늘부터 폐지하며 승선원(承宣院) 공사청(公事廳)도 아울러 없애 도록 한다. (중략)

공문식(公文式)

제1, 공문식

제14조, 법률·칙령은 모두 국문(國文)을 기본으로 하고 한문(漢文)으로 번역을 붙이거나 혹은 국한문(國漢文)을 혼동한다.

고종 33권, 32년(1895 을미 / 청 광서光緖 21년) 5월 8일(무인), 공문식을 반포하다.[3]

제1장 : 반포식(頒布式)

제9조

법률, 명령은 다 국문으로 기본을 삼고 한문 번역을 첨부하며 혹은 국한문(國漢文)을 섞어서 쓴다.

1894년 11월, 그러니까 한글이 창제된 지 450년 만에 한글은 처음으로 나라의 공식 문자로 우뚝 선다. 이에 대해 부정적인 견해를 피력하는 이가 없는 것은 아니나* 국가라고 하는 체제에서 형식, 즉 법이라는 제도가 갖는 힘을 무시할 수 없다면 부정할 수 없는 한글의 승리라고 할 것이다. 특히 고종은 분명히 언급하고 있다. 두 칙령 모두에서 고종은 1순위 국문, 2순위 한문 번역본, 3순위 국한문체임을 확인하고 있는 것이다.

---

* 김슬옹은 〈고종의 국문에 관한 공문식 칙령 반포의 국어사적 의미〉라는 글에서 고종의 칙령에 대해 다음과 같은 의견을 펴고 있다. ①1894년 고종 31년의 공문식 칙령은 친일 내각 친일 혁신 세력에 의해 제정되고 고종이 재가한 규정이다. ②국문을 기본으로 삼는다고 했으나 실제로는 국문체보다는 국한문체가 기본인 공용문서 규정이다. ③이러한 국한문체는 한문체에 비해서는 상대적 진보를 국문체나 전통 주류 국한문체에 비해서는 상대적 퇴보를 보여주는 규정이다. ④이때의 국한문체는 조사나 어미, 순우리말로 된 관형사 외는 모두 한자로 적는 '이두식 국한문체'이다. ⑤이러한 문체는 경서언해체의 전거가 있으나 실제로는 일본식 국한문체에 더 많은 영향을 받았다. ⑥이 칙령은 이러한 국한문체가 공용문서의 주류 문체로 자리 잡게 한 주요 정치적 사건이다. 특히 ③에서 말하듯이 고종의 칙령에 의해 사용되기 시작한 국한문체는 전통 국한문체에 비해서는 오히려 퇴보한 형식이라고 주장한다.

그러나 이런 방식으로 변화를 분석한다면 혁명적이며 능동적인 정치적 변화만이 의미가 있다는 말과 통할 것이다. 그리고 앞서 언급한 바 있지만 현실에 그런 하늘에서 뚝! 떨어지는 방식의 변화를 찾아보기는 힘들다.

따라서 현실적으로 한문 번역본이 쓰였거나 국한문체가 쓰였다면 그건 시대적인 상황, 즉 그 시대 조선의 모든 백성*에 통용될 수 있는 다양한 방식의 언어생활을 인정한 것이다. 그런 까닭에 몇 사람을 제외한 수많은 학자가 고종의 국문 사용 칙령을 한글 역사에 길이 남을 전환점으로 인정하고 있다.

19세기 말 개화기에 언문은 일대 변혁을 겪는다. 1894년 갑오개혁 때 언문이 나라를 대표하는 공식 문자로 거듭나게 된 것이다. 이는 대변혁이었다.

그동안 언문은 일반에 널리 쓰여 왔으나 공식적으로 인정을 받지는 못했으며, 심지어는 금지되기도 했다. 순조 때에는 사역원의 시험에서 언해로 취재하는 것을 금했다는 기록이 있고, 고종 2년(1865)에 간행된《대전회통》에도 사채에 대한 서류를 꾸밀 때 언문으로 쓴 것은 무효라는 대목이 있으니, 19세기 후반까지도 언문의 지위가 어떠했는지를 가히 짐작할 수 있다.

그런데 그렇게 천시하던 언문이 당당히 국문이 되었으니, 대변혁이 아닐 수 없었다. 오백 년 조선 역사상 처음으로 공식 문서에 국문을 쓰게 되었고, 그동안 방언·언어(諺語)·속어(俗語)로 불리던 명칭도 '국어(國語)'가 되었다.[4]

결국 사회 저변에서는 광범위하게 받아들여졌음에도 지배층, 그리고 국가라는 체제로부터는 인정받지 못하던 한글이 드디어 공식적으로 인정받기에 이른 것이다. 그러한 변화가 있기까지는 당연히 지배층, 나아가 국가조차도 더 이상 거부할 수 없을 만큼 강력한 사회적 변혁의 물꼬가 트였기

---

* 이때의 백성은 위로는 임금으로부터 아래로는 천민까지, 밖으로는 외교관부터 안으로는 안방에 거주하는 여인네에 이르는 모든 백성을 포괄한다.

1895년 음력 12월 12일 발표한 고종의 조칙으로 홍범14조라고 잘 알려져 있는 근대적 의미의
헌법을 공포한다는 내용이다. 왼쪽부터 순 한글체, 국한문 혼용체, 한문체 세 가지로 공포되었
다. 출처 :《근대 공문서의 탄생》, 김건우, 소와당, 2008년

때문이리라.

역사적으로 어떤 국가가 시민이, 사회가 원하지 않는 변혁을 앞서 꾀한 적이 있단 말인가. 따라서 고종의 칙령이 시대적 흐름에 의해 어쩔 수 없이 이루어진 것이든, 친일개화파가 적극 주도한 결과이든 아니면 주위 열강으로부터 독립을 유지하기 위해서는 이제껏 방치해두었던 백성의 지원이 필요해서건, 그것도 아니면 직전에 발발한 동학농민운동으로 분출된 백성의 변혁 욕구에 떠밀려 어쩔 수 없이 행했건 간에 결과는 마찬가지인 것이다.

한글이 드디어 한반도를 대표하는 문자로 우뚝 선 것이다. 그리고 이 결과는 거대한 물결이 되어 조선, 아니 곧 이어 출범할 대한제국 시민의 문자 생활을 송두리째 바꾸어놓았다.

새로운
문자 생활의 시작

고종의 칙령이 내린 후 훈민정음에 등장하는 창제된 글자가 이 땅, 이곳 저곳에서 들불처럼 솟아나기 시작했다. 물론 칙령 이전에도 조선 땅에서 한글은 광범위하게 사용되고 있었다. 그러나 조선 땅을 빙산에 비유한다면 바닷물에 잠긴 빙산을 한글이 지배하고 있다 해도 눈에 보이는 빙산에서는 한글을 찾기가 참으로 힘든 상황이었다.

그러나 이제 물 위에서도 한글이 여기저기서 솟아나기 시작한 것이다. 이러한 움직임은 당연히 다양한 문서 등을 통해 백성에게 다가가기 시작했다. 무엇이 처음으로 다가갔느냐 하는 것은 중요치 않다. 이미 그 무렵 조선 땅의 보이지 않는 곳에서는 한글이 백성의 문자 생활을 주도하고 있었으니까. 그럼에도 한글의 공식 문자화라는 사건과 관련하여 중요한 몇 가지 사례를 살펴보자.

서유견문

유길준(兪吉濬, 1856~1914)은 온건 개화사상가로 널리 알려져 있다. 그의 파란만장한 삶은 한 권의 책으로 살펴보아도 부족할 정도다. 그러나 우리는 그의 탁월한 저작인 《서유견문(西遊見聞)》에 관심을 기울일 것이다. 《서유견문》은 한자 뜻대로 '서양을 유람하면서 보고 들은 것을 기록한 책'이다. 1882년 이후 일본과 미국 등지를 돌며 서양 문물을 접하고 난 유길준이 그 내용을 기록하여 출간한 것이 바로 《서유견문》이다.

그런데 《서유견문》이 우리에게 소중한 자료로 남은 까닭은 그 내용과 더불어 국한문혼용체로 쓰인 최초의 기행문이라는 사실 때문이다. 이 책이 활자화되어 출간된 것은 고종의 칙령이 반포된 이듬해인 1895년의 일이다. 그러니까 고종의 국문 사용 칙령으로 한글이 국가의 문자, 즉 국문(國文)의 지위에 오른 후 처음 시민에게 다가간 서적인 셈이다.

물론 오늘날의 독자는 이 책의 원문을 읽기 힘들다. 왜냐하면 같은 국한문 혼용체라 하더라도 문장에 따라 상당한 차이가 있기 때문이다. 특히 이 책의 문장은 국한문 혼용체 가운데서도 한문체에 가깝다고 할 수 있다.

> 地球世界의 ᄂ論
> 地球ᄂ 吾人의 住居ᄒᄂ 世界니 亦遊星의 一이라 今其遊星을 數ᄒ건ᄃ1 一日水星二日金星三日地球星四日火星五日木星六日土星七日天王星八日海龍星

이니 此八星을 遊星이라 謂ᄒᄂ 者ᄂ 其體가 遊動ᄒ야 諸他恒星의 定居ᄒ 者
와 不同ᄒ 然故며 又一百三十小星이 有ᄒ야 諸遊星을 從行ᄒᄂ故로 從星이
라 名ᄒ니 彼太陰光彩의 虧滿ᄒᄂ 者가 卽吾人地球의 一從星이라[5]

지구는 우리 인간들이 사는 세계인데, 역시 유성의 하나다. 이제 그 유성들을
헤아려 보면 첫째 수성, 둘째 금성, 셋째 지구성, 넷째 화성, 다섯째 목성, 여섯
째 토성, 일곱째 천왕성, 여덟째 해룡성(해왕성)이다. 이 여덟 개의 별을 유성이
라고 하는 까닭은 그 자체가 떠돌아다녀서 여러 다른 항성들이 일정하게 머
물러 있는 것과 같지 않기 때문이다. 또 130개의 작은 별들이 있는데, 여러 유
성을 따라다니기 때문에 종성이라고 부른다. 광채가 이지러졌다가 찼다가 하
는 저 달이 바로 우리 인간들이 사는 지구의 종성 중 하나다.[6]

앞에 기재한 내용 또한 본문 그대로가 아니라 본문을 띄어쓰기한 것이
다. 그러니 오늘날 위 내용을 읽을 수 있는 사람은 극히 드물 것이 분명하
다. 그러나 모든 변화가 한술에 배부를 수는 없는 노릇이다. 유길준의《서
유견문》은 사대부가 기록한 최초의 국한문혼용체 기행문이라는 점에서 한
글의 대중화에 새로운 길을 닦은 것이 분명하다.

신문,
세상 소식을 전하다

한성순보

신문이 조선 땅에 처음 등장한 것은 1883년 10월 30일, 친일 개화파가 〈한성순보〉를 발행한 때다. 〈한성순보(漢城旬報)〉는 순(旬, 열흘 순)이라는 뜻 그대로 열흘에 한 번 발행되었는데, 순 한문을 사용했다.

〈한성순보〉는 우리나라 최초의 필화(筆禍) 사건으로도 유명하다. 1884년 1월 30일 발행된 신문에 청나라 병사의 범죄 소식을 보도했는데 이에 대해 청나라 북양대신 리홍장이 "청국에 무례를 범했다"라며 조선 정부에 항의 서한을 보냈다. 이는 그 무렵 조선에서의 주도권을 행사하고자 했던 청나라가 경쟁국인 일본을 견제하기 위한 것으로 기사가 나가자 한성 주재(駐在) 청나라 사람들이 신문사를 습격하기도 했다.[7]

순 한문으로 발행된 〈한성순보〉는 독자층이 한정될 수밖에 없었고 따라서 경영난은 예고된 것이기도 했다. 그럼에도 40호 이상을 발행했으나 갑신정변을 맞아 신문 발행소인 박문국 건물이 화재로 소실되면서 창간 14개월 만에 폐간되는 운명을 맞았다.

독립신문

1896년 4월 7일, 이 땅에 명실상부한 신문이 창간되었으니 바로 〈독립신문〉이다. 〈독립신문〉은 몇 가지 점에서 우리 역사와 문화사에 자취를 남겼다. 〈독립신문〉이 창간된 것은 고종이 한글을 조선의 공식 문자로 인정한 지 1년 남짓 만의 일이다. 따라서 순 한글 신문 〈독립신문〉의 창간은 시대

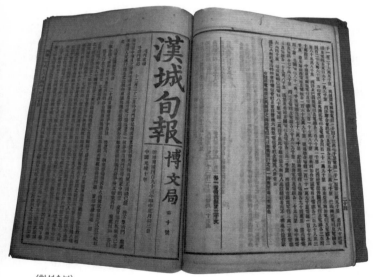

〈한성순보〉
1883년(고종 20년)에 우리나라에서 처음 펴낸 근대 신문으로 통리아문 박문국에서
순 한문으로 인쇄하여 관보(官報) 형식으로 발행했다. 1886년(고종 2년)에 국한문혼
용의 〈한성주보〉로 고쳐 발행되다 1888년(고종 25년)에 폐간됐다. 출처 : 문화재청

〈독립신문〉

1896년(건양 1년)에 독립협회의 서재필, 윤치호가 창간한 우리나라 최초의 민간 신문으로 순 한글로 발행했으며 특히 영자판도 함께 발행했다. 처음에는 격일간이었으나 1898년 7월부터 일간으로 발행하다가 1899년(광무 3년)에 폐간됐다.

본문에 나오는 광고는 오늘날의 광고가 아니라 신문사에서 독자들에게 널리 알리는 내용이란 뜻이다.

의 흐름이 가져온 일대 사건인 셈이다.

〈독립신문〉 하면 떠오르는 인물이 서재필이다. 당연한 일이다. 〈독립신문〉의 발행을 위해 가장 많은 노력을 기울인 사람이 서재필이니 말이다. 그러나 이 놀라운 신문의 발행이 한 사람의 힘만으로 이루어질 수 없음은 너무나 당연한 일이니, 우리가 잊지 말아야 할 일과 인물이 많음은 두말할 나위가 없다.

〈독립신문〉에 자금을 지원한 조선 정부, 〈독립신문〉을 기관지로 발행한 독립협회, 〈독립신문〉의 창간 세력에 도움을 준 일본 정부 등이 모두 〈독립신문〉의 창간 과정에서 잊을 수 없는 존재다. 그러나 한글전쟁을 살펴보고 있는 우리에게 있어서 가장 중요한 인물은 단연 〈독립신문〉의 편집을 담당했던 주시경이었다.

서재필이 아무리 백성들을 위한 신문을 만들고자 한글 사용을 생각했다 해도 한글 사용을 지면(紙面) 위에서 실천적으로 운용할 수 있는 인물이 없었다면 그런 생각을 구현하기는 힘들었을 것이다. 그러하기에 서재필은 주시경을 영입하기 위해 노력했고 주시경은 독립신문의 한글 단어, 표준어, 발음 등을 결정하는 데 중요한 역할을 했을 것이다. 또한 〈독립신문〉은 띄어쓰기를 했고 마침표를 사용함으로써 문장을 읽는 데 이전에 비해 훨씬 효율적인 방안을 제시하기도 했다.

이렇게 제작된 〈독립신문〉은 〈한성순보〉와는 비교가 되지 않을 만큼 독자 수가 많았으니 고작 300부로 시작한 신문이 얼마 가지 않아 그 10배인 3000부를 찍기에 이른다. 그리고 독자가 많은 신문에 광고가 실리는 것은 자연스러운 현상이어서 〈독립신문〉에는 다양한 광고가 실리게 되는데 그 가운데 한글로 된 것이 많은 것 또한 광고주들의 옳은 판단이었다. 처음 격일간(주 3회)으로 발행되던 〈독립신문〉은 1898년 7월 1일부터 일간지로 발행되었다.

현재 4월 7일은 신문의 날인데, 이는 〈독립신문〉 창간일을 기념해 지정한 것이다. 〈독립신문〉이 선을 보인 이후 수년이 지나면서 여러 신문이 창간되어 백성에게 새로운 소식을 전하기 시작했다. 그리고 그 가운데 많은 신문이 〈독립신문〉의 예에 따라 순 한글로 기사를 작성했다.

그 가운데는 서재필의 강연을 들은 배재학당 학생들이 조직한 단체인 협성회(協成會)가 있었는데 이 단체는 1898년 1월 1일부터 〈협성회회보〉라는 주간신문 형태의 기관지를 발행했다. 그 뒤 4월 9일부터는 일간으로 바꾸고 〈매일신문〉이란 이름으로 발행했는데 이것이 우리나라 일간신문의 효시가 되었다.

황성신문

한편 우리나라 최초의 상업신문(商業新聞)인 〈경성신문(京城新聞)〉이 1898년 3월 2일 첫 선을 보인다. 주 2회 간행된 이 신문은 윤치호가 사장으로 순 한글로 발행했는데 11호인 1898년 4월 6일자부터는 〈대한황성신문〉으로 제호를 바꾸어 발행했다. 그러다가 1898년 9월 5일, 남궁억(南宮檍)이 판권을 물려받아 〈황성신문〉으로 제호를 바꿔 창간했으니, 이 신문이 '시일야방성대곡' 사건으로 유명한 바로 그 신문이다.

그러나 〈황성신문〉은 〈경성신문〉이나 〈대한황성신문〉과는 사뭇 다른 점이 있었으니 순 한글이 아니라 국한문혼용체를 사용한 것이다. 따라서 두 신문은 판권을 물려받았다는 점에서 관련성이 있다고 할 수 있으나 본질적으로는 다른 신문이라고 보는 게 옳을 것이다.

대한광무이년ᄉᆞ월구일

뎨일권

ᄆᆡ일신문

일호

광무 이년 일월 이십륙일 농샹
공부 인가

론셜

대한 광무 이년 셔력 일쳔팔빅
구십 팔년 삼월구일에 우리 ᄆᆡ
일 신문이 대한 일쳔이빅만 동
포의몸밧은 태극 국긔를 듸ᄒᆞ
야 처음으로 인ᄉᆞ를 드리고 또
ᄒᆞᆫ 동셔양 약됴 제국 졍부를
듸신ᄒᆞᆫ 긔호들을 듸ᄒᆞ야 경례
ᄒᆞ니 일국에 춍회한ᄒᆞᆫ 경ᄉᆞ라
우리는 일심으로
대 황뎨 폐하의 셩덕을 챤양
ᄒᆞ며만셰을 부르고
황태ᄌᆞ 폐하를위ᄒᆞ야 쳔셰를
부르며 우리 나라와 신문샤를
위ᄒᆞ야 무강ᄒᆞᆫ 북을비노라 당
초의 우리 협셩회 회원들이 일
심합력 ᄒᆞ야 금년 졍월 일일
붓허 ᄆᆡ토요 일에 일ᄎᆞ식 회
보를 발간 ᄒᆞ야 지나간 토요일
ᄭᆞ지 십ᄉᆞ호가 낫는ᄃᆡ 대략 본
회즁 ᄉᆞ무와 ᄂᆡ외국 시 셰형편
이며 쇼문 소견에 학문의 유조
ᄒᆞᆯ만 ᄒᆞᆫ거슬 긔지ᄒᆞ야 국가 문
명 진보에 만분지 일이라도 도
음이 하ᄂᆞ님이 도으심과 회원들에 극진ᄒᆞᆫ 셩의로
지금 이 회보가 거의 쳔여쟝이 나아가니 우리 회보
보신는 이들게 감ᄉᆞᄒᆞᆷ을치하 ᄒᆞ논즁 일쥬일에 ᄒᆞᆫ번
식 나는것을 기다리기에 ᄆᆡ우 지리ᄒᆞᆫ지라 회원즁
유지각 ᄒᆞᆫ신 몃몃분이 특별 이불셔신고 ᄒᆞ고 열심으
로쥬션 ᄒᆞ엿거니와 병ᄒᆞ여 회원드리 일심으로 저역
을 모하 오늘붓터 ᄆᆡ일신문을 ᄂᆡ는ᄃᆡ ᄂᆡ외국 시
셰형편과 국민에 유죠ᄒᆞᆫ말과 실젹ᄒᆞᆫ 소문을 만히
긔지 ᄒᆞᆯ터이니 목젹도 극히 즁대 ᄒᆞ거니와 우리
회원이 일심 ᄋᆡ국ᄒᆞ논 지극ᄒᆞᆫ 츙셩의 간담을 합
ᄒᆞ여 이 신문상에 드러ᄂᆡ노라 대범 셔양 졔국져
은국즁에 신문다소를 가지고 그나라열니고 열니지
못ᄒᆞᆷ을 비교ᄒᆞ거놀 도라보건ᄃᆡ 우리 나라에 신문
이 얼마나 되는뇨 과연 븟그러온 바라 만힝으로
독립신문이 잇셔 영자로 발간 ᄒᆞ니 외교상과 나라
권리 명예에 크게 관게 되는 영광이라 그외 한셩
신보와 두셰가지 교즁신문이 잇스나 실상은 다
외국사롬에 쥬쟝ᄒᆞᆫ는 비요 실노히 우리나라 사롬
이 ᄌᆞ쥬ᄒᆞ여 ᄂᆡ논것은 다만 경셩신문과 우리신문
두가지 ᄲᅮᆫ인ᄃᆡ 특별히 ᄆᆡ일신문은 우리가 쳐음
시쟉ᄒᆞ니 우리 나라 ᄉᆞ쳔년 ᄉᆞ긔에 쳐음 경ᄉᆞ
라 엇지 신긔ᄒᆞ지 안으이오 아모조록 우이신문이
문명 진보에 큰 긔쵸가 되기를 우리는 간절히
바라 노라

우리나라 최초의 일간지, 〈매일신문〉 창간호

〈독립신문〉의 발행인인 서재필의 영향을 받은 협성회의 기관지 성격을 띤 이 신문 또한 순 한글로 제작되었다.

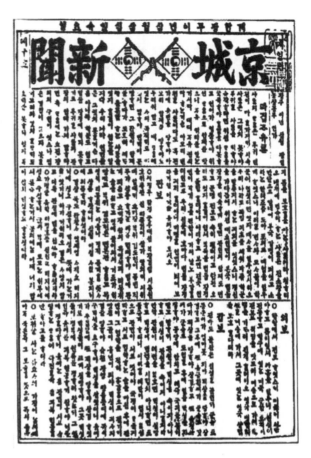

우리나라 최초의 상업신문인 〈경성신문〉
1898년(광무 2년) 3월에 정해원, 윤치소 등이 중심이 되어
창간한 순 한글로 된 우리나라 최초의 상업신문.

국한문혼용체로 기사를 작성한 〈황성신문〉 창간호
1898년(광무 2년) 9월 5일에 창간된 일간신문. 남궁억, 나수연, 장이연 등이 〈경성신문〉이 이름을 바꾼 〈대한황성신문〉을 인수해 창간했으며 국한문혼용 소형 4면으로 발간했다. 애국적 논필로 여러 차례 정간을 겪다가 1910년 8월 28일, 강제 폐간됐다. 이후 〈한성신문〉으로 발행되다가 1910년 9월 14일에 종간했다.

대한신보, 뎨국신문, 대한매일신보

그 외에도 1898년 4월 10일, 〈대한신보〉, 같은 해 8월 10일, 〈뎨국신문〉, 1904년 7월 16일, 영국인 배설과 양기탁에 의한 〈대한매일신보〉 등 다양한 논조의 여러 신문이 창간되어 한글이 본격적으로 나라의 공식 문자로 자리 하던 시기에 이를 앞당기는 데 큰 역할을 하게 된다. 그러나 신문과 한글의 관계에 대해 한 가지 기억할 일이 있다. 그건 순 한글 신문이 더 민족적 각 성이 된 신문이라거나 국한문혼용 신문은 시대에 뒤떨어진 신문이라거나 하는 추측은 바람직하지 않고 사실과 맞지도 않다는 것이다.

앞서 살펴본 바와 같이 '시일야방성대곡'을 실어 정간 조치를 당한 〈황 성신문〉이나 일제에 가장 격렬히 항거한 신문인 〈대한매일신보〉가 모두 국 한문혼용체*를 기준으로 사용했다는 점만 보아도 표기법을 가지고 신문의 논조를 판단하는 것은 옳은 방법이 아님을 알 수 있다. 그러나 결과적으로 1900년대를 전후해 왕성히 활동하기 시작한 여러 신문의 기사 대부분이 순 한글 또는 국한문혼용체로 기술됨으로써 한글이 정부 공식 문자로 인정 된 이후 우리나라 전체 시민사회와 각 분야에서 한글이 본격적으로 사용되 는 데 큰 공을 세운 것은 분명하다 하겠다.

---

* 〈대한매일신보〉는 국한문혼용체를 사용하면서도 순 한글로 기사를 작성하기도 하는 등 융통성을 보 였다.

한글 교육의
시작

한편 갑오개혁의 일환으로 고종에 의해 조선의 공식 문자로 자리한 한글은
이듬해인 1895년, 교육용 교과서에 순 한글체는 아니라 하더라도 국한문혼
용체로 실리게 되니, 바로《국민소학독본(國民小學讀本)》이라는 책이다.《국
민소학독본》은 한 과목이 아니라 다양한 내용을 소학교 학생들에게 전달
하고자 편찬된 교과서인 까닭에 내용 또한 매우 다양하다. 그렇다면《국민
소학독본》은 어떤 배경에서 편찬되었을까? 다음은 1895년 2월 2일 발표된
고종의〈교육조서(敎育詔書)〉내용 가운데 일부다.

> (전략) 세상의 형세를 살펴보건대 부강하여 독립하여 웅시(雄視)하는 모든 나
> 라는 모두 다 그 인민의 지식이 개명했도다. 이 지식의 개명은 곧 교육의 선미
> (善美)로 이룩된 것이니, 교육은 실로 국가를 보존하는 근본이라 하리로다. 그
> 러므로 짐은 군사(君師)의 자리에 있어 교육의 책임을 지노라. 또 교육은 그 길
> 이 있는 것이니 헛된 이름과 실제 소용을 먼저 분별하여야 하리로다. 독서나
> 습자로 옛 사람의 찌꺼기를 줍기에 몰두하여 시세의 대국(大局)에 눈 어둔 자
> 는, 비록 그 문장이 고금을 능가할지라도 쓸데없는 서생에 지나지 못하리로
> 다. 이제 짐이 교육의 강령을 보이노니 헛이름을 물리치고 실용을 취할지어
> 다. (후략)[8]

나라가 풍전등화의 위기에 처한 상황에서 고종은 교육만이 적으로부터
나라를 구하고 발전시키는 길임을 온 백성에게 알리고 있다. 즉, 자신과 나
라가 처한 위기에서 벗어나는 길은 오직 교육뿐임을 절감한 것이다. 따라

서 교육에 정책의 최우선을 둘 것은 당연한 일이고《국민소학독본》은 이런 배경 아래 편찬된 것이다. 그렇다면 우리나라 최초의 교과서는 어떤 과정을 거쳐 편찬되었을까?

최초의 교과서

본격적인 교과서 편찬 작업은 1895년 한성사범학교와 소학교 등의 각급 학교에 관한 관제 공포와 함께 출범한 학부(學部)가 중심이 되어 추진했다. 그러나 교과서 개발의 중요성은 인식했지만 제도적 교육 매체로서의 교과용 도서 혹은 교과서의 체제나 내용, 형태 등에 대해서는 여전히 막연한 상태였다. 우선 필요한 것은 모델이 될 만한 교과서를 수집하는 일이었다. 1895년 5월 초 정부에서는 외부대신 김윤식의 이름으로 주일공사관사무처리(駐日公使館事務處理) 한영원에게 훈령을 내려 '금번 학부에서 관립 사범학교 및 소학교 교사의 교육서를 편찬하는 바 이에 참고하기 위하여 일본 심상사범학교와 고등사범학교의 교과서 및 참고서 각 한 부를 구득하여 보내라'라고 지시했다. 이 교과서들을 참조하여 1895년 7월부터 교과서를 간행하기 시작했다.《국민소학독본》과《조선역사》를 각각 1895년 7월과 8월에 그리고 이듬해인 1896년 2월에는《신정심상소학》을 출간했다.《신정심상소학》시점까지 학부 편집국에서 간행한 교과서는 모두 18종이었다.

교과서 편찬 업무는 학부 편집국 소관이었다. 정부 조직 기구에 교과서를 관장하는 전담 부서를 편성했다는 것은 교과서의 기획과 정책 입안의 주체가 국가로 규정되기 시작했다는 것을 의미한다.[9]

위 내용에 따르면 우리나라 최초의 교과서는 일본의 사례를 따라 만들어
졌다. 이 사실은 그리 놀라운 것이 아니다. 근대화 과정에서 필요했던, 정치
로부터 사회 구석구석에 이르는 대부분의 기준이 일본에서 들어왔으니 말
이다. 게다가 위 내용에서 알 수 있듯이 우리나라 최초의 교과서는 매우 신
속히 편찬되었다. 한두 달, 길어야 몇 달 만에 교과서가 편찬된 것이다. 그
러니 그 짧은 시간에 교과서를 집필, 편찬하기 위해서는 당연히 표준이 될
만한 사례가 있었을 것이다.

다음으로 알 수 있는 것은 교과서가 국가에 의해 편찬되었다는 사실인
데, 이 또한 우리에게는 낯선 내용이 아니다. '국정(國定)'교과서라는 개념이
일반적으로 사용되고 있는 것은 이러한 역사적 배경이 있고 그 배경이 오
랜 시간 지속되었기 때문이다. 이러한 한계가 있다 해도 우리나라 최초의
'국정교과서'에는 자주독립을 향한 열망이라는, 편찬 배경을 시사해주는 내
용이 책의 곳곳에 담겨 있다.

모두 72장, 144면으로 된 이 책은 국한문혼용체로 쓰여 있다. 따라서 이
듬해 발간된 〈독립신문〉보다 읽기 힘든 것이 사실이다. 그러나 이 책이 한
글이 공식적으로 사용되기 시작한 시점에 간행되었음을 감안한다면 그 형
식을 탓하기는 힘들 것이다. 모두 41과로 구성된 이 책의 주요 목차는 다음
과 같다.

제1과 대조선국(大朝鮮國)

제2과 지식 넓히기

제5과 세종대왕 시대의 일

제6과 상업적인 일과 교역

제12과 조약국(條約國)

제17과 학문에 힘씀

제22과 을지문덕

제27, 28과 가필드(미국 제20대 대통령)

제39과 원소(元素)

제40, 41과 칭기즈칸[10]

위에서 알 수 있듯이 책에 실린 내용은 대부분 국가에 대한 자부심과 긍지를 주는 것과 신문물(新文物)에 대한 것, 그리고 그 무렵 막 소개되기 시작한 세계에 대한 지식으로 구성되어 있다. 특히 제1과와 제5과에서는 조선이라는 나라의 위대함, 그리고 세종대왕의 탁월한 업적을 기술함으로써 학생들에게 나라에 대한 충성심과 자부심을 불어넣어주려는 의도를 분명히 드러내고 있다.

다음은 제1과의 번역문이다.

제1과 대조선국

우리 대조선은 아세아주 가운데 한 왕국이이라. 그 모양은 서북으로부터 동남으로 뻗은 반도국이니 기후가 서북은 매우 추우나 동남은 온화하며 토지는 비옥하고 물산이 풍족하니라.

세계 만국 가운데 독립국이 허다하니 우리 대조선국도 그 가운데 한 나라라. 단군, 기자, 위만조선과 삼한, 신라 · 고구려 · 백제와 고려를 지난 오래된 나라다. 태조대왕께서 개국하신 후 오백여 년에 왕통이 연속한 나라라, 우리들은 이러한 나라에 태어나 오늘에 와서 세계 만국과 수호통상하여 부강을 다투는 때를 맞았으니 우리 왕국에 사는 백성의 급선무는 다만 학업에 힘쓰기에 있다. 또 한 나라의 부강과 빈약은 한 나라 백성의 학업과 관계가 있으니

第一課 大朝鮮國

우리 大朝鮮은 亞細亞洲中의 一王國이라 其形은
西北으로서 東南에 出호半島國이니 氣候가 西北
은 寒氣甚호나 東南은 溫和호며 土地노 肥沃호고
物産이 饒足호니라
世界萬國中에 獨立國이 許多호니 우리 大朝鮮國
도 其中의 一國이라 檀箕衛와 三韓과 羅麗濟와 高
麗로지난 古國이오　太祖大王이 開國호신後五
百有餘年에 王統이 連續호나라이라 吾等은 如此

혼나라에 生호야 今日에 와서 世界萬國과 修好通
商호야 富强을 닷토노, 노서에 當호얏시니 우리 王國
에사노 臣民의 最急務노다 만學業을 힘쓰기에 잇
노니라 또호나라의 富强은 一國臣民의
學業에 關係호니 汝等學徒노 泛然이 알지말며 學
業은다 만讀書와 習字와 筭數等課業을 修홀뿐아
니오 平常호미 父母와 敎師와 長上의 敎訓을 조차 言行
을 바르게 호미 最要호니라

第二課 廣智識

人人이 各自奮發호야 能히 農工商의 業을 勉勵호

으니 然則우리가 家眷과 갓치 葯快호 집에 居호기
노 춤 幸福이라 호나 만그 幸福으로 滿足지말 고더욱
葯快호게 經綸호기노 우리의 所務ㅣ니라

第五課 世宗大王紀事

우리나라 世宗大王게셔 萬古의 大豐人이시라
人民의 農事를 爲호샤 農事集說이라호노 冊을지
어 頒布호시고 刑罰의 慘酷호믈 惻怛히 녀겨사答
背法을 除호시고 倫紀의 綱領을 定호시三綱行實
이라호노 冊을 頒行호시고 龍飛御天歌룰撰호사
祖宗의 德을 贊揚호시고도 雅樂을 正호시며 또萬

《국민소학독본》
제1과는 대조선국, 제5과는 세종대왕 기사로
민족정신을 높이기 위한 내용으로 이루어져 있
음을 알 수 있다.

여러 학생들은 그저 넘기지 말아야 한다. 학업은 독서와 습자, 산수 등 과업을 이수할 뿐 아니라 평상시에 부모와 선생님, 어른의 교훈을 따라 언행을 바르게 하는 것이 가장 중요하다.[11]

이 책은 한일병합 이후까지 사용되다가 1910년 11월 발매 금치 조처를 당하여 역사 속으로 사라지고 말았다.

국어 연구의
선각자들

한글이 역사의 전면에 등장하기 시작하면서 한글에 대한 연구 또한 본격적으로 전개되었다. 실제로 그 무렵, 한글을 전문적으로 공부한 이는 별로 없었다. 한글을 전문적으로 가르치는 교육기관이 있었던 것도 아니고, 한글이 공식적으로 인정받았던 것도 아니어서 관리 가운데 한글과 관련해 식견을 갖춘 이도 별로 없었다. 결국 그 시대에 한글에 관심을 가진 이들은 개인적 노력과 의지를 갖춘 경우가 대부분이었다.

유길준

한글 연구에 가장 먼저 앞장선 이는 우리에게 《서유견문》의 필자로 잘 알려진 유길준(俞吉濬, 1856~1914)이다. 채 60년도 안 되는 유길준의 삶은 그 무렵 조선의 운명처럼 파란만장했다. 그 무렵 개화사상가 대부분이 그렇듯 그 또한 좋은 가문에서 태어나 어려서부터 다양한 공부를 할 수 있었다. 그리고 십 대 중반 무렵 개화사상가인 박규수 문하에 들어가 공부를 시작했고 이때부터 유길준은 조선의 현실에 안주하는 과거 시험을 포기하고 새로운 학문, 새로운 사상에 관심을 기울이기 시작한다. 이후 일본 유학, 미국 시찰, 그리고 미국 유학을 거쳐 유럽 여행에 이르기까지 수년 동안의 경험을 우리나라 최초의 서양 기행문인《서유견문》으로 간행해 한글 역사에 새로운 이정표를 세우기도 했다.

귀국한 후 그는 내부대신을 지내기도 했으나 아관파천(俄館播遷)이 발생하자 다시 일본으로 망명길에 올라야 했다. 그러나 일본에서도 개혁운동에 가담했다가 일본 정부에 의해 4년에 걸친 유배 생활을 해야 했다. 그 무렵 을사조약으로 조선의 국권이 상실됨에 절망한 그는 기독교에 귀의했다. 그럼에도 나라의 암울한 상황에 대한 발언은 그칠 수가 없어 1907년 정미7조약이 체결되자 이에 반대하는 글을 발표했다. 이로 인해 고종의 지원을 받게 된 그는 흥사단을 세워 교육 사업에 힘을 기울여 교사 양성 기관인 사범학교를 설립했고 이 무렵《조선문전(朝鮮文典)》*,《노동야학독본》등의 교육 관련 책을 출간하기도 했다.

그 후 1910년 한일병합이 이루어지자 그를 친일파로 이해한 일제는 그에게 작위를 내렸으나 강력히 사절했고 1914년 숨을 거두었다. 그가 세운 흥사단은 한일병합 이후 강제 해산되었으나 1913년 안창호에 의해 부활돼

---

* 《조선문전》은《대한문전》으로 잘 알려져 있다. 이는 같은 책이 두 가지 이름으로 전해오기 때문인데, 훗날 최광옥(崔光玉, 1879~1911)이 1908년 자신의 이름으로《대한문전》을 출간한 까닭에 이와 구분하기 위해《조선문전》이라는 이름을 사용한다. 그렇다고 최광옥의《대한문전》과《조선문전》이 다른 책으로 여겨지지 않는데,《대한문전》에 있는 이상재의 서(序)와 문자론 9면만이《조선문전》과 다르기 때문이다. 그래서 학자들은 여러 번 개정판이 출간된《조선문전》의 4차 원고가 그의 이름으로 간행된 것이 아닌가 판단하고 있다.

오늘날까지 지속되고 있다. 위에서 살펴본 그의 삶을 통해 우리는 그가 국어 연구에 몰두할 시간이 과연 있었을까? 하는 의문을 품게 된다. 그럼에도 그는 분명히 최초의 한글 문법서인 《조선문전》을 간행했다.

이 책은 그의 일본 망명 시절 집필한 것으로 추정되며, 이후 그 원고가 다양한 방식으로 국내에 유입된 것으로 보인다. 그렇다면 언어학을 전공하지 않은 그가 어떻게 국내 최초의 문법서를 집필할 수 있었을까? 아마도 한글과 우리말에 대해 품고 있던 각별한 애정이 세계 여러 나라의 문법서에 관심을 갖게 만들었고 그런 공부를 통해 초보적인 수준일지언정 우리말과 관련한 최초의 문법서를 집필할 의지가 생겼을 것이다.

그러한 과정을 추론할 수 있는 게 《조선문전》에 등장하는 품사 부분인데 이는 라틴어의 8품사를 차용한 것으로 보인다. 또한 일본 문법서도 참고한 것으로 보이는데 일본 문법서 또한 당연히 그 무렵 물밀듯이 밀려 들어온 서구 이론을 참고했을 터이니 《조선문전》 또한 서양 문법과 일본 문법 등을 참고하여 우리말과 한글 고유의 문법 체계를 갖추려고 노력했음은 두말할 나위가 없을 것이다. 그리고 《조선문전》 곳곳에서는 그러한 노력의 결과가 드러나니 온전히 외래 이론만을 도입, 수용한 것이 아니라 유길준 자신의 독특한 이론을 전개함으로써 자신의 책을 자신의 이론으로 구성했음을 알 수 있다.

이런 과정을 통해 탄생한 우리말 최초의 문법서 《조선문전》은 개화기에 대단한 반향(反響)을 불러일으켰다. 근대식 여러 교육기관이 지속적으로 문을 여는 데 비해 우리말 학습에 필요한 문법서는 이 책이 유일했기 때문이다. 물론 책이 사용자가 부담스럽지 않도록 얇았기 때문에 많은 사람이 사용했을 것이라 여겨진다.

주시경

주시경(周時經, 1876~1914)은 한글 역사에 등장하는 드문 천재적 인물이다. 한글을 사랑하는 것과 한글을 체계화하는 것은 전혀 다르다. 한글을 사랑한 사람은 많다. 그러나 고작 40년도 못 산 주시경이 이룬 한글 관련 업적은 놀라웠다. 물론 주시경의 주장 가운데는 워낙 급진적이어서 현실성이 없는 것도 있고 오늘날까지 논쟁할 거리가 되는 내용 또한 적지 않다.

그러나 일생을 한글 연구에 매진한 첫 번째 근대인으로서 주시경의 역할은 그러한 것과는 별개로 천재적인 것이었다. 그렇기에 한글이 공식적으로 나라의 문자로 자리 잡는 과정으로부터 잠깐 동안의 평화 그리고 얼마 가지 않아 닥쳐올 한글 위기의 시대까지 슬기롭게 극복하면서 훗날 한글이 굳건히 자리 잡을 수 있는 기반을 닦을 수 있었던 것이다. 주시경의 업적은 크게 세 가지로 나눌 수 있다.

첫째는 문자론과 표기법 분야의 성과이고, 둘째는 소리 분야와 문법론 분야의 성과이며, 셋째는 사전 편찬 분야의 성과다. 특히 그는 자신이 이룬 성과를 단순히 발표하는 데 그치지 않고 한글 운동에 직접 행동으로 나섰으니 최초의 순 한글 신문인 〈독립신문〉의 간행에 크게 이바지했음은 앞서 살펴본 바가 있다. 또한 수많은 학교의 교사로서 한글 교육에 앞장서 그의 영향을 받아 훗날 한글 분야의 수많은 전문가를 길러내기도 했다.[12]

한글 교육에 심혈을 기울이던 그는 이후 학교에서 교사로서의 역할에 머무르지 않고 국어강습소, 조선어강습원 등을 개설해 수많은 제자를 길러내기에 이르는데 이들은 주시경 사후(死後) 일제강점기에 우리말의 맥을 이어가는 조선어학회(朝鮮語學會)의 주도 세력으로 성장했다. 이렇게 겉으로 드러난 것만으로도 주시경의 업적은 놀라운 것이다. 그러나 안으로 들어가 보면 더욱 놀라운 내용이 많다.

우선 들 수 있는 것으로 '한글'이라는 명칭과 관련한 내용이다. 오늘날 대한민국에서 '한글'이라는 명칭을 사용하지 않는 사람은 없다. 그리고 누구든 '한글'이라는 명칭을 사용하다 보면 우리 겨레의 문화적 전통과 역사에 뿌듯함을 느끼게 된다.

그런데 만일 '한글'이라는 이름 대신 '국문'이나 '언문', '암클' 같은 명칭을 사용하고 있다면 어떨까? 물론 훈민정음이 사라진 것은 아니니 큰 차이는 없을지 모른다. 그러나 우리글의 정체성을 나타내는 데 '한글'이라는 명칭만큼 적절한 것도 없다는 사실에는 대부분이 동의할 것이다. 한글이라는 명칭이 사용되기 전 우리는 '훈민정음', '정음(正音)',* '언문(諺文)',** '언서(諺書)', '반절(半切)', '암클', '국문(國文)' 등의 이름으로 우리글을 불러왔다.

그러나 위 명칭 가운데 '암클'을 제외하고는 명칭의 뜻이 한자어로부터 유래한 것이다. 따라서 이는 문자의 정체성을 드러내는 데 썩 바람직하지 않은 것임이 분명하다. 결국 암클이라는 부정적인 명칭을 대체할 만한 순한글 명칭이 있다면, 하는 아쉬움을 많은 사람이 가졌을 것이다. 그리고 그 순간 한글이라는 명칭이 등장한 것이다. 물론 한글이라는 명칭이 등장하기까지는 상당한 과정이 필요했다.

다 아는 바와 같이 갑오개혁 이후로는 우리말과 우리글을 '국어(國語)'와 '국문

---

* 훈민정음을 줄여 부른 명칭이다.
** '언문'이란 명칭에 대해 훈민정음을 낮추어 불렀다는 시각에서 부정적으로 보기도 하지만 이 명칭은 《조선왕조실록》에도 등장하는 보통명사라 할 수 있다. "시월상친제언문이십팔자(是月上親製諺文二十八字, 10월 임금께서 친히 언문 28자를 만드셨다)"라는 대목의 언문이라는 명칭을, 사관이 훈민정음을 낮추어 부른 것으로 보는 것은 그 시대 상황을 무시하고 단지 諺(속된 말 언)이라는 글자의 뜻에 과도하게 매달리는 것이 아닌가 고려할 필요가 있다. 이러한 견해는 홍영표도 개진하고 있으니 그의 저서 《한글 이야기》에서, 언문이란 중국 한자, 한문에 대립되는 다른 나라 문자를 일컫는 것으로 한글을 낮추어 부르는 말이라는 데 동의하지 않는다.

'(國文)'으로 불러왔다. (중략)

국권 상실 이전까지는 대부분 위와 같이 '국어, 국문'이란 말을 썼다. 그러나 주시경이, 1910년 6월 10일에 발행된 〈보중친목회보(普中親睦回報)〉 1호에 기고한 글에는 국어와 국문 대신 '한나라말'과 '한나라글'로 되어 있다. 이 글은 '국어문법(國語文法)'의 '서(序)'와 '국문(國文)의 소리'를 한글로 바꾸어 쓴 것으로 짐작되는데 이는 '한국어(韓國語)'와 '한국문(韓國文)'에 대응되는 의미가 틀림없어 보인다. (중략)

'국어'가 '한나라말'로, 이것이 다시 '말' 내지 '한말'을 거쳐 보다 포괄적인 '배달말글'로 바뀌었음을 확인할 수 있다. (중략)

그러나 이 '배달말글'이란 말도 1913년 3월 23일에는 '한글'로 바뀌게 된다. 이 문제에 대해 〈한글모죽보기〉는 다음과 같이 적고 있다.

1913년 3월 23일(일요일) 오후 1시
임시총회를 사립 보성학교 내에서 열고 임시회장 주시경 선생이 자리에 오르다. (중략) 본회의 명칭을 '한글모'라 고쳐 부르고 (중략)

이는 '배달말글음'으로 불리던 조선언문회의 창립총회의 전말을 기록한 것인데 여기서 주목하고 싶은 것은 '배달말글'을 '한글'로 바꾼 점이다.
이는 앞의 '한말'과 마찬가지로 1910년의 주시경의 글 '한나라말'에 나타나는 '한나라글'의 '나라'를 빼고 만든 것임에 틀림없다. (중략)
(따라서) 현재로는 1913년 3월 23일을 '한글'이란 말의 최고(最古) 사용 연대로 보지 않을 수 없다.[13]

위 내용 또한 '한글'이란 명칭이 탄생하기까지의 과정을 간단히 정리한

것이다. 그러니까 세부적으로 살펴보면 훨씬 복잡한 과정을 거쳐 '한글'이
라는 참으로 알맞은 명칭이 탄생한 것이다.*

한편 '한글'이라는 명칭이 무엇을 뜻하는지에 대해서도 학자마다 여러
의견을 내놓고 있다. 그 가운데 대표적인 것이 '대한제국(大韓帝國)'이나 '삼
한(三韓)'에서 비롯된 것이라는 의견이다.[14] 그 외에 '크다, 하나, 바르다' 등
을 뜻한다고 보는 견해도 있으나 이는 앞서 살펴본 과정에 비춰 뒤에 의미
를 더한 것으로 보는 것이 타당할 것이다.

주시경의 업적 가운데 또 다른 것으로는 표기법의 정리를 들 수 있다.
한글이 본격적으로 사용되기 시작할 무렵, 한글 사용자는 한글을 어떻게
표기할 것인지에 대한 정확한 기준을 갖지 못한 상태였다. 대부분이 소리
나는 대로 표기하고 있었는데 아무리 한글이 소리를 잘 표현하는 글자라
해도 소리 자체가 사람마다 달리 내고 듣기 때문에 일관성을 유지할 수 없
었다.

주시경은 이러한 표기 혼란을 막기 위해 형태 위주의 새로운 국문 표기법이
필요하다고 여겼다. 1896년에 창간된 최초의 순국문 신문인 〈독립신문〉은 주
시경의 표기법을 알리는 데 결정적인 역할을 했다. (중략)
철자법 통일의 움직임을 최초로 정리한 사람은 바로 지석영이었다. 그는 〈신
정국문〉이라는 통일안을 만들어 1905년 고종에게 상소문 형식으로 제출했다.
(중략)
상소문을 본 고종은 "참으로 백성을 교육하는 요점이다. 상소 내용을 학부에

---

* 이에 대해 몇몇 학자는 주시경 외에 최남선이 지었다는 주장을 펼치기도 한다.《한글맞춤법통일안
비판》, 박승빈, 4쪽을 볼 것.

명하여 자세히 의논하여 시행하게 하겠다"고 답했고 그리하여 〈신정국문〉이 세상에 나오게 되었다. 이는 최초의 한글맞춤법통일안이라 할 수 있다. (중략) 그러나 갑작스럽게 새로운 표기법이 발표되자 논란이 더욱 거세졌다. 특히 아래아 대신에 새로운 글자 '='을 쓰자는 의견에 반대하는 사람이 많았다. 결국 이 최초의 통일안이 시행되지 못한 채 논란만 확산되자 정부에서는 '국문연구소'를 만들어 본격적으로 표기법 정비 작업을 하도록 지시한다. 위원장에는 학부 학무국장 윤치오가 임명되고 주시경과 지석영도 위원으로 참여하여, 1907년 9월부터 1909년 12월까지 총 스물세 차례의 회의를 열었다. 그리고 마침내 1909년 12월 최종 보고서를 학부대신에게 제출하는데, '국문연구의정안'이 바로 그것이다.

이 의정안은 결국 세상의 빛을 보지 못했다. 곧이어 한일강제병합이 이루어졌기 때문이다. 그러나 의정안의 내용은 매우 훌륭한 것이었다. 문제 체계와 표기법 면에서 볼 때 오늘날의 맞춤법 원리가 바로 이 의정안에 기초하고 있다. 따라서 이 '국문연구의정안'이야말로 현대 맞춤법통일안의 뿌리며 원조라 할 수 있다.*15

물론 이로써 한글맞춤법이 완성된 것은 아니었다. 한글맞춤법은 한글 사용자에게는 헌법과 같은 것이어서 세세한 모든 것까지 결정되어 제시되어야 하는 것이기 때문이다. 결국 한글맞춤법은 이후 지속적으로 논의되는데 일제강점기를 넘어 광복을 거쳐 오늘날에도 시대적 변화에 따라 수정, 보완되기에 이른다.

---

* '국민연구의정안'이 근대 맞춤법의 출발점이기는 하지만 그 안이 오늘날 우리가 생각하는 형식은 아니었다. 이는 그 시대에 활동한 주요 한글 전문가 분야별로 자신의 의견을 개진한 것을 모아 발표하는 형식이어서 A=B라는 정형을 표기하는 것은 아니었다.

大韓國文

新訂初中終三聲辨

初聲終聲通用八字

ㄱ ㄴ ㄷ ㄹ ㅁ ㅂ ㅅ ㅇ
기윽 니은 디읃 리을 미음 비읍 시옷 이응
옥은ㄱ을음옴옷웅 八音은 用於終聲

初聲獨用六字

ㅈ ㅊ ㅋ ㅌ ㅍ ㅎ
지 치 키 티 피 히

ⓒ字取麈字之釋 俚語爲聲

中聲獨用十一字

ㅏ ㅑ ㅓ ㅕ ㅗ ㅛ ㅜ ㅠ ㅡ ㅣ ㆍ

ⓒ字取塵字之釋 俚語爲帶字而稍輕

新訂合字辨

初聲ㄱ字를 中聲ㅏ字에 倂하면 가字를 成하고 終聲ㅇ字를
字에 合하야면 강字가 되나니 餘倣此

新訂高低辨

上聲去聲은 傍加一點 俄東俗音이 上去聲이 無합이라 하고 平入兩聲은
無點이오 凡做語之曳聲에 亦加一點

兄 Elder brother	君 Ruler	天 Sky	兒 Dhid
엘더 섈로써	으룰러	스카이	촤일드
弟 Younger brother	臣 Minister	地 Earth	學 Learn
영거 섈로써	미니스터	어어쓰	흐러언
男 Male	夫 Husband	父 Father	編 Book
메일	허쓰앤드	에아떠	섁크
女 Female	婦 Wife	母 Mother	
예메일	와이엽	모떠	

지석영이 저술한 책의 본문
위는 《신정국문》, 아래는 정약용이 저술한 아동용 한자 학습서인 《아학편》의 주석서다. 영어 단어와 소리를 병기한 게 눈길을 끈다.

그 외에 주시경은 많은 저서를 남기기도 했는데 이러한 성과는 오늘날까지 주시경의 뜻과 이론을 잇는 많은 후학에 의해 발전적으로 전개되고 있다.

지석영

지석영(池錫永, 1855~1935)은 우리에게 국문학자보다는 천연두 예방법인 종두법(種痘法)을 처음으로 보급한 의학자로 널리 알려져 있다. 주시경보다 약 20년 앞서 태어난 지석영은 의학을 공부한 적도 없으면서 일찍부터 서양의 학문에 관심을 집중, 중국을 통해 들어온 서양 의학서를 통해 제너의 종두법을 접하게 되었다.

스승인 박영선을 통해 일본의 종두법을 전해 받은 후 일본 해군이 설립한 부산의 제생의원에 직접 내려가 종두법을 배웠다. 그리고 이 경험을 바탕으로 우리나라 사람들에게 우두(牛痘)를 접종했으니, 이것이 우리나라 사람에 의한 종두법의 시초다. 그 후 종두법 보급에 앞장선 지석영은 1885년에는 자신의 지식과 경험을 바탕으로 《우두신설(牛痘新說)》이라는 서적을 집필, 보급하기도 했다.

갑오개혁이 시작되자 더욱 적극적으로 종두 보급에 앞장섰으며 이후 의학교의 설립을 제의한 후 설립된 그 학교의 초대 교장을 지내기도 했고 부속병원 설립에도 이바지했다. 그러나 이 무렵 지석영은 이미 개화를 통한 국가 발전만이 살길이라고 여겨 그와 관련된 활동을 전개했다. 개화의 효과적인 수행을 위해서는 한글 보급이 필수적이라고 판단, 고종에게 상소문을 올리기도 하며 한글 보급에 앞장선 것이다. 1908년에는 국문연구소 위원에 임명되었고 주시경과 더불어 한글 가로쓰기를 주장한 선구자이기도 했는데 한일병합이 단행되자 모든 공직에서 물러났다.

지석영은 타고난 학문적 열정을 바탕으로 여러 저서를 남겼는데《자전 석요(字典釋要)》는 우리나라 최초의 한자 자전(字典)으로, 1909년 처음 발간된 후 광복 전후까지 지속적으로 간행되는 등 광범위한 독자층을 형성한 대표적인 자전이었다. 이 책이 큰 인기를 끈 까닭은 과거 옥편류와는 달리 운서(韻書)* 형식에서 벗어나 각 글자마다 음과 뜻을 한글로 표기하여 사용자에게 편의를 제공했기 때문이었다.

또 하나 특이한 서적으로는《아학편(兒學編)》을 들 수 있는데, 이 책은 본래 정약용이 조선의 어린이 학습을 위해 만든 책이었다. 지석영은 이 책에 주석을 달고 직접 발행까지 했다. 본래《아학편》은 한자 학습서였다. 그런데 지석영은 이 책의 앞부분에 한글 사용법을 수록했다. 이에 덧붙여 그 무렵 개화파가 공부하던 일본어 읽기, 영어 읽기까지 외국의 문물을 수용하는 데 필요한 모든 언어의 기초를 수록했다. 또한 정약용이 선정, 수록한 한자마다 일본어 표기법과 발음, 영어 표기법과 발음을 수록하여 한 권으로 한자, 한글, 일본어, 영어 등 네 가지 언어의 기초를 습득할 수 있게 했다.

한글 문학의
등장

앞서 우리는 한글의 공식 문서 등극과 더불어 이루어진 한글 교육, 한글로 쓰인 다양한 글, 그리고 한글에 대한 연구 성과 등에 대해 살펴보았다. 그러

---

* 한자를 운(韻)에 따라 분류하고 배열한 자전으로 중국 자전의 형식.

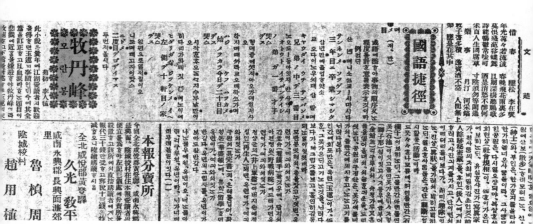

《모란봉》1회 신문연재분(1913년 2월 5일 자 〈매일신보〉)
이인직이 지은 신소설. 상편에 해당하는 《혈의 누》의 하편
격이었으나 미완성으로 중단됐다.

나 한글의 영향력은 생각보다 광범위하게 퍼져나갔고 그 가운데 하나가 문학 분야였다. 문학 분야 가운데 가장 활발하게 활동을 전개한 것은 신소설(新小說)이었다.

신소설이란 고대소설과 근대소설 사이에 존재했던 과도기적 소설을 가리키는 용어다. 따라서 신소설의 시대는 문학의 역사로 보면 극히 짧은 순간 존재했다 사라진 찰나에 불과하다. 그러나 신소설은 그 시대를 산 백성에게는 매우 소중한 문화적 자산이다.

20세기 초 개화기에 등장한 신소설의 효시는 1906년 이인직(李人稙, 1862~1916)이 발표한《혈(血)의 누(淚)》다. 신소설은 국한문혼용 또는 순 한글로 쓰인 것이 고대소설과의 차이이며 상업적 목적의 출판사에서 출간했다는 점, 신소설로 인해 직업적 작가의 등장이 이루어진 점 등을 특징으로 꼽을 수 있다.

특히 그 무렵 다양하게 발간되던 신문도 독자를 유인하기 위해 대중이 원하는 내용을 수록하기 시작했고 신소설은 그러한 목적에 적합한 문예물이었기에 우리나라 최초의 신문 연재소설이 될 수 있었다.

또 다른 문학 양식이 신체시(新體詩)의 등장이다. 신체시란 명칭도 옛 시와 근대 시 사이에 존재했던 과도기적 시를 가리키는 것으로 신소설에 대비되는 것이라 할 수 있다. 신체시의 대표격인 최남선의 〈해에게서 소년에게〉는 1908년《소년》에 발표되었다. 옛 시는 오늘날의 시와 달리 음악을 필수로 여긴 데 비해 신체시는 음악을 필수로 여기지는 않았지만 오늘날 시처럼 음악성이라는 것으로부터 완전히 자유롭지도 않음을 알 수 있다.

신체시와 신소설 외에도 신극(新劇), 즉 새로운 형식의 연극도 등장하여 당시 관객에게 새로운 즐거움을 안겨줬다. 오늘날까지 그 이름이 전해오는 '원각사', '토월회' 등을 비롯한 많은 극단이 활동했는데 이들은 그 무렵 널리 알려진 신소설을 각색한 연극 또는 해외의 연극이나 오페라 등을 각색해 공연했다. 물론 당연히 우리말로….

한글의
완전한 승리

한글이 창제된 지 450년 만에 나라의 공식 언어로 자리매김한 후 벌어진 한글전쟁은 앞에서 살펴본 바와 같이 모든 분야에서 한글의 완전한 승리로 끝을 맺었다. 한글로 쓰인 새로운 형식의 글인 신소설, 신체시 그리고 누구나 즐길 수 있는 새로운 형식의 공연인 신극 등 조선 백성은 과거에는 누릴 수 없었던 문화적 혜택을 쉽게, 즉 한글 형태로 즐길 수 있게 된 것이다.

이야말로 한글의 완전한 승리가 아니고 무엇이겠는가. 그전에 어디 기층 민중이 시 한 편을 즐길 수 있었겠는가. 물론 완전한 승리라고 해서 적이 옥쇄하여 남은 자 하나 없거나 포로까지 모두 구덩이를 파고 묻어버린 분서갱유(焚書坑儒)는 벌어지지 않았으니 이때의 한글전쟁은 문명의 전쟁이라 할 만하다.

ㄱ ㄲ ㄴ ㄷ ㄸ ㄹ

ㅁ ㅂ ㅃ ㅅ ㅆ ㅇ

ㅈ ㅉ ㅊ ㅌ ㅍ ㅎ

평화는 오래가지 못했다. 3차 진딧물에서 승리한 인류은 새로운 세상을 열기 위해 착수 준비를 해가고 있었다

그러나 세상에 적이 하나뿐이라면 얼마나 좋겠는가. 그리고 이번에 한국이 맞은 적은 과거의 적과는 전혀 달랐다. 이들은 곤충도 아니었고, 포유류도 원치 않았다.

이들이 요구한 것은 단 한 가지. 곤충이나 파충이나 뿐이었다. 그런 까닭에 그들이 동원한 무기는 박사나 문화와는 거리가 먼 실험적 무력(武力), 강약, 뿐이었다.

문자 전쟁에서 병이 동원되는 경우 아는 문화적 발건을 위한 붐부원이 아니라 한 민족의 말을 요구하는 것임을 역사는 증언한다.

식민지 시대,
제 4 차
전 면 전

사.

그린 까닭에 이빨에 걱거되는 문자 전쟁은 땅역적으로 수많은
희생을 요구하게 된다. 그리고 한반도에서도 같은 양상의
전쟁이 전개되었다. 피비린내가 진동하는 문자 전쟁, 제4차
전면전이 시작되었다.

평화는 오래가지 못했다. 3차 전면전에서 승리한 한글은 새
로운 세상을 열기 위해 착착 준비를 해가고 있었다. 그러나
세상에 적이 하나뿐이라면 얼마나 좋겠는가. 그리고 이번
에 한글이 맞은 적은 과거의 적과는 전혀 달랐다. 이들은 공
존(共存)도 원치 않았고, 토론도 원치 않았다. 이들이 요구한
것은 단 한 가지, '굴복이냐 괴멸이냐'뿐이었다. 그런 까닭
에 그들이 동원한 무기는 역사나 문화와는 거리가 먼 실질
적 무력(武力), 강압, 법이었다.

문자 전쟁에서 법이 동원되는 경우, 이는 문화적 발전을 위한 몸부림이 아니라 한 민족의 압살을 요구하는 것임을 역사는 증언한다. 그런 까닭에 이렇게 전개되는 문자 전쟁은 필연적으로 수많은 희생을 요구하게 된다. 그리고 한반도에서도 같은 양상의 전쟁이 전개되었다. 피비린내가 진동하는 문자 전쟁, 제4차 전면전이 시작되었다.

교과서
전쟁

적이 처음 노린 목표물은 교과서였다. 당연하지 않은가. 교과서란 전 국민을 대상으로 만든 표준 교육 대상일 뿐 아니라 그 사용 또한 의무적으로 이루어지는 것이니 말이다. 그 무렵 이 땅에는 앞서 살펴본 《국민소학독본》이라는 교과서 한 권만이 존재해 있었다. 그 교과서 또한 상당한 기간에 걸쳐 집필되었다기보다는 급작스럽게 이루어진 갑오개혁의 결과물로서 급조되었다는 느낌을 지울 수가 없다.

교육사적 입장에서 갑오교육개혁은 국가주의의 이념을 내세워 근대적인 국민 교육 체제를 수립하고자 한 최초의 제도적 개혁이라는 점에서 그 의미를 인정받고 있다. 그러나 교육의 목표와 내용, 대상이나 기회를 초등 중심으로 설정하고 중등교육이나 고등교육에는 별다른 의욕을 보이지 않았기 때문에 실질적인 국민 교육 체제를 지향하는 교육개혁이라고 보기에는 무리가 있다.[1]

위 내용대로 교육개혁이 초등교육으로 제한된 까닭은 전체적인 교육개혁의 의지가 장기적이고 종합적으로 이루어진 것이 아니라 급조되었기 때문이라고 보는 게 옳을 것이다. 그리고 이렇게 추진된 교육개혁의 산물인 《국민소학독본》 역시 체계적으로 이루어졌다고 보기는 힘들 것이다. 그리고 일본 제국주의라는 한글전쟁의 적군(敵軍)은 이 틈을 비집고 들어왔다. 전쟁에서 허점이 드러나는 순간, 패배는 예견된 것이다.

> 대한제국의 교육 기획은 을미사변(1895)과 아관파천(1896)으로 갑오개화파가 몰락하고 러일전쟁(1904) 이후 교육 주도권이 일본에게 찬탈당하면서 일본의 식민주의 프로그램으로 강제 편입되었다. 대한제국을 '보호국'화하고 곧이어 식민지화한 일제는 갑오개화파의 구상으로 만들어진 학제를 전면 개편한 후 식민주의적 교육제도를 수립하기 위한 일련의 조처들을 실행해나갔다.[2]

그렇다면 이 과정에서 교과서와 교육을 둘러싼 전쟁은 어떻게 전개되었을까? 전쟁이라고 부르기도 민망할 정도로 적의 파죽지세에 지속적으로 밀린 것이지만.

한국교육개량안

제1장 방침

일한의정서(日韓議定書)가 양국의 관계를 결정한 이래 한국은 당연한 결과로 일본 제국의 보호국으로서의 운명에 놓이게 되었다. 적어도 제국 정부가 이 방침을 바꾸지 않는 이상, 한국 교육 개량의 방침도 마땅히 이에 따라야 한다.

그리하여 장차 한국에서의 제반 사업은 일본 제국의 관민(官民)을 주동자로 삼아야 하기 때문에 한국인으로 하여금 천박하며 폭력적이고 험악한 폐습에 빠지지 않도록 할 것을 기하고, 또는 상호 간에 언어와 풍속을 분명히 깨닫게 하여 감정의 충돌을 피하도록 하는 데 힘써야 한다. (중략)

제1. 일본 제국 정부의 대한 정책(對韓政策)에 따라 장차 한국이 제국의 보호국으로서 만반의 시설 개량을 하는 데 적당한 교육을 시행할 것을 주지로 한다.
제2. 한국민으로 하여금 선량하고 평화로운 아름다운 심성을 함양할 수 있도록 할 것을 기한다.
제3. 일본어를 보급시킨다.
제4. 종래 한국의 형식적 국교(國敎)인 유교를 파괴하지 않으면서, 그 위에 신지식을 일반에게 개발한다.
제5. 학제는 번잡을 피하고, 과정은 알기 쉽게 한다.[3]

위 내용은 제1차 한일협약에 의해 파견된 일본의 학정참여관(學政參與官) 시데하라 타이라가 작성하여 일본 외무대신에게 송부한 보고서 '한국교육 개량안'의 일부다.[4]

일부이기는 하지만 이 내용은 이후 이 땅에서 전개될 일본 제국주의의 교육 방침이 집약된 것이라 해도 지나치지 않기 때문에 그만큼 중요하다. 그리고 이후 지속적으로 전개되는 일제의 교육 침략 행위는 본질적으로 위 내용에서 벗어나지 않는다. 그만큼 위 내용이 지니는 의미가 중요한 것이다. 위 내용을 요약하면 다음과 같다.

첫째, 향후 한국은 일본의 보호국이 될 것이고 나아가 한 나라로 합쳐질 것이다. 따라서 양국민이 충돌하지 않고 사이좋게 지낼 수 있도록 교육이 이루어져야 한다. 둘째, 이제까지 한국을 지배했던 중심 철학인 유교 대신 일본의 도덕을 주입시켜야 하는데, 갑작스럽게 이를 진행하면 반발이 일어날 수 있으므로 개화 문물을 도입시키는 방식을 통해 점진적으로 중국의 영향력인 유교를 배제해나간다. 셋째, 한국인 교육의 핵심은 일본어 보급과 간단과 속성으로 추진한다.

이렇게 교육이 진행된다면 이 땅에서 이루어지는 교육이 어떤 모습으로 진행될 것인지는 삼척동자도 알 수 있을 것이다. 결국 훗날 실천에 옮겨지는 '내선일체(內鮮一體)의 철학', '일본식 근대화의 착근(着根)' 그리고 '일본어 교육을 통한 조선 민족 말살 정책'과 간단하고 빠른 교육을 통해 조선인을 사회의 하위 기능을 담당하도록 교육시키겠다는 중장기적 교육정책이 위 내용에 모두 포함되어 있는 것이다.

그랬다. 일제는 조선의 강점을 일시적인 것으로 여기지 않았다. 그들은 그 상태가 멀리 갈, 아니 영원할 것으로 보았다. 그리하여 교육정책을 펼치는 데 있어서도 길게 보았다. 서두름으로써 나타날지도 모르는 양국 간의 갈등까지 예측하고 결코 서두르지 않았다. 그리고 자신들이 필요로 하는, 잠깐 동안만 사용하고 버리는 대상으로서 조선인을 바라본 것이 아니라 영구히 지속될 한반도 내에서 사회의 밑바탕을 유지시켜줄 단순 기술자, 노예적 활동을 담당할 구성원으로 조선인을 양성하기 위한 장기적 교육 계획을 세웠던 것이다. 이러한 교육정책은 현실 속에서 착착 진행되었다.

식민지 학교 체제의
형성

제2차 한일협약에 따라 한국에 설치된 통감부(1906년 2월)는 '시정개선'을 명분으로 한국의 정치, 경제, 사회, 교육 등 각 분야를 통감부 체제로 전환했다. 통감부는 먼저 교육 담당 부서인 학부(學部)의 관제를 개정하고(1906년 4월) 곧이어 '학교령'을 공포(1906년 8월 27일)하는 것으로 대한제국의 교육제도를 전면적으로 재편했다.[5]

1906년 9월 학기부터 적용된 '학교령'은 보통교육과 실업교육 중심의 '간이하고 비근'한 교육에 중점을 두었다. 예컨대 대한제국 정부의 '소학교령'이 소학교의 수업 연한을 심상과는 3년, 고등과는 2~3년 등 총 5~6년으로 규정한데 반해 통감부는 소학교를 '보통학교'로 개칭하고 수업 연한은 4년으로 단축했다. (중략)

제1차 학교령기(1906년 9월 1일~1909년 8월 31일)를 통해 한국의 교육정책에서 자신감을 가지게 된 일본은 '학교령'의 개정을 단행했다(1909년 4월 19일, 칙령 제52호). 개정 학교령(1909년 9월 1일~1911년 10월 31일)의 특징은 교육과정을 보다 '일본화(日本化)'했다는 점이다.[6]

1906년 8월 27일 '학부 직할학교 및 공립학교 관제'를 발표한 통감부는 이후에도 여러 번에 걸쳐 우리나라의 교육제도를 좌지우지하는 법령을 공포하는데 위에서 살펴본 바와 같이 특별한 일이 없는 한 학생과 교육과정을 일본화하는 방향으로 선회하게 된다. 그 완결편이 한일 강제 병합(1910년 8월 29일) 이후 공포된 제1차 조선교육령이다.

그리고 그 내용의 핵심은 '교육에 관한 칙어'이다. 제1장 제1조는 당연한 규정이니, 그것을 제외하면 제2조에 등장하는 '교육에 관한 칙어'가 조선 교육정책의 기본 철학인 셈이다. 그렇다면 도대체 '교육에 관한 칙어'란 무엇일까? 1890년 10월 30일, 메이지 천황은 자신의 이름으로 다음과 같은 내용을 발표한다.[*]

교육 칙어와 국민교육헌장, 데자뷰의 탄생

짐이 생각건대, 나의 황조황종께서 널리 나라를 세웠고 깊고 두텁게 덕을 베풀었다. 나의 신민들은 마땅히 충효를 다해야 하고 모든 사람이 한 마음으로 대대로 아름다움을 이루어야 한다. 이는 우리 국체의 정화이며 교육의 연원은 바로 여기에 있다. 신민들은 부모에 효하고, 형제 간에 우애하며 부부가 화목하고 친구는 서로 믿으며, 공검하게 자신을 지키고 이웃을 박애하며 학문을 닦고 기예를 배우며 지능을 계발하고 덕을 이루고 공익을 넓히며 국헌을 존중하고 국법을 준수하여야 한다. 위급할 때에는 스스로 몸을 바쳐 천지간의 무궁한 황운을 부익해야 한다. 이렇게 할 때 짐의 충량한 신민이 될 수 있으며 선조의 유풍을 현창하게 된다. 이러한 도리는 실로 황조황종의 유훈으로서 자손과 신민이 모두 준수해야 할 바이며 고금을 통해 그르치지 않고 이를 세상

---

[*] 교육 칙어는 제국주의 일본의 교육 방침을 정의한 것으로 식민지 조선민을 대상으로 한 것이 아니다. 메이지 천황이 국민에게 직접 명령하는 형식의 교육 칙어는 제국주의 일본의 정체성을 잘 드러내는 것이어서 제국주의 일본이 패망한 1948년 6월, 폐지되기에 이른다.

에 펼쳐 어긋남이 없는 것이다. 짐은 그대들 신민과 함께 진심으로 한 시도 잊지 않고 그 덕을 하나로 하기를 바란다.[7]

한마디로 천황을 신으로 숭배하는 일본에서나 가능한 이야기인데 이를 기본으로 조선의 교육제도를 시행한다는 말이니 오늘날의 시각으로 보면 이해하기 힘든 내용이다. 하지만 이 '교육에 관한 칙어'를 여기에 싣는 데는 까닭이 있다. 이 터무니도 없는 칙어(勅語), 즉 '임금께서 백성에게 몸소 타이르는 말씀'이 훗날 대한민국에서 되살아나기 때문이다.

국민교육헌장(國民敎育憲章)
우리는 민족중흥(民族中興)의 역사적 사명을 띠고 이 땅에 태어났다. 조상의 빛난 얼을 오늘에 되살려, 안으로 자주(自主) 독립의 자세를 확립하고, 밖으로 인류 공영(共榮)에 이바지할 때다. 이에, 우리의 나아갈 바를 밝혀 교육의 지표로 삼는다.
성실한 마음과 튼튼한 몸으로 학문과 기술을 배우고 익히며, 타고난 저마다의 소질을 계발(啓發)하고, 우리의 처지를 약진의 발판으로 삼아, 창조의 힘과 개척의 정신을 기른다.
공익(公益)과 질서를 앞세우며 능률과 실질(實質)을 숭상하고, 경애(敬愛)와 신의(信義)에 뿌리박은 상부상조(相扶相助)의 전통을 이어받아, 명랑하고 따뜻한 협동 정신을 북돋운다. 우리의 창의(創意)와 협력을 바탕으로 나라가 발전하며, 나라의 융성이 나의 발전의 근본임을 깨달아, 자유와 권리에 따르는 책임과 의무를 다하며, 스스로 국가 건설에 참여하고 봉사하는 국민정신을 드높인다.
반공(反共) 민주 정신에 투철한 애국 애족이 우리의 삶의 길이며, 자유세계의 이상을 실현하는 기반이다.

길이 후손에 물려줄 영광된 통일 조국의 앞날을 내다보며, 신념과 긍지를 지닌 근면한 국민으로서, 민족의 슬기를 모아 줄기찬 노력으로, 새 역사를 창조하자.

1968. 12. 5

대통령 박정희[8]

1968년이라면 대한민국이 광복하고 교육칙어가 폐지된 지도 20년도 더 지난 때인데, 갑자기 학생 모두가 교육헌장, 즉 교육의 헌법이라고 할 수 있는 내용을 외워야 하는 일이 벌어진 것이다. 그 내용 또한 우리를 당황스럽게 하는데, 70명이 넘는 학자가 모여 작성하고 검토했다니 내용의 철학이나 이념 여부를 따지는 게 아니다. 다만 위 내용을 발표하기 한 달여 전에 한글 전용 정책을 발표한 대통령이 위와 같은 헌장(憲章)을 발표했다는 게 당황스럽다는 것이다.

사실 '국민교육헌장'은 오늘날 한자를 잘 모르는 독자들 시각으로 보면 한글 전용과는 동떨어진 문장과 단어로 이루어져 있다. 극단적으로 말하자면 한자 단어의 나열이라고 할 정도다. 그런 장문(長文)의 글을 온 학생에게 강제로 외우게 하면서 다른 한편으로는 한글 전용을 정부의 정책으로 제시했으니 시민은 이 정부의 어문 정책이 어떤 방향인지 헷갈리지 않을 수 없었던 것이다. 게다가 세계에도 유래가 없는 교육헌장이라는 것을 발표한 대통령이 본래 일제가 만주를 지배하기 위해 세운 만주군관학교 출신으로 일본 육군사관학교를 거쳐 후에 만주국 장교로 재직했으니 많은 사람이 '국민교육헌장'을 일본 천황의 '교육에 관한 칙어'와 연관시켜 생각하는 것을 무리라고 할 수 있을까?

이러한 연상은 1972년 시행된 '국기에 대한 맹세'*라는 맹세문으로 인해 고조되었으니, 이 또한 일제가 1937년 작성해 우리 백성에게 외우기를 강요한 맹세문인 '황국신민서사'의 기억을 불러일으키기에 충분했기 때문이다.

황국신민서사(皇國臣民誓詞)**

성인용

1.우리는 황국신민(皇國臣民)이다. 충성으로서 군국(君國)에 보답하련다.

2.우리 황국신민은 신애협력(信愛協力)하여 단결을 굳게 하련다.

3.우리 황국신민은 인고단련(忍苦鍛鍊)하여 힘을 길러 황도를 선양하련다.

아동용

1.우리들은 대일본 제국의 신민(臣民)입니다.

2.우리들은 마음을 합하여 천황 폐하에게 충의를 다합니다.

3.우리들은 인고단련(忍苦鍛鍊)하고 훌륭하고 강한 국민이 되겠습니다.[9]

여하튼 위에서 살펴본 바와 같이 강제병합과 동시에 우리나라의 교육은 온전히 일본 제국주의자의 손아귀에 넘어간 것이다. 이러한 현실 속에서

---

* 전문은 '나는 자랑스러운 태극기 앞에 조국과 민족의 무궁한 영광을 위하여 몸과 마음을 바쳐 충성을 다할 것을 굳게 맹세합니다'이다. 이 또한 한글 전용과는 어울리지 않는 문구라는 것을 누구나 쉽게 알 수 있다. '국기에 대한 맹세'는 후에 '나는 자랑스러운 태극기 앞에 자유롭고 정의로운 대한민국의 무궁한 영광을 위하여 충성을 다할 것을 굳게 다짐합니다'로 바뀌었다. 그러나 오늘날에도 이러한 맹세가 이루어지는 게 민주국가를 지향한다는 대한민국이다.

** 번역하면, '황국 즉 일본 제국의 신하된 백성으로서 맹세하는 글'이다.

우리말과 우리글이 어떤 처지에 놓일 거라는 것은 불을 보듯 분명했다.

표6 제1차〈조선교육령〉시기 보통학교의 일본어와 우리말 수업 시간 비교 (주당 수업 시간)

구분	1학년	2학년	3학년	4학년	계
국어(일본어)	10	10	10	10	40
조선어 및 한문	6	6	5	5	22

표6에서 말하는 보통학교는 대한제국이 근대 교육을 시작하면서 설치한 소학교(小學校)라는 명칭을 일제가 바꾼 것이다. 결국 요즘으로 말하면 초등학교인 셈인데, 이곳에서부터 한반도의 어린이는 일본어를 더 많이 공부하게 된 것이다. 게다가 조선어, 즉 우리말은 명칭부터 '조선어 및 한문'이라고 붙였으니 그 까닭은 교과서를 보면 알 수 있다.

결국 앞서 살펴본 바와 같이 한일병합 이후 이 땅에서의 우리말 교육은 질적으로나 양적으로 민족문화 말살의 방향으로 전개되어 갔음을 분명히 알 수 있다. 그런데 이렇게 밀어붙이던 일제의 행동에 장애물이 나타났으니 그것은 바로 3·1운동이다.

3·1운동,
은밀한 침략의 출발점

3·1운동은 잘 알려져 있다시피 한반도에서 무소불위의 권력을 휘두르며 거리낌 없이 행동하던 일제에게 우리 겨레의 존재를 알리고 세계를 향해서도 우리의 독립을 알린 역사적 사건이었다. 그래서 한민족의 불굴의 저항

정신에 놀란 일제는 이 사건을 계기로 한민족을 제압하기 위해서는 간단한 방법으로 불가능하다는 사실을 깨닫는다. 그 결과 수정된 정책이 바로 문화통치였다. 문화통치로의 전환은 능동적으로 이루어진 것이 아니라 우리 겨레의 저항을 약화시키기 위해 수동적으로 이루어진 것이다. 그 결과 외적 변화와 내적 변화가 다른 목적으로 전개되었을 것 또한 당연했다. 그리고 이러한 변화는 교육 분야에서도 다르지 않았다.

제2차 교육령은 조선인을 위한 교육의 대개혁을 표방하며 조선인과 일본인을 동등하게 대하고 조선인의 자율권을 인정한다는 이른바 문화정치의 맥락에서 도출된 결과물이었다. 그러나 이 교육령을 꼼꼼히 뜯어보면 거기에는 조선인에 대한 일본인의 차별 공식이 보다 정교한 형식으로 잠복해 있음을 읽어낼 수 있다. 먼저 조선의 중등학교 학제를 '고등보통학교—중학교'라는 이원 체제로 구분하는 방식이다. 이러한 구분은 제1차 교육령기와 다르지 않지만 입학 자격을 '국어(일본어)를 상용하는 자'와 '국어(일본어)를 상용하지 않는 자'로 제시하고 있다는 점이 특이하다. '조선인'과 '일본인'이라는 민족적 정체성을 드러내는 기표를 지우고 단지 사용 언어를 기준으로 학교를 선택할 수 있는 정책을 제시한 것이다.[10]

결국 외적 변화가 어떻게 이루어지건 내적으로는 시간이 흐를수록 내선일체(內鮮一體), 황민화 정책과 같은 한민족 말살 정책의 장기적 관점에서 우리말 교육, 나아가 사회 전체의 교육이 이루어졌다는 사실에는 변함이 없었다. 이러한 정책은 교과서를 통해 공개적 또는 비밀리에 지속적으로 추진되었다. 공개적인 한민족 말살·문화 말살·언어 말살 정책은 우리말 교육 시간의 축소와 일본어 교육의 확대로 나타났다.

표7 일제강점기 시기별 보통학교의 조선어와 일본어 주당 수업 시간표[11]

구분 (학년)	통감부(1907)		제1기(1911)		제2기(1922)		제3기(1929)		제4기(1938)		제5기(1941)	
	일본어	조선어1)	일본어	조선어1)	일본어	조선어	일본어	조선어	일본어	조선어2)	일본어	조선어
1	6	10	10	6	10	4	10	5	10	4	11	0
2	6	10	10	6	12	4	12	5	12	3	12	0
3	6	10	10	5	12	3	12	3	12	3	9	0
4	6	10	10	5	12	3	12	3	12	2	8	0
5					9	3	9	2	9	2	7	0
6					9	3	9	2	9	2	7	0
계	24	40	40	22	64	20	64	20	64	16	54	0

1) 한문 포함 2) 선택과목으로 바뀜

표7을 보면 우리말 교육이 어떻게 변해갔는지 쉽게 알 수 있다. 우리말 수업 시간의 축소는 곧 일본어 수업 시간의 확대로 이루어졌고 급기야 1937년 중일전쟁을 도발한 후부터는 우리나라에서 황국신민화 교육과 민족 말살 정책을 본격적으로 추진, 우리말은 선택과목으로 변했으니 이때부터 우리말 교육은 폐지된 것과 다름없다. 그리고 이러한 일제의 의도는 제2차 세계대전이 본격적으로 전개되면서 마각을 드러냈으니 우리말 교육은 완전히 자취를 감추게 된 것이다.

제4기《초등국어독본》은 그 내용면에서 제2, 3기에 비해 또다시 강화된 면을 엿볼 수 있다. '국어' 교과서의 특성상 당연히 지배국의 언어교육에 중점을 두어 국체(國體)의 이식을 꾀했는데, 먼저 삽화를 보면 등장인물 대부분이 일본인 차림새를 하고 있으며, 시대를 반영하듯 전쟁 관련 삽화가 상당수를 차지한다. 아동의 머리 모양도 남자일 경우 군인처럼 깎은 머리에, 여자 아동의 경우는 모두 단발머리 모양을 하고 있다.

내용을 보면, 문장에 아름다운 문학적 표현을 가미시켜 아동에게 부지불식간에 일본 정신을 심어주는 한편, 국민으로서의 성격 함양을 추구하는 내용을 여러 각도로 제시하여 피교육자를 국가주의적 파쇼적 관념으로 이끌어내고 있다. 일반적인 내용의 등장인물 이름 또한 모두 일본식 이름으로 바뀌었다는 것도 '3차 조선교육령' 이후 진행된 '창씨개명 정책'을 전면 반영한 결과일 것이다.

빼놓을 수 없는 것은 조선인의 황민화를 위한 가장 기본적인 실천 요목인 신궁이나 신사참배 관련 내용이다. 조선 아동의 황국신민화 교육의 일환인 신궁, 신사참배는 학교에서 공식화된 매우 중요한 일과 중의 하나였는데, 이 시기의 교과서는 이를 다각적으로 홍보하고 실천을 강요했다.[12]

위 글을 보면, 공개적으로 이루어진 우리말 말살 정책과 더불어 일본인화, 즉 황국신민화 정책이 어떻게 은밀히 진행되었는지 알 수 있다.

신문 전쟁

다음 세대를 이끌어갈 어린이를 상대로 벌인 한글전쟁이 교과서 전쟁의 형태로 나타났다면 오늘을 사는 백성을 상대로는 신문 전쟁이 벌어졌다. 신문은 그 무렵, 백성들이 세상을 이해할 수 있는 거의 유일한 매체였기 때문이다. 물론 1925년, 조선총독부의 시험 방송을 시작으로 1927년 2월 경성방송국이 라디오 방송 송출을 시작했지만 그로부터 10년이 지난 1937년 말에 가서야 라디오 보급 대수가 10만 대를 넘을 만큼 라디오라는 신매체의 영향력은 답보 상태를 면치 못했다.

게다가 라디오 방송에 대한 조선총독부의 검열은 훨씬 강력해서 사전 검

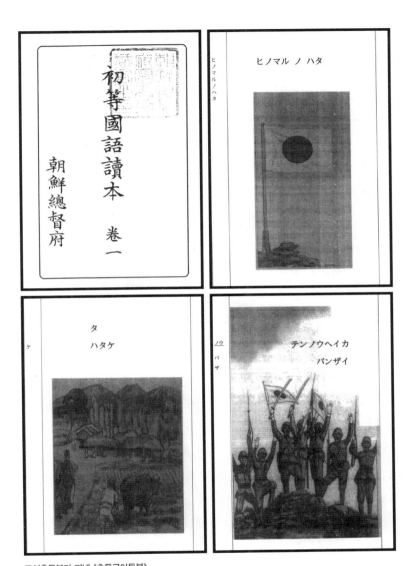

조선총독부가 펴낸 《초등국어독본》
오른쪽 위 내용은 일장기 그림과 일장기를 뜻하는 단어. 왼쪽 아래 내용은 '논'과 '밭'을 설명하면서 농민 곁을 지나가는 군인의 모습을 보여주고 있다. 오른쪽 아래 내용은 '천황폐하 만세'를 뜻한다.

열 제도에 따라 방송 전에 조선총독부 체신국 검열과의 검열을 거쳐서 방송되었다. 특히 뉴스 방송의 경우에는 사전에 그 제목까지도 통고해야 할 정도로 규제가 심했다. 방송 언어 또한 초기에는 우리말과 일본어 방송이 1대 3으로 일본어 위주였는데, 후에는 우리말 방송 비율이 점차 늘었다. 그렇다고 해도 방송 또한 일제의 식민지 정책의 효율적인 수행을 위한 수단일 뿐이었다.[13]

방송이 이렇게 대중화의 길을 걷고는 있었지만 일제강점기의 주력 매체는 역시 신문이었다. 따라서 일제가 신문 전쟁을 벌인 것은 너무도 당연했다. 신문 전쟁의 발발은 당연히 강제병합에서 비롯되었다. 그러나 전쟁의 조짐은 그전에 이미 나타나고 있었다.

1906년 9월, 그 전해에 을사늑약을 체결한 일제는 한반도를 지배하기 위해 통감부를 설치하고 통감부 기관지인 〈경성일보(京城日報)〉를 창간했다. 처음에는 국한문판과 일본어판, 두 종류로 간행되었지만 그런 위선은 오래 가지 못했다. 결국 1907년 4월, 국한문판은 폐간되고 일본어판만 간행된 이 신문은 한일병합 이후에는 조선총독부의 기관지가 되었고 일제강점기를 통틀어 가장 오래, 그리고 지속적으로 발행되었으며 강력한 영향력을 행사한 대표적인 언론이었다.

이 신문이 얼마나 대단한 신문이었는지는 일제의 패망, 즉 대한민국의 광복이 이루어진 후에도 발행되었다는 사실만으로도 알 수 있다.* 그런 까닭에 일제강점기를 통틀어 일본인뿐 아니라 일본어를 아는 많은 우리나라 사람도 이 신문을 구독했을 것으로 판단된다. 그렇다고 이 신문을 구독한 우리나라 사람들이 모두 친일파라고 속단해서는 안 될 것이다. 그 무렵 신

---

* 〈경성일보〉는 1945년 10월 31일에 폐간되었다.

문은 새로운 정보를 습득하는 가장 효과적인 매체였으니 친일이건 반일이건 중도적이건 일본어에 능한 사람이라면 이 신문을 구독할 자유와 기회가 주어졌기 때문이다.

그런데 이 신문은 앞서 살펴본 바와 같이 일본어로 발행되었다. 따라서 일본어 사용층 외에 조선인을 위한 홍보 매체 또한 필요했다. 그리하여 한일병합을 기다렸다는 듯 일제는 눈엣가시와 같았던 〈대한매일신보〉를 폐간 조치한 후 신문 제호에서 '대한'만 떼어낸 다음 〈매일신보(每日申報)〉를 발행하기 시작했다. 그리고 앞서 살펴본 조선총독부 기관지 〈경성일보〉의 자매지로서 일제 패망 때까지 빠짐없이 발행된 유일한 우리말 신문이 되었다.

〈대한매일신보〉는 러일전쟁 취재차 우리나라에 온 영국 〈런던 데일리 크로니클〉의 기자인 어니스트 베델(Ernest Thomas Bethel, 한국명 배설裵說, 1872~1909)에 의해 1904년 7월 창간된 일간지로 한글과 영문으로 간행되었다. 특히 이 신문은 베델과 우리나라의 양기탁이 공동으로 발행했지만 일제의 검열과 감시를 피하기 위해 치외법권자인 베델 명의로 발행한 까닭에 다른 신문에 비해 자주적인 기사를 내보낼 수 있었고, 그런 까닭에 그 무렵 백성들의 강력한 지지를 등에 업고 최고의 발행 부수를 기록한 것으로 알려져 있다.

박은식, 신채호 등 독립지사들의 글을 싣고, 국채보상운동의 중심 세력으로 활동하는 한편 지속적으로 일제의 침략 행위의 부당성을 지적하는 기사를 싣자 참지 못한 일제는 베델과 양기탁, 두 사람을 각기 다른 죄목으로 재판에 넘기기도 했다. 그런 와중에 1909년 5월 1일, 베델이 심장병으로 사망했고 이후 신문은 발행인 변경을 여러 번 거친 후 결국 폐간의 운명을 맞고 만 것이다. 〈매일신보〉로 거듭난 신문은 이전과는 전혀 다른 면모로 독자를 맞았으니 반일(反日), 항일(抗日)의 매체에서 친일(親日)의 매체, 총독부의 기관지로 변모, 결국 조선총독부와 운명을 함께하기에 이른 것이다.

한일병합과 동시에 한반도에서 한국인이 발행한 모든 신문은 사라졌다. 남은 것은 오직 조선총독부의 기관지인 〈경성일보〉와 〈매일신보〉, 둘뿐이었다. 모든 한국인은 이 기관지를 통해서만 세상 소식을 접할 수 있었으니 한반도의 언론 암흑기라고 할 것이다. 그러나 너무 억누르면 저항 또한 강력해지는 법. 결국 한국인은 1919년 3월 1일, 전 민족적 저항에 나섰고 이에 놀란 일제는 그 후 문화통치라는 무딘 듯하면서도 속에는 더욱 강력한 독을 품은 정책을 들고 나왔으니 이는 앞서 살펴본 바와 같다. 문화통치는 언론계에도 영향을 미쳤으니 바로 한국인이 발행하는 신문을 허가하기 시작한 것이다.

조선, 동아 그리고
조선중앙일보

문화통치의 결과 탄생한 최초의 신문이 〈조선일보(朝鮮日報)〉로 3·1운동이 일어난 이듬해인 1920년 3월 5일, 창간했다. 그 후 한 달도 채 못 된 4월 1일 〈동아일보(東亞日報)〉가 창간됨으로써 한국인에 의한 우리말 신문이 다시 선을 보이게 되었다. 물론 두 신문만이 창간된 것은 아니다. 그 뒤를 이어 1924년 3월 31일에는 〈시대일보(時代日報)〉*가 창간됐는데 이 신문은

---

* 최남선이 사장, 유명한 소설가 염상섭이 사회부장을 맡았다.

앞의 두 신문과 자웅을 겨룰 만큼 많은 발행 부수를 자랑하며 3대 민간지로 발돋움했다. 그러나 이후 자금난을 겪으면서 발행인이 바뀌는 우여곡절 끝에 1926년 8월, 폐간됐다.[14]

한편 〈시대일보〉의 뒤를 잇는 신문으로 〈중외일보(中外日報)〉가 창간했는데, 이 신문 역시 1931년 6월 폐간됐다. 그리고 다시 이 신문의 뒤를 이어 그해 11월 27일 〈중앙일보(中央日報)〉가 창간됐는데, 이 신문은 〈중외일보〉의 후신임을 분명히 드러내기 위해 지령(紙齡), 즉 신문 발행 번호를 〈중외일보〉의 폐간호부터 다시 붙이기도 했다. 그러나 이 신문 역시 1933년 3월 7일 〈조선중앙일보(朝鮮中央日報)〉로 제호를 바꾸어 다시 태어났다

1933년 3월 7일 창간된 〈조선중앙일보〉는 실질적으로, 독립운동가이자 광복 후 유력 정치인으로 활동하다가 암살된 여운형(呂運亨)에 의해 간행된 민족지였다. 그뿐이 아니다. 우리가 기억하는 〈조선〉과 〈동아〉, 두 신문과 폐간 때까지 당당히 어깨를 겨루었다. 아래 인용에서 알 수 있듯이 일제강점기 우리 겨레의 언로를 대변한 신문은 세 신문임이 분명했다.

경성(서울) 〈동아일보〉 2702부 〈조선일보〉 2508부 〈중앙일보〉 2300부

평양 〈조선일보〉 1740부 〈동아일보〉 1721부 〈중앙일보〉 1094부

대구 〈동아일보〉 758부 〈조선일보〉 747부 〈중앙일보〉 672부

개성 〈동아일보〉 507부 〈조선일보〉 408부 〈중앙일보〉 404부

진남포 〈중앙일보〉 406부 〈동아일보〉 308부 〈조선일보〉 253부

부산 〈동아일보〉 464부 〈조선일보〉 192부 〈중앙일보〉 136부[15]

그런데 세 민족지 사이에 치열한 경쟁이 진행되던 무렵 갑자기 〈조선중앙일보〉는 폐간의 운명을 맞게 되는데 우리 신문 역사에 영원히 남을 '손기

정 선수 일장기 말소 사건' 때문이다. 베를린 올림픽 대회 마라톤 우승 후 연단에 선 손기정 선수 가슴에 단 일장기를 지운 사진을 실어 큰 문제를 일으킨 이 사건은 오늘날 〈동아일보〉가 벌인 대표적인 일제에 대한 저항 운동으로 알려져 있다. 그러나 이 사진을 가장 먼저 게재한 신문은 〈조선중앙일보〉였다.

그리고 이 사건으로 인해 신문은 자진 휴간에 들어가야 했고 급기야 조선총독부는 여운형 사장의 사임을 강요했으며 결국 이듬해 발행 허가가 취소되어 폐간되고 말았다. 물론 〈조선중앙일보〉의 뒤를 이어 손기정 선수의 일장기 말소 사진을 실은 〈동아일보〉 또한 이길용 기자와 현진건 당시 사회부장이 구속되고 신문 또한 무기한 정간 처분을 받았다. 그러나 이후 〈동아일보〉는 속간될 수 있었지만 〈조선중앙일보〉는 폐간되고 만 것이다.

문화를
점령하라

일제의 한반도 강점 계획은 우리가 아는 것보다 훨씬 치밀하고 조직적이며 원대하게 진행되었다. 그러한 사실을 확인할 수 있는 것이 바로 우리 문화에 대한 면밀한 조사다. 일제는 한일병합과 더불어, 아니 그전부터 우리 겨레의 문화에 대해 철저히 조사했다. 한 겨레를 말살하는 방식 가운데 가장 좋은 것은 정치적으로, 군사적으로, 무력으로 억누르는 것이 아니다. 이는 침략 방식 가운데 가장 초보적인 방식이다. 숙련된 침략자는 결코 이런 방식을 채택하지 않는다. 그들은 문화 말살을 최우선한다. 그러나 문화가 사라진 민족이 살아남은 사례는 찾기 힘들다. 그런 까닭에 침략국의 문화를 연구하는 것은 일시적인 점령을 꾀하는 자가 아니라면 가장 먼저 착수해야 할 일이다.

그리고 일제는 자신들의 침략을 영구히 하기 위해서 필요한 일이 무엇인지 잘 알고 있었다. 문화 말살에 가장 필수는 언어의 말살이다. 이는 앞서 살펴본 바와 같이 교육으로부터 시작되었다. 어차피 현재 사용하고 있는 말을 그의 머릿속과 입속에서 없애는 것은 불가능하다. 따라서 기성세대는 포기하고 새로운 세대를 자신들의 언어로 생각하고 말하도록 만들기 위한 것이 식민지 교육의 핵심이었던 것이다.

그렇다면 언어를 빼앗는 것으로 모든 것이 완성될까? 그건 아니다. 한 나라, 한 겨레의 가슴과 머리를 품고 있는 문화는 언어 외에도 무수히 많다. 일제는 그 많은 것에 손을 대기 시작했다. 그리하여 한겨레의 민족정신을 구성하고 있는 모든 것을 알고자 했다.

오구라 신페이

오구라 신페이(小倉進平, 1882~1944)는 일본의 언어학자이자 한국어학자로 명성이 오늘날까지 전해오고 있다. 그의 업적 가운데 가장 유명한 것은 1929년에 간행한 저서《향가 및 이두의 연구(鄕歌及び吏讀の硏究)》를 통해 처음으로 신라 향가를 해석한 것이다. 그가 이 작업을 발표하기 전까지 우리는 우리 조상이 남긴 향가를 해석하지 못하고 있었다. 앞서 살펴본 바와 같이 우리말을 한자를 빌려 표기한 차자표기법(借字表記法)에 대한 지식이 없었기 때문이었다.

결국 신라인이 남긴 향가는 신라인의 후손이 아닌, 일본인에 의해 빛을 본 것이다. 그뿐이 아니다. 그는《국어 및 조선어 발음 개설(國語及び朝鮮語發音槪說)》, 한국어의 역사적 변천 과정을 고찰한《조선어학사(朝鮮語學史)》, 자신이 직접 수집한 조선어 방언을 기반으로 한《조선어 방언 연구》등을 간행하여 우리말 연구에 커다란 업적을 남겼다.

그렇다면 그가 진정 우리말을 사랑했고 우리 문화를 보존, 발전시키기 위해 이 일에 몰두했을까? 아마 그럴 것이다. 그렇지 않다면 평생을 우리말 연구에 바치기는 힘들었을 테니 말이다. 그러나 자신의 의도가 현실에서 그대로 수용되는 경우는 별로 없다. 그는 1935년에《향가 및 이두의 연구》로 제국 학술원 은사상을 받았으며 1943년에는 조선총독부로부터 조선문화공로상을 받았다.[16]

무라야마 지순

무라야마 지순(村山智順, 1891~1968)은 오구라 신페이와 함께 일제강점기에 활동한 학자 가운데 우리에게 잘 알려진 한 사람이다. 1919년부터 1941년까지 조선총독부의 촉탁으로 우리 겨레의 문화 전반에 대해 연구·조사·정리를 거쳐 수많은 보고서를 작성한 그의 업적은 실로 대단한 것이라 할 수 있다. 결과적으로 그의 연구로 인해 우리는 우리가 기록하고 보존하지 못했던 수많은 우리 겨레의 문화 자료를 갖게 되었으니 말이다. 그러나 조선총독부에서 고용한 학자인 그의 연구 결과가 누구를 위한 것인지 파악하는 것은 어렵지 않다. 여기서 그가 연구한 결과를 살펴보자.

《조선의 귀신(朝鮮の鬼神)》(1929),《조선의 풍수(朝鮮の風水)》(1931),《조선의 무격(朝鮮の巫覡)》(1932)*,《조선의 점복과 예언(朝鮮の占卜と豫言)》(1933)은 '조선의 민간신앙' 4부작으로 유명한데, 오늘날까지 그의 연구가 인정받고 있다는 것은 4권 모두 우리말로 번역되어 있는 것으로도 확인할 수 있다.《조선시장의 연구(朝鮮場市の硏究)》,《조선의 생활상태조사(朝鮮ノ生活狀態調査)》,《부락제(部落祭)》,《조선의 향토오락(朝鮮の鄕土娛樂)》,《조선의 유사종교(朝鮮の類似宗敎)》등의 저서 또한 일제가 우리 겨레의 정신을 지배하는 데 반드시 필요했던 문화 자료였다.

마지막 공격, 이름을 탈취하라

처음에는 한겨레를 무력으로, 다음에는 문화와 역사로 지배하고자 시도했고 그 시도가 일정 부분 성공을 거두었다고 판단한 일제는 마지막으로 한겨레 자체의 말살을 시도하기에 이른다. 이른바 '창씨개명(創氏改名)'이 그것이다. 물론 창씨개명 이전에도 우리 겨레의 뿌리를 나타내는 성명에 대한 직간접적 간섭이 없었던 것은 아니다.

> (전략) 일본에서는 이름에 관한 제한이 거의 없었던 것과 달리 조선에서는 다양한 방식으로 제한이 가해졌다는 점에서 커다란 차이가 있다.
> 첫째, 한글(조선 문자)로 성명을 등록하는 것이 인정되지 않았다. 일본에서는 한자만이 아니라 히라가나로도 가타카나로도 이름을 붙일 수가 있지만, 조선에

---

* 무(巫)는 무당, 즉 여성 무속인, 격(覡)은 박수무당, 즉 남성 무속인을 가리킨다. 우리나라에서 번역되어 출간될 때는《조선의 무속》이라는 제목이었다.

서는 가나에 대응하는 한글로 이름을 등록하는 것은 금지됐다.

둘째, 조선어의 고유 어휘로 이름을 짓는 것이 제한됐다. (중략) 병합 이전 조선에서는 아이들에게 흔히 고유 어휘로 이름을 지어주곤 했다. 이것이 아명인데, 성인이 되면 한자로 이름을 바꾸는 것이 관습이다. 또 노비 등의 이름도 고유 어휘로 짓는 예가 많았다. 이들 이름은 호적에서는 많은 경우 고유 어휘의 음과 같거나 비슷한 한자로 기재되어 있었다. 예를 들면 '돌개(乭介)', '아기(阿奇)', '이쁜이(入紛)' 등이다. (중략)

셋째, 조선인이 일본인풍의 성명을 짓는 것(민적·호적에 등록하는 것)을 금하는 정책을 채택했던 것이다.(이것이 창씨개명과 관련하여 가장 중요한 문제이다) (중략)

식민지 지배 아래에서 일본인은 조선인보다 우월한 지위에 있었고, 관리 등의 처우·급여·수당의 측면에서 일본인은 우대를 받았다. (중략)

피부색이나 얼굴 생김새로 구별할 수 없고 말이나 복장이 같을 경우 일본인과 조선인을 구별하는 단서가 없어지고 만다.(총독부가 두려워한 것은 바로 이것이었다) (중략)

이리하여 1911년 10월 26일 조선총독부령 제 124호 '조선인의 성명 개칭에 관한 건'이 공포되어 개성 개명(改姓改名)은 신고제에서 허가제로 바뀌었다. 조문에는 명시되어 있지 않지만 동령(同令)의 운용에서 '내지인(일본인)과 혼동하기 쉬운 성명'으로 바꾸는 것은 금지됐다. 이미 '내지인과 혼동하기 쉬운 성명'으로 바꾼 조선인에게는 원래의 성명으로 되돌아가라는 압력이 가해졌고, 또 신생아에게 '내지인과 혼동하기 쉬운 이름'을 지어주는 것도 엄격하게 제한됐다.[17]

그러니까 일제는 한일병합과 함께 한겨레의 성명 정책에 깊이 관여하기 시작했던 것이다. 이름이라는 것이 한 사람, 한 겨레, 한 나라의 정체성을 결정하는 중요한 칭호인 만큼 한 나라를 장악한 침략자가 피침략자의 이름에 관심을 갖고 개입하려는 것은 어찌 보면 당연한 것일지 모른다.

그런데 위 내용에 따르면 한국인이 일본식 이름을 사용하는 데 대해 그토록 거부감을 가졌던 일제는 왜 후에 한국인들의 반대를 무릅쓰고 일본식 이름을 쓰도록 하는 정책, 즉 창씨개명을 밀어붙였을까?

창씨개명의
본질

'창씨개명(創氏改名).' 한자 뜻 그대로를 옮기면 '씨(氏), 즉 인간의 역사적 뿌리를 새로이 만들고 그에 따라 이름을 바꿈'이다. 결국 이는 단순히 이름을 일본식으로 바꾸는 것이 아님은 분명하다. 창씨라는 명칭에서 알 수 있듯이 조선인, 즉 한겨레로서의 뿌리를 삭제하고 새로운 겨레로 거듭나는 정책인 것이다. 따라서 이는 유구한 역사를 거쳐 오늘에 이른 한겨레라는 지구상의 한 민족을 완전히 제거하고자 하는 정책인 셈이다. 뒤에 이어 오는 개명(改名)이야 그럴 수 있다. 이름 바꾸는 것이야 뭐 그리 대단한 것이겠는가. 오늘날에도 수많은 사람들이 자신의 이름을 새롭게 만들고 있는데….

법적으로는 창씨가 의무였던 것과 달리 개명은 '임의'였다. (중략)
(1939년) 12월 26일에는 창씨개명에 관한 사무 절차 등을 정한 일련의 법령도 공포됐는데, 그 가운데 중요한 것은 조선호적령(朝鮮戶籍令)의 개정이다. 종래의 조문에서 '성명'이라 했던 부분을 '씨명'으로 바꿀 것, 호적 양식상의 '본관'

란을 '성 및 본관'란으로 바꿀 것 등을 정하고 있다. 결국 법률상·호적상의 본명은 '성명'에서 '씨명'으로 바꾸고, 종래의 성을 '성 및 본관'란으로 옮긴다는 것이다. 호적상 성은 남게 됐지만 본명은 아니게 됐던 것이다.[18]

위 내용과 같이 추진된 창씨개명 정책은 따라서 형식적인 이름을 바꾸는 것이 아니라 우리 겨레의 의식을 지배하고 있던 가문 개념을 없앰으로써 결국에는 한국인이라는 개념을 말살하려는 차원에서 시행된 것이다. 앞서 살펴본 바와 같이 일제는 강점기 초기에는 한국인에게 일본식 이름 사용을 제한하는 등 오히려 창씨개명과는 반대되는 정책을 펼쳤다. 그런 그들이 왜 정책적 전환에 나선 것일까? 이에 대해서는 여러 의견이 있을 수 있다. 실제로 일제(日帝) 내부에서도 이에 대해 이견(異見)이 있었다.

총독부 내부에서는 창씨개명 정책에 관하여 다음과 같은 세 가지 입장이 있었던 것으로 보인다. 첫 번째 입장은 조선인에게 '일본인풍의 씨명'을 짓도록 해야 한다는 것인데, 이는 학무국장 시오바라 등의 생각이었다고 할 수 있다. 두 번째 입장은 조선의 가족·친족제도의 개편을 위해 씨 제도를 창설하여 '이에(家)'의 관념을 강화해야 한다는 것인데, 이는 법무국이 1920년대 이래 실현하고자 했던 정책에 나타나 있다. 세 번째는 '일본인풍의 씨명'을 짓게 하는 것에 반대하는 입장으로, 주로 단속을 중시하는 경무국이 주장했던 것이다. (중략)

'내선일체'가 소리높이 주창되고 있었음에도 불구하고 조선인의 완전 동화를 목표로 할 것인지, 그렇지 않으면 일본인과 조선인 사이에 차이를 남겨두어야 할 것인지에 관하여 총독부의 기본 방침이 정해져 있지 않았다는 것을 지적하지 않을 수 없다.[19]

특히 경찰 조직을 책임진 경무국의 반대가 심했는데 그들 입장에서는 한국인과 일본인 사이에 구분이 이루어지지 않으면 치안 유지에 곤란을 겪을 것이 분명했기 때문이다. 그 외에 일본 본토에서도 한반도에서 펼쳐지는 이 정책에 반대와 우려를 표명하는 움직임이 있었다.[20]

그렇다면 이러한 갈등의 소지를 안고 있음에도 조선총독부에서는 왜 이 정책을 밀고나갔던 것일까?

창씨개명의 진실

진짜 목적은 다른 데 있었다. 조선적인 가족제도, 특히 부계 혈통에 기초한 종족 집단의 힘을 약화하고, 일본적인 이에(家) 제도를 도입하여 천황에 대한 충성심을 심는 것이다.

당시에 출판된 해설서는 '종래는 일신이 종족에 결부되어 있었지만 앞으로는 '각 가정이 직접 천황과 결부된다'는 이념이 제일의(第一義)가 되는 것이다'라고 그 의의를 설명하고 있다. 조선인을 병사 등으로 전쟁에 동원하기 위해서는 천황에 대한 충성심이 필요했기 때문이다.[21]

결국 창씨개명이 목표로 한 것은 조선인을 일본인과 같은 존재로 만들기 위한 것이 아니라 전쟁의 본격적 수행에 필요한 한국인의 참여(그것이 강제이건 임의이건)를 끌어내기 위한 전술이었던 것이다. 그렇다면 이렇게 추진된 창씨개명은 어떤 결과로 나타났을까?

표8 월별 씨 설정 건수[22]

(단위 : 퍼센트)

월	각 월별 신고 건수	누계	실재 호적 수에 대한 비율
2월 (11일 이후)	15,748	15,748	0.4
3월	45,833	61,579	1.5
4월	95,495	157,074	3.9
5월	343,766	500,840	12.5
6월	580,724	1,081,564	27.0
7월	1,071,829	2,153,393	53.7
8월 (10일까지)	1,067,300	3,220,693	80.3

비고 : 실재 호적 수는 호주의 소재 불명, 호주 상속인의 부재, 절가(絶家) 수속의 미제(未濟) 등의 이유로 창씨할 수 없는 호적을 뺀 숫자로 4,008,925다. 자료 : 조선총독부 법무국, 〈씨제도 실시의 상황〉, 복각판, 《조선총독부 제국의회 설명 자료》 제5권

　표8을 보면 창씨개명을 추진한 1940년 8월까지 전국 가구 수의 80퍼센트 이상이 창씨개명을 한 것으로 나타난다. 그런데 월별 추진 실적을 보면 초기에는 극히 부진했던 창씨개명이 5월부터 기하급수적으로 늘어남을 볼 수 있다. 이는 당연히 이 무렵부터 조선총독부의 강력한 추진 작업이 이루어졌기 때문이다. 겉으로는 강제하지 않았다며 발뺌을 하고 있지만 실제로는 상상하기 힘들 만큼의 강제력이 작동했던 것이다. 그렇지 않다면 '성을 간다'라는 것이 무엇을 의미하는지 잘 알고 있던 한국인이 자진해서 자신의 성을 이토록 빠른 시간 내에 버리는 것이 가능했겠는가. 실제로 창씨를 하지 않은 사람들에게는 다음과 같은 불이익이 가해졌다.

　첫째, 자녀의 경우 각급 학교의 입학과 진학에 불이익이 주어졌다. 둘째, 창씨하지 않은 집안의 아동을 이유 없이 질책·구타하여 부모의 창씨를 압박했다. 셋째, 관공서는 물론 사적 기관에도 채용을 못하게 만들며 현직에 있는 자는 은연중에 해고를 유도했다. 넷째, 행정기관에서 다루는 민원 사무의 대상이 되지 못하도록 했다. 다섯 째, 불응하는 사람은 비국민·불령선인(不逞鮮人)으로 간주, 사찰을 철저히 했다. 여섯 째, 노무 징용 대상자로 우

선 지명했다. 일곱 째, 식량 및 물자의 배급 대상에서 제외했다. 여덟 째, 철도 화물을 다룰 때 조선인 이름이 쓰인 것은 취급하지 않았다.

이런 불이익을 감수하면서 창씨개명에 저항할 수 있는 사람은 고관대작이 아니라면 불가능할 만큼 압박감이 심했을 것이다. 그리하여 80퍼센트라는 실로 놀라운 성과를 거두었으니 이는 일제가 처음 목표로 했던 수치를 훨씬 능가하는 것이었다.

레지스탕스, 우리말 연구 단체

우리 겨레가 일제와의 문화 전쟁, 한글전쟁에서 손을 놓고 당하고 있었던 것은 결코 아니다. 오천 년 역사를 지닌 겨레가 어찌 일순간 벌어진 문화 전쟁에서 앉아서 당하기만 할 것인가. 당연히 수많은 인물, 단체, 영혼이 우리 문화, 우리글을 지키기 위해 나섰다. 그리고 이들은 엄혹한 일제의 탄압에도 때로는 공개적으로, 때로는 지하에서 레지스탕스로서 불굴의 저항을 지속했다. 이제 그 빛나는 활동을 살펴보기로 하자.

국문동식회

우리나라에서 한글과 관련하여 만들어진 최초의 조직은 1896년에 출범한 '국문동식회(國文同式會)'라는 이름도 생소한 단체였다. 이는 독립적인 조직이 아니라 우리나라 최초의 순 한글 신문인 〈독립신문〉 내에 설치한 한글

철자 연구회로 이를 주도한 이는 그 무렵 〈독립신문〉의 한글 표기법을 책임지고 있던 주시경이었다.[23]

처음에는 '조선문동식회'라는 이름으로 출범한 이 작은 조직은 이후 〈독립신문〉의 국문 표기법 통일을 주도했으며 이곳에서 정리된 국문 표기법은 훗날 한글맞춤법의 기틀이 되었다고 할 수 있을 만큼 중요한 것이었다.

국문연구소

1894년 11월, 고종에 의해 나라의 공식 문자로 우뚝 선 훈민정음은 그러나 표준 표기법이 없어 나라로서도 어려움을 겪고 있었다. 그런 시점에 지석영이 철자법을 정리, 발표하자 학부에서는 이를 중시하여 공포한 것이다. 그렇지만 현실은 학부의 의도와는 전혀 다르게 전개되었다. 1905년 7월, 〈관보〉에 지석영의 표기법이 실리자 한글 연구자 사이에서 논란이 일기 시작했다. 그리하여 정부에서도 문제의 심각성을 인식, 학계의 통일된 의견을 집약하기 위해 1907년 7월 8일 학부 내에 '국문연구소(國文研究所)'를 설립하기로 하니, 훈민정음 창제 당시의 정음청(正音廳) 이후 최초로 설립된 한글 연구 목적의 국가기관이었다.

국문연구소는 그 무렵 학부의 학무국장이었던 윤치오(尹致旿)를 위원장으로, 어윤적(魚允迪), 이능화(李能和), 권보상(權輔相), 이억(李億), 윤돈구(尹敦求), 주시경, 현은, 송기용(宋綺用), 장헌식, 이종일(李鍾一), 유필근(柳苾根), 이민응(李敏應), 지석영, 일본인 우에무라 마사미(上村正己) 등이 위원으로 활동했다.

국문연구소는 1907년 9월 16일, 첫 회의를 개최한 이래 23회의 회의를 열었고 마지막 회의를 1909년 12월 27일에 개최했다. 그리고 14개 항에 이르는 보고서를 학부대신에게 제출하고 역할을 마무리했다.

안타까운 것은 국문연구소에서 도출한 내용이 표준화된 것이 아니라 위원 각자의 의견을 개별적으로 개진한 것이어서 한 나라의 표준으로 삼을 수 없었다는 점이다. 그래서 그랬는지 몰라도 최종 보고서를 제출받은 정부는 이에 대해 아무런 조처도 취하지 않았고 결국 제출된 보고 내용은 빛을 보지 못했다. 그럼에도 국문연구소의 역할은 매우 큰 것이었다.

국문연구소의 설립과 함께 당시 활동하던 학자들이 공동 토론의 장을 마련하면서 어문 연구의 차원이 한 단계 높아졌다. 국문연구소는 애초에 임시 연구 기관으로 출발했기 때문에 연구 과제가 끝난 1909년 해체되었지만 연구 위원으로 활동하던 인물들은 지속적으로 국어를 연구하면서 국어 발전을 위해 노력했다.

한 예로 국문연구소에서 활동했던 주시경은 국어 문법 연구를 통해 문법 정리와 철자법 정리의 기초 안을 만들었으며, 국문연구소 사업이 일단락된 후 광문회의 사전 편찬 사업을 주도한다. 그가 조선어학회의 이론적, 정신적 지주가 되었다는 사실에서 국문연구소의 문제의식과 연구 성과가 이후의 어문 정리 연구로 이어졌음을 알 수 있다.[24]

국어연구학회

주시경이 국문연구소에서 자신의 의견을 발표할 무렵, 그의 나이는 33세였다. 그만큼 학자로서 활동력이 왕성한 시기였다. 그리하여 국문연구소에서 활동하던 1908년 8월 31일 '국어연구학회(國語硏究學會)'*를 설립하여 국어 연구에 독자적으로 매진한 것은 크게 놀랄 일도 아니었다.

국어연구학회는 주시경의 주도로 창립되었는데 회장에는 김정진이 선출되었다. 이후 학회는 관립사범학교 교수, 부속보통학교 훈도, 사범학교 학생, 관립고등학교 학생, 사립학교 교사 및 학생, 그 외에 뜻을 함께하는 청년들이 입회하여 학회의 규모가 커졌다. 이와 함께 학회의 역할 또한 확장되었으니 학회 산하에 강습소를 설치하여 국어 강습 활동을 전개했다. 이때 강습을 받고 주시경의 제자가 된 이들 가운데는 후에 국어학계의 대표적인 인물로 성장한 최현배, 김두봉 등이 있었다.

국어연구학회는 한일병합 후 '조선언문회(朝鮮言文會)'로 개칭하는데 이 명칭은 '배달말글몯음'을 거쳐 1913년에는 '한글모'로 변하면서 주시경을 회장으로 선임했다. 그러나 이듬해 주시경이 사망하면서 '한글모'의 활동은 주춤해진다. 그러다가 1921년 12월 3일, 주시경의 후학들이 모여 새로이 조선어연구회를 조직하니 이것이 훗날 일제강점기 우리말 운동의 근간이었던 조선어학회의 전신이다.[25]

조선어연구회(조선어학회)

조선어연구회는 조직 이후 본격적인 활동에 나서 한글의 역사에 빛나는 업적을 남겼다. 그 가운데 대표적인 것 몇을 살펴보면 다음과 같다.

첫째, 동인지 《한글》의 창간을 들 수 있다. 《한글》의 창간은 조선어연구회 회칙 제9조 '본회는 필요로 인할 시에 강연회, 강습회의 개최 또는 회보

---

* 국어연구학회의 설치와 관련해서 박걸순의 《국학운동》(한국독립운동사편찬위원회, 2009)에서는 "1907년 1월 훈동의학교 안에 국문연구회가 설립되었는데 이때 주시경은 이준의 천거로 연구 위원 겸 제술 위원으로 위임되었다고 한다"라면서 국문연구회가 후에 조선언문회(朝鮮言文會)로 개칭되었다고 기술하고 있다.

의 발행을 함'에 근거한 것이다.

그러나 《한글》은 9호를 내고 휴간에 들어갔다. 그 후 조선어연구회가 1931년 조선어학회로 새로이 출범하면서 1932년 5월 1일 《한글》은 재창간된다. 재창간하면서 이윤재가 쓴 '한글을 처음 내면서'에는 《한글》이라는 간행물이 갖는 의미, 그리고 조선어학회의 사명과 목적이 두루 담겨 있다.

한글을 처음 내면서

오늘날 이 시대에 날로날로 진보발달하여가는 온갖 과학, 온갖 학술, 또 사회의 모든 문화로 우리의 일상생활에 이르러, 어느 것 한 가지 말과 글의 힘을 빌지 아니하고 된 것이 없다. 말과 글이 이렇듯 우리 인생에게 잠시도 없지 못할 가장 귀중하고 요긴한 것이 된다 함은, 여기에서 새삼스레 떠들 필요가 없을 것이다. 그러므로, 어느 나라 사람이든지 각기 제 나라의 말과 글이 있어, 모두 여기에 대하여 끔찍이 사랑을 주는 것이다.

우리 조선 민족에게는 좋은 말, 좋은 글이 있다. 더욱이 우리 글—한글은 소리가 같고, 모양이 곱고, 배우기 쉽고, 쓰기 편한 훌륭한 글이다. 우리는 여태까지 도리어 이것을 푸대접하고 짓밟아버렸으므로, 매우 좋았어야 할 한글이 지금에 이토록 지저분하여, 아주 볼모양 없이 된 것이다. 한 사십여 년 전에 우리 한힌샘(주시경) 스승이 바른 길을 열어줌으로부터, 그 뒤를 따르는 이가 적지 않았고, 또 이를 위하여 꾸준히 일하려는 이가 많이 일어나기에 이른 것은, 우리 한글의 앞길을 위하여 크게 기뻐하는 바이다.

우리가 우리글을 잘 알자 하는 소리가 근년에 와서 더욱 높아간다. 우리는 하루바삐 묵정밭같이 거친 우리 한글을 잘 다스리어, 옳고 바르고 깨끗하게 만들어놓지 아니하면 안 될 것이다. 이 때문에 사 년 전에 몇 분의 뜻 같은 이들끼리 《한글》 잡지를 내기 비롯하여 일 년 남아나 하여 오다가, 온갖 것이 다 침체되는 우리의 일인지라, 이것마저 이어갈 힘이 모자라서, 지금까지 쉬게 된 것은 크게 유감되는 바이다. 우리는 이제 시대의 요구에 맞추며 본회의 사명을 다 하고자 하여 이 《한글》 잡지를 내게 된다. 이로써 우리 한글의 정리와 통일이 완성하는 지경에 이를 것을 믿는다. 무릇 조선말을 하고, 조선 글을 쓰는 이로써. 누가 이에 공명하지 아니할 이 있으랴. 오직 뜻을 같이하고 힘을 어우러 우리의 말과 글이 더욱 환한 빛을 내기로 하자. 이에 '한글'을 냄에 대하여 한 말을 하는 바이다.

《한글》, 1932년 5월 1일[*]

《한글》은 1942년 5월, 통권 93호를 마지막으로 간행이 중단되었는데 이는 일제 말기 일제의 강력한 민족말살정책 때문이었다. 물론 그해 10월 발생한 이른바 '조선어학회 사건'으로 인해 더 이상 출간하고자 해도 출간할 수 없게 된 것도 사실이었다.

---

[*] 원문을 그대로 싣는 것을 원칙으로 했지만 오늘날 맞춤법에 맞추어 기본적인 어휘에 대해 수정을 가했다.

한글날의 탄생과
철자법 갈등

두 번째로 들 수 있는 것이 '한글날'의 제정이다. 조선어연구회가 처음 제정한 것은 '가갸날'이었다. 가갸날이 처음 제정된 것은 1926년 11월 4일로 훈민정음 반포 480주년을 기념하여 제정되었다. 그리고 1928년부터는 명칭을 '한글날'로 바꾸어 기념하기 시작했다.[26]

그렇다면 가갸날은 왜 11월 4일이 되었을까? 처음 가갸날을 제정할 때 참고한 자료는 《조선왕조실록》이었다. 《조선왕조실록》에 따르면, 1446년 (세종 28년) 음력 9월에 세종대왕이 훈민정음을 반포했다. 조선어연구회는 이를 근거로 1926년 음력 9월의 마지막 날인 음력 9월 29일(양력 11월 4일), 훈민정음 반포 여덟 회갑(480년)을 기념하는 행사를 가지면서, 이날을 '가갸날'로 기념한 것이다.

그 후 1928년에는 명칭을 '한글날'로 바꾸었는데 이는 당연히 앞서 만든 '한글'이란 명칭을 사용한 것이다. 그리고 몇 년 후인 1932년 내지 1933년에는 음력을 율리우스력으로 환산하여 양력 10월 29일을 한글날로 제정했고 다시 1934년부터는 그레고리력으로 환산하여 10월 28일을 한글날로 기념했다. 그러다가 1940년 《훈민정음 해례본》이 발견되면서 "정통(正統) 십일년(十一年) 구월(九月) 상한(上澣)"* 이란 기록에 따라 한글날을 10월 9일로 변경한 것이다.[27]

그러나 한글날을 10월 9일로 확정하여 기리기 시작한 것은 1945년 8·

---

* 　상한(上澣)은 상순과 마찬가지 뜻이다. 따라서 상한이란 명칭만으로는 며칠인지 정확히 알 수 없다. 그래서 상한의 마지막 날인 음력 9월 10일을 훈민정음 반포일로 추정했고 이를 그레고리력으로 환산하여 10월 9일을 훈민정음 반포일로 정한 것이다.

15 광복 이후이며 이때부터 한글날은 공휴일로 지정되기도 했다. 그러나 1991년 경제 발전에 지장을 준다는 이유로 한글날은 국군의 날과 함께 공휴일에서 제외되었다. 그 후 조선어연구회의 후신인 한글학회 등 한글 단체들은 한글날을 공휴일로 다시 제정하자는 운동을 전개했고 그 결과 2013년부터 다시 공휴일로 지정되었다.

그렇다면 한글을 사용하는 북한(조선민주주의인민공화국)도 한글날을 기념하고 있을까? 그렇지 않다. 조선어연구회가 처음 '가갸날'을 제정할 때 훈민정음 반포 기록인 1446년(세종 28년) 음력 9월에 근거한 것임은 앞서 살펴보았다. 그런데 훈민정음 반포는 1446년이지만 훈민정음 창제는《조선왕조실록》에 따르면, 1443년 12월의 일이었다. 그런 까닭에 조선어연구회에서도 처음 훈민정음 8회갑 기념식을 1924년 2월 1일 거행했다.[28] 그러나 이후 반포일을 기념해서 10월 9일을 한글날로 제정한 것이다.

반면에 북한에서는 창제일을 기준으로 하여 오늘날에도 1월 15일을 '훈민정음 창제일'로 기념하고 있다.[29] 북한에서 '한글'이라는 명칭을 사용하지 않는 까닭은 한글이 '대한제국의 글자' 또는 '한국의 글자'라는 의미를 내포하고 있기 때문이라고 한다. 그래서 북한에서는 '조선글자', '정음' 등으로 부르고 있다.[30]

한편 조선어학회로 명칭을 변경한 후에는 더욱 활발한 활동을 전개하기 시작했는데 그 가운데 중요한 것을 살펴보기로 하자.

첫째, 국어정서법의 제정과 보급을 들 수 있다.

국어정서법은 한글맞춤법의 제정이라 할 수 있는데 1930년 총회의 결의에 따라 '한글맞춤법통일안'의 제정에 착수, 1933년 10월 29일, 훈민정음 반포 487회 기념일에 발표했다. 한글맞춤법통일안 총칙의 3대 원칙은 다음과 같았다.

1. 한글 맞춤법은 표준말을 그 소리대로 적되 어법에 맞도록 함으로써 원칙을 삼는다.

2. 표준말은 대체로 현재 중류사회에서 쓰는 서울말로 한다.

3. 문장의 각 단어는 띄어 쓰되, 토는 그 윗말에 붙여 쓴다.[31]

위 내용을 자세히 살펴보면 중요한 사실이 담겨 있는데 바로 '어원 표시, 즉 원사(原辭, 어근·어사)를 표시한다고 표현되어 있으나 형태음소론적인 표기 원칙을 정한 것으로서 어형을 고정시켜 문법 체계에 부합시키고 표음문자가 가지는 결함을 보충하여 독서의 시각적 효과를 거둘 수 있게 한 것이었다.'[32]

간단히 말하자면 소리 나는 대로 쓰는 것이 아니라 글자의 본래 형태를 살려 쓴다는 것이다. 이는 이후 지속적으로 한글의 표기법을 둘러싼 갈등을 불러일으키기도 했다. 사실 이러한 원칙은 조선어학회가 처음 낸 것이 아니었다.

조선어학회는 1930년 12월 한글맞춤법통일안의 제정에 착수하여 수 차 회의를 거듭한 끝에 1933년 10월 29일 역사적인 '한글맞춤법통일안'을 공표하기에 이르렀다. 그런데 주목해야 할 사실은 한글표기법의 통일안을 먼저 시행한 것은 조선총독부였다는 사실이다. 조선총독부는 1912년 '보통학교용 언문철자법'을 공표했고, 1930년에는 '언문철자법'을 공표했다. 그 총설의 내용은 다음과 같다.

1. 조선어독본에 채용할 언문철자법은 각 학교를 통하여 이를 통일케 할 일.

2. 용어는 현대 경기어(京畿語)로 표준함.

3. 언문철자법은 순수한 조선어거나 한자음을 불문하고 발음대로 표기함을 원칙으로 함. 단, 필요에 의하여 약간의 예외를 인정함.

이 개정철자법은 1920년대 중반에 이른바 철자 파동을 거치며 완성된 것이었다. 즉, 구파인 표음주의자와 신파인 형태주의자가 철자법을 둘러싸고 극렬하게 대립했던 것이다. 그런데 조선어학회가 발표한 한글맞춤법통일안의 총론도 언문철자법의 총설과 대체로 비슷하다.[33]

그러나 위 내용을 좀 더 자세히 살펴보면 이렇다. 1912년에 발표한 '보통학교용 언문철자법'과 1930년에 발표한 '언문철자법'은 그 내용에서 뚜렷한 차이를 보인다. 보통학교용 언문철자법이 그 무렵 사용하던 철자법(맞춤법), 즉 구한말 성경을 표기하던 표음주의적 철자법을 중심으로 삼은 데 비해 언문철자법은 그와 반대로 형태주의 철자법을 원용한 것이다.

이는 보통학교용 언문철자법을 제정하는 데 참여한 인물이 고쿠분(國分象太郎), 시오카와(鹽川一太郎), 신조(新庄順貞), 다카하시(高橋亨), 강화석(姜華錫), 어윤적(魚允迪), 유길준(兪吉濬), 현은(玄檃) 등 일본인과 우리나라 사람이라 해도 본격적으로 한글을 연구할 기반이 마련된 상태가 아닌 시대적 상황으로 인해 자연스레 그 무렵 일반적으로 사용되던 표기법을 채용할 수밖에 없었기 때문일 것이다.[34]

그러나 1930년에 발표한 '언문철자법'은 이전과는 사뭇 달랐으니 우선 참여한 이들이 1928년에 시작된 제1차 조사회의 박승두(朴勝斗), 박영빈(朴永斌), 심의린(沈宜麟), 이세정(李世楨)을 필두로 1929년에 시작된 제2차 조사회에는 권덕규(權悳奎), 김상회(金尙會), 신명균(申明均), 심의린(沈宜麟), 이세정(李世楨), 이완응(李完應), 장지영(張志暎), 정열모(鄭烈模), **최현배(崔鉉培)**, 오구라(小倉進平), 다카하시(高橋亨), 다나카(田中德太郎), 니시무라(西村眞太郎), 후지나미(藤波義貞) 등이었다. 이들 가운데는 그전부터 국어 연구 단체에 몸담았던 이들이 많았으니 당연히 시류를 따르기보다는 학술적 원칙에 따르려고 했던 것이다.[*][35]

그리하여 이때 제정된 '언문철자법'은 그전의 '보통학교용 언문철자법'이 표음주의를 채택했던 것과는 달리 형태주의적인 표기법을 널리 도입했다. 그렇다고 해도 완전히 조선어학회의 주장이 관철된 것은 아니었다. 그리하여 '언문철자법'이 채택된 후에도 조선어학회에서는 지속적으로 맞춤법 작업을 추진하여 1933년 독자적인 '한글맞춤법통일안'을 발표하게 된다.[36] 처음 명칭은 '조선어 철자법 통일안'이었다.

결국 이런 과정을 거쳐 확정, 발표된 조선어학회의 한글맞춤법은 소리나는 대로 쓰던 이른바 개화기 성경 문장과 사뭇 다른 것이었다. 게다가 조선어학회의 맞춤법 안은 조선총독부 안과 다른 것이라 해도 궤를 같이 하는 것이었다. 결국 이런 맞춤법은 갈등을 불러일으킬 수밖에 없었다. 그리고 그 갈등의 중심에 선 대표적인 인물이 박승빈이었다. 박승빈에 대해서는 뒤에 나오는 '조선어학연구회'에서 자세히 살펴보기로 한다.

둘째, 표준어와 외래어 표기법 등의 사정(査定)에 힘을 기울였다.

아무리 맞춤법이 통일되어 있다 해도 표준어가 없다면 시민들 사이에 의사소통은 어려움을 겪을 수밖에 없다. 또한 사전을 편찬하고자 할 때 가장 먼저 필요한 것이 표준어의 선정이다. 물론 표준어를 선정한다는 것이 반드시 바람직한 것은 아니다. 왜냐하면 표준어를 선정하기 위해서는 당연히 표준어 외의 언어는 배제되어야 하기 때문이다. 표준어를 선정하는 경우

---

[*]   이들 가운데 최현배, 장지영, 권덕규, 신명균, 정열모 등은 대부분 주시경 아래에서 공부한 인사였다.

자연스럽게 도태되는 것이 지역어, 즉 방언(사투리)이다. 표준어의 선정과 사투리의 도태에 대해서는 뒤에 살펴볼 예정이다. 표준어의 선정이 부작용을 가져온다 해도 그건 표준어 정책의 문제지 표준어 선정 작업을 한 사람들의 몫은 아니다. 조선어학회는 이 작업과 더불어 외래어표기법의 통일, 로마자표기법 등을 발표하기도 했다.

셋째, 우리말 사전 편찬 사업에도 힘을 기울였다.

우리말 사전 편찬의 역사는 조선어학회의 사업에 국한된 것은 아니었다. 물론 조선어학회의 우리말 사전이 여타 사전과는 비교할 수 없을 만큼 본격적이고 광범위한 것이었지만 그렇다고 다른 사전 편찬의 역사를 생략할 수는 없는 노릇이다. 게다가 우리말 사전 편찬에 개인적, 조직적으로 힘을 기울인 많은 사람의 노력이 더해져 조선어학회의 편찬 사업이 깊이를 더하게 된 것은 두말할 나위가 없다. 그런 까닭에 여기서는 조선어학회의 우리말 사전과 더불어 종합적으로 이루어져온 우리말 사전 편찬의 역사를 살펴보기로 한다.

우리말 사전,
잉태부터 탄생까지

우리말 사전의 역사는 생각보다 넓고 깊다. 물론 그렇게 편찬된 사전의 질이 어느 정도냐 하는 것과는 별개로 말이다. 처음 우리말 사전이 출간된 것은 서양인에 의해서였다. 우리나라에 들어온 서양인은 자신들의 말을 우리말로 표기할 필요를 느꼈다. 이로부터 탄생한 것이 개화기에 편찬된 다양한 언어의 우리말 사전이었다.

본격적인 한글 사전의 편찬에 나선 것은 최남선이 주관한 조선광문회와 조선총독부, 두 곳이었다. 두 곳이 한글 사전 편찬에 나선 것은 1911년 무렵이었는데 조선광문회는 최남선이 1910년 10월에 설립한 조직으로 설립 취지로는 '수사(修史)', '이언(理言)', '입학(立學)'의 세 가지를 내세웠다. '수사'란 역사를 공부한다는 뜻이요, '이언'은 언어, 즉 우리말을 논리적으로 정리한다는 뜻이며, '입학'은 학문을 세운다는 뜻이니 일제에게 빼앗긴 나라를 되찾기 위해 백성을 지적(知的)으로 계몽시키고자 하는 뜻이 담긴 애국 계몽 단체인 셈이다. 그리고 '이언'과 관련해서는 사전 편찬과 문법 정리라는 두 가지 사업을 설정했다.[37]

광문회는 이와 관련된 첫 사업으로 한자 대역사전(對譯辭典) 편찬에 돌입했다. 이는 조선어와 밀접한 관련을 맺고 있는 한자에 대한 정리가 조선어 사전 편찬의 기초 작업이라고 생각했기 때문이다. 결국 광문회는 1915년《신자전(新字典)》을 완성했는데, 이때《신자전》의 편집과 국어 훈석(訓釋)을 맡았던 사람이 주시경과 김두봉* 이었다. 이들이 조선어 사전 편찬 사업에서 주도적 역할을 한 것은 당연한 일이었다.

이미 오래전부터 조선어 사전의 편찬을 꿈꿔왔던 주시경은《신자전》의 편찬이 시작되자마자, 그의 제자들인 김두봉, 권덕규, 이규영 등과 함께 사전 편찬 사업에 착수했다. 이 사전은 1911년부터 편찬 작업이 시작되어 4년간의 작업 끝에 사전의 원고 집필이 거의 마무리된 것으로 보인다. 이때 만들어진 것이

---

* 한평생을 독립운동에 투신한 김두봉은 그러나 삶의 초기를 주시경의 제자로서 한글 운동에 바쳤으며, 이후에도 지속적으로 한글 운동에 앞장섰다. 광복 후 북한으로 넘어간 그는 그곳에서도 한글과 관련된 활동을 한 것으로 알려져 있다. 주요 저서로《깁더 조선말본》등이 있다.

최초의 조선어 사전《말모이》의 원고다. 그러나 이 사전은 출간을 보지 못한 채 사업이 중단되어버렸다. 주시경이 1914년 38세의 젊은 나이에 세상을 떠나고, 1919년 김두봉이 상하이로 망명하고, 이규영마저 1920년에 세상을 떠나면서, 최초의 조선어 사전《말모이》편찬 작업은 더 이상 지속되지 못했다. 1915년을 전후해《말모이》원고를 다시 고쳐 엮어《사전》이라는 이름으로 출판하고자 한 적은 있었지만 이 역시 성사되지 못했다.

그러나 김두봉, 권덕규 등은 이후 결성된 조선어연구회와 밀접한 관련을 맺으며 활동을 계속했고, 조선어 사전편찬회에서 조선어 사전 편찬 사업을 할 때도 여기에 직간접적으로 관여했다. 최남선은 광문회에 이어 계명구락부를 결성했고, 여기에서 다시 조선어 사전을 편찬하기 위한 사업을 시작했다. 이처럼 광문회가 편찬하고자 했던 사전은 결국 출판되지 못했지만, 이 원고는 이후 계명구락부의 조선어 사전 편찬 사업과 조선어 사전편찬회 주도로 진행된 사전 편찬 사업으로 이어짐으로써 우리말 사전의 시원(始原)이 될 수 있었다.[38]

위 인용문에는 많은 인물과 조직, 역사가 등장한다. 그만큼 우리말 사전의 편찬에 이르는 길이 험난했다는 증거이기도 하다. 그리고 끝없이 이어지는 우리말 사전 편찬의 역사를 짚어가다 보면 결국 닿는 종착점은 '그래서 우리말 사전은 편찬되지 못했다'이다. 대신 조선총독부에서 출발한 사전이 먼저 종착점에 도달한다.

1920년 조선총독부에서《조선어 사전》을 발간한 것이다. 그러나 조선총독부에서 10년 가까운 세월과 엄청난 비용을 투자해 발간한《조선어 사전》은 우리말 어휘가 어떤 뜻을 갖는지 일본인이 이해할 수 있도록 편찬한 사전이었다. 그러니 이를 우리말 사전이라고 부를 수는 없을 것이다.

우리말 사전 편찬의 역사는 다시 계속된다. 1925년 심의린(沈宜麟, 1894~

1951)에 의해 우리나라 최초의 우리말 사전이 편찬, 간행되었다.[39] 물론 그가 간행한 사전은《보통학교 조선어 사전》으로 본격적인 우리말 사전이라기보다는 초등학생용 국어사전이지만, 그렇다고 해도 그의 첫 작업에 의미가 사라지는 것은 아니다. 이에 대해 최경봉은 다음과 같이 그 의의와 한계를 말한다.

> 그가 만든《보통학교 조선어 사전》은 6106개의 표제어가 실린 소사전이었지만, 조선어 사전이라는 이름으로 출판된 최초의 사전이라는 점에서 주목을 끈다. 그러나 이 사전은 보통학교에서 자습을 할 때에 필요한 사전으로 편찬되었기 때문에, 이후 나온 문세영의《조선어 사전》[*]이나 조선어학회의《큰사전》과 대등하게 비교하기는 힘들다. 이 사전이 '최초의 조선어 사전'이라는 이름을 문세영의 사전에 내줄 수밖에 없었던 이유도 이 때문이었을 것이다. 그러나 규범 확립을 위해 만든 근대적 사전의 출발이라는 점에서 그 의의는 충분하다고 하겠다.[40]

심의린은 보통학교 교사로 재직 중에도 계명구락부와 조선광문회, 조선어연구회 등에 참여하여 다양한 국어 연구 활동에 종사했으며 대중을 위한 강좌도 여는 등 우리에게 잘 알려지지 않았지만 반드시 기억해야 할 인물이다.[41]

심의린이 편찬한《보통학교 조선어 사전》이 간행된 후 몇 년이 지나지 않은 1929년 10월 31일, 조선어사전편찬회가 출범한다.[42] 108명의 인사가

---

[*] 문세영의《조선어 사전》은 본격적인 우리말 사전으로서는 최초로 간행된 것인데 1940년 출간한 이 사전에 대해서는 약간의 논란이 있다. 이에 대해서는 후에 살펴보기로 한다.

모여 출범한 조선어 사전편찬회는 이후 제대로 된 우리말 사전의 편찬을 위해 차근차근 앞으로 나아갔다. 그러나 그 과정 또한 평탄한 것은 아니었다.

조선어사전편찬회는 사전 편찬의 선행 작업으로 표기법과 표준어 제정 등의 필요를 느끼고, '한글맞춤법통일안(1933)', '조선어 표준말 모음(1936)', '외래어 표기법 통일안(1938)' 등을 마련하여 나갔다. 1936년에는 조선어학회가 사전 편찬의 업무 일체를 인계받아 편찬에 더욱 박차를 가했고, 기관지《한글》에 사전 특집호를 게재하기도 했다. 이해 3월에는 이우식 등이 조선어사전편찬후원회를 조직하여 후원금을 적립하여 재정 지원에 나섰다.

일제는 1937년 중일전쟁을 도발하며 민족말살정책에 광분했다. 조선어 사용은 금지되었고, 이듬해 3월부터는 학교에서 조선어 과목이 폐지되었고, 1940년 2월에는 창씨개명을 강요했다. 이같은 어려운 조건에도 불구하고 조선어학회는 1939년 여름부터는《큰사전》의 원고 전체에 대한 체계적인 정리 작업을 했고, 이듬해에는 원고 정리를 마치고 어렵게 출판 허가도 받았다. 1942년 3월에는 박문출판사(대동출판사) 사장 노성석의 노력에 힘입어 원고 일부가 조판에 들어갔다. 그러나 동년 10월 1일 이른바 조선어학회 사건으로 말미암아 이 사업은 중단되고 원고도 압수당하고 말았다. 그런데 조선어학회는 일제 탄압의 화가 미칠 것을 우려하여 원고 1벌을 더 만들어두었었다. 이같은 사전 편찬의 경험을 바탕으로 1947년부터 1957년까지 6권으로 된《큰사전》을 출판할 수 있었던 것이다.[43]

위 내용만 보아도 1910년대부터 뜻을 세운 우리말 사전의 출간이 얼마나 어려운 과정을 거쳐 50년 가까운 기간이 지나서야 완간될 수 있었는지 알 수 있다. 그러나 세부적으로 들어가 보면 위에서 드러나지 않은 수많은

朝鮮語辭典

가

가 ⑪ 初聲「ㄱ」を中聲トとの合成音。

가 ⑫ 動詞の有せざる名詞を主格として表はす時に用ふる語。⑳ 「새가 난다」「닭이 飛ぶ」

가 ⑫ 疑問の意を表はす語。⑳ 「누구신가」「どなたですか」「못처럼 멋서요가」「花が 咲いたでせうか」「鳥が飛ぶか」「비가 오나」「雨が降る」

가 【加】 ⑨ 繼續の意を表はす語。⑳ 「그 뿐가」「④의 稱」「水の通」

加減(가감) ⑫ 加へ又は滅ずること。

加減乘除(가감승제) ⑫ 加法・減法・乘法・除法の合稱。

加減不得(가감부득) ⑫ 加減し得ざること。「加不得滅不得」

加結(가결) ⑫ 目前の氣税の率を增すこと(加)。

加耕田(가경전) ⑫ 新に開墾したる量案外の土地。

加計(가계) ⑫ 賣買の名價と時價と異なる時、其の差額を算べて計算すること。

加階(가계) ⑫ 品階を陞ること。

加冠(가관) ⑫ 冠禮を行ふこと。

加籤(가국) ⑫ 配所に在る流罪人の屋舍の周圍に設く。

加納由(가극유) ⑫ 官吏に篤限を課すること(唱、加也)。

加納(가납) ⑫ 租稅・貢物等を定數以上に納付すること。

加年(가년) ⑫ 官に剳し年齡を多く偽ること。

加給(가급) ⑫ 官吏の賜限滿ちたる時、其の官祿を賜ること。

加定(가뎡) ⑫ 人員・金錢・物品等を定額外に增すこと。

加等(가등) ⑫ 「加一」に同じ。

加賭(가도) ⑫ 小作の賭上に官錢を課すること。

加麻(가마) ⑫ 官吏撰定の時其の官職に相當する品等より一所陞す三等中に加ふること。

加味(가미) ⑫ 食物に他の物を加へて調味すること。

加錄(가록) ⑫ 政府にて寄き給ふること。

加律(가률) ⑫ 本律より更に重き刑を科すること。

加捧(가봉) ⑫ 定額外に金錢の取立をなすこと。

加捧女(가봉녀) ⑫ 租稅を期限滿ちたる時其れに加ふること。

加捧不得(가봉부득) ⑫ 「더 含바더지 못」。「退け子・女」。

加納子(가납자) ⑫ 「加納不得」に同じ。

加不得減不得(가부득감부득) ⑫ 「加減不得」に同じ。

加分(가분) ⑫ 貸金を定額外に貸し附くること。

加士里(가사리) ⑫ 王及び起の尊稱に更に敬ふ尊稱の語。

加卜等業(가산등업호) ⑫ 量案に記する尊字。

加算(가산) ⑫ 二つ以上の數を合はせて一つの數とすること。

加設(가셜) ⑫ 所定の官職外に更に官職を設くること。

加數(가수) ⑫ 金錢・貢品等の時其藏中の物を加ふること。

加升(가승) ⑫ 租稅徵收の時其藏中の物を加ふること。

加時木(가시목) ⑫ 石につき三四寸づつ增殖すること。

加魚(가어) ⑫ 魚の名。「가즈미」。

加外(가외) ⑫ 身分不相應の奢又は物。

加于(가우) ⑫ 「ますます」の意。「安道」。

加由(가유) ⑫ 「朝鮮의」の略。

加意(가의) ⑫ 特に掛意すること。

加一(가일) ⑫ 「가일과」任期滿ちたる官員の任期を一倍に賦さしむること。

加一年(가일년) ⑫ 期間在職しむること。年齡すること。

1920년 조선총독부에서 발간한 《조선어 사전》
우리말 사전이라기보다는 일본인을 위한 우리말 해석 사전이라는 성격이 강했다.

난관도 있었고, 또 알려지지 않았지만 뛰어난 인물들의 희생도 있었다.

이상춘,
조선어 사전을 낳은
어머니

우리말 사전 편찬과 관련해서 가장 먼저 언급해야 할 인물은 이상춘(李常春, 1882~?)이다. 경기도 개성에서 태어나 주시경 밑에서 공부한 그는 이후 송도고등보통학교를 거쳐 개성고등여학교 교장을 지냈다. 특히 그가 송도고등보통학교에 재직 중이던 1929년 11월 자신이 개인적으로 수집한 9만여 개에 이르는 어휘 목록을 조선어사전편찬회에 기증하여 세간을 놀라게 했다.[44]

> 이상춘은 개성에 있는 송도고등보통학교 조선어 담임교사였다. (중략)
> 이상춘은 교사 생활을 하면서 시간을 내어 조선어 어휘를 수집하고 이를 풀이하는 일에 힘을 쏟았다. (중략) 이렇게 해서 모은 어휘가 구만여 어휘였다. 한 개인이 구만 개의 어휘를 수집하고 이를 풀이했다는 것 자체가 놀라운 일이었다. 더 놀라운 것은 그가 이렇게 만든 원고를 모두 조선어사전편찬회에 기증했다는 사실이다. 어휘를 수집하고 이를 정리하는 데 들인 시간과 노력을 생각한다면, 아무 대가도 없이 원고를 쾌척한다는 것은 믿을 수 없는 일이었다. 특히 이 원고가 '가' 행부터 '하' 행까지 전부 정리가 된 것이라는 점에서, 그의 행동은 큰 반향을 불러일으켰다. (하략)[45]

위 내용을 보면 이상춘이란 인물이 얼마나 놀라운 업적을 우리에게 전해 주었는지 알 수 있다. 그런데도 그런 인물에 대해 알고 있는 사실이 너무나 적다는 데 다시 한 번 놀라게 될 뿐 아니라 그런 인물이 언제 세상을 떴는지조차 알 수 없다는 사실에 또 놀라게 된다.

문세영,
그는 진정 누구인가

우리말 사전과 관련해 기억해야 할 또 한 사람은 앞서 언급한 바 있는 문세영(文世榮, 1888?~?)이다. 배재고등보통학교에서 교사로 재직하던 문세영은 조선어학회의 표준말 사정 위원과 수정 위원 등을 지냈는데, 1938년 7월 약 10만 어휘를 담은 《조선어 사전(朝鮮語辭典)》을 출간했다. 이 사전이 우리나라 최초의 우리말 사전이다.

그런데 문세영의 《조선어 사전》에 대해서는 극단적인 평가가 존재한다. 아마 우리나라 최초의 본격적인 국어사전, 그것도 어휘 수가 10만에 달하는 국어사전을 혼자 힘으로 간행했음에도 그의 이름을 기억하는 이가 드문 이유일지 모른다.

문세영은 조선어사전편찬회의 발기인의 한 사람이었는데, 1932년경부터 이윤재와 한징 등의 지도를 받으며 사전 편찬을 진행하여 1938년 7월 조선어사전간행회 명의로 《조선어 사전》을 간행했다. 《조선어 사전》의 출판비는 박문서관 주인 노익형이 부담했는데, 당시 언론은 이를 최초의 조선 사전 편찬이라고 대서특필하며 문세영의 장거를 칭송했다. 이 사전은 이듬해에 어휘 10,000여 자를 추가한 증보판을 발행했다.

문세영의 《조선어 사전》은 조선어학회의 조선어 사전과는 별개로 개인의 독력(篤力)과 희생에 의해 완성된 것으로서 우리 손으로 만든 국어사전의 효시로 평가할 수 있는 것이다.[46]

그런데 쾌거라는 내용과는 정반대되는 증언도 존재한다.

문세영은 조선어사전편찬회 발기인으로 참여했고 조선어학회의 표준어사정 위원회 위원이었던 사람이다. 그런 그가 조선어학회의 반대에도 불구하고 자신의 이름으로 된 사전의 출판을 강행했다는 점은, 자신의 원고가 조선어사전편찬회의 이름으로 다시 태어나길 바랐던 이상춘의 선택과 비교되는 일이었다. 물론 문세영은 조선어 사전이 없는 현실에서 하루라도 빨리 사전을 간행하고자 했을 것이다. 그러나 그러한 시도가 조선어학회의 환영을 받지 못한 것은 조선어사전편찬회 또한 10여 년을 진행해오던 사전 편찬 사업을 마무리하기 위해 마지막 힘을 쏟고 있었기 때문이었다.

1939년 사실상 원고 정리를 마무리했고, 1940년에는 조선총독부 검열 당국의 승인을 받았다는 사실을 볼 때, 문세영이 《조선어 사전》을 편찬한 1938년은 조선어학회의 사전 편찬 사업이 막바지에 다다른 시기였다고 볼 수 있다. 결국 조선어학회 입장에서 볼 때, 문세영의 선택은 자기 공명심을 위한 것일 뿐이었다.[47]

이처럼 문세영의 《조선어 사전》에 대한 평가는 양 극단을 달리고 있다. 그리고 진실은 그 누구도 알기 힘든 실정이다. 그렇다고 해도 문세영이 조선어학회의 《큰사전》이 탄생하기 전 10여 년 이상 《조선어 사전》을 통해 일제가 한글 말살 정책을 강력히 추진하던 일제강점기의 마지막 순간에 우리나라 백성들에게 한글의 존재를 알린 성과는 부인하기 힘들다. 따라서 아무리 노력해도 진실 여부를 확인하기 힘든 문세영의 행위에 대한 도덕적 비판은 실상이 확인될 때까지 잠시 접어두고 그가 이룬 성과에 방점을 찍는 것은 어떨까.

원고는
어디로?

드디어 우리는 조선어학회가 발행하고자 했던 《큰사전》이라는 종착역에 도달했다. 앞서 우리는 조선어학회의 사전 편찬 작업이 조선어학회 사건으로 인해 돌연 중단될 수밖에 없었음을 확인한 바 있다. 조선어학회 사건은 뒤에서 자세히 살펴볼 예정이다. 지금 우리의 관심사는 오직 우리말 사전이니까.

1942년 일어난 조선어학회 사건으로 인해 중단된 우리말 사전 편찬 작업은 당연히 광복 후로 미루어질 수밖에 없었다. 그런데 광복 이후 사전 편찬에 관여했던 이들이 맞닥뜨린 심각한 장애물은 바로 원고를 되찾는 일이었다. 오늘날 컴퓨터 한 대를 도난당하는 일보다 더 심각한 것은 그 컴퓨터 안에 내장된 자료임은 두말할 나위가 없다.

우리말 사전 편찬자들의 심경도 똑같았다. 물론 조선어학회 사건으로 인해 목숨을 잃은 분들에게야 그 사건의 고통이 하늘을 찌를 수준일 것이다. 그러나 살아남은 사람들은 돌아가신 분들의 몫까지 이루어야 하는 사명감이 어깨를 짓누르고 있었다. 그런데 십 수년 동안 수많은 사람들이 기울인 노력의 결과물인 원고가 사라진 것이다. 만일 원고를 못 찾는다면 다시 십 수년 동안의 노력을 기울여야 비로소 우리말 사전을 편찬할 수 있을 것이었다.

해방 후 사전 원고를 되찾는 일은 조선어학회의 사활이 걸린 문제였다. 조선어학회 사건으로 투옥 중이던 이극로, 최현배, 이희승, 정인승 등이 함흥 감옥에서 석방되어 8월 19일 서울에 도착하자, 다음 날, 곧바로 조선어학회의 재건 문제를 논의하기 위한 회의가 열렸다. 회의에 참석한 사람들은 학회 재건과 더불어 일본 경찰에 압수되었던 사전 원고를 찾는 것이 급선무라는 데 의견을 모았다. 그 원고를 찾지 못한다면 1929년부터 시작하여 13년 동안 기울였던 노력의 결실이 그대로 날아갈 것이기 때문이었다.[48]

오랜 세월 동안 모진 고문과 옥살이에 시달렸을 학자들이 출옥하자마자 사전 원고를 찾는 일에 매달릴 만큼 그 어떤 것과도 바꿀 수 없는 원고였던 것이다. 그러나 원고의 행방은 오리무중이었다. 십 수일이 지났지만 어디서도 원고의 흔적은 찾을 수 없었다. 모두들 원고는 사라졌다고 여기고 다시 집필해야 한다고 절망 섞인 다짐을 하고 있을 무렵이었다.

1945년 9월 8일 경성역(지금의 서울역) 조선통운 창고. 일본이 전쟁에서 지고 물러난 후라 경성역 창고에는 갈 곳이 없는 화물이 많이 쌓여 있었다. 화물을 정리하는 인부들 사이에서 이를 점검하던 역장은 수취인이 고등법원으로 된 상자 앞에서 발길을 멈추었다. 내용물을 살펴본 역장은 얼마 전 자신을 찾아왔던 사람들을 떠올렸다. '그 사람들이 찾던 것이 바로 이것이야.' 1929년부터 시작된 조선어 사전 편찬 사업의 결실인 원고지 2만 6천 5백여 장 분량의 조선어 사전 원고가 조선어학회 사건의 증거물로 일본 경찰에 압수당한 지 3년 만에, 해방 후 사전 원고의 행방을 수소문한 지 20여 일 만에 조선어학회의 품으로 돌아오는 순간이었다.[49]

참으로 극적이지 않은가. '하늘은 스스로 돕는 자를 돕는다'라는 말은 결코 틀린 말이 아니었다. 자신들의 안위나 건강보다 더 소중한 원고를 찾아 동분서주한 이들에게 하늘이 보답한 것이었다. 만일 이들이 경성역을 찾아 자신들이 찾는 원고에 대해 한마디 언급을 하지 않았다면 사전과 무관한 이들에게는 고작 낡은 종이뭉치에 불과한 원고지가 어떤 운명에 처해졌을지는 아무도 모른다. 실제로 우리는 이런 뼈저린 역사를 경험한 바 있다.

계명구락부 조선어 사전 카드는 육당 최남선이 가지고 있던 도서들이 고려대학교 도서관에 소장되면서 함께 딸려왔던 것이다. 그러나 자료의 중요성을 인식하지 못한 도서관 담당자의 무지로 인해 조선어 사전 카드는 모두 폐기 처분되었다. 지금 남아 있는 것은 '모~모히'까지를 기록한 404장이다. 이는 도서관 서고에 방치된 카드를 보고 고려대학교의 김민수 교수가 그중 일부를 자료 검토 차원에서 가져갔던 것이라 한다. 그러나 자료 검토가 끝나기도 전에 나머지 조선어 사전 카드는 쓰레기더미에 묻혀버렸다.[50]

이런 일을 겪은 김민수의 심경이 어떠하겠는가. 그래서 문화를 지키는 것 또한 문화인이라야 하는 것이다. 한 나라의 문화가 오늘날까지 온전하게 전해지기 위해서는 그만큼 수많은 선현의 문화적 안목과 소명 의식이 필요했음은 두말할 나위가 없다. 이러한 우여곡절을 겪은 끝에 조선어학회 편찬 《큰사전》이 드디어 빛을 보았으니 1947년 10월 9일, 한글날에 첫 권이 간행된 것이다.

그러나 이는 새로이 시작된 고난의 시작에 불과했다. 가장 큰 문제는 출간에 필요한 비용의 조달이었다. 다행히도 미국 록펠러재단에서 비용을 지원하기로 약속해 1948년 12월 4만 5000여 달러에 해당하는 원조 물자가 도착했는데, 이 양은 《큰사전》의 6권 완간에 필요한 인쇄 물품에 해당하는 것이었다. 그리하여 1949년 5월 둘째 권이 출간되었다. 이어서 셋째 권이 제본에 들어가 출간을 눈앞에 둔 1950년 6월 25일, 한반도에서는 전쟁이 발발한 것이다. 뜻밖의 복병을 만난 사전 출판 사업은 이후 우여곡절을 겪게 된다.

서울은 졸지에 인민군에게 함락되어 조선어학회가 몸담아 일하던 을지로의 새 회관 건물과 출판사에 보관하고 있던 원조 물자가 모두 잿더미가 되었다. 또한 각처로 흩어졌던 편찬원들이 9월 28일 수복 후에 하나둘 서울로 찾아들었으나 분위기가 어수선했고, 전쟁으로 인쇄하지 못했다. 뿐만 아니라 이사장 최현배의 집에 숨겨두었던 4, 5, 6권의 원고 또한 안심할 수 없는 형편이었다. 그리하여 11월 12일부터 이탁, 유찬식, 이승화, 정덕보 등 10여 인을 급히 동원하여 불타지 않고 남아 있는 화동의 옛 회관에서 숨겨둔 원고를 1개월 동안 베끼고 베낌벌을 서울 혜화동 최현배의 집에 두 겹 독으로 묻고 원본은 편찬원 유제한의 고향인 천안으로 옮겨 땅속에 묻었다.[51]

그 후 다시 록펠러재단과의 교섭을 통해 원조 물자의 재지원을 약속받아 출간에 박차를 가하던 학회는 1953년 4월, 이번에는 내부의 적을 만나 다시 출간이 중단되는 사태를 맞이하게 된다.

1953년 4월에 발생한 이른바 '한글 파동'으로 인해 한글학회의 사업이 난관에 부딪힌 것이다. 이에 대해서는 뒤에 자세히 살펴볼 예정이다. 그리고 1954년 9월 정부가 고집을 꺾음으로써 한글 파동은 일단락되었고 우리말 사전 편찬 사업은 재개될 수 있었다.

이러한 우여곡절을 겪은 끝에 1957년 10월 9일, 28년에 걸친 시련과 역경을 이겨낸 《큰사전》이 드디어 완간되었으니 실로 감개가 무량한 사건임이 분명하다.

> 《큰사전》은 표준말과 표준말 아닌 말, 현대 말과 옛말, 일반어와 전문용어 및 고유명사, 낱말과 마디말 들을 망라하여 다루었다. 편찬 방식에서 당시 사회의 현상과 실정을 헤아려 이상적 방법과 실용적 편익을 아울러 도모할 수 있도록 힘썼다고 밝히고 있다. 즉 일반 어휘 외에도 주요 전문용어, 내외 각지의 유명한 땅 이름, 사람 이름, 책 이름, 명승고적의 이름 들을 망라한 것이다. 당시는 우리의 지식을 담은 전문용어 사전이나 백과사전이 하나도 없던 상황이었으므로, 《큰사전》이 일반 지식 사전을 겸할 수 있도록 편익을 도모한 것이다.[52]

이렇게 해서 우리는 명실상부한 우리말 사전을 갖게 된 것이다. 그리고 이를 바탕으로 이후 우리 사회에서는 더 나은 사전이 지속적으로 발간되기에 이른다. 그러한 성과를 거두기까지는 수십 년에 걸쳐 수많은 학자가 나라의 글을 지키기 위해 갖은 노력을 기울이고 심지어는 목숨까지 바쳐온 역사가 바탕이 되었다.

조선어학연구회

1931년 12월 10일 조직된 조선어학연구회(朝鮮語學研究會)는 그 무렵 일본 주오(中央)대학 법학과를 졸업하고 귀국하여 법조인으로 활동하는 동시에 보성전문학교와 중앙불교전문학교 등에서 조선어학을 가르치고 또한 다양한 방식으로 새로운 시대에 걸맞은 생활 운동을 주창하던 박승빈(朴勝彬, 1880~1943)과 그의 지지자들이 모여 만들었다. 본래 법조인이었던 박승빈은 1925년 보성전문학교의 교장에 취임하면서 조선어학, 즉 우리말을 가르치고 연구를 시작했는데 조선어연구회의 이론에 반대하던 그는 1931년 조선어학연구회를 조직하여 조선어연구회(후의 조선어학회)에 대응했다.

이 학회는 1934년 2월 기관지《정음(正音)》을 창간하고 과거에 사용하던 구식 철자법, 즉 소리나는 대로 표기하는 방식으로 통일할 것을 주장하여 조선어학회와 대립했다. 또 '한글맞춤법통일안'이 발표된 후에는 '조선문기사정리조성회(朝鮮文記寫整理助成會)'를 조직, 한글맞춤법통일안 반대 성명서를 발표하기도 했다. 그러나 조선문기사정리조성회의 '한글식 철자법 반대 성명서'는 치명적인 암초를 만나 좌초하고 말았으니 바로 1934년 7월 9일 발표된 '조선문예가 일동' 명의로 문필가 78인이 발표한 '한글 철자법 시비에 대한 성명서'가 그것이었다.

한글 철자법 시비에 대한 성명서

대개 조선문(朝鮮文) 철자법에 대한 관심은 다만 어문(語文)연구가뿐 아니라 조선 민족 전체의 마땅히 가질 바 일이다.

그러나 그중에서도 일일(日日) 천언(千言)으로 글 쓰는 것이 천여(天與)의 직무인 우리 문예가들의 이에 대한 관심은 어느 누구의 그것보다 더 절실하고 더

긴박하고 더 직접적인 바 있음은 자타가 공인할 것이다.

그러므로, 우리는 우리 언문(言文)의 기사법(記寫法)이 불규칙 무정돈함에 가장 큰 고통을 받아왔고 또 받고 있으며, 이것이 귀일통전(歸一統全)되기를 어느 누구보다도 희구하고 갈망할 것이다.

보라! 세종(世宗) 성왕(聖王)의 조선 민족에 끼친 이 지대지귀한 보물이 반천재(半天載)의 일월을 경(經)하는 동안 모화배(慕華輩)의 독아적(毒牙的) 기방(譏謗)은 얼마나 받았으며, 궤변자의 오도적(誤導的) 장해는 얼마나 입었던가.

그리하여, 이조 오백 년간 사대부층의 자기에 대한 몰각, 등기(等棄), 천시, 모멸의 결과는 필경 이 지중한 언문 발전에까지 막대한 저애(沮礙)와 장예(障翳)를 주고만 것이다.

그러다가, 고 주시경(周時經) 선각의 혈성(血誠)으로 시종한 필생의 연구를 일획기(一劃期)로 하여 현란(眩亂)에 들고 무잡(無雜)에 빠진 우리 언문 기사법은 보일보(步一步) 광명의 경으로 구출되어온 것이 사실이요. 마침내 사계(斯界)의 권위들로써 조직된 조선어학회로부터 거년(去年) 10월에 '한글맞춤법통일안'을 발표하고, 주년(周年)이 차기 전에 벌써 도시와 촌곽(村郭)이 이에 대한 열심한 학습과 아울러 점차로 통일을 향하여 촉보(促步)하고 있음도 명백한 현상이다.

그러함에도 불구하고, 근자의 보도에 의하여 항간 일부로부터 기괴한 이론으로 이에 대한 반대 운동을 일으켜 공연한 혼란을 꾀한다 함을 들은 우리 문예가들은 이에 묵과할 수 없음을 깨달은 것이다.

그 소위 반대 운동의 주인공들은 일찍 학계에서 들어본 적 없는 야간총생(夜間叢生)의 '학자'들인 만큼, 그들의 그 일이 비록 미력 무세(微力無勢)한 것임은 무론(毋論)이라 할지나, 혹 기약 못할 우중(愚衆)이 있어, 그것으로 인하여 미로에서 방황하게 된다 하면, 이 언문 통일에 대한 거족적 운동이 차타(蹉跎) 부진

할 혐(嫌)이 있을까 그 만일을 계엄(戒嚴)하지 않을 수도 없는 바다.

그러나, 또한 동시에 일에는 매양 조그마한 충돌이 있을 적마다 죄과를 남에게만 전가하지 말고 그것을 반구저기(反求諸己)하여 자신의 지공무결(至公無缺)을 힙쓸 것인 만큼 이에 제(際)하여 언문 통일의 중책을 지고 있는 조선어학회의 학자 제씨도 어음(語音)의 법리(法理)와 일용의 실제를 양양상조(兩兩相照)하여 편곡(偏曲)과 경색(哽塞)이라고는 추호도 없도록 재삼 고구하지 않으면 안 될 것이다.

여하간 민중의 공안(公眼) 앞에 사정(邪正)이 자판(自判)된 일인지랴. 이것은 '호소(號訴)'도 아니요. '환기'도 아니요. 다만 우리 문예가들은 문자 사용의 제일인자적 책무상, 아래와 같은 삼칙(三則) 성명을 발하여 대중의 앞에 우리의 견지를 천효(闡曉)하는 바다.

성명 삼칙

1. 우리 문예가 일동은 조선어학회의 '한글 통일안'을 준용하기로 함.
2. '한글 통일안'을 저해하는 타파에 반대 운동은 일절 배격함.
3. 이에 제(際)하여 조선어학회의 통일안이 완벽을 이루기까지 진일보의 연구 발표가 있기를 촉(促)함.

무술 7월 9일 조선 문예가 일동

강경애 김기진 함대훈 윤성상 임 린 장기제 김동인 이종수 이학인 양백화 전영택 양주동 박월탄 이태준 이무영 장정심 김기림 김자혜 오상순 서항석 이 흡 박태원 피천득 정지용 이종명 조벽암 박팔양 홍해성 윤기정 한인택

김태오 송 영 이정호 이북명 모윤숙 최정희 박화성 이기영 박영희 주요섭
백 철 장혁우 윤백남 현진건 김남주 김상용 채만식 유도순 윤석중 이상화
백기남 임병철 여순옥 최봉칙 차상찬 구토삼 홍효민 노자영 엄흥섭 심 훈
김해강 임 화 이선희 조현경 김유영 노천명 김오남 진장섭 주수원 염상섭
김동환 최독견 김 억 유 엽 김광섭 이광수 이은상 박노갑 (무순)[53]

이 성명서 발표를 기점으로 맞춤법통일안은 조선어학회의 안으로 수렴
되었고 이로써 박승빈의 주장은 급격히 힘을 잃었다. 결국 1941년 4월, 기
관지《정음》은 37호로 폐간되었고 그 후 학회는 유명무실해지고 말았다.

그 외에 경성제국대학 조선어문학과 졸업생이 주동이 되어 발족한 조선
어문학회(朝鮮語文學會)는 우리나라에 개설된 대학에서 우리말을 전공한 소
장 학자가 발족한 최초의 연구 단체란 점에서 의미를 갖는다. 조선어문학
회의 주요 활동가로는 조윤제, 이희승, 이재욱 등이 있었으며 이들은 격월
간《조선어문학회보》를 발행하면서 활발한 활동을 벌였다. 그러나 1933년
7월호를 마지막으로 간행한《조선어문학회보》의 폐간과 더불어 학회 또한
사라지고 말았다.

한글 대중화 운동의
시작

학자들이 한글의 보전과 발전, 확산을 위해 연구에 몰두하고 있을 무렵 언
론은 한글 대중화를 위해 적극적으로 나서고 있었다. 한글 대중화는 일제

강점기 우리 겨레의 문화를 지키고 정체성을 지킴으로서 겨레의 소멸을 방지하는 민족주의적 자각과 더불어 언젠가 쟁취해야 할 독립의 기반을 닦을 목적과 함께 언론이 추구하는 여론을 확산시키는 데도 필수불가결한 것이었다. 알려진 바에 따르면 일제강점기가 시작되던 1910년대 우리나라의 문맹률은 상상을 초월할 정도였다. 조선총독부에서 1930년 실시한 〈조선국세조사보고〉에 따르면 우리 나라의 문맹률은 77.7퍼센트였다.

결국 이런 현실을 극복해야 한다는 결론에 도달한 언론사들은 한글 대중화, 문맹 타파 운동에 앞장서게 된 것이다. 그리고 그러한 활동은 조선어학회의 '한글맞춤법통일안' 완성과 발표를 계기로 활성화되기 시작했다. 문자보급 운동을 처음 시작한 곳은 〈조선일보〉였다.

조선일보는 1929년경부터는 민족운동의 폭을 문화 운동의 측면에서도 확장시키려 노력했다. 문자 보급 운동은 대표적인 운동이었다.

조선일보의 민족문화 운동의 중심에는 항상 안재홍이 있었다. (중략)

(안재홍은) 주필로 있던 시기인 1929년 문자 보급 운동을 시작했다. 조선일보는 이해 하기방학을 이용하여 연례 캠페인으로서 제1회 귀향 남녀학생 문자보급 운동을 시작했다. 당시 안재홍은 조선일보 사설을 통해 이 사업의 취지를 다음과 같이 설명했다.

조선 역내(朝鮮域內) 2천만 동포 중에 문자를 알아 읽고 쓰는 자가 겨우 3백만쯤 되는 형편이니, 3백만 가운데에는 극히 미소한 독서력을 가진 자가 또 대다수이려니와, 1천 7백만의 절대 다수의 인민이 전연 소위 '까막눈이'라는 견지로 보아서, 먼저 배우고 아는 사회적으로 유복한 사람들의 가르침—교양의 책임이 중대한 것이다. (중략)

1929년 여름 "아는 것이 힘이다. 배워야 산다", "가르치자! 나 아는 대로"라는 구호를 내걸고 이 운동에 참여한 학생 수는 모두 409명이었다. 그들 가운데 91명이 이해 여름 문자를 가르쳐 자필로 관청에 수속을 할 수 있을 정도로 문자를 습득했다고 보고한 사람 수는 모두 2,849명이었다. 이를 통해 볼 때, 이해 여름 400여 명의 학생들이 문맹을 면하게 해준 사람 수는 모두 1만여 명에 달했을 것으로 추정된다. (중략)

1930년에는 제2회 문자 보급 운동이 전개되었다. 이해에는 참여한 학생 수가 크게 늘어나 900여 명이나 되었으며, 문자를 해독하게 되었다고 보고된 이는 전년의 5배가 되는 10,567명에 달했다. (중략)

1931년의 제3회 문자보급운동에는 참가 학생이 더 늘어 전년의 배인 1,800여 명이나 되었다. 강습생은 모두 2만 800여 명으로 보고되었으며, 자기 손으로 이름을 쓸 수 있는 자는 1만여 명으로 보고되었다. (중략) 하지만 이 운동은 1935년 이후에는 총독부 경찰의 금지 조치에 의해 지속되지 못했다.[54]

한편 〈동아일보〉도 〈조선일보〉의 문자 보급 운동 전개에 발맞추어 1931년부터 조선판 '브나로드 운동'을 전개하기 시작한다.

동아일보는 1931년부터 1934년까지 4차례에 걸쳐 '학생 하기 브나로드 운동'을 주최했다. 본래 '브나로드'란 19세기 러시아의 지식층이 민중 속으로 들어가 벌인 계몽운동으로서 '인민 속으로'라는 뜻이었다. 동아일보의 브나로드 운동 역시 민중 속으로 들어가 문맹 타파, 국문 보급, 위생 지식 보급을 꾀한다는 목표를 가진 일종의 계몽운동이었다.

1931년 7월 제1회 '학생 하기 브나로드 운동'에 관한 사고(社告)가 나갔는데, 이에 따르면 이 운동은 세 가지로 구분되어 있었다. 첫째는 중학교 4~5학년생이 주체가 되는 '학생계몽대'로서 조선문 강습과 숫자 강습을 1주일 이상시키는 것으로 교재와 대본을 동아일보에서 제공하는 것이었다. 활동 지역은 각자의 향리나 인접 지역으로 한정하고, 한곳에 2인 이상이 협력하여 가르칠 것을 종용했다. (중략)

'학생계몽대'가 사용할 교재로는 이윤재 편의《한글공부》, 백남규 편의《일용 계산법》을 동아일보사에서 마련하여 나누어주었다.

1931년의 제1회 브나르도 운동은 7월 21일부터 9월 20일까지 423명의 계몽 대원이 참여하여 142개 처에서 진행되었으며, 수강생은 9,492명에 달했다. 1932년 제2회 때에는 592개 처에서 2,734명의 계몽 대원이 참여했고, 수강생 은 크게 늘어나 41,513명에 달했다. 제3회 때에는 운동의 명칭을 '브나로드' 에서 '계몽운동'으로 고치고 운동의 내용도 문맹 타파에 한정하기로 했다. 3회 때에는 315개 처에서 1,506명의 계몽 대원이 참여했고, 수강생은 27,352명에 달했다. 제4회 때에는 전국 271개 처에서 1,094명의 대원이 참여했고, 수강생 은 20,601명에 달했다. 4년 동안 전체적으로 보면 97,598명의 수강생이 이에 참여했다.

그러나 이와 같은 계몽운동이 순탄하게 진행된 것은 아니었다. 총독부 경찰 당국은 강습회를 전면 금지 내지는 도중에 중지시키는 일이 많았다. 1회부터 4회까지 전면 금지당한 곳이 180곳이었으며, 도중에 중지당한 곳이 53곳이 었다. 그리고 1935년 경찰은 이 운동을 전면 금지시켰다.[55]

두 신문사의 한글 보급 운동과 계몽운동은 상당한 성과를 거두었음을 알 수 있다. 그러나 그러한 활동이 성과를 거둘수록 조선총독부에게는 눈 엣가시가 될 수밖에 없었고 급기야 두 신문사의 활동은 금지 조치를 당하 고 만다.

이후 한반도에서 한글은 더 이상 기를 펴지 못한다. 기를 펴기는커녕 얼마 안 가 교육 현장에서도 퇴출당하고 마는 것이다. 그리고 한글에 가해지던 탄압에 뒤이어 치명적인 사건이 발생함으로써 일제강점기 한글전쟁의 막은 내린다. 한글의 처절한 패배를 마지막 장면으로 남긴 채.

레지스탕스의 종언, 조선어학회 사건

1942년 7월 함경남도 홍원읍 전진역에 일본 유학생 출신인 박병엽이 친구 지창일을 만나기 위해 등장했다. 그 순간 일본인 형사 후카자와가 그에게 다가가 검문을 했다. 일본 유학 시절부터 반일 감정이 드높았던 박병엽은 퉁명스레 우리말로 검문에 응했다. 홍원읍의 유지(有志) 가문 출신인 박병엽에게 평소부터 불만을 품고 있던 후카자와는 창씨개명도 하지 않고 일본말 대신 한국말로 대응한 그를 즉시 연행해 갔다. 그런 후 박병엽의 가택 수색에 나섰다.*56

그리고 그곳에서 참으로 사소한 물품 하나를 얻은 후 이를 이용해 전 조선, 나아가 역사에까지 영향을 미치게 된 사건을 조작하게 되니 바로 조선어학회 사건이다.

그리고 사소한 물품이란 다름 아닌 박병엽의 조카인 박영옥(朴英玉)의 일

---

* 조선어학회 사건의 발단이 된 일이 무엇이냐에 대해서는 두 가지 의견이 있다. 하나는 박병엽의 검문에서 비롯되었다는 것이고 다른 하나는 박영옥이 통학 기차 안에서 우리말로 대화하다가 야스다 형사에게 걸려 취조를 받게 되었다는 것이다. 위에서 첫 번째 내용에 따른 것은 당사자인 박영옥의 1982년 8월 1일자 〈한국일보〉 인터뷰 기사에 근거한 것이다.

기장이었다. 그 무렵 함흥에 위치한 영생고등여학교(永生高等女學校)에 다니던 박영옥은 일기장에 이런 글을 쓴 적이 있었다.

"오늘 국어를 썼다가 선생님한테 단단히 꾸지람을 들었다."

이 일기장을 읽던 조선인 경찰관 야스다(安田稔, 본명은 안정묵安正黙)는 박영옥을 불러 취조를 시작했다. 왜 국어(일본어)를 사용했는데 선생님한테 꾸지람을 들었는지, 그 선생님이 누구인지 취조를 시작한 야스다는 열흘 가까운 기간 동안 지속적으로 박영옥을 괴롭혔다. 그러나 박영옥이 순순히 자백을 하지 않자 그의 친구인 최순남, 이순자, 이성희, 정인자 등 4명을 추가로 소환해 고문을 가했다. 결국 여학생들로부터 정태진, 김학준이라는 이름을 받아낸 야스다는 그때서야 여학생들을 풀어주었다.

그 무렵 정태진(丁泰鎭)은 영생고등여학교를 그만두고 조선어학회에서 사전 편찬 작업에 몰두하고 있었다. 김학준은 영생학교의 공민 교사로 재직 중이었다. 이때 일본 경찰들은 이 일을 이용해 눈엣가시처럼 여기고 있던 조선어학회를 일망타진하기로 계획을 짜고 있었다. 따라서 사실은 아무래도 상관없었다. 결과는 이미 정해진 것과 마찬가지였다.

1942년 9월 5일, 홍원경찰서로 출두한 정태진을 기다리고 있는 것은 갖은 고문이었다. 결국 정태진으로부터 조선어학회가 민족주의자들의 단체로 독립운동을 목적으로 조선어 사전 편찬 작업을 하고 있다는 자백을 얻어낸 일본 경찰은 10월 1일, 1차로 이극로·이중화(李重華)·장지영(張志暎)·최현배(崔鉉培)·이희승·한징·이윤재·정인승·김윤경·권승욱·이석린 등 11명을 서울에서 구속한 후 이튿날 함경남도 홍원으로 압송했다.[57] 이를 시작으로 10월 18일에는 이우식, 19일에는 김법린, 20일에는 정열모, 21일에는 이병기·이만규·이강래·김선기가 체포되었고 12월 23일에는 서승효·안재홍·이인·김양수·장현식·정인섭·윤병호·이은상을 체포했다. 1943

년 3월 5일에는 김도연, 이튿날에는 서민호가 홍원경찰서에 잡혀갔다. 권덕규와 안호상은 검거되지 않았으나 혐의를 피하지는 못했다.

이렇게 체포된 회원들은 무수한 고문을 받은 끝에 1943년 9월 말 치안유지법 위반 혐의로 함흥지방법원에 송치되었다. 이들에 대한 일제의 처분은 다음과 같다.[58]

기소(24명) 이극로(李克魯)·이윤재(李允宰)·최현배·이희승(李熙昇)·정인승(鄭寅承)·김윤경(金允經)·김양수(金良洙)·김도연(金度演)·이우식(李祐植)·이중화·김법린(金法麟)·이인(李仁)·한징(韓澄)·정열모(鄭烈模)·장지영·장현식(張鉉植)·이만규(李萬珪)·이강래(李康來)·김선기(金善琪)·정인섭(鄭寅燮)·이병기(李秉岐)·이은상(李殷相)·서민호(徐珉濠)·정태진(丁泰鎭)

기소유예(6명) 신윤국(申允局)·김종철(金鍾哲)·이석린(李錫麟)·권승욱(權承昱)·서승효(徐承孝)·윤병호(尹炳浩)

불기소(1명) 안재홍(安在鴻)

기소중지(2명) 권덕규(權悳奎)·안호상(安浩相)[59]

이들 가운데 공판에 회부된 사람은 이극로, 최현배, 이희승, 정인승, 이우식, 이중화, 김양수, 정태진, 장현식, 김도연, 이인, 김법린 등 12명이었다. 이들은 일제가 막바지로 치닫던 1945년 초 함흥지방법원에서 다음과 같이 판결을 받았다.

이극로, 징역 6년
최현배, 징역 4년
이희승, 징역 2년 6월

정인승·정태진, 징역 2년

김법린·이중화·이우식·김양수·김도연·이인, 징역 2년 집행유예 4년

장현식, 무죄[60]

이에 대해 이극로, 최현배, 이희승, 정인승은 항소했고 정태진은 가장 일찍 체포되어 구류 기간이 길었던 까닭에 항소하면 오히려 징역을 더 오래 살아야 할 상황이라 항소를 포기했다. 그러나 이때는 이미 일제가 패망의 길로 접어든 시절이었다. 결국 정태진은 1945년 7월 1일, 가장 먼저 출감했고, 항소한 인사들 또한 아무런 이유 없이 공판이 진행되지 않다가 광복과 더불어 8월 17일 출옥하게 되었다. 그렇지만 출옥하는 이들과 해후할 수 없는 인사가 있었으니 이윤재(1888~1943)[*]와 한징(1887~1944)[**]이었다. 두 사람은 체포 뒤 갖은 고문을 당한 끝에 재판에 회부되기도 전에 죽음을 맞고 만 것이다.

이들을 비롯해 체포된 인사들이 어떤 고문을 당했고 어떤 대우를 받았는지 증언하는 자료는 차고 넘친다. 그러나 이들을 고문하고 죽음에까지 이르게 한 자들은 광복 후에도 여전히 대한민국 경찰과 각계에서 활동했으니 한글전쟁이 오늘날까지 지속될 수밖에 없는 까닭이 여기에 있다.

---

[*] 이윤재는 개인적으로《표준 조선말사전》을 집필 중인 상태였는데 불행히도 옥사하는 바람에 자신의 책 출간을 볼 수 없었다. 그의 책은 광복 후 그의 제자이자 사위인 김병제가 미완성 원고를 정리하여 1948년 4월 출간했다. 그의 책은 이후《큰사전》이 완성될 때까지 우리 겨레의 언어생활에 큰 도움이 되었다.

[**] 한징은 일제강점기에 여러 신문의 기자를 거쳐 1930년부터 조선어학회의 사전 편찬을 담당했으나 불행히도 1944년 옥사했다.

ㄱ ㄲ ㄴ ㄷ ㄸ ㄹ

ㅁ ㅂ ㅃ ㅅ ㅆ ㅇ

ㅈ ㅉ ㅊ ㅌ ㅍ ㅎ

1945년 8월 15일 한글은 다시
빛을 찾아 세상으로 나와 수
세계화되었다.

숨어 지내야 했던 세상은 가고
한눈에도 당당히 자신을 드러낼
수 있는 세상이 왔다.

한글을 일제강점기에 태어나
우리 겨레는 한글을 사용할 수
종요지만
풍요로

따라서 광복과 함께 시작된 새로운 한글의 정착은
일본어를 밀어내고 등장한 또 다른 문자인
영어에 맞서 새롭이 공꾸었던

제 5 차
한글전쟁의
시작, 광복

아.

"아리랑은 백성이 말하고자 하는 바가 있어도 끝내 그 뜻을 펴지 못하는 이가 많다. 내가 이것을 안타깝게 여겨 새로 28자를 만들어 백성이 쉽게 익히게 하여 일상생활을 편하게 하고자 한다" 라는 염원을 실천에 옮기는 일이었다.

1945년 8월 15일, 한글은 다시 빛을 찾아 세상으로 나올 수 있게 되었다. 숨어 지내야 했던 세상은 가고 한낮에도 당당히 자신을 드러낼 수 있는 세상이 왔다. 물론 일제강점기에 태어나 한글을 교육받지 못한 대다수 우리 겨레는 한글을 사용할 줄 몰랐지만.

따라서 광복과 함께 시작된 새로운 한글전쟁은 일본어를 대신해 등장한 또 다른 문자인 영어에 맞서 세종이 꿈꾸었던 "어리석은 백성이 말하고자 하는 바가 있어도 결국 그 뜻을 펴지 못하는 이가 많다. 내가 이것을 안타깝게 여겨 새로 28자를 만들어 백성이 쉽게 익히게 하여 일상생활을 편하게 하고자 한다"라는 열망을 실천에 옮기는 일이었다.

문맹과의 전쟁

일제강점기에 언론사들이 앞장서 벌인 문맹 퇴치 운동에 대해 앞서 살펴본 바가 있다. 그러나 일제가 시퍼렇게 살아 있고 급기야는 우리말을 영원히 없애버리고자 꿈꾸기도 하던 시절을 겪던 한반도 백성의 문맹률이 쉽게 떨어질 수는 없었다. 그리하여 광복과 더불어 시작된 미군정(軍政) 시기에 12세 인구의 문맹률은 80퍼센트에 육박하고 있었다. 따라서 새로운 나라를 건설하고 일제강점기를 거치면서 훼손된 우리 겨레의 정체성을 하루라도 빨리 회복하기 위해서는 문맹률을 떨어뜨리는 것이 무엇보다 중요한 과제였다.

미군정의 한 부서로 설치된 학무국은 1945년 9월 11일 미군정 교육 담당관으로 배속된 미 육군 대위 라카드(E. N. Lockard)가 중앙청에 사무실을 개설하면서 업무를 시작했다.

업무를 시작한 미군정 학무국은 우선 문맹 문제를 관장할 '성인교육위원회'를 조직하고 '국문강습소'를 설치 운영했다. 또한 공민학교를 설치하는 등 학령기를 초과하여 초등교육의 기회를 받지 못한 아동, 청소년 및 성인들을 위한 교육정책을 펼쳤다. 그 결과 1948년 정부 수립 시 문맹률은 약 41.3퍼센트로 낮아졌다.[2]

그 후에도 정부에서는 문맹 퇴치를 우선순위에 두고 정책을 추진했으나 6·25전쟁으로 인해 정책은 실효를 거둘 수 없었다. 이후 휴전협정이 조인된 후 정부에서는 '의무교육 완성 6개년 계획'(1954~59)과 '문맹 퇴치 5개년 계획'(1954~58)을 수립, 이를 통해 학령기의 아동이 초등 수준의 의무교육을 받을 수 있도록 교육제도를 정비하고 이러한 혜택을 받지 못한 국민을 위해서는 문맹 퇴치를 위한 보완적 정책을 마련하고자 했다. 이런 노력 끝에 1958년 우리나라 문맹률은 4.1퍼센트 수준으로 격감됐다.[3]

한글 교육의
출발

한편 광복과 더불어 정부가 추진해야 할 가장 시급한 일 가운데 하나가 교육 문제였다. 미군정에서는 이 문제를 조속히 해결하기 위해 다음과 같이 사업을 추진했다.

1945년 9월 24일, 전국 초등학교 개교
1945년 10월 1일, 전국 중등학교 이상 개교[4]

그리고 조선어학회에서 편찬한 《한글첫걸음》을 한글 교육용 교재로 사용하기 위해 100만 부 이상을 제작, 일선 학교에 배포했는데, 이 교재는 이름과는 달리 초등교육뿐 아니라 중고등 교육생을 대상으로도 활용되었다.[5] 그 외에 국어(광복 후의 국어는 당연히 우리말과 우리글을 가리킨다) 교육을 위해 미군정 산하 학무국에서 《초등국어교본》과 《중등국어교본》을 발행, 각급 학교에 배포했다.

한편 한반도 구석구석에 스며든 일본어의 잔재를 지우기 위한 조처도 추진되었는데 1947년 1월, 미군정청 문교부는 산하에 '국어정화위원회'를 설치하여 일상용어의 정화를 담당토록 하고 전문용어 심의를 담당할 '학술용어제정위원회'를 별도로 설치했다. 그리고 1948년 6월에는 팸플릿 형태의 〈우리말 도로 찾기〉 모음집을 발간하여 전국에 배포했다. 이때 정해진 '우리말 도로 찾기 방침'은 다음과 같다.

(ㄱ) 우리말이 있는 것은 일본 말을 버리고 우리말을 쓴다.

(ㄴ) 우리말이 없는 것은, 옛말에라도 찾아보아 비슷한 것이 있는 것은 그 뜻을 새로 정해 쓴다. 성공 사례 : '도시락'

(ㄷ) 옛말에도 없는 말은 다른 말에서 비슷한 것을 얻어 새 말을 만들어 쓴다. 성공 사례 : '단팥죽, 메밀국수, 통조림, 튀김, 꼬치, 전골'

(ㄹ) 일어식 한자어를 버리고 우리가 전부터 써오던 한자어를 쓴다. 성공 사례 : '귀중(貴中), 우표'[6]

그 후 조선어학회의 뜻을 이은 한글학회와 진단학회, 그리고 한글 전용 촉진회는 3자 공동으로 1949년 한글날부터 일본식 간판 일소 운동을 벌이고 일본식 용어를 우리말로 고치는 운동을 벌이기도 했다.[7] 한편 1945년 조선교육심의회는 한글을 초성·중성·종성으로 모아쓰지 않고 로마자처럼 자소를 풀어서 쓰자는 풀어쓰기와 '왼쪽에서 오른쪽으로 나아가는 가로쓰기'를 제안했다. 그 가운데 풀어쓰기는 보류되고 가로쓰기는 채택되었다.[8] 한글 가로쓰기가 본격적으로 시행된 것은 바로 이때부터인 셈이다.

그러나 그 후에도 실제로는 세로쓰기와 가로쓰기가 오랜 기간 병용(併用)되었으니 1980년대까지 세로쓰기로 편집된 책이 출판되었다. 세로쓰기가 우리 생활에서 사용된 데는 신문이 세로쓰기를 사용한 것이 큰 역할을 했다고 할 수 있다. 왜냐하면 1980년대까지만 해도 시민이 접할 수 있는 언론 가운데 가장 영향력이 큰 것이 신문이었기 때문이다.

물론 광복 직후에도 가로쓰기를 채택한 신문이 없는 것은 아니었다.* 그러나 중앙지 가운데 최초로 가로쓰기를 채택한 신문은 1988년 5월 15일 창간한 〈한겨레신문〉이다. 물론 그전에도 〈동아일보〉가 1983년에 스포츠면을 가로쓰기로 편집했고 〈한국일보〉 또한 그 무렵 사설을 가로쓰기를 했으며 〈스포츠서울〉도 가로쓰기로 창간하는 등 가로쓰기가 신문의 일부 또는 전부에 도입되었다. 그러나 중앙 일간 종합지로서 가로쓰기를 전면적으로 채택한 것은 〈한겨레신문〉이 처음이었고 뒤이어 〈국민일보〉가 가로쓰기로 창간되었다.

그러나 오랜 역사를 가진 대표적인 신문들은 그 뒤로도 오랜 세월 세로쓰기를 채택했으니 언론사가 전통을 중시하는 정도가 얼마나 큰지를 알 수 있다. 〈중앙일보〉가 1994년 9월 1일 자부터, 〈동아일보〉는 1998년 1월 1일 자부터, 〈조선일보〉가 마지막으로 1999년 3월 2일 자부터 가로쓰기를 도입했으니 한글 가로쓰기가 사회적으로 대세를 이루기까지는 참으로 오랜

---

* 1947년 8월 15일, 전남 광주에서 창간된 〈호남신문〉이 우리나라 최초의 가로쓰기 신문으로 알려져 있다.

세월이 걸렸던 것이다.[9]

한글 전용 전쟁

한편 1948년 10월 1일 국회에서는 '한글전용에 관한 법률'이 통과되었고, 그달 9일 한글날을 기려 법률 제6호로 공포, 시행되기에 이르렀다.

그 내용은 다음과 같다.

한글전용에 관한 법률

국회의 의결로 확정된 한글 전용에 관한 법률을 이에 공포한다.

대통령 이승만

단기 4281년(1948년) 10월 9일

법률 제6호

한글전용에 관한 법률

대한민국의 공용문서는 한글로 쓴다. 다만 얼마 동안 필요할 때에는 한자를 병용할 수 있다.

부칙

이 법은 공포한 날부터 시행한다.[10]

사실 한글 전용 운동의 출발은 미군정청 학무국에서 시작되었다. 광복 직후 출범한 군정청 학무국 조선교육심의회에서는 교과서에 한자를 폐지하고 한글만 쓰기로 결정한 것이다. 미군정청의 교육정책 자문 기구인 조선교육심의회는 1945년 11월 23일 구성되었는데 10개 분과로 이루어졌고 그 가운데 7개 분과에는 미군 장교가 위원으로 참가했으니 이후 대한민국 교육정책이 미국 교육 체제를 따른 것은 미국 지향적 활동을 펼친 이승만 대통령의 취임과 함께 당연한 귀결이었던 셈이다.[11]

한편 조선교육심의회의 총인원은 73명이었는데 62명의 한국인은 대부분 해외 유학 경험이 있는 고학력자, 기독교도, 온건 민족주의자, 반공주의자 등이 주류를 이루었다. 그 가운데 대표적인 인물로는 안재홍·정인보·백낙준·김활란·김준연·이인기·유억겸·현상윤·장면·장덕수·장이욱·유진오·김성수·백남운·조병옥·박종홍·최현배·피천득·황신덕 등을 들 수 있고 좌익계로 분류되던 인사는 참여하지 않았다.[*][12]

그런데 위 명단을 보면 한글 전문가라고 할 수 있는 이는 최현배 외에 찾아보기 힘들다는 사실을 쉽게 알 수 있다. 결국 조선교육심의회에서 결정한 한글 전용 정책의 중심에는 최현배가 있었던 셈이다.

이는 이후 한글 전용을 둘러싸고 벌어지는 끝없는 논쟁의 출발점이 된다. 왜냐하면 최현배는 한글 전용을 부르짖던 대표적인 국어학자였던 반면 그와 의견을 달리한 학자들의 참여가 이루어지지 못했고 그 결과 회의 내부에서 한글 전용과 관련한 의견이 토의되지 못한 채 몇 사람의 의견이 일방적으로 추진되었기 때문이었다.

이러한 논쟁은 21세기에 들어선 오늘날에도 결론을 내리지 못한 상태다.

---

[*] 이들 가운데 민족문제연구소 친일인명사전편찬위원회가 발간한 《친일인명사전》에 등재된 인물은 백낙준, 김활란, 이인기, 유억겸, 현상윤, 장면, 장덕수, 유진오, 김성수, 황신덕 등으로 친일 인사가 위원으로 대거 등용되었음을 알 수 있다.

결국 지금 이 순간에도 우리나라에서는 한글 전용이냐, 한자 병용이냐를 놓고 수많은 전문가 사이에서 논쟁이 벌어지고 있다. 어느 때는 명시적으로, 또 어느 때는 묵시적으로. 그러나 이 문제는 대부분의 언어생활과 관련한 문제가 그렇듯 결코 칼로 무 자르듯 판정할 수 있는 성질이 아니다. 이에 대해서는 뒤에 다시 살펴볼 예정이다.

한글 간소화 파동

'한글 간소화 파동'[*]은 외부의 적이 아니라 내부의 적을 맞아 싸운 전쟁, 곧 내란이다. 게다가 이 내란 성격의 전쟁이 우리 겨레 사이에 벌어진 실제 전쟁인 6·25전쟁과 앞서거니 뒤서거니 하며 벌어진 것 또한 예사로운 일이 아니다. 왜 두 전쟁이 같은 시기에 벌어진 것이 예사로운 일이 아닐까?

전쟁 중인 1952년 이승만은 피난 수도 부산에서 헌법과 실정법을 유린하는 '정치 파동'을 일으키고, 그 결과 1952년 7월의 발췌개헌을 통해 다음 달 8월 5일 직선제에 의한 정·부통령 선거를 치르며 제2대 대통령에 선출된다. 그러나 국회에서 친여계(親與系)는 여전히 소수파였는데, 북진 통일 운동이 휴전회담 반대 운동의 형태로 시작된 1953년 4월경부터 이승만은 원내에 안정 기반을 확보하게 된다. 바로 이 시기에 한동안 잠잠했던 한글 문제가 다시 수면 위로 떠오르는데 (하략)[13]

---

[*] 이외에 '한글 파동', '한글맞춤법 파동' 등 다양한 명칭으로 불리기도 한다.

두 전쟁 사이에 이러한 연관성이 존재했던 것이다. 즉, 이승만의 전제적 (專制的) 행동과 사고에서 비롯된 정치 상황이 결과적으로 한글전쟁이라는 문화 전쟁을 확전시키는 데 기반이 된 것이다. 만일 이승만의 정치적 기반이 확고하지 못했다면 전선(戰線)에서 무수한 젊은이가 죽어가는 전쟁의 소용돌이 속에서 뜬금없이 한글을 둘러싼 내전을 일으킬 수 없었다는 것은 쉽게 짐작할 수 있을 것이다.

언어라는 것은 그 자체로 존재하는 것이 아님은 앞서도 무수히 말한 바 있다. 언어란 그것을 사용하는 사용자, 즉 언중(言衆)과 떼려야 뗄 수 없는 연관성을 가지고 있다. 언중이 없다면 언어 또한 아무런 역할도 하지 못한다.

그뿐이 아니다. 언어란 결국 시민의 발언과 연관을 갖는다. 그러하기에 언어를 사용하는 데 장벽이 느껴지는 사회는 민주적인 사회가 아닌 반면 민주적인 사회에 거주한다고 확신하는 이들은 자신의 주의나 주장을 거리낌 없이 표현한다. 결국 누가 뭐라고 해도 언어는 정치적·경제적·사회적·문화적·역사적 상황의 영향권에서 벗어날 수 없는 것이다. 언어는 결코 소리가 아니다. 언어는 개념이고 주장이며 표현이다.

언어 정책을 담당하는 자들 또한 이러한 사실을 잘 알고 있다. 그렇지만 언어는 단지 언어일 뿐 정치·사회적 상황과는 아무런 연관성도 없다고 주장한다. '한글 간소화 파동' 또한 이러한 상황으로부터 비롯되었다.

앞서 광복과 더불어 한글 전용 정책이 미군정으로부터 채택되었고 정부 수립 후 이 정책이 추진되었다는 사실을 살펴보았다. 한글 전용 정책 또한 소수의 전문가에 의해 빠른 시간 내에 추진되었기 때문에 문제가 있었을 뿐 아니라 그 후 오랜 세월 동안 현실 속에서는 한글 전용이 이루어지지 못했다. 또한 상부의 정책이 일반 대중에게 전해지는 과정에서 강제나 의무화를 강요하지 않았기 때문에 이 문제는 후에 지속적인 문제를 야기하기는

했지만 당장은 사회적 반발이나 갈등을 일으키지 않았다. 그러나 '한글 간소화 파동'은 달랐다.

대통령 이승만이 일으킨
한글 파동

1949년 10월 9일 한글날을 맞아 대통령 이승만은 다음과 같은 내용의 담화를 발표했다.

우리나라에서 자고로 사대주의적 사상을 가지고 남을 모본하기에만 힘써서 우리의 고유한 기능과 물산을 장려하기에 심히 등한했던 것이 큰 약점이었다. 본래 우리의 국문을 창정한 것이 우리의 창조적 특성을 표시한 것인데 한문 학자들이 이것을 포기시켜서 자기들도 쓰지 아니하고 남에게도 쓰지 못하게 한 결과로 4백 년 이래 별로 개량된 것은 없고 도리어 퇴보되어 우리의 문화 발전에 얼마나 지장이 되었는가를 생각하면 실로 가통한 일이다. 과거 40년 동안에 일어와 일문을 숭상하느라고 우리 국문을 버려두어서 쓰는 사람이 얼마 못 되는 중 민족성에 열열한 학자들이 비밀리에 연구해서 국문을 처음으로 만든 역사를 상고하여 처음에 여러 가지로 취음(取音)해서 쓰던 법을 모본하여 그것이 국문을 쓰는 가장 정당한 법이라고 만들어낸 결과 근래에 이르러 신문 게재다, 다른 문학사회에서 정식 국문이라고 쓰는 것을 보면 이런 것을 개량하는 대신 도리어 쓰기도 더디고 보기도 괴상하게 만들어놓아 퇴보된 글을 통용하게 되었으니 이때에 이것을 교정하지 못하면 얼마 후에는 그 습관이 더욱 굳어져서 고치기 극란할 것이매 모든 언론기관과 문학계에서 특별히 주의하여 속히 개정되기를 바라는 바이다. (중략)

그리고 우리 국문을 깊이 연구하는 이론가 측에서는 한글이라는 것이 음라하여 비행기를 날틀, 자전을 말광, 산술책을 셈본, 학교를 배움집, 삼각형을 세모골, 가감승제를 더룰곱재기라고 말을 고쳐서 쓰니, 이런 것은 다 명사로 된 글자인데 이것을 뜯어서 새로 번역하여 만든다는 것은 구차스러운 일이므로 이런 것은 다 폐지하고 알아보기와 쓰기에 쉽고 편리하도록 개량하는 것이 문학가와 과학가들의 민족과 문화에 대한 사명일 것이다.[14]

위 내용을 얼핏 보면 참으로 지당하신 말씀으로 들린다. 사대주의에 물든 학자라는 이들이 공연히 우리말을 어렵게 해서 훈민정음을 창제한 세종의 뜻을 거스르고 있다니 말이다. 그러나 내용은 이와 전혀 다르다. 그전부터 이승만은 지속적으로 그 무렵 널리 퍼져 실용화되어 있던 한글맞춤법에 대해 부정적인 태도를 가지고 있었다.

이승만의 맞춤법

앞서 우리는 일제강점기에 있었던 한글맞춤법 논쟁을 살펴본 바 있었다. 그리고 그 논쟁에서 주시경으로 대표되는 조선어학회의 형태주의 표기법이 박승빈이 주도한 표음주의 표기법을 누르고 채택되었음 또한 확인할 수 있었다.

그렇다면 형태주의(形態主義) 표기법과 표음주의(表音主義) 표기법은 어떻게 다를까? 간단하다. 형태주의는 《브리태니커 백과사전》에 따르면, '같은 단어는 다르게 발음되더라도 언제나 똑같이 표기해야 한다는 견해'이다. 그리고 한글맞춤법 제1장 총칙 제1항을 보면 '표준어를 소리대로 적되, 어법에 맞도록 함을 원칙으로 한다'라고 하여 '한글맞춤법의 대원칙을 정해 놓았다'라고 했다.[15]

그런데 일반인이 보기에 한글맞춤법 제1장 총칙 제1항은 당연한 것처럼 여겨질 뿐 아니라 무슨 큰 문제를 안고 있는 것처럼 보이지도 않는다. 그러나 이 항목은 무척 중요하다. 왜 그리 중요한지 찬찬히 살펴보기로 하자.

첫째, '표준어를 소리대로 적되'라는 말을 살펴본다. '소리대로 적되'는 즉, 소리 나는 대로 적는다는 말이다. 그렇다면 "한글이 소리글자이니 소리 나는 대로 적는 것이 너무나 당연한 것 아닌가?" 이런 생각이 들 것이다. 맞다. 이 내용은 그래서 '표음주의', 즉 소리 나는 대로 적는다는 원칙을 천명한 것이다.

둘째, 그런데 '어법에 맞도록 함을 원칙으로 한다'라는 말은 또 뭐지? 소리 나는 대로 적으면 되는데 갑자기 어법(語法)이 왜 등장하는 거지? 여기서 문제가 발생한다. 어법이란 소리 나는 대로 적는 대신 문법이나 어법에 맞게 적어야 한다는 말이다. 예를 들면 이렇다. 한자로 신(信)은 '믿을 신'이다. 이를 한글로 표기하면 어떻게 써야 할까? 우선 소리 나는 대로 써보자. 그럼 이렇게 써야 할 것이다.

1. 너 자신을 <u>미더라</u>.
2. 저 <u>스스로를 믿꼬</u> 나니 정말 마음이 편해졌어요.

이게 표음주의다. 소리 나는 대로 쓰는 것. 그런데 이를 완전히 도입하면 어떻게 될까? 누군가는 말한다. "한글이 훨씬 쉬워지죠. 소리 나는 대로 쓰면 되니까 말이죠." 정말 그럴까? 여기서 오래전부터 팔리고 있는 과자 종류 하나를 예로 들어보자. 혹시 그 회사에 도움이 된다 해도 이해하고 넘어가자. 그냥 예를 드는 것뿐이니까.

'맛동산'이라는 과자가 있다. 대부분의 한국인은 이 과자 이름이 '맛(味, taste) + 동산(園, knoll)'으로부터 나온 것임을 안다. 그런데 이 사실을 모르지만 한글을 깨친 외국인에게 과자 이름을 들려주고 적으라고 하면 어떻게 쓸까?

마똥산, 맏똥산, 맛똥산, 맡똥산, 맛통산, 맏통산, 마통산, 맛동산, 마똥산, 맡동산, 맡통산

위의 명칭 가운데 하나로 적을 것이 분명하다. 그러나 위 명칭 가운데 가장 적은 사람이 선택할 명칭은 아마도 '맛동산'일 것이다. "맛, 동, 산"으로 한 자씩 끊어 읽기 전에는 '동'을 '동'으로 읽을 수 없으니까.

그렇다면 왜 이리 어렵게 쓰느냐고 물을 것이다. 그건 언어 사용자, 즉 언중의 언어 사용에 통일성을 기하고 일관성을 유지하며 나아가 언어의 뿌리를 지킴으로써 상황이나 시대, 사용자 등의 변화에 따라 언어가 원칙 없이 변하는 것을 막기 위해서다. 이러한 이유 때문에 소리글자인 한글의 장점을 살리기 위해 소리 나는 대로 적기로 하지만 어법에 어긋나게 적어서는 안 된다는 것이다. 결국 소리 나는 대로 적는 것보다 더 중요한 것이 어법에 어긋나서는 안 되는 것이 한글맞춤법인 셈이다.

그리고 소리 나는 대로 적는 방법 대신 어려운 법칙을 정하고 따르는 것

은 역설적으로 우리 언어생활을 더 쉽고 간편하게 하기 위해서라는 사실 또한 잊어서는 안 된다. 앞서도 말했지만 오늘날 우리가 사용하는 맞춤법이 공연히 법칙을 만들어 불편하고 어렵기만 하다면 언중의 반발을 불러일으켰을 뿐 아니라 이미 폐기되고 다른 방식으로 대체되었을 것이다. 그러나 한글이 본격적으로 사용되기 시작한 이래 부수적인 수정은 지속적으로 이루어져왔지만 근본적으로는 변화하지 않은 것만 보더라도 이 방식이 합리적이라는 사실을 알 수 있다.

그럼 왜 어렵다고 여기는 법칙을 따르는 것이 더 쉽고 간편한지 살펴보자. '맛'이라는 단어와 '동산'이라는 단어를 알고 있다면 '맛동산'이라는 명칭을 듣는 순간 맛+동산 = 맛(음식 따위가 혀에 닿았을 때의 느껴지는 감각) + 동산(마을 부근이나 집 근처에 있는 낮은 언덕이나 작은 산)으로 이루어진 명칭이라는 사실을 알 수 있다. 처음에는 모른다고 해도 시간이 지나면서 또는 직접 쓰인 명칭을 보는 순간 깨달을 수 있다. 그리고 이러한 추정은 점차 확산된다.

맛집 맛이 뛰어나 소문이 난 집.

게맛살 게의 맛이 나는 살.

손맛 음식을 만들 때, 손으로 직접 만들어서 내는 맛.

맛들이다 재미를 붙여 좋아하게 되다.

입맛 음식을 먹을 때 입으로 느끼는 맛.

맛보기 시험 삼아 맛을 보는 일

'맛'이라는 단어를 배운 이라면 위 단어들을 살펴보면 '맛'과 관련된 단어 또는 '맛'이라는 단어의 뜻을 확대해서 사용한 것임을 쉽게 알 수 있다. 이러한 편의성이 있기 때문에 어법이라는 것을 정하고 그에 맞추어 언어생활을 하는 것이다. 반면에 위 단어를 소리 나는 대로 적는다고 가정해보자.

맛집 마집, 맛찝, 맏찝, 맏찝

게맛살 게마쌀, 게맛쌀, 게맏쌀

손맛 손맛, 손맏, 손만

맛들이다 마뜰이다, 맛뜰이다, 맏뜰이다, 맏들이다, 맏뜰이다

입맛 임맛, 임맏, 임맏, 임맞

맛보기 맛뽀기, 마뽀기, 맏뽀기, 맏보기, 맏뽀기

위에서 보듯 어법에 맞게 쓰면 한 단어만 외워 다양하게 응용할 수 있는데 비해 소리 나는 대로 적기 시작하면 쓰는 사람에 따라 달리 사용할 것이기 때문에 그 혼란이란 상상을 초월할 것이다. 결국 어떻게 해도 맞춤법의 표준을 정해야 하는 것이고 이는 가장 효율적이고 합리적인 방식을 따르는 것이 최선인 셈이다.

결국 배우지 않은 상태에서는 소리 나는 대로 적는 게 가장 편리할 것 같지만 언어생활을 조금만 깊이 들어가 보면 소리 나는 대로 적는 것은 결국 무원칙한 것이고 이는 결국 더 큰 혼란과 무질서를 야기해 큰 난관에 봉착할 것임을 쉽게 알 수 있다.

그래서 소리 나는 대로 적기를 주장하는 사람들도 모든 것을 그렇게 적어야 한다고 주장하지 않는다. 그 대신 받침을 몇 개로 한정한다거나 하는 따위로 주장을 제한한다. 이와 관련해서 한 가지 알아둘 사항이 있으니 오늘날 한글을 이용해서 세상 모든 소리를 적을 수 있다고 하는 주장은 사실이 아니라는 것이다. 이를 확인하기 위해서는 세종께서 훈민정음을 창제할 당시 있던 글자 가운데 몇 글자가 사라졌다는 사실만 보아도 알 수 있다.

세종과 집현전 학자들이 바보가 아니라면 없는 소리를 표기하기 위해 쓸모 없는 글자를 만들었을 리가 없다. 그러나 창제된 글자들 가운데 ㅿ, ㆆ, ·, ㆁ 의 네 글자가 사라졌다. 따라서 이 글자들이 있었다면 아마 지금보다 더 다양한 소리를 표현할 수 있을 것이다. 물론 우리말에서는 사용하지 않는 소리겠지만.

현실적으로는 영어 표기를 보면 알 수 있다. friend, birthday, sir 같은 단어를 소리 나는 대로 기록하려면 우리는 어려움을 겪는다. 이는 일본인 들이 sale을 적는 데 어려움을 겪어 결국 'セ-ル(세루)'라고 적는 것과 흡사 한 것이다.

이처럼 한글이 세계적으로 뛰어난 문자라는 데 대해서는 이의(異議)를 제 기하지 않지만 그렇다고 한글이 소리글자로서는 완벽하다거나 만능이라고 주장한다면 이는 합리적인 주장이 아니라는 사실을 기억해야 한다.

가장 반민주적인
민주주의 상인, 이승만

다시 한글 간소화 파동으로 돌아가자. 앞서 살펴본 바와 같이 한글맞춤법 은 오랜 시간에 걸쳐 연구하고 고민한 끝에 도달한 결론이었다. 그런데 이 승만은 이미 결정된 한글맞춤법에 불만이 있었던 것이다. 그리고 그러한 불만이 처음 드러난 것이 앞에서 살펴본 담화문이었다. 그러나 그의 주장 은 시대적으로 뒤떨어진 것이었을 뿐 아니라 어떠한 학문적 근거도 갖추지 못한 것이었다. 따라서 자연스럽게 사라지는 듯했다. 그렇지만 1949년 우리 나이로 75세에 달한 이승만(1875~1965)은 자신의 주장을 쉽게 거둬들이는 성품의 소유자가 아니었다.

칠십 노구로 해방 조국에 돌아온 이승만은 조선어학회의 '(한글맞춤법)통일안'에 따라 발간된 신문이나 책자를 읽는 데 어려움을 느꼈다고 한다. 경무대 시절 이승만 대통령은 대부분의 연설문을 누구와도 상의하지 않고 자필로 썼는데 그의 문체는 성경의 옛날 판에서나 볼 수 있는 문체였고, 그 문체를 교정하려 하지 않았다고 한다. 또한, 이승만 대통령은 국내 신문을 보지 않았다고 하는데 첫째, 국내 신문은 야당을 두둔하는 불공평한 신문이라는 것이고, 둘째, 현행 철자법을 어렵게 여겼고 도무지 잘 알 수가 없다고 투덜거렸다는 것이다. 심지어는 이승만 대통령이 구술한 문장에 대해 비서들이 "이건 옛말이니 고치시라"라고 하면 "자네가 유식하니 자네가 내 대신 대통령 하게! 난 무식해서 그래!" 하면서 종이를 팽개치며 마구 화를 내었다고 한다.[16]

서구식 민주주의를 광복된 대한민국에 처음 전파하고 시행한 이승만이었지만 그의 사고는 민주주의와는 거리가 먼 조선의 왕조 시대에 머물러 있었으니 위 사례만 보아도 알 수 있다.

한글 간소화 파동 또한 이러한 이승만의 태도에서 비롯한 내란이자 국지전(局地戰)이었다. 그리고 그 전쟁은 오직 이승만과 한글 사이의 전쟁이었다. 한글의 대척점에 서 있는 것은 이승만과 그가 임명한 허수아비 관료뿐이었으니까. 그리고 그런 사정은 다음 글에서 확인할 수 있다.

해방이 된 후에도 이승만의 글은 자신이 한글 철자법을 간소화하라며 제시한 '구 성경식 철자'와 크게 다를 바 없는 표기 형태를 보이고 있는 것이다. 그렇기 때문에 이승만 대통령은 해방 이후 신문과 잡지 등을 통해 '통일안'에 입각해서 작성된 글을 보았을 때, 특히 복잡한 겹받침 등에 몹시 당황했고, 또한 불편함을 느낄 수밖에 없었다.

받침 'ㅅ'의 사용에 대해서는, 이미 앞에서도 언급했듯이 이 대통령이 1950년 2월 3일 기자단 회견 석상에서 "바침에 있어 'ㅅ'을 둘씩이나 쓰는 아무 소용 없는 마침을 하고 있으니 이것은 고쳐야 할 것이다. 실례로 '잇다'와 '있다'가 무엇이 다른가?"라며 직접 설명한 대목에서 겹받침을 얼마나 불편해했는지 한눈에 파악할 수 있다.[17]

한글 간소화 파동, 나아가 한글맞춤법 파동은 늘 이런 식이었다. 이승만의 한마디가 전쟁의 시작이었다. 그리고 그 전쟁이 끝나려면 그가 자신의 주장을 거두어들여야 했다. 그게 전부였다. 1949년 10월의 문제 제기에 대해 아무도 들은 척하지 않자 이듬해인 1950년 2월 3일, 기자들 앞에서 다시 한글 간소화를 주장한 것이다. 물론 그전에도 다시 주장했지만 그때도 여전히 언중은 반응하지 않았다. 이승만의 손바닥은 불이 났지만 상대방의 손바닥은 반응을 하지 않은 것이다.

그런 상황을 반전(反轉)시킨 것은 6·25전쟁이었다. 한글을 둘러싼 국지전이 벌어지려는 찰나 무력을 동원한 진짜 전쟁이 일어난 것이다. 그리하여 한글을 둘러싼 국지전은 봉합되었다. 그러나 이승만의 완고한 고집까지 치유된 것은 아니었다.

전쟁의 소용돌이
속에서도

1950년 12월 28일, 이승만은 국무총리를 경유해 문교부 장관에게 다음과 같은 지시를 내린다.

> 한글 철자 개정에 관한 건
> 현재(現在) 각(各) 학교(學校)에서 사용(使用)하고 있는 철자법(綴字法)은 경상(經常)하게 만들어 쓰는 것이매 이를 다 폐지(廢止)하고 이전(以前) 주자(鑄字)를 만들어 간편한 밧침법을 곳 실시(實施)할 것을 지시(指示)함.[*18]

　이 문서는 국가기록원에 보관되어 있는데 뭔가 잘못되었다는 생각을 버릴 수 없다. 도대체 1950년 12월 28일이 어느 때인가. 6·25가 발발한 지 6개월 지난 때인데 이때 나라는 풍전등화의 위기에 처해 있었다. 결국 9월 28일 되찾은 서울을, 이 지시가 내려간 지 고작 일주일 만인 1951년 1월 4일 다시 빼앗기고 마는 절체절명의 시기에 이런 지시를 내린다는 것을 어떻게 이해할 수 있겠는가.

　만일 이 자료가 가짜가 아니라면 이승만의 한글 간소화에 대한 집착은 가히 병적(病的)이라고밖에 말할 수 없다는 생각을 지울 수 없다. 그리고 이러한 병적 집착은 결국 세상에 그 모습을 드러내고 마니 전쟁이 소강상태로 접어든 1953년 4월 11일의 일이었다. 드디어 이승만이 칼을 뽑아든 것

---

[*]　특히 위 지시에서 우리가 알 수 있는 것은 이승만의 한글에 대한 관심 또는 집착은 한글 자체가 아니라 자신의 입맛에 맞지 않는 맞춤법이라는 사실이다. 지시 내용이 온통 한자로 이루어져 있는데 알려져 있다시피 이승만은 자신이 지은 한시(漢詩)에 자부심을 가질 만큼 한자에 조예가 깊었다.

이다.

우리 한글은 원래 사용의 간편을 안목으로 창조된 것은 주지의 사실이온데, 현재 사용하고 있는 철자법은 복잡 불편한 점이 불소(不少)함에 비추어 차(此)를 간이화하라는 대통령 각하의 분부도 누차 계시기에 단기 4286년 4월 11일 제32회 국무회의에서 정부 문서, 정부에서 정하는 교과서, 타이프라이터용 철자는 간이한 구 철자법을 사용할 것을 의결했던 바, 기중(其中) 교과서, 타이프라이터에 대하여는 준비상 관계로 다소 지연되더라도 정부용 문서에 관하여는 즉시 간이한 구 철자법을 사용하도록 함이 가하다고 사료되오니, 이후 의차 시행하기 훈령함.[19]

이 내용은 1953년 4월 11일, 즉 아직 전쟁이 끝나지도 않은 상황에서 국무회의에서 결의된 구 철자법 사용에 관한 내용을 근거로 4월 27일 국무총리 백두진이 훈령으로 각 부처 장관 및 도지사에게 내려 보낸 것이지만, 국무총리는 이승만의 꼭두각시에 불과한 역할을 했음을 쉽게 알 수 있으니 '대통령 각하의 분부도 누차 계시기에'라는 구절이 이를 확인해준다.

이렇게 해서 무력 전쟁의 와중에 한글 내전이 발발한 것이다. 그러나 앞서 언급한 바와 같이 한글을 둘러싼 내전은 한편에는 무소불위의 권력과 고집불통이라는 무기로 무장한 대통령 이승만이 진을 치고 반대편에는 거의 모든 언중(言衆)이 자리한 싸움이었으니 이는 내전이라고 부르기도 어렵다.

게다가 도대체 훈령은 내려졌으나 그 훈령 내용이 무엇인지도 불명확한 상태였으니 이를 명령이라고 이름 붙일 수 있는지도 의문이다. 위 내용에 따르면 향후 정부용 문서는 즉시 '간이한 구 철자법'을 사용해야 했다.

그런데 '간이한(簡易, 쉽고 간단한) 구 철자법'이 무엇인지는 설명도 없고 전달된 내용도 없다. 게다가 시행 시기는 '즉시'다. 그러니 당장 이 순간부터 장관을 비롯한 모든 공무원은 기준도 정해지지 않은 철자법에 맞추어 문서를 작성해야 하는 것이다.

언중의 저항

결국 '대통령 각하의 분부'에 반론을 펼치지 못하는 꼭두각시들 대신 언중이 강력히 저항에 나섰다.

전국문화단체총련합회(이하 문총)는 5월 8일, '한글맞춤법을 옛날대로 쓰라'라고 한 것은 우리 민족의 문화뿐 아니라, 이성 전반을 교란시키는 위험천만한 정책으로서 천추에 남을 실책이라는 요지의 경고 성명을 냈다. 각 신문은 사설을 통해 철자법 폐지는 혼란만 일으킬 것이라며 철자법 개정은 신중에 신중을 기해야 한다고 증언하고 '훈령8호' 대신 철자법 일람표를 배부하는 게 나으며, 민족적 중대사를 왜 국회에 부의하지 않고 국무회의에서 독단적으로 결정하느냐고 정부를 성토했다.

반대 여론은 쉽사리 수그러들지 않고 5월 12일에는 인천 시내 초중고등학교 교장단이 총리 훈령의 내용은 이론과 실지 양면에서 당치 않은 것이라고 규정했다. 간소화 지시가 사회에 일대 파문을 일으키자 언론과 국어학자들뿐만 아니라 김동리, 윤석중 등 문화계 인사와 일반 시민들까지 찬반 논쟁에 가세했다. 예상치 못한 이 대통령의 한글간소화 지시에 불가피하게 논란의 한복판에 서게 된 한글학회도 5월 11일 김윤경, 장지영, 최현배 등이 회의를 열고 정부의 맞춤법 문제에 관해 의논한 다음, 5월 24일에는 일정한 체계조차 갖추지 못한 불완전한 구식 맞춤법을 쓰라 함은 학술 진리의 존엄성을 모독하는 것이고, 무엇보다도 돌연히 총리의 훈령을 통한 행정조치로써 전문 학자들의 총의를 짓밟는 것은 권력의 문화 교살이며, 국어의 발전을 유린하는 것이라는 내용의 반대 성명을 냈다. 또한 5월 30일에는 대한교육연합회가, 한글간소화는 국어의 혼란을 초치(招致)할 뿐만 아니라, 모든 민족문화를 후퇴의 비운에 빠뜨리는 것이므로 적극 반대한다는 성명을 발표했으며, 같은 날 부산의 중등교육회에서도 반대 성명을 발표했다.[20]

전쟁 중인 나라에서 갑자기 자신들의 문자를 둘러싼 내전이 발발했으니 이야말로 이해하기 힘든 일이다. 온 시민이 힘을 합쳐 전쟁에 대처하고 나아가 종전을 향해 가는 전쟁의 마무리를 어떻게 할 것인지, 종전 후에는 전쟁의 상흔을 가능한 빨리 씻기 위해서는 어떻게 해야 할 것인지를 논의해도 부족한 마당에 엉뚱하게도 한글을 둘러싸고 온 나라가 내전에 돌입한 것이다.

휴전협정을 눈앞에 둔 1953년 5월 22일, 국회의원 97명이 서명한 '교육용어에 대한 법률안'이 국회에 제출되고 연이어 이를 둘러싼 논의가 국회를 비롯한 언론 지상 등 전국적으로 벌어진다는 것은 참으로 이해하기 힘든 현상이었다. 그러나 현실이 그랬다.

결국 정부도 국무총리 훈령을 밀어붙일 수 없다는 사실을 깨닫게 된다. 그렇다고 이 주장을 거두어들인 것은 아니었으니 그해 7월 문교부에서는 국어심의위원회를 설치한다. 이를 통해 정부의 주장에 정당성을 부여하고자 한 것이다.

곡학아세,
이선근의 등장과
한글 간소화

주로 국어학자로 구성된 위원회는 정부의 바람과는 달리 한글맞춤법통일
안의 손을 들어준다. 그리고 정부는 이 결정에 승복할 마음이 전혀 없었다.
결국 그해 12월 21일, 문교부 편수국장인 최현배가 사임하고 이듬해 2월 9
일에는 문교부 장관 김법린도 사임했다.[*]

정부의 태도는 확고해 국무총리 백두진은 2월 24일 '철자법 간소화에 대
한 정부 방침에는 변함이 없으며 이를 실시할 문교부 장관을 임명할 것'이
라고 천명한다. 그러나 이런 정부 방침에 어울리는 문교부 장관을 구하기
란 당연히 어려운 일이어서 문교부 장관 임명은 계속 지연된다. 그러나 이
승만의 고집은 이미 돌아올 수 없는 강을 건넌 상태여서 문교부 장관을 임
명하는 대신 1954년 3월 27일 이런 내용의 성명을 발표한다.

> 이전에 우리 국문학자들이 임시로 교정해서 철주자(鐵鑄字)판을 만들어서 신
> 구약과 기타 국문서에 쓰던 방식을 따라서만 국문을 쓰게 할 것이고 각 신문
> 에서도 문명 발전이 속진(速進)되기 위해서 이것을 다 포기하되 이 글 공포 후
> 석 달 안에 교정해서 써야 할 것이다. (중략)
>
> 내가 오래전부터 소위 국문학자라는 분들의 각오를 얻어 순리적으로 해결해
> 보고자 노력했으나 완고몰상식한 사람들이 구식만을 주장해서 이오같이 장

김법린은 국회의원 출마를 이유로 사임한다고 했으나 한글 간소화 파동 때문에 사임했다는 게 중론
이다.

애가 되면 나로서는 이것을 절대 금지해서 후폐(後弊)가 더 되지 않도록 할 것이니 이것을 다 이대로 지지하고 지금 한인들이 쓰는 국문은 하루 바삐 교정해서 원칙대로 쓰게 만들어주지 않으면 점점 병이 들어 장차는 교정하기에 많은 노력을 가져야 될 것이므로 하루바삐 고쳐주려는 것이 나의 의도요 그 이유를 몇 번 들어 공개로 설명한 것이 민중이 다 알 만침 된 것인데 우리나라에 아직도 민간에 공론이 서지 못해서 몇 사람끼리 단결해서 주장해나가는 것을 옳으나 그르나를 막론하고 다 따라갈 줄을 아는 까닭으로 지금 국문은 국문도 아니고 한문도 아니고 무엇인지 모르겠으며 다만 된 것은 그 단순하고 과학적으로 된 국문을 복잡하고 비과학적으로 만들어서 글쓰기에도 시간을 갑절 가져야 되게 되고 보기에도 어떤 것은 국음(國音)이 잘 안 되는 것을 소위 국문연구자라는 사람들이 만들어놓아서 생각 아니하는 민중들은 이것을 원문의 근본적 제도로 알고 따라가게 되니 이와 같이 해가는 결과로는 첫째 타자기에다 건(鍵) 몇 개 안 가지고 다할 수 있을 것을 갑절이나 더 건을 만들어야만 사용할 만치 되며 전보다 또 암호통신 등에 사용하려면 혼란이 많아서 쓰기와 알아보기에 혼동을 면할 수 없게 만들며 개명하는 나라에서는 여전 몽매한 시대에 복잡하게 만들어온 글과 기계를 간단하고 쓰기와 보기에 속(速)하며 문명 진보에 편의를 주도록 만드는 것이 목적인데 우리 학자란 사람들은 이것을 뒤집어서 더 어렵게 만드는 것을 국문 연구자의 목적이라 해가지고 문제를 삼기에 이르니 이것은 정부에서 더 포용할 수 없는 것이므로 지금부터는 정부의 각 부처 등 일반 기관에서는 단순히 따라나가기를 바라며 민간에서는 이런 이해를 철저히 양해하고 단순한 국문 신문을 내서 민간에 속히 무식하다는 사람들이 보아서 개명 발전의 길로 나가며 이 사람들이 그 효력을 보게 되므로 순 국문을 보는 사람 수효가 늘고 한문 쓰는 신문들은 점점 무력하도록 만들어야 하겠으니 이것은 전혀 신문 보는 사람들이 먼저 각

오하고 결심해서 정부의 의도를 지지하여 개명의 길로 속히 나가게 해야 될 것이다.[*21]

위 성명서는 시민을 상대로 호소하고 설득하며 소통하겠다는 내용이 아니라 명령하는 내용임을 누구나 쉽게 알 수 있을 것이다. 그런데 더욱 놀라운 것은 위 글의 문체다. 수백 자가 이어지지만 문장이 전혀 끊어지지 않는 모습은 읽는 이들을 당혹케 한다. 이런 글을 쓰는 사람이 우리말을 사랑한다고 주장하니 아연실색할 뿐이다. 이승만의 태도는 소통이 아니라 협박이요, 아집과 다르지 않았다. 그리고 이러한 그의 심중(心中)은 성명서 발표 이후 한 달이 채 안 된 1954년 4월 22일 이선근을 문교부 장관에 임명함으로써 분명히 드러난다.

(전략) 대동아공영권의 가장 건실한 신(新)질서를 건설해야만 될 것은 유구한 인류 역사가 우리에게 부과한 중대 사명으로 (중략) 좀 더 솔직하고 좀 더 용감하게 신체제 건설에 희생하여달라는 것입니다. (중략) 특히 동남지구특별공작후원회의 활동은 (중략) 민족협화(民族協和)의 신흥제국(新興帝國, 만주제국 지칭)에 있어서 가장 솔직한 자기반성으로 이 운동의 광휘 있는 실천은 장래 선계(鮮系, 조선인) 국민에게 정치적으로, 사회적으로, 정신적으로 반드시 좋은 영향을 가져오리라고 봅니다. (하략)

잡지 《삼천리》 1940년 12월호에 실렸던 이 글은 누가 쓴 글일까? 만주국(滿州國) 건설에 조선인들의 적극적인 동참을 호소하고 있는 이 글을 쓴 사람은 일

---

* 1954년 3월 29일 자 〈동아일보〉에 게재된 성명서 내용은 위와 약간 다르다. 위 성명서에는 없는 내용이 들어 있기도 하고 있는 내용이 빠지기도 했다. 그러나 요지는 같다.

본인이 아니다. 당시 만주에서 활동하던 조선인이다. 이선근(李瑄根. 1905~83). 광복 후에 문교장관과 여러 대학에서 총장을 지낸 이선근이 바로 이 글의 필자다.[*22]

문교부 장관에 우여곡절 끝에 임명된 이선근은 그 무렵 단국대학장이자 자유당 훈련부장이었으며, 그전에는 국방부 정훈국장을 지내기도 했으니 한글 간소화로 궁지에 몰린 이승만을 위해 전선을 돌파하기에는 무력과 정신력, 그리고 충성도 등 모든 것을 갖추고 있는 인물이었다. 1954년 7월 2일, 아무런 공개적 논의 과정도 없이 비밀리에 작성된 '한글 간소화 안'이 국무회의를 통과했다.

물러서지 않는
정부와 시민

그러나 하루아침에 한 나라의 언어생활을 송두리째 바꾸려는 시도가 먹혀들어갈 리 없다. 국내의 반발은 말할 것도 없고 해외에서조차 이러한 정책에 우려를 표하는 의견이 도착하기에 이르렀다. 그럼에도 정부는 물러설 뜻이 없음을 재차 확인했다. 그러나 학계와 시민 또한 결코 물러서지 않았다. '한글 간소화 방안'이 단순한 정부 정책이 아니라 시민을 상대로 벌인 전쟁이라는 사실은 이로부터도 확인할 수 있다.

---

* 그러나 이선근은 민족문제연구소가 발행한 《친일인명사전》에 등재되어 있지 않다.

본 자유당은 그 당책(黨策)을 통하여, 한글 간소화 안을 지지 결정했음을 만천하에 공포하는 바이다. 우리가 사용을 강요받고 있는 한글 철자법은 불행히 일부 한글 학자 및 극소수의 완전 습득자(習得者)를 제외하고는 대부분의 국민이 공통으로 그것이 쓰기 어렵고, 배우기 어려우며, 해득(解得)키 곤란한 필요 이상의 고통과 불편을 주고 있음은 사실인 것이다. 뿐만 아니라, 과거에 김두봉 일파가 조작한, 지나치게 복잡한 한글을 강요하는 북한 공산당은 이제 와서, 이극로(李克魯)* 일파를 동원하여 파괴적인 문화 공세를 전개하고, 그 계기를 이 한글 간소화 반대에 포착(捕捉)하고 있는 것이다. 철자법(맞춤법) 한글에 고통하는 애국 동포는 이 문제의 시비를 대국적 견지에서 냉철히 비판하는 동시에, 우리 겨레의 최고 영도자 이 대통령 각하께서 염급(念及)하시는 한글 간소화의 진의(眞意)를 기피 양찰하여 민족문화의 획기적 발전인 한글 간소화를 전폭적으로 지지 찬성하고 즉시 실천에 옮기기를 촉구하는 바이다.[23]

이 성명서를 보면 오늘날 우리 사회에서 벌어지고 있는 빨갱이 논쟁을 떠올리지 않을 수 없다. 한글 이야기를 하는데 갑자기 북한 공산당을 등장시키는 현상은 과거나 오늘이나 우리 사회에서 힘으로 모든 문제를 해결하려는 무지한 자들의 전가(傳家)의 보도(寶刀)인 것이다. 그리고 이들의 주장은 늘 그러하듯 논리는 고사하고 자신들의 주장조차 없는 게 일반적이다. 그들이 사용하는 무기는 상대방에 대한 공격과 비난뿐이다. 이에 '재경(在京) 각 대학 국어국문학 교수단'은 20일 성명을 발표했으니 그 요지는 다음

---

* 김두봉과 이극로는 주시경의 제자로 한글 연구 초창기에 큰 업적을 남긴 인물인데 단지 북한으로 갔다는 이유로 이들이 참여하여 결정한 '한글맞춤법통일안'을 폄하하고 있는 것이다. 그러나 이는 오히려 학계의 반발을 불러일으켰으니 그 무렵 대한민국의 한글학자 또한 그들과 함께했던 이들이 대부분이었던 것이다.

과 같다.

우리 학계는 해방 후 새로운 광명을 얻어 착착 건실한 발전을 하여 오던 중 돌연히 작년 철자법 개정의 정부 의도가 보이자 이에 영합하는 몇몇 인사가 천박하고도 편협한 이론을 들고 시리(時利)를 얻은 듯이 뛰어나와 광분하고 있음은 한심한 노릇이다. 우리 교수단이 현행 한글 철자법을 지지하고 애용하여온 이론적 그리고 양심적 근거를 다음에 제시하고자 한다.

무릇 문자의 사명은 단순한 발음부호가 됨에 그치는 것이 아니요, 언어를 기록함에는 반드시 의미와 연결된 시각적(視覺的) 형태를 갖추어야 한다. 그러므로 세계 모든 고도의 문화를 가진 민족의 철자법은 표음(表音)과 아울러 표의(表意)화의 방향으로 발달하여 온 것이다.

한글 철자법은 이러한 입지에서 표음(表音)문자이면서도 표의(表意)를 겸할 수 있도록 유의해왔다. 이미 훈민정음에 '초성복용종성'이란 대 원칙이 있을뿐더러 세종 27년에 탈고된 용비어천가에도 '산 높고 물 깊고' 등이 범례 제시되어 범례 허용원칙을 내렸던 것이다.

현행 철자법은 기원을 가진 역사적 사명과 과학적 체계를 다시 찾아 갖춘 것이다. 이번 개정안의 근본적 과오는 문자와 발음부호를 혼동하는 점이다. 언어학에서 말하는 철자법인 표기체(標記體)란 것을 이해할진대 철자법을 부호로 오인하여서는 아니됨을 이미 프랑크 스위스학파의 창시자인 소쉬르[*]가 지적한 바인데 이제 새삼스레 철자법을 발음부호에 가까이 변이(變易)한다 함은 문자의 생명을 상실하게 하는 것이며 '마음대로 써라'의 전제에 지나지 못

---

[*]   소쉬르(Ferdinand de Saussure, 1857~1913)는 스위스 태생의 언어학자로 구조주의 언어학의 창시자로 유명하다.

한다.

이번 간소화 안에서 표기체로서의 손실을 들면 다음과 같다.

1. 단어가 가진 독립된 관념을 파악할 수가 없다.

2. 사전 편찬이 곤란하다.

3. 개정안의 자체에 통일이 없다.

4. 독해 능력을 극도로 감소시킨다.

5. 교육 정신이 파괴된다.

6. 실시 방법이 비민주주의적이다.

근일 우리가 신뢰하고 경앙하는 모당* 성명서를 보매 그중 우리의 불공대천 (不共戴天)의 주적인 김두봉, 이극로 일파 운운의 문구에 이르러서는 이것이 이조(李朝)의 사화(士禍)와 같은 그 무엇을 암시하여 누구들을 위협하는 것인 지 우리는 아연실색했다. 이것이 존경하는 동당 전원의 의사가 아니었으리라 여겨지며 또한 그럴 것을 바라마지 않는다.[24]

　양측의 입장을 주장하는 성명서가 발표된 것은 '한글 간소화 방안'이 발 표된 지 1년도 더 지난 때의 일이다. 그러니 6·25전쟁이 마무리되기 전에 시작된 한글 내전은 무력 전쟁이 휴전된 후에도 지속되고 있던 셈이다. 그 러나 아직도 한글 내전은 끝날 기미를 보이지 않았다.

　서울 소재 국어국문학과 교수들의 성명서가 발표된 지 열흘도 지나지 않 은 1954년 8월 1일, 문교부에서는 '대한어문연구회'라는 조직을 주도적으

---

*　자유당을 가리킨다.

한글전쟁

396

로 결성했으니 자신들의 주장에 정당성을 부여하기 위한 어용 단체에 불과했다. 그러나 이 조직에 참여했던 인사들 가운데 몇이 돌연 사임하면서 이 단체 또한 유명무실해지고 말았다. 이후 국회 등에서도 각종 위원회를 설치하여 해결 방안을 찾았으나 해결책이 도출될 리 없었다.

그리하여 다시 시간은 지나 1955년이 되었다. 해는 바뀌었지만 여전히 한글 간소화 방안은 해결될 기미가 보이지 않았다. 그렇게 아홉 달이 지난 1955년 9월 19일 이승만은 돌연 다음과 같은 담화문을 발표했다.

돌연한
항복 선언

(전략) 그런데, 내가 해외에 있는 동안에, 한 가지 문화상 중대한 변경이 된 것은 국문 쓰는 법을 모두 다 고쳐서 쉬운 것을 어떻게 만들며, 간단한 것을 복잡하게 만들어놓은 것이니, 이전 한문 숭상할 적에, 무엇이든지 어렵게 만드는 것이 학자들의 고상한 정조로 알던 생각을 버리지 못하고, 국문 쓰는 것도 또한 어렵게 한 것이므로, 이것을 고치려고 내가 여러 번 담화를 발표했으나, 지금 와서 보니, 국어를 어떻게, 복잡하게 쓰는 것이 벌써 습관이 돼서 고치기가 대단히 어려운 모양이며, 또한 여러 사람들이 이것을 그냥 쓰고 있는 것을 보면, 무슨 좋은 점도 있기에 그럴 것이므로, 지금 여러 가지 바쁜 때에, 이것을 가지고 이 이상 더 문제 삼지 않겠고, 민중들의 원하는 대로 하도록 자유에 부치고자 하는 바이다.

오직 바라는 것은 지금 세상에 문자뿐만 아니라, 모든 것을 줄이고 간단하게 편리하게 해서 경쟁하는 시대이니, 도리어 복잡하고 분주한 것으로 들어간다면 좋지 못할 것이다.

그러나 우리나라 사람들의 총명이 특수한 만큼, 폐단이 되거나 불편한 장애를 주게 될 때는 다 깨닫고, 다시 교정할 줄 믿는 바이므로, 내 자신 여기 대해서는 다시 이론을 부치지 않을 것이다.[25]

그렇다면 그토록 고집을 부리던 이승만이 갑자기 자신의 주장을 철회한 까닭은 무엇일까? 갑자기 자신의 주장이 비합리적이라는 사실을 깨달았을까? 아니면 아무리 자신이 옳다고 해도 민주주의라는 것이 대통령의 독선적인 행위를 용납하는 것이 아님을 뒤늦게 깨달았기 때문일까? 불행히도 이런 이유가 아니었다. 만일 이때라도 민주주의라는 것의 본질을 깨달았거나 자신의 고집만을 피운다고 문제가 해결되는 것이 아니라는 사실을 깨달았다면 훗날 초라하게 조국에서 쫓겨나는 신세가 되지는 않았을 것이다.

'운크라'* 문교 자금에 의하여 전6권을 발행 예정이던 《한글큰사전》은 제1권부터 제3권까지 발행된 후 6·25동란 발발로 말미암아 그간 발행이 중지되고 있었는데 금번 이의 발간을 계속하여 완성케 되었다 한다.

문교부 당국자가 말하는 바에 의하면 동 사업은 금번 '록펠러재단'에서 3만 3천 불, '운크라' 자금 중에서 3만 7천 불, 도합 7만 불을 받기로 합의가 성립되어 전6권의 사전을 완성케 되었는데 문교부에서는 이에 대한 모든 계획이 서서 앞으로 출판사와의 계약만 성립되면 곧 출판케 될 것이라 한다.[26]

---

* UNKRA(United Nations Korean Reconstruction Agency), 즉 국제연합한국부흥위원단을 가리키는데 이 단체는 6·25전쟁으로 폐허가 된 한국 경제의 재건과 복구를 위해 설립되었다.

이 기사는 앞서 살펴본 바 있는 조선어학회(한글학회)의 한글 사전 발행 계획이 유엔 운크라와 미국 록펠러재단의 지원으로 지속되어 곧 마무리될 것이라는 내용이다. 그런데 몇 년 후 다음과 같은 기사가 다시 보도된다.

> 6년 전 꾸준한 한글학자들의 손으로 역사적인 편찬 사업이 시작된 《우리말 큰사전》이 전6권 중 3권만이 발간된 후 뜻지 않은 '한글 간소화' 운동으로 말미암아 외국의 후원마저 저버리게 하면서 중단된 채 버림을 받고 있어 우리 문화계에 결정적인 손실을 주고 있다. 한글 발달사에 찬란한 존재가 될 이 《우리말 큰사전》 발간 사업은 지난 4282년(1949) 10월부터 한글학회에 의하여 미국 록펠러재단의 후원으로 시작되었던 것인데 전6권 중 3권까지 발간된 직후 불의의 사변으로 부득이 중단되었다가 수복 후 다시 이를 완수하려고 재차 록펠러재단의 후원을 요청하여 마침내 결실을 보게 되어 동 재단의 문화부장 파스파 박사까지 내한─한국의 실정을 파악하고 사계의 학자와 협의하려 했으나 때마침 '한글 간소화'론의 대두로 인하여 정부에서 동 재단의 후원을 거절함으로써 모처럼의 거창한 이 문화 사업은 중단되어 버리고 더욱이 《우리말 큰사전》을 위한 외래의 원조객까지 무안케 그대로 돌려보내고 만 후 이 사업은 어느덧 그대로 파묻혀버리고 이제 한동안 묵묵히 문화 사업의 동면(冬眠)이 계속되어 학계의 비난이 다시 높아가고 있는데, 여기 《우리말 큰사전》을 엮게 되면서부터 중단하게 되기까지의 경로를 더듬어보면 대략 다음과 같다. (하략)[27]

'한글 간소화' 정책에 반발한 한글학회가 추진하는 작업인 사전 발간 작업에 대해서는 해외의 원조도 거절하겠다는 것이 이승만 정부의 태도였던 것이다. 그러나 그 해외가 미국이라는 사실이 문제였다. 그리고 미국의 입김을 무시할 수 없었던 이승만이 결국 자신의 고집을 꺾을 수밖에 없었던 셈이다. 이렇게 해서 이승만의 아집에서 비롯한 '한글 간소화 파동'은 돌연 그의 포기 선언으로 종말을 고했다. 참으로 당황스럽게 시작된 내전이 참으로 황당하게 끝을 맺은 것이다. 그렇다면 6·25전쟁과 '한글 간소화 파동'의 종결 모두에 미국이 등장하는 것은 단지 우연일까?

ㄱ ㄲ ㄴ ㄷ ㄸ ㄹ

한글을 돌려쓴 역대 정권 가운데 가장 심대한 전쟁이 한글 내지
한자 사이의 진영이었다면 오늘을 사는 우리에게 가장 큰 영향을
미치는 전쟁은 한글 전용 대 한자 혼용(混用)의 전쟁 그리고
외국어 대 우리말 싸움이다. 서로 아무런 상관도 없을 듯한
두 전쟁은 동시에 연관한 것은 두 전쟁이 보이지 않는 끈으로
연결되어 있기 때문이다.

사실 1990년대 이후로 우리나라는 한글 전용을 함께 무릎히
접어 왔다. 그리하여 이제 웬만한 책과 신문, 특히 인터넷
상에서는 한자를 찾아보기 힘든 게 현실이다.

ㅁ ㅂ ㅃ ㅅ ㅆ ㅇ

깨달아 오늘날들 사는 젊은이들은 글을 손쉬는
표현 내신 글을 전하는 표현이 익숙힐 만큼 우체
글자는 손으로 쓰는 게 아니라 기계를 이용해 치는
것이 되었다.

이런 상태에서 한자는 말 그대로 천덕꾸러기에
불과하게 되었다. 그만큼 한글 전용 대 한자
혼용의 전쟁은 열전(熱戰) 형태가 아니라 냉전(冷戰)
형태로 지속되었고 그 전쟁의 승자는 한글
전용이었다.

ㅈ ㅉ ㅊ ㅌ ㅍ ㅎ

오늘날 한자를 못 읽는 것을 부끄러워하는 이는 찾아보기 힘들다.
오히려 한자를 쓴 하고 쓰는 이들은 시고가 과거에 얽매여 있는 물
아니라 과거지향적 인간으로 치부되는 게 현실이다.

끝없는 전쟁,
한글 전용 대
한 자 혼 용

자.

이 문제는 은연히 한글의 운명과 깊이 관계 있어 배우이다. 즉, 이 문제를 다루는 것은 한자를 위한 것이 아니라, 한글의 미래를 짐작기 위한 것이다.

한글을 둘러싼 역대 전쟁 가운데 가장 심대한 전쟁이 한글 대 한자 사이의 전쟁이었다면, 오늘을 사는 우리에게 가장 큰 영향을 미치는 전쟁은 한글 전용 대 한자 혼용(漢字混用) 전쟁, 그리고 외국어 대 우리말 전쟁이다. 서로 아무런 상관도 없을 듯한 두 전쟁을 동시에 언급한 것은 두 전쟁이 보이지 않는 끈으로 연결되어 있기 때문이다.

사실 1960년대 이후로 우리나라는 한글 전용을 향해 꾸준히 걸어왔다. 그리하여 이제 웬만한 책과 신문, 특히 인터넷상에서는 한자를 찾아보기 힘든 게 현실이다. 게다가 오늘날을 사는 젊은이들은 글을 쓴다는 표현 대신 글을 친다는 표현이 익숙할 만큼 이제 글자는 손으로 쓰는 게 아니라 기계를 이용해 치는 것이 되었다. 이런 상태에서 한자는 말 그대로 천덕꾸러기에 불과하게 되었다. 그만큼 한글 전용 대 한자 혼용의 전쟁은 열전(熱戰) 형태가 아니라 냉전(冷戰) 형태로 지속되었고 그 전쟁의 승자는 한글 전용이었다.

오늘날 한자를 못 읽는 것을 부끄러워하는 이는 찾아보기 힘들다. 오히려 한자를 잘 읽고 쓰는 이들은 사고가 과거에 얽매어 있을 뿐 아니라 과거지향적 인간으로 치부되는 게 현실이다. 그뿐이 아니다. 한자를 써야 한다는 주장을 펼치는 것은 매우 위험한 행동으로, 한글 전용이 자리 잡아가는 마당에 갑자기 문자의 시계추를 과거로 되돌리는 사대주의적 인간으로 취급받아 무차별적인 공격을 받기 십상이다. 그뿐 아니라 한자를 사용하자는 주장을 펼치는 이들은 대체로 우리 사회의 보수층이기에 사고와 행동 또한 보수층을 대변하는 이로 여기는 게 현실이다.

그렇다고 해도 한글 전용과 한자 혼용의 문제를 모른 척하고 넘어갈 수는 없는 게 오늘의 현실이다. 이 문제는 온전히 한글의 운명과 궤를 같이 하기 때문이다. 즉, 이 문제를 다루는 것은 한자를 위한 것이 아니라 한글의 미래를 지키기 위한 것이다.

한글 전용과 한자 혼용, 아는 것과 모르는 것

한글 전용은 일반적으로 생각하는 것보다 훨씬 복잡한 학문적, 감성적, 논리적, 현실적 문제를 내포하고 있으며 겉으로 드러나는 것은 내면의 문제에 비하면 말 그대로 빙산의 일각일 뿐이다. 게다가 이 문제는 미래로 갈수록 점차 치열한 논쟁을 일으킬 것이 분명하다. 지금은 냉전의 형태를 띠고 있지만 언제가 될지는 모르지만 미래에는 열전(熱戰)의 형태로 나타날 가능성이 높다는 이야기다.

한글 전용이 정부의 정책으로 자리 잡은 것은 꽤나 오래된 일이다. 앞서 살펴본 바와 같이 광복 직후 미 군정청은 교과서에 한자를 사용하지 않고 한글만을 사용하기로 결정한 바 있다. 그리고 1948년, 새로운 정부, 즉 대한민국이 출범한 후인 10월 1일 국회에서 '한글전용에 관한 법률'이 통과되었고, 그달 9일 한글날을 기려 법률 제6호로 공포, 시행되기에 이르렀다는 내용은 앞서 살펴본 바가 있다.

그런데 이미 법적으로 폐기되었고, 현실적으로도 사라지다시피한 '한자 혼용'이 왜 아직도 언급되어야 하는가. 이제 그 해답을 찾아 멀고 먼 길을 떠날 때가 되었다. 한글 전용이라는 말과 한자 혼용이라는 말의 차이를 아느냐는 질문을 받으면 누구든 이런 반응을 보일 것이다. "그걸 모릅니까? 한글만 사용하는 것이 한글 전용이고 한자를 함께 사용하는 것이 한자 혼용이지요." 그러나 과연 그럴까? 다음 문장을 보자.

① 동해 물과 백두산이 마르고 닳도록

　하느님이 보우하사 우리나라 만세

　무궁화 삼천리 화려 강산

　대한 사람 대한으로 길이 보전하세

② 새짝 물*과 흰머리메가 마르고 닳도록

　하느님이 보살피고 지켜주셔 우리나라 오래오래

　끝없는꽃 세즈문 거리 빛나고 고운 내와 메

　큰한나라 사람 큰한나라로 길이 다침 없이 지켜가세

③ 동해(東海) 물과 백두산(白頭山)이 마르고 닳도록

　하느님이 보우(保佑)하사 우리나라 만세(萬歲)

　무궁화(無窮花) 삼천리(三千里) 화려 강산(華麗江山)

　대한(大韓) 사람 대한(大韓)으로 길이 보전(保全)하세

---

* 《국어와 민족문화》(김민수 외 편, 집문당, 1984) 가운데 〈우리말이 나아갈 길〉(박지홍) 134쪽에, "'새짝'은 동쪽, '갈짝'은 서쪽, '맞짝'은 남쪽, '된짝'은 북쪽"이라는 표현이 나오므로 이를 원용해 사용한 것이다.

④ 東海 물과 白頭山이 마르고 닳도록

하느님이 保佑하사 우리나라 萬歲

無窮花 三千里 華麗江山

大韓 사람 大韓으로 길이 保全하세

①~④는 우리나라 애국가(愛國歌) 1절 가사다. 누가 봐도 네 가지 가사를 쓴 방식이 다르다는 사실을 쉽게 알 수 있을 것이다. 그렇다면 위 네 가지는 어떻게 다른 것일까? ①은 한글 전용으로 쓴 가사다. 가장 일반적인 표기법으로 오늘날 대부분의 독자는 이 방식에 가장 익숙할 뿐 아니라 편하다고 여길 것이다. ②는 한글 전용에 덧붙여 국어순화까지 이룬 표기법이다. 그래서 이 표기법에는 그 어떤 한자어도 포함되어 있지 않다. 한자와 한자어의 차이는 이렇다. 한자가 말 그대로 중국에서 사용하는 문자인 한자를 가리키는 데 비해 한자어는 한자의 뜻을 이용해 만들어진 어휘를 가리킨다. 따라서 '保佑'는 한자 표기인 데 비해 '보우'는 한자어의 한글 표기다. ③은 한자 혼용 문장인데 괄호 안에 한자를 병기(倂記), 즉 한글과 한자를 나란히 표기한 것이다. ④는 본격적인 한자(漢字) 혼용(混用) 문장이다. 한자어는 한자로, 한글은 한글로 표기한 것이다.

위 문장을 보면 알 수 있듯이 한글 전용과 한자 혼용의 전쟁은 우리가 생각하듯 단순한 것이 아니다. 게다가 한글 대 한문(漢文) 전쟁이 500년 가까이 지속되었듯 한글 전용과 한자 혼용의 전쟁 또한 시작한 지 이제 100년은커녕 본격적으로 전개된 것은 고작 50여 년밖에 되지 않았다. 그러니 이 전쟁이 앞으로 얼마나 복잡하고 오래도록 갈지 상상할 수 있을 것이다. 왜냐하면 앞서 여러 번 언급한 바 있듯이 언어생활이란 것은 칼로 무 자르듯 간단히 결정되는 것이 아니라 언중(言衆)의 생활 변화에 맞추어 오랜 시간에 걸쳐 편의와 필요, 문화적 요구에 따라 변화하기 때문이다.

100여 년 전 우리 역사상 최초로 한글만으로 작성되어 우리 역사에 길이 남을 〈독닙신문〉*의 문장을 오늘날 사용한다면 그 사람은 당연히 무지한 인간 취급을 받는 게 언어의 세계다. 이와 관련해 우리가 기억해야 할 사실이 하나 있다. 오늘날 한글 전용을 주장하는 이들과 한자 혼용을 주장하는 이들의 뿌리를 더듬어가면 결국 만나게 된다는 사실이다. 어디서? 조선어학회에서.

결국 국어학자 또한 자신들의 학문적 논리에 따라 모였다 흩어질 수 있는 것이다. 물론 그 행동의 배경에는 반드시 감정 대신 객관적 이론이 자리해야 한다. 이론(理論)의 이론(異論)은 수렴될 수 있지만 감정적 이견(異見)은 수렴되기는커녕 발산될 가능성이 훨씬 크기 때문이다. 그리고 한글을 사이에 두고 벌어지는 전쟁은 반드시 수렴되어야 한다. 그 길만이 우리 문자인 한글을 발전시키고 나아가 우리 언어생활을 풍요롭게 만들 것이기 때문이다.

왜 한글
전용인가

먼저 우리는 한글 전용에 대해 살펴볼 예정이다. 오늘날 우리 문자 생활이 한글 전용에 기반해서 이루어지고 있기 때문이다. 그렇다면 한글 전용을

---

* 〈독립신문〉 창간호의 제호는 〈독닙신문〉으로 적혀 있었다.

주장하는 이들의 근거는 무엇일까?

1. 온 국민이 다 글자 눈을 뜨게 된다. "눈 뜨고도 글 못 보는 글 소경"이 없어진다.
2. 국민 교육이 나아감에 빠르며, 지식의 일반 수준이 높아진다.
3. 모든 신문이 진정한 국민 대중의 공기가 되어, 국민에게 정말로 나라 안, 나라 밖의 소식과 지식을 이어받는 기관이 된다.
4. 과학 기술의 교육을 효과스럽게 실시할 수 있어, 각종 산업의 생산 증가를 누리게 된다.
5. 한글 기계 삼기(機械化)가 잘 되어서, 국민의 문화생활에 막대한 이익과 편리가 얻어진다. 이러한 글자 사용의 혁신이 없이는 도저히 뒤떨어진 이 나라, 이 사회를 남과 비견할 수 있는 경지에 올려놓을 수가 없겠다.
6. 모든 방면에서 참된 민주주의의 살림을 일삼을(營爲할) 수 있게 된다.[1]

위 내용은 한글 전용, 나아가 국어순화 운동의 대표라 할 수 있는 최현배의 〈한글과 문화혁명〉이라는 글에 나오는 것이다. 다음은 이상복의 글 가운데 나오는 한글 전용의 필요성이다.

첫째, 한자는 글자 수가 매우 많고, 대부분 그 구조가 복잡하다. 한자의 수는 5만이 넘으며, 이 많은 글자들을 각각 다르게 만들었기 때문에 각 글자의 모양은 복잡하게 될 수밖에 없었다. 그리하여 한자는 한 글자가 수십 획이 넘는 것이 흔하며, 64획짜리도 있다. 거기에다가 한자는 한 글자가 항상 한 가지 음과 의미만으로 쓰이는 것이 아니다. (중략) 그러므로 한자는 배우기 어렵고 쓰기 힘든 글자로 유명하다. (중략)

둘째, 현대는 속도의 시대로 모든 생활양식이 빨라져가고 있으며, 글자 생활도 이에 발맞추어 기계화되어가고 있다. 오늘날 글자 생활의 기계화는 세계적 추세이며, 세계 각국은 글자 생활의 기계화에 온 힘을 기울이고 있다.

그런데 글자 사용을 기계화하는 데는 글자 수가 많은 것보다 적은 것이 훨씬 편리하고 유리하다. (중략)

셋째, 세계에는 많은 글자가 있는데, 글자는 그것이 나타내는 대상과의 관계에 따라 크게 세 가지로 나누어진다. (중략)

그런데 한자는 글자의 발달 단계로 보나, 글자의 성능으로 보나 뒤지는 뜻글자이다. 그러기에 한자의 본고장인 중국이나 일본에서도 한자 폐지 운동이 일어나고 있는 것이다. 다만 중국이나 일본은 한자에 대치할 만한 자기들의 글자가 없기 때문에 한자 폐지에 고민하고 있는 것이다. 그러나 한글은 글자 발달 단계상 가장 발달한 단계의, 그리고 글자의 성능상 가장 편리한 음소글자이다. 그뿐만 아니라 이상적인 글자는 '한 글자 한 소리', '한 소리 한 글자'의 두 조건을 갖춘 것인데, 한글은 이 두 가지 조건에 매우 가깝다. 그러므로 한글로만 글자 생활을 함이 마땅하다.

넷째, 우리 민족은 일찍이 중국으로부터 한자, 한문을 받아들여 그것으로 글자 생활을 해왔기 때문에 우리말에는 필요 이상의, 수많은 한자어가 들어와 쓰이고 있다. 그리고 이러한 방대한 한자어의 침투는 결과적으로 고유한 우리말의 발달을 방해해왔으며, 고유한 우리말은 점점 한자어에 밀려나게 되었다.

그런데 만약 한자를 그대로 계속 사용한다면 우리말 어휘의 반 이상을 차지하고 있는, 이미 있는 한자어에다가 앞으로도 새로운 한자어가 계속 생겨나게 될 것이며, 순수한 우리말 발달의 길 또한 막히게 될 것이다.

따라서 한자에 의해 가로막혔던 고유한 우리말 발달의 길을 트기 위하여 한글만 써야 한다.[2]

다음으로 살펴볼 글은 한글 전용과 한자 혼용 사이의 접점을 찾으려는 노력을 기울이는 이들의 의견이다.

해방 이전까지 글자에 대한 뚜렷한 정책을 가지지 않았던 우리는 해방이 되고 정부가 수립되자 곧바로 1948년에 '한글 전용법'을 공포함으로써 국가적으로 한글을 유일한 국자(國字)로 인정했다. 그러나 이 한글 전용법은 한자 사용론자들의 극심한 반대를 불러일으켜 우리나라에 국자 논쟁의 불을 지피는 결과를 가져오고 말았다.

국어학계에서 심각한 글자 논쟁이 진행되고 있는 동안에도 한글 전용은 시대의 흐름에 따라서 점점 확대되어 갔다. (중략)

그러나 한글 전용이 확대되는 것과 때를 맞추어 한글 전용의 폐해가 하나둘 눈에 띄기 시작했다. 한글 전용으로 한글의 낮은 뜻 표시 능력이 두드러지게 눈에 띄게 된 것이다. 그래서 한자 사용론자들이 최근 부쩍 한자 사용을 주장하고 있으며 사회의 일각에서 이에 호응하고 있기도 하다. (중략)

나는 글자의 문제를 법으로 해결하는 것을 마땅치 않게 생각한다. 그것은 사회의 약속과 관행의 문제로 해결하여야 한다. 글자 논쟁을 끝내려면 먼저 지식인들이 우리말을 발전시킬 수 있는 표기 체계를 이루자는 데 합의를 하여야 한다. 글자의 뜻 표기 능력이 있고 없고 또는 글자가 우리 것이고 아니고를 떠나 그 글자가 우리말을 표기하는 데 긍정적인가 부정적인가를 따지는 능력을 갖춰야 한다. (중략)

한글 전용론을 본다면 과거 토박이말까지를 무차별적으로 한자어로 교체하여 사용했던 조상들의 한자 지상주의적(至上主義的) 시각과 정면으로 배치되는 듯한데 사실은 별로 차이가 없음을 알 수 있다. 왜냐하면 조상들이 한자화한 말을 이제 한글로만 적으면 된다고 주장하기 때문이다. 우리말을 뜻만 가

한글 전쟁

412

지고 한자로 번역하여 한자어로 만든 조상들, 그 한자어를 이제는 구태여 한자로 적지 않아도 우리말로 이해할 수 있으니 한글로만 적자고 주장하는 후손들, 이들에게서 우리말을 지키려는 의지와 능력이 있다고 할 수 있을까?

또한 국한 혼용론을 보자. 한자어를 한글로 적으면 그 뜻이 드러나지 않으니 한자로 적어야 한다고 주장하는 사람들, 그러면서도 과거 한자 지상주의에 의하여 우리말의 많은 부분이 훼손되었고 지금도 훼손되고 있다는 사실에 대하여 전혀 가슴 아프게 생각하거나 안타까워하지 않는 이 사람들, 이들은 무엇을 위하여 한자 사용을 주장하고 있을까?[3]

위 글에는 우리가 새겨들어야 할 대목이 참으로 많다. 특히 '글자의 문제를 법으로 해결하는 것을 마땅치 않게 생각한다. 그것은 사회의 약속과 관행의 문제로 해결하여야 한다'라는 말은 앞으로 우리말 사용과 관련된 이견(異見)이 드러날 때마다 새겨야 할 것이다. 누누이 말하지만 시민의 언어생활은 법으로 규정짓거나 강제한다고 되는 게 아니기 때문이다. 그런데도 아직 그런 사고를 버리지 못한 사람이 많은 게 현실이다. 그러기에 전쟁이 평화로 수렴되는 게 아니라 확산되는 것 아닐까.

그런데 이런 합리적인 사고를 도출해낸 이가 한글 사용과 관련해 현실적으로 제기하는 방식을 보면 갑자기 얼떨떨해진다.

1) 우리 국민들처럼 한문 고사성어를 많이 알고 이를 사용하는 것을 즐기고 또 이를 뻐기는 국민들도 없을 것이다. (중략)

한문 고사성어는 모두 중국인들의 생활에서 온 말이다. 따라서 그것을 이해하려면 먼저 중국의 역사적 사건이나 고사(故事)를 배우고 이해해야 한다. 국어에 사용되는 단어를 익히기 위하여 그 나라의 역사를 읽고 배워야

한다면 거기에 드는 시간과 정력은 어마어마한 낭비가 아닐 수 없다. (중략)

2) 앞으로 정보를 주고받는 일이 더욱 늘어날 개방된 사회에서 우리가 적극적으로 정보를 얻고 이를 나누면서 우리 사회를 발전시켜나가려면 여러 사람과 대화하는 데 언어상의 걸림돌만은 꼭 제거해야 할 것이다.

어법 표준화를 이룰 수 있는 방법에는 세 가지가 있다. 위로 표준화하는 법, 아래로 표준화하는 법, 그리고 전혀 새로운 방법을 만들어내는 방법이 그것이다. 첫째, 위로 표준화하는 방법은 높임말 가운데 하나를 지정하여 모든 국민이 높임말만 사용하는 것이다. 둘째, 아래로 표준화하는 방법은 높임말을 없애고 종결어미로는 낮춤말만 사용하는 것이다. 셋째 방법은 높임과 낮춤을 모두 없애고 가치중립적인 어미를 새로 만들어 사용하는 것이다. 이 가운데 비교적 가능성이 있는 첫 번째 방법을 선택하여 높임을 나타내는 서술형 종결어미를 하나로 통일시키는 경우를 검토해보겠다.
(중략)

표준화 이전	표준화 이후
학교에 간다	학교에 갑니다
학교에 가네	학교에 갑니다
학교에 가구먼	학교에 갑니다
학교에 가구먼요	학교에 갑니다
학교에 가는구먼	학교에 갑니다
학교에 가는구먼요	학교에 갑니다
학교에 가오	학교에 갑니다

이렇게 되면 설명하거나 대답하거나 안내하거나 하는 말에는 그 끝에 반드

시 '-ㅂ니다' 아니면 '-습니다'가 붙게 되어 이것으로 한 문장이 끝났음을 알아채게 된다.

3) 한글의 뜻표기 능력을 향상시킬 수 있는 방안으로 검토해볼 만한 것으로는 실체어와 기능어(토씨와 어미)를 시각적으로 구별할 수 있도록 표기하는 방안과 한자어와 토박이말 및 외래어를 서로 구별되도록 표기하는 방안을 생각해볼 수 있다.

먼저 실제어와 기능어를 시각적으로 구별되도록 하는 방안으로서 실체어는 지금처럼 모아쓰기를 하고 기능어는 풀어쓰기를 하는 방안을 생각해볼 수 있다. 이 방법으로 표기를 한다면 아래와 같은 표기가 된다.

파란ㄴ 하늘 ㅔ 뭉게구름 ㅣ 피 ㅓ 오르 ㄴ ㄷ ㅏ.

(파란 하늘에 뭉게구름이 피어 오른다.)

아버님ㄲㅔㅅㅓ 오시 ㅓ ㅅ ㅓ 나 ㅔ ㄱ ㅔ 주시었ㄷ ㅏ.

(아버님께서 오셔서 나에게 주셨다.)

(중략) 다음으로 한자어, 토박이말, 외래어를 모두 구별하여 표기법을 생각한다면 한자어는 모아쓰기로, 토박이말은 풀어쓰기로, 외래어는 풀어쓰기로 하되 글꼴을 바꾸어서 하는 방법을 생각할 수 있다.

예를 들면 아래와 같은 방법을 생각해 볼 수 있다.

ㅅ ㅓ ㅜ ㄹ ㅡ ㅣ ㅅ ㅡ ㅋ ㅏ ㅣ ㄹ ㅏ ㅣ ㄴ ㅡ ㄴ 비교적 ㅏ ㄹ ㅡ ㅁ ㄷ ㅏ ㅂ ㄷ ㅏ.

(서울의 스카이라인은 비교적 아름답다.)

비록 글꼴로 다듬어지지 않았지만 일단 글자의 뜻 표시 기능은 훨씬 향상되고 있음을 알 수 있을 것이다.[4]

남영신은 앞서 한글 전용과 한자 혼용에 대해 중립적 입장을 유지한 것처럼 보이지만 본질적으로는 한글 전용에 가깝다고 보아야 할 것이다. 위 내용에 드러나듯이 고사성어를 쓰지 말자거나 한글 풀어쓰기를 도입하자는 등의 내용은 그렇게 여기기에 충분한 근거를 제시하고 있다.

물론 이러한 시도와 주장이 당황스럽기는 하지만 무조건 그르다고 하는 것도 가능한 자제할 필요가 있다. 다만 이러한 시도 또한 앞서 스스로 언급했듯이 '사회의 약속과 관행의 문제로 해결'되는 게 바람직하다는 말만 덧붙여둔다.

왜 한자
혼용인가

(전략) 1933년에 우리나라 학자들이 우리말의 맞춤법[正書法]을 정한 것은 위에 말한 연구와 노력의 훌륭한 일례로서, 여기서 현대 국어의 표기가 비로소 통일된 것은 우리가 다 아는 바와 같다.

그런데, 여기서 한 가지 놓쳐서는 안 될 사실은, 그때에 이루어진 맞춤법은 이른바 국한자 혼용체(國漢字混用體)를 기본으로 해서 이루어졌다는 사실이다. 그때에 나온 '한글맞춤법통일안'의 초판이 제목을 제외하고는 모두 국한자 혼용체로 표기되어 있다는 사실이 무엇보다도 이를 잘 보여주고 있다. 물론 그 내용을 보면, 이 사실이 자명한 것으로 드러난다.

이 중대한 사실, 즉 우리의 현행 정서법은 어디까지나 국한자 혼용체를 기본으로 해서 이루어졌다는 사실이 오늘날 문자 문제, 특히 한자 문제에 대한 논의에서 완전히 잊혀지고 있다는 것은, 이 논의가 아직 문제의 핵심을 건드리지조차 못하고 있음을 말해주는 것이다. (중략)

현행 정서법은 한자 지식을 전제로 한 것이기 때문에 한자어에 대한 규정은 지극히 간단한 것으로 되어 있다. 즉, 그것은 모든 한자 하나하나의 발음을 그대로 적는 것을 원칙으로 하고 있다. 그리하여 가령, '國民'을 '국민'으로, '言語'를 '언어'로 적는 것은 당연한 것으로 생각되고 있다(다만 '良心'을 '량심'으로 적지 말고, '양심'으로 적으라는 등의 약간의 특수 규정이 있을 뿐이다). 따라서 이 '國民' 또는 '言語'라는 단어들이 이와 같은 두 한자로 이루어져 있음을 아는 사람에게는, 이들을 한글로 '국민' 또는 '언어'라 적는 것은 아무 문제도 없는 일이다. 그러나, 전혀 한자의 지식이 없는 사람의 경우를 생각해보라. 그는 왜 발음대로 '궁민' '어너'라 안 쓰고, 하필 '국민' '언어'라 써야 하는지 통 이해할 수가 없을 것이다. '국민'이라 써야 한다는 것을 그에게 가르치려면, 이 '국'은 나라라는 뜻을 가진 '국'이란 음을 가진 한자에서 온 것이니까 그렇게 써야 한다고 해야 할 것이다. 이렇게 된다면, 결국 이 나라의 후손들은 그들의 문자 생활에서 그들이 알지도 못하는 한자의 제약을 언제까지나 받아야 한다는 결론에 이른다.

이것은 실상 먼 앞날의 일이 아니요, 오늘날 우리나라의 어린 학생들이 실제로 경험하고 있는 사실이다. 그들에게 한자는 본격적으로 가르치지 않고, 모든 한자어는 각 한자의 발음대로 적으라고 강요하고 있으니, 지금 이 나라의 어린 학생들은 한자의 유령에 홀려 있는 셈이다. (중략)

이제 우리는 우리나라 문자 문제의 핵심을 논해도 좋을 계제에 이르렀다고 생각한다. 필자의 생각에는 우리 앞에는 다음과 같은 세 길, 아니 네 길이 있는 것으로 보인다. 우리는 지금 그 어느 하나를 택해야 하는 심각한 처지에 있는 것이다.

1) 현재 정서법을 사용하고 국한자 혼용체를 계속 사용한다.

이것은 우리나라의 문자 생활의 주된 양식이 되어 있다. 위에서도 말한 것처럼 현행 정서법은 여기에 적합하도록 만들어진 것이다. 초등학교로부터 한자 교육이 요청된다.

2) 현행 정서법을 사용하고 순 한글체를 택한다. 여기에는 다시 다음과 같은 두 길이 있다.

가) 한자의 지식을 전제로 하는 경우, 한자는 국어교육에서 가르치기는 하지만 일단 문자 생활에서는 그것을 사용하지 않게 한다. 이것은 한자가 노출되지 않는 점이 위의 1)과 다를 뿐, 본질적으로는 1)과 같다.

나) 한자의 지식을 전제로 하지 않는 경우, 이것이 오늘날 우리나라 한글 론자들이 주장하고 있는 것이다. 그리고 현실적으로 이 나라의 어린 학생들이 부분적으로 강요당하고 있는 길이요, 또 한자를 배우지 못한 기성세대들이 택할 수 있는 유일한 길이다. 그러나, 여기에 큰 모순이 있음은 위에서 지적한 바와 같다. 너무나 많은 한자어에 있어, 그 실제 발음과 표기가 다르게 되어 사실상 하나하나의 경우를 따로따로 외우지 않으면 안 될 것이다. 이것은 실상 한자를 배우는 일보다 몇 배나 어려운 일이 될 것이다. 왜냐하면 한자는 수천 자면 족하지만 한자어는 수만으로도 오히려 부족하기 때문이다. (중략)

3) 순 한글체를 택하고 새로운 정서법을 마련한다. 한자의 지식을 전제로 하

지 않고, 따라서 한자 교육의 필요성은 특수한 분야에 국한되게 된다.

이렇게 볼 때, 오늘의 현상(現狀)으로서는 1)과 2)의 가)의 두 길이 있을 뿐이다. 따라서 두 길 다 한자 교육을 절대로 필요로 하는 것이다. 새로운 길이 확고히 트이기 전에는 종래의 길을 가는 것이 옛 현인들이 우리에게 가르친 바요, 영구불변의 진리가 아니겠는가. (중략)

한글 전용론자들의 가장 큰 주장은 아마도 한글은 쉬운데 한자는 어렵다는 것이다. 이것은 일견 부정할 수 없는 진리인 것처럼 보인다. 그러나 여기에는 그렇게 피상적으로만 지나칠 수 없는 점들이 있다.

첫째로 지적해야 할 것은, 쉽기만 한 것이 반드시 좋지는 않다는 것이다. 쉽고도 좋은 것이어야 한다. 쉽고 나쁜 것도 얼마든지 있는 것이다. (중략)

한글 스물넉 자를 배우기는 아주 쉽다. 그러나 그것으로 우리말을 표기하는데는 여러 가지 어려운 문제가 있다. 현행 정서법이 두 가지 큰 어려움을 지니고 있으며, 그들의 하나가 한자어임은 위에서 지적한 바와 같다. 그런데, 문제는 표기에만 있는 것이 아니다. 우리는 일생 동안 국어를 깊고 넓게 배워나간다. 이 과정에서 국어 어휘의 반 이상을 차지하는 한자어들을 이해해야 한다. 오늘날 각급 학교의 국어교육에서 한자어가 매우 큰 비중을 차지하고 있는 사실을 생각하면, 누구나 이 사실을 쉽게 깨달을 수 있을 것이다. 이 방대한 한자어의 이해가 한글만으로 충분히 이루어질 수 있을까. (중략)

한자는 어렵다. 그러나 얼마나 어려운가. 아무도 이에 대한 정확한 조사를 했다는 말을 듣지 못했다. 이런 조사도 없이 그저 어렵다고 공염불만 외고 있다. 실상 한글 전용론자들은 한자가 어렵다는 것을 무척 과장해왔다. 그래서 지금 젊은 세대 사이에는 배워보지도 않고 한자에 대한 공포증이 퍼져 있다.

한글 전용론자들은, 걸핏하면, 우리 조상은 한문을 배우는 데 막대한 시간을 소비했고, 그 때문에 다른 학문을 닦을 겨를이 없었다고 한다. 그러나, 한문과 한자는 전혀 다른 것이다. 이것을 밝히지 않고, 한문의 어려움이 곧 한자의 어려움인 듯이 주장하는 데는 속임수가 들어 있다. 지금 한자 존속론자들이 주장하는 것은 1000을 조금 넘는 수효의 한자다. 오늘날 2000자만 배운다면, 그는 지나칠 만큼 충분한 한자 지식을 가진 셈이 된다. (중략)

한자는 한 자 한 자 독특하여 전부 따로 배워야 하니 큰 노력이 든다고 한다. 이것도 사실을 왜곡한 것이다. 상형(象形)이나 지사(指事)에 기원한 문자들은 그럴는지 모르지만, 회의(會意)나 형성(形聲)에 속하는 한자들(이 부류의 한자들이 대다수다)은 기본자들의 복합이므로 배우기가 여간 쉽지 않다. '木'자를 배운 사람에게 '林'자는 아무런 부담도 되지 않는다. 따라서 처음 100자나 200자를 배우는 데에는 시간이 걸리지만, 그다음은 속도가 매우 빨라진다. 영어와 같은 외국어를 배우는 데 지금 우리나라의 젊은 세대가 얼마나 많은 시간을 소비하고 있는가. 이런 시간은 아깝지 않고, 우리 자신의 언어·문자 생활과 밀접한 관계가 있는 한자를 배우는 데 그 몇 십 분의 일의 시간을 소비하는 것은 아깝다는 말인가.[5]

사실 앞에 인용한 몇 가지 내용은 한글 전용을 둘러싸고 벌어진 전쟁의 빙산의 일각에도 미치지 못할 것이다. 그만큼 이 전쟁은 깊고도 넓게 벌어지고 있는 것이다. 이렇게 한글 전용 시각과 그 반대의 시각, 그리고 중도적인 시각들의 주장을 살펴보면 한글 전용과 한자 혼용의 전쟁이 얼마나 뿌리 깊고 해결하기 어려운 문제인지 쉽게 이해할 수 있을 것이다.

그리고 그러한 시각을 바라보는 시민의 주장을 대하면, 논리적 근거에 기반한 논의보다는 정서적 태도가 우선한다는 사실을 지울 수 없다. 결국 한글 전용을 원하는 이들은 한글 전용의 장점만을 내세우고, 한자 혼용을

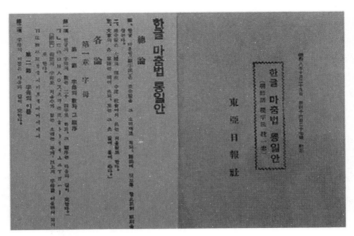

한글맞춤법통일안

한글맞춤법통일안 내용 중에서 제목인 '한글 마춤법 통일안'을 제외하고는
모든 한자어는 한자로 적고 있음을 알 수 있다. 출처 : 독립기념관

원하는 이들은 한자 혼용의 장점만을 내세우는 것이다. 그렇게 무장한 상태로 전쟁에 임하면 그 전쟁이 끝날 수 없을 것은 분명하다. 이것은 힘의 전쟁이 아니고 논리의 전쟁, 합리성의 전쟁, 문명의 전쟁이기 때문이다.

따라서 이 문제를 대하는 우리가 가장 먼저 갖추어야 할 태도는 자신의 주장이 아니라 자신의 주장을 내려놓는 것이리라. 그래야 양측 의견의 합리적 내용을 수용하고 융합하여 가장 바람직한 결론에 도달할 수 있을 테니 말이다.

이제 우리는 그 결론을 향해 나아갈 예정이다. 그리고 사실상 위 내용에 결론은 이미 나와 있다고 볼 수 있다. 다만 자신의 입장에서만 바라보기에 그 결론이 보이지 않을 뿐이다. 그래서 여기서는 새로운 주장을 펼치기보다는 이미 수많은 선학(先學)이 주장한 내용을 바탕으로 한글 전용 대 한자 혼용 사이에서 우리가 어떤 태도를 취하는 것이 앞으로 우리 언어생활을 더욱 발전된 형태로 나아가게 할 것인지 살펴볼 예정이다.

한글
기계화 문제

이 문제를 가장 먼저 제기하는 것은 쉬운 문제부터 해결하는 게 문제 해결에 바람직할 듯해서다. 한글 기계화 문제는 오래전, 그러니까 오늘날처럼 문자 생활에 기계화가 이루어지지 않았을 때 크게 부각되었던 문제다. 한글 풀어쓰기가 끊임없이 제기되고 주장된 것도 알파벳에 맞추어 고안된 타이프라이터를 이용해 한글을 표기하는 데 곤란을 겪었기 때문이었다. 그러나 컴퓨터가 등장한 오늘날 한글 풀어쓰기를 주장하는 사람은 거의 없다.

만일 컴퓨터가 등장하기 전 한글의 기계화를 내세운 이들의 주장이 관철되어 한글 풀어쓰기가 법제화되거나 제도적으로 도입되었다면 오늘날 우리의 문자 생활은 상상하기도 싫을 만큼 혼란을 겪고 있을 것이다. 그 누가 봐도 한글 풀어쓰기와 알파벳은 다르기 때문이다. 한글 기계화와 관련한 또 다른 주장을 살펴보자.

1. ㅅㅓㅜㄹㅡㅣ ㅅㅡㅋㅏㅣㄹㅏㅣㄴㅡㄴ ㅂㅣㄱㅛㅈㅓㄱ ㅏㄹㅡㅁㄷㅏㅂㄷㅏ.

2. The skyline of Seoul is beautiful relatively.

한글 풀어쓰기로 이루어진 1번 문장과 알파벳으로 이루어진 2번 문장의 언어생활에 차이가 없다고 여긴다면 그는 우리와는 다른 시력(視力)의 소유자일 것이다. 알파벳 26자는 각기 전혀 다른 형태를 띠고 있다. 이는 그 글자들이 뜻글자에서 비롯되었기 때문에 글자들 사이에 상관관계가 거의 없기 때문이다. 반면에 '한글의 자음자모 파생의 기초 원리는, 기본이 되는 자모에 획을 더하는 가획(加劃)이다.'[6] 따라서 자음들 사이의 형태가 매우 유사하다. ㄱ과 ㅋ, ㄴ과 ㄷ, ㄹ 등의 형태가 연속적으로 등장하고 ㅣ, ㅓ, ㅏ 등의 모음이 반복적으로 등장하는 문장을 보면 아무리 뛰어난 식별력을 갖춘 이라 해도 식별하기 쉽지 않다. 위 1번 문장만 보아도 그렇다. 한편 이와 관련해 이익섭은 누구나 이해하기 쉬운 설명을 보여주는데 그 내용은 다음과 같다.

시각적(視覺的)·표의성(表意性)의 구현이라는 점에서 한글의 음절단위(音節單

位) 표기방식(소위 '모아쓰기')은 여타 음소문자(音素文字)가 취하고 있는 음소단위(音素單位) 표기방식보다 효율적인 점이 많아 보인다.

이 효율성은 우선 자형(字形)의 집합성(集合性), 즉 한 도막 한 도막 뭉쳐진 특성에서 온다. 글자 모양에 따라선 그 반대일 수도 있으나 대체로 '한눈에 들어온다'는 점에서.

가) ㅎㅡㄹㄱ, ㄲㅗㅊ, ㅊㅜㅂㅅㅡㅂㄴㅣㄷㅏ
나) 흙, 꽃, 춥습니다

이 중 나)가 더 나은 방식일 것은 자명하다. 이것은 같은 다섯 개의 공이 한 줄로 늘어서 있는 것보다 두 줄이나 석 줄로 배열되어 있는 것이 눈에 선명하다는 것과 비교될 수 있음직하다.

위 그림에서 확인할 수 있듯이 한 줄보다는 입체적으로 배열된 것이 시각적으로 월등한 선명성을 나타낸다. 같은 이치로 한글 또한 풀어쓰기에 비해 모아쓰기가 세종이 창제 때 제시한 바와 같이 문자 생활에서 우위에 있다는 사실은 번복되기 힘들 것이다. 그런데도 한글 기계화의 편의를 위해 풀어쓰기를 고려해야 한다는 논리가 오랜 시간 지속된 것은 그 시대의 상황 때문이었다. 즉, 그 무렵에는 기계가 모아쓰기를 구현할 수 없었기 때문에, 또는 구현한다 해도 매우 비능률적이었기 때문에 풀어쓰기라는 개념이 등장한 것이다.

그리고 이제 문자 기록을 위한 기계가 첨단화된 시점에 이르러 한글 풀어쓰기란 개념은 더 이상 현실 속에 등장하지 않는다. 즉, 용도폐기된 것이다. 그리고 이제 풀어쓰기만이 아니라 한글 기계화를 상정한 또 다른 주장이 있다면 그 또한 더 이상 무의미하다. 이와 관련해 우리는 매우 중요한 원칙 하나를 설정해야 한다.

'한글과 관련된 주장에서 상황 논리는 배제한다.'

무슨 말인가? 한글과 관련된 이론을 펼치거나 주장을 내세울 때 상황이 이러하니 이러해야 한다는 논리를 펼치지 말자는 것이다. 이는 특정 시기에 언중을 설득하는 데는 매우 효과적일지 모른다. 왜냐하면 언중 가운데는 그 순간 자신들에게 이익이 된다고 여기면 그 논리가 합리적이건 비합리적이건 수용할 가능성이 높기 때문이다. 그러나 한 나라의 언어생활에 관심을 갖는 이들은 그런 태도를 가져서는 안 된다. 그건 한글의 본질을 훼손하는 이른바 대중추수주의(大衆追隨主義)에 다름 아니기 때문이다.

위에서 살펴본 한글 풀어쓰기도 한글 창제의 원칙에서는 완전히 벗어난 방식인데도 '기계화가 필요한데, 모아쓰기는 기계화에 불편하다'라는 상황 논리의 산물이다. 그리고 이러한 상황 논리의 산물은 무수히 많다. 그러나 상황 논리의 산물은 위의 풀어쓰기와 마찬가지로 상황이 바뀌면 하루아침에 신기루가 되어 사라져버린다.

만일 이 원칙이 유효하다면 한글 전용과 한자 혼용의 전쟁 또한 많은 걸림돌이 사라짐으로써 우리가 예상한 것보다 훨씬 이른 시간에 종전(終戰)을 맞이할지도 모른다. 그만큼 전쟁이란 것을 자세히 들여다보면 사소한 것이 침소봉대되어 심각한 것으로 확대되고 그것이 전쟁의 원인으로 작동하는 경우가 많기 때문이다.

문자가 쉬워야
사회 발전?

앞서 '한글과 관련된 주장에서 상황 논리는 배제한다'라는 원칙을 말했다. 그리고 대표적인 상황 논리 가운데는 '문자가 쉬워야 사회 발전이 이루어진다'라는 것이 있다.

> 한자 문화권(漢字文化圈)의 현황(現況)은 어떠한가.
>
> 월남(越南)은 프랑스 치하(治下)에 제일 먼저 한자(漢字)를 버리고 로마자를 국자(國字)로 한 결과 국학(國學) 외면(外面)으로 자기상실(自己喪失)을 했으며, 그 문화(文化)는 동남아(東南亞) 중 최하위로 공산화되었다. 북한은 소련군 진주(進駐) 하(下), 소련에서 돌아온 김일성에 의해 한글 전용을 해왔으나 그들은 1968년부터는 중학교 1학년(우리 초등학교 5학년 해당)부터 한자 교육을 하고 있다.[8]

결국 한자를 버린 결과 나라가 공산화되었을 뿐 아니라 문화도 상실하고 낙후되었다는 주장이다. 이는 한자 혼용론을 강력히 주장하는 이 가운데 대표격이라 할 남광우의 글에 나오는 대목이다. 그러나 오늘날 베트남은 어떤가? 아시아에서 서구 제국주의에 끝까지 맞서 싸워 이긴 자랑스러운 나라이자 미국을 상대로 패하지 않은 유일한 겨레라는 자부심을 가진 채 새로운 경제 강국으로 도약하고 있다. 결국 이 또한 상황 논리를 통해 한자를 버리면 낙후된다는 임시방편적이고 자기주관적 논리를 편 것에 불과하다. 그렇다면 다른 이들은 어떨까?

원래, 글자란 것은 무엇을 하는 것이냐 하면, 그것을 사용하는 국민의 문화를 향상 발달시키는 것이다. 글자가 있으면서도, 그 국민이 무지몽매하다 하면, 이는 글자의 구실을 한 것이라고 말할 수가 없을 것이다. 우리가 얼른 생각할 것 같으면, 중화민국의 사람들은 다 제나라의 글자인 한자를 쉽게 배워서 알고 있을 것 같지마는, 실상은 그렇지 아니하다. 중국의 인민의 10에 7, 8은 글자를 모르는 까막눈[文盲]이다. 그러므로, 어떤 이는 말하기를 "글자가 있는 나라도 중국이요, 글자가 없는 나라도 중국이다"라고. 한자라 하는 배우기 어려운 글자가 우리나라나 일본의 문화 발전에 불리할 뿐 아니라, 그 본바닥인 중국에서도 그 국민의 문화 발전에 아주 불리하다. 그러므로 한자 폐지론은 다만 일본에서만 일어나는 것이 아니라, 중국에서도 일어나서, 새로 지어낸 주음글자의 운동이 상당히 진전되어 가는 도중에 있다.[9]

최현배의 《우리말본》에 등장하는 위 대목에서 일본과 중국에서 한자 폐지 운동이 일어나 상당한 진전을 가져왔다는 주장 또한 오늘날 전 세계가 한자 열풍에 휩싸인 상황을 아는 이들에게는 낯설 뿐 아니라 반문명(反文明)적인 사고로 받아들여질 수밖에 없다. 아무리 한자를 공격하기 위해 과장한 것이라 해도 '(한자 때문에) 중국에서도 그 국민의 문화 발전에 아주 불리하다'라는 내용은 동양문화 전통을 무시할 수도 있는 서구적 시각이라고 해도 변명하기 힘들 것이기 때문이다.

그리고 오늘날 그의 주장과는 달리 동양이 한자를 기피하는 대신 서양은 한자를 적극적으로 학습하는 양상으로 나타나고 있다. 결국 위와 같은 주장은 문자 문제를 본질적인 시각에서 다루는 대신 드러나는 현상을 이용해 자신의 주장에 정당성을 부여하려는 임시방편적인 태도의 산물이었던 것이다. 그러하기에 '상황 논리'를 이용해 주장의 근거로 삼는 행위는 궁극적으로는 오히려 자신의 주장에 비합리와 허점만을 드러낼 뿐이다. 따라서 상대를 공격하기 위한 일시적인 방편에 불과한 상황 논리는 더 이상 사용하지 않기를 진심으로 바란다.

그렇다면 참으로 문자가 쉬우면 사회 발전이 이루어지는 것일까? 이러한 주장에 대해서는 아무리 근거를 찾아도 찾기 어려운 것이 현실이다. 따라서 이에 대해서는 오랜 논의를 필요로 하지 않는다. 한글 전용주의자가 가장 어렵다고 주장하는 한자의 종주국인 중국이 오늘날 세계에서 어떤 위치에 있는지를 살펴보면 과거에 한자로 인해 중국이 발전하지 못했다는 주장이 얼마나 근거가 없는지 확인할 수 있을 것이다.

게다가 일본 또한 그 어려운 한자 사용법*을 보면 쉽게 알 수 있다. 그러나 오늘날 일본이 문자 때문에 발전하지 못했다고 주장하는 이가 있다면 웃음거리밖에 되지 않을 것이다.

반면에 1847년에 미국에서 건너온 노예들이 세운 아프리카 최초의 공화국(共和國)인 라이베리아는 오늘날까지 미국의 전폭적인 경제 지원을 받고 영어를 공용어로 사용하며 미국 문화의 세례를 받은 이민자들이 200년 가까운 세월 동안 국민으로 살아왔는데도 세계 최하위의 경제적, 문화적 수준을 벗어나지 못하고 있다.

이런 극단적인 사례를 드는 것은 대비를 위한 것일 뿐이지만 여하튼 한 나라의 정치·경제·문화적 발전이 어떤 문자를 사용하느냐에 있다는 주장은 매우 위험하고 편협한 것이다. 그 나라가 어떤 문자를 사용하느냐 하는

---

* 일본에서는 한자를, 우리나라는 물론 종주국이라는 중국과도 비교할 수 없을 만큼 어려운 방식으로 사용하는데, 이는 한자를 상황에 따라 소리로 읽거나 뜻으로 읽거나 하는 것이다. 이것이 얼마나 어려운지는 자신들끼리 사용하는 문서에서도 후리가나(ふりがな, 한자 옆에 읽는 음을 가나로 단 토)를 단다는 사실로 확인할 수 있다.

것은 전적으로 그 나라의 문화적·역사적 전통에 덧붙여 그곳에 사는 언중이 판단하는 것이다. 이에 대해 다른 언어를 사용하는 이들이 "너희 언어는 뒤떨어진 것이다. 그러니 발전이 더딘 것이다. 지금이라도 발전하고자 한다면 언어를 바꿔라" 하고 말하는 것은 예의에 어긋나는 것을 넘어서 문화제국주의적 시각이라고밖에 말할 수 없다.

　나아가 어떤 사례를 찾아보더라도 어떤 문자, 어떤 언어를 사용하느냐가 한 나라의 정치·경제·문화 발전을 결정한다는 주장에는 근거가 없다. 나라의 발전이라는 개념을 어디에 두느냐도 사람에 따라 다르다. 누군가는 국민소득이 높은 것을 발전이라 여길 것이고 또 누군가는 시민이 합리적인 사고를 공유하고 있는 것을 발전이라고 여길 것이다. 행복 지수가 높을수록 발전한 사회라 여기는 이도 있을 것이고 평화로운 사회일수록 발전한 사회라 여기는 이도 있다. 그뿐이랴. 21세기 지구상에서는 파괴되지 않은 환경을 보유한 나라를 발전한 사회라 여길 가능성이 점차 높아가고 있다. 그런 만큼 가장 앞선 언어를 사용하는 나라가 가장 발전한 사회라거나 가장 발전할 것이라 주장하는 것에 대해서는 그 누구도 동의하지 않을 것이다.

　이제 우리 사회, 우리 한글학자, 언어학자 그리고 한글을 사용하는 모든 시민 또한 한글에 대한 자부심(自負心)을 가질지언정 한글이 세계에서 가장 뛰어난 글자이므로 무슨 일이 있어도 한글만을 사용해야 한다거나 다른 언어를 사용하는 나라나 민족의 문자 생활을 비난하는 일이 있어서는 안 될 것이다.

　한글은 우수한 문자다. 한글처럼 정교한 체계를 갖춘 문자는 없다고 해도 과언이 아니다. 그러나 이를 근거로 한글이 가장 우수한 문자라고 강변하는 것은 불편한 일이다. 문자의 우수성은 문자의 체계와 모양뿐만 아니라 사용자의 인식 등도 함께 고려해 판단하는 것이기 때문이다. 그렇다면 객관적으로 우수한 문자를 가려내기는 사실 불가능하다. '자질문자'라는 개념은 문자 체계의 정교함을 강조한 것이지만, 이것이 곧 한글의 사용상 우수성을 입증하는 것은 아니다.

한자를 원시적인 문자로 본 것은 음소문자를 썼던 서구학자들의 문자관을 반영하는 것일 뿐, 한자가 원시적이라는 근거는 못 된다. 한자는 지금까지 중국 사회에서 활발하게 쓰이고 있으며, 문자의 기계화 측면에서 지적되었던 한자의 약점들도 컴퓨터의 정보처리 방식이 획기적으로 발전하면서 대부분 해결되었다. 그러니 특정 문자가 다른 문자보다 우월하다는 주장은 근거가 빈약할 수밖에 없다. 한글의 우수성에 대한 찬탄이 한글의 우월성에 대한 찬양으로 바뀔 때, 그것이 강박으로 느껴지는 것은 이 때문이다.

아니나 다를까? 한글의 우수성에 대한 강박적 찬양은 "한글을 세계의 문자로, 한국어를 세계 공통어로"라는 무모한 주장과 "한국어를 세계 공통어로 쓰면 좋겠다는 토론이 있었다"라는 근거 없는 보도를 낳았다. 이를 통해 언어와 문자에 대한 비이성적 찬양의 귀결점은 폐쇄적인 나르시시즘이거나 제국주의적 탐욕이라는 점을 다시금 깨달을 수 있지 않을까?[10]

그러나 한글이 로마 문자보다 훨씬 더 뛰어난 글자라고 하더라도, 우리는 한글이 로마 글자보다 2천 년쯤 뒤에 나타난 글자라는 사실을 잊어서는 안 된다. 다시 말해, 그 2천 년 동안 인류가 쌓은 지식이 한글에 반영되었다는 사실을 지나쳐서는 안 된다. 게다가 한글은 그 놀라운 제자 원리에도 불구하고 한자처럼 음절 단위로 네모지게 모아 쓰게 돼 있어서, 음소문자 본연의 구실을 제대로 하지 못하고 있다. 한글은 본질적으로 음소문자이고 그 제자 원리만을 보면 음소문자보다도 더 나아간 음운 자질 문자이기도 하지만, 다른 한편으로 그 실제적 운용에서는 음소문자에도 못 미치는 음절문자이기도 한 것이다.

그러니까 한글에 대한 내 험담은 두 가지다. 첫째, 한국어와 한글의 관련은 필연적이 아니고 그 둘 가운데 우리에게 훨씬 더 소중한 것은 한국어라는 것. 둘째, 한글은 숭고한 동기에 의해 만들어진 것이 아니고 보기에 따라선 최고의 문자도 아니라는 것.[11]

고종석의 위 글을 읽고 기분이 무척 언짢은 분이 있을지도 모른다. 그러나 글을 자세히 살펴보면, 사실은 우리말과 한글에 대한 애정이 담겨 있음을 알 수 있다. 특히 몇 문장만을 인용했기 때문에 오해를 불러일으킬 수도 있지만 이 글이 담긴 책의 제목이 《국어의 풍경들》이라는 사실만 보아도 고종석이 얼마나 우리말에 대한 관심과 애정을 가지고 있는지 알 수 있다. 그리고 고종석의 험담이 갖는 보이지 않는 의미가 과연 무엇인지 우리는 뒤에 살펴볼 것이다.

시대의 변화는 진행 중

그런데 이러한 논쟁과는 별개로 오늘날 우리 사회에서 벌어지고 있는 현상 가운데 하나가 초등학교 때부터 한자(漢字)를 가르치는 움직임이다. 그 방식이 과거와는 사뭇 다르지만. 과거에는 문장 속 한자어를 한자로 표기했거나 병기(倂記)했다. 그러다 보니 자연스럽게 문장을 접하다가 처음에는 빈번하게 등장하는 한자를 배우게 되고, 점차 어려운 한자를 읽는 방법을 습득하게 되었다. 당연하다. 우리가 어떤 문자를 배울 때 가장 좋은 방식은 처음에는 읽고, 그 음을 익힌 후 쓰기를 배우는 것일 테니까.

그런데 오늘날 한자를 배우는 학습자들은 문장 속에서 읽는 방식을 접할 수 없다. 눈에 보이는 모든 문장이 한글 전용이기 때문이다. 그러다 보니 그들은 특별히 한자를 가르치기 위해 만들어진 학습서나 한자 학습용 도서를 통해 하루에 몇 글자씩 쓰고 읽기를 배운다. 게다가 생활 속에서 익히는 방식이 아니라 학습 방식으로 매우 체계적으로 배우게 되니, 그 대표적인 것이 획순(劃順)을 지키는 것이다.

참으로 안타까운 현실이 벌어지고 있는 것이다. 과거에 한자를 쓸 기회가 100이라면 오늘날 한자를 쓸 기회는 1이나 될까 말까 할 것이다. 한글도 쓰기보다는 치는 시대에 누가 한자를 쓰고 있겠는가. 대부분의 사람은 '기회'라는 단어를 한자로 표기하기 위해서는 '기회'를 친 후 F9를 누른다. 그런 상황에서 한자 학습 방법은 오히려 조선 시대로 뒷걸음질치고 있는 셈이다.

왜 그럴까? 21세기를 사는 대한민국 언중(言衆)이 한자를 필요로 하기 때문이다. 알고 보면 그 누구도, 학교에서조차 한자를 공부하라고 가르친 적이 없다. 그러나 언제부터인가 한자를 아는 것이 학습에 도움이 된다는 사실을 깨닫고 한자를 배우고자 다짐을 한 순간 손을 내민 이들은 교육기관이 아니라 학습지 사업자였던 것이다. 그리고 그들은 한자를 쉽게 가르치기보다는 체계적이라는 단어를 내세우며 어렵게 가르치는 것이 더 오래 자신들의 학습지에 붙잡아두는 것이라는 사실을 깨달았다.

그리고 언어학자의 도움을 받지 못한 일반 대중은 학습지 사업자의 설득에 넘어가고 만 것이다. 게다가 더욱 심각한 것은 공교육(公敎育), 또는 공적 언어활동에서 한자를 배제한 결과 사교육(私教育), 사적 언어활동을 통해서 한자를 배우게 되었다. 이는 당연히 모든 시민에게 평등한 교육의 기회를 제공해야 한다는 원칙에서도 벗어나게 된 것이다. 그리하여 오늘날 한자를 배우는 아이들은 교육적으로 선택받은 계층, 사회적으로 경제적 여유가 있는 계층에 속해 있다.

만일 2000자 남짓한 한자를 3, 4년에 걸쳐 배운 결과 정말 학문 용어의 이해력, 정보 습득력, 독해력, 나아가 새롭게 세계의 중심으로 떠오르는 동아시아 각국과의 교류에서도 앞서가는 결과가 초래된다면 공교육에서 한자 혼용을 방기(放棄)한 결과 교육의 계층화, 서열화를 더욱 공고히 했다는 역사적 책임을 면키 어려울지도 모른다.

시대적 변화의 또 다른 측면이 있다. 앞서 살펴본 바가 있지만 일제강점기 지배로부터 벗어나 우리말과 한글을 되찾을 무렵 우리나라의 문맹률은 상상을 초월할 정도로 높았다. 따라서 이 무렵 우리나라 언중의 첫 번째 관심사는 생활에 필요한 기본적인 말글 생활이었을 것이다. 생활 속에서 자신의 의사를 말하고 글로 표현하는 것, 이야말로 초미(焦眉)의 관심사였을 것이다. 그러한 수준에서 한자는 너무 어려운 수단이었을지 모른다.

그런데 2000년대 우리나라의 문맹률은 0퍼센트에 가깝다고 해도 무방(無放)하다. 더욱 놀라운 것은 청소년 대부분이 직업교육이나 생활인으로서 필요한 수준의 지적 훈련이 아니라 '국가와 인류 사회 발전에 필요한 학술 이론과 응용 방법을 교수하고 연구하며, 지도적 인격을 도야(陶冶)'[12]하는 곳인 대학 교육을 받고 있다는 사실이다. 세계 최고 수준의 대학 진학률을 기록하고 있는 대한민국에서 교육에 참여하는 수용자에게 '쉬운 방식, 쉬운 것'만을 요구하는 것이 과연 옳은 것인가 하는 의문을 한 번쯤은 품어보아야 하지 않겠는가.

읽지 않고 쓰지 않는
늪 속에 빠진 대한민국

대학 강의실 풍경은 더 심각하다. 익명을 요구한 한양대 사회학과 한 교수는 "학생들이 (독해력이 달려서) 아예 못 읽더라"고 개탄했다. "입학 면접할 때는 '독서를 많이 했다'고 강조하는데, 실상 까보면 거기서 거기다. 리포트도 아니고 한두 장 독후감 쓰는 것도 힘들어한다. 대학원생이라고 별반 다르지 않다. 인문계열 대학원은 무조건 책으로 시작해서 책으로 끝나는데, 책을 도저히 소화하지를 못한다. 답답하다. 도무지 훈련이 돼 있지 않은 것 같다.[13]

책을 소화하지 못하는 대학원생. 그렇다면 대학생이 책을 소화하기는커녕 읽어내지도 못할 것은 당연한 현상이다. 오늘날의 이러한 현상이 쉬운 한글을 두고 왜 어려운 한자를 배우느냐고 외쳤던 사람들이 목적한 바는 아닐 것이다. 그러나 쉬운 것을 추구하다 보면 어려운 것을 기피하게 되는 것은 미처 삶의 정체성을 확립하지 못한 청소년들의 본능에 속할지 모른다.

사실 중고등학교에서 배우는 무수히 많은 학문의 기초, 예를 들면 수학의 미분(微分)과 적분(積分), 화학의 분자식(分子式), 물리의 만유인력(萬有引力) 공식 등을 훗날 생활 속에서 사용하는 사람의 숫자는 1퍼센트에도 미치지 않는다. 반면에 한자어(漢字語)는 대한민국인으로서 삶이 다할 때까지 접하지 않을 수 없다.

한자어의 어원이 무엇인지 그 뜻이 무엇인지 알기 위해 길면 3년, 짧으면 2년 정도의 기간*을 투여하는 게 왜 그토록 우리 언어생활을 교란시키고 한국인으로서의 자존심을 짓밟는 것이며, 중국에 대한 열등감의 발로인지 이해하기 어렵다. 게다가 점차 그 지정학적(地政學的) 중요성이 강조되는 동아시아 각국과의 교류에서 한자는 매우 편리한 수단이 되는데 말이다.**

전 세계를 몇 개의 언어가 지배하는 세상이 멀지 않은 시대라고 많은 지성인이 우려하고 있는 이때 과연 진정으로 우리말과 우리글을 지키고 발전시키는 길이 무엇인지 다시 한 번 진지하게 고민해야 할 때가 바로 지금이다.

한글 = 표음문자 = 우리말?

한글이 표음문자, 즉 소리글자라는 사실을 모르는 독자는 없을 것이다. 그리고 앞서도 여러 번 언급한 바 있듯이 문자 가운데 가장 앞선 글자는 소리글자요, 그 가운데서도 한글과 같은 음소문자라는 사실은 잘 알려져 있다. 그리고 이 사실은 한글 전용을 주장하는 이들이 내세우는 주요한 근거가된다. "왜 가장 뛰어난 음소문자를 가진 우리가 가장 뒤떨어진 뜻글자인 한자를 사용하는가? 한자를 사용하는 나라들조차도 이제 한자를 폐기하고자하는데 말이다." 그러나 앞서 최경봉이 언급했듯이, "한자를 원시적인 문자로 본 것은 음소문자를 썼던 서구학자들의 문자관을 반영하는 것일 뿐, 한

---

* 이렇게 말하면 절에 들어가서 고시 공부하듯 하는 것으로 오해할 수도 있지만 정규 교과 시간에 한자 병기가 된 교과서만으로도 2000자 정도의 기본 한자는 익힐 수 있다.
** 혹자는 중국의 간체자와 우리가 사용하는 한자는 전혀 다르므로 한자를 배우느니 차라리 간체자를 배우는 게 낫다고 주장하기도 한다. 그러나 간체자 또한 한자의 변형체다. 한자를 아는 사람은 간체자의 어원을 아는 것과 마찬가지다. 따라서 한자를 모르면서 간체자를 배우는 것은 극단적으로 말하면 또 다른 발음기호를 습득하는 것인 반면, 한자를 아는 사람은 어원이 같은 새로운 글자를 이해하는 것이다.

자가 원시적이라는 근거는 못" 된다.

설사 한자가 원시적인 문자라고 해도 원시적인 문자를 사용하는 언중과 나라까지 원시적이라고 치부할 수 없다. 그러니까 한글과 같은 소리글자가 뛰어난 글자라 해도 이를 내세워 다른 문자를 무시해서는 안 된다는 것은 앞서 살펴본 바가 있으므로 반복하지 않기로 한다. 그렇다면 소리글자인 한글을 사용하는 우리의 언어생활 또한 온전히 소리글자에 맞추어 이루어 지고 있을까?

소리글자와 뜻글자의 차이

소리글자(표음문자)와 뜻글자(표의문자)에 대해 살펴보려면 우선 소리글자와 뜻글자가 어떻게 다른가부터 알아야 할 것은 자명한 이치다. '한자를 제외 하면 모두 소리글자다.' 그런데 좀 더 깊이 들어가 보면 세상만사가 그렇게 단순하지 않다는 사실을 알게 된다. 한글이 소리글자라는 사실을 모르는 사람은 없다. 그런데 논의를 한걸음 더 나아가서 '우리의 언어생활이 온전 히 소리글자로 이루어지는가?' 하는 질문에 답하려면 약간의 고민이 필요 하다.

> 서양 각국의 로마자 정자법(正字法)에선 비슷한 이음어(異音語, 소리가 다른 단어) 는 물론(예컨대 feel - fill, pool - pull), 동음어(同音語, 소리가 같은 단어)까지도(예컨대 right - write, site - sight) 다른 철자를 가지는 것이 보통이다. 현행 맞춤법에서 순 우리말의 경우, 표의화(表意化)를 꾀해 '낫, 낮, 낯, 낱, 났, 낳'과 같은 표기로 얼마간 시각성(視覺性)을 살릴 수도 있으나 (하략)[14]

앞서 살펴본 바가 있듯이 세계 모든 소리글자의 뿌리는 그림문자요, 그로부터 발전된 상형문자다. 그런 까닭에 오늘날 사용되는 모든 소리글자에는 뜻글자의 요소가 담겨 있는 것 또한 사실이다. 소리글자로 세계에서 가장 많은 사람들이 사용하는 영어도 알고 보면 어원(語源), 즉 소리 이전에 뜻을 가진 요소가 있었음은 당연한 것이리라. 그래서 위에 나오듯 같은 소리의 단어라 할지라도 형태가 전혀 다를 수밖에 없는 것이다. 특히 영어는 우리와 달리 소리글자이면서 뜻글자의 요소를 상당 부분 가지고 있는 문자이기 때문에 더욱 그러하다.

'~할 수 있는'이란 뜻을 가진 able은 그 어원이 라틴어로 1000년 전에 이미 사용되던 것이다. 그래서 많은 단어에 able을 붙이면 '~할 수 있는'이란 뜻으로 변한다.

believable(믿을 수 있는), durable(내구력이 있는), unable(~할 수 없는), socable(사교적인), catchable(잡을 수 있는), climbable(오를 수 있는), playable(연주할 수 있는)

이외에도 수많은 단어 뒤에 붙어 ~able은 '~할 수 있는'이란 뜻으로 변모시킨다. 그렇다면 영어가 단순한 소리글자라고 할 수 있을까? 그렇지 않다. 영어가 소리글자인 알파벳을 사용한다 해도 영어라는 언어를 사용하는 언중은 자신도 모르는 사이에 영어가 내포하고 있는 표의성을 사용하고 있는 것이다. 이는 특정한 경우, 한자가 작동하는 것과 같은 체계다.

不('아니다'라는 부정의 뜻을 나타내는 한자)
不正(부정, 옳지 않음), 不拘束(불구속, 구속하지 않다), 不當(부당, 정당하지 않음),

不信(불신, 믿지 못함·믿지 않음), 不動(부동, 움직이지 않음), 不良(불량, 좋지 않음)

　이러한 사례는 무척 많아 다 언급할 수 없다. 그러나 영어 able과 한자 不의 쓰임새를 영어와 한자, 두 문자에 대한 선입견(先入見)을 갖지 않은 이 방인이 보았다면 두 문자가 하나는 '소리글자'요, 다른 하나는 '뜻글자'로 사람들이 구분한다는 사실을 이해할 수 있을까? 그럴 수 없을 것이다. 그렇다. 결국 소리글자에도 뜻글자의 요소가 내포되어 있고 뜻글자에도 소리글자의 요소가 내포되어 있는 것이 문자의 세계다. 왜냐하면 본래 문자라는 게 태어날 때부터 뜻글자, 소리글자라는 주홍글씨를 새기고 태어난다기보다는 태어난 이후 변화하여 오늘날의 모습을 갖추었기 때문이다.

　그러나 이것만으로 한글의 세계를 완전히 설명하는 데는 부족할지 모른다. 왜냐하면 한글은 자연스러운 과정을 거쳐 오랜 시간에 걸쳐 탄생한 글자가 아니라 어느 날 문득 한 사람 또는 극히 몇 사람에 의해 창제의 과정을 거쳐 내부에 완결된 질서를 가지고 있는 문자이기 때문이다. 그렇다면 한글에는 위에서 살펴본 것처럼 영어에 아직도 무수히 남아 있는 뜻글자로서의 요소가 배제되었을까? 결론적으로 말하자면 그렇다. 우리는 앞서 세종이 훈민정음(訓民正音)이라는 명칭을 붙인 것도 자신이 처음에 창제하고자 한 것이 문자가 아니라 발음기호일지 모른다는 문제 제기에 대해 살펴본 적이 있다.

　따라서 한글의 첫째 목적은 혼란에 빠져 있던 한자음의 정확한 표기요, 다음으로 우리말을 독자적으로 표기하는 것이었던 셈이다. 물론 두 가지 목적이 뒤바뀌어도 상관없다. 어떤 목적이건 한글은 그때까지 사용하던 말을 기록하기 위한 목적이었던 것이다. 결국 한글은 기존의 글이나 말이 없었다면 탄생할 까닭이 없었던 셈이다. 이런 측면에서 본다면 인류 문명을 기록하기 위해 아무 기반도 없는 상태에서 탄생한 고대 문자, 즉 한자나 알파벳 등과 한글을 같은 차원에서 비교하는 것에 무리가 있을 수도 있다. 그리고 이는 한글을 이용해 낯선 개념을 만들어 표기하려는 목적은 없었던 것이 분명하다는 결론에 닿는다. 이는 대부분의 독자적인 문자가 처음에 자신의 뜻이나 사물, 생각 따위를 표기하기 위해 탄생한 것과 차이가 있다. 그런데 한글은 그렇지 않다. 처음 출발부터 소리글자였다. 물론 그전부터 존재했던 우리 고유의 말은 당연히 소리의 요소와 더불어 뜻의 요소도 품고 있었다.

물갈퀴, 물가, 물갈래, 물굽이, 물너울, 물때, 물매

이때 '물'은 단순히 소리를 나타내는 게 아니라 '물[水]'을 나타낸다는 사실을 모르는 분은 없을 것이다. 결국 한글 또한 언어생활 속에서는 뜻글자의 요소를 포함해서 사용하는 게 당연한 것이다. 다만 한글의 경우에는 앞서 언급한 이유로 인해 그러한 비중이 다른 문자에 비해 적을 뿐이다.

그리고 이러한 특징은 장점으로 작용하기도 하지만 치명적인 약점으로 작용하는 경우가 있으니 바로 조어력(造語力)이 다른 언어에 비해 부족하다는 점, 그리고 문자의 시각적(視覺的) 구분 능력이 부족해서 독해력(讀解力)이 떨어진다는 점이다. 뒤의 시각적 구분 능력은 앞서 살펴본 것처럼 모아쓰기라는 세계 유래가 없는 방식으로 일정 정도 향상된 게 사실이다. 그러나 뜻글자적인 요소의 비중이 큰 문자에 비해서는 떨어지는 게 사실이다.

한글의 원죄, 조어력과
독해력

사람이, 저 다른 동물과는 달라, 만물의 영장이 된 특징이 무엇일까? 이러한 의문은 고래로 많은 학자들이 머리를 괴롭게, 또, 재미스럽게 했다. 그래서, 여러 가지의 대답이 여러 가지의 학자들로 말미암아 나타나 있다. 생물학자는 가로되, 사람의 특징은 꼿꼿이 서서 걸어다니는 데 있다. 다른 포유동물들은 다 네 발로 걸어다니기 때문에, 그 머리는 대개 수평적으로 앞쪽을 가리키고 있다. 이렇게 수평적으로 들고 있는 머리는, 도저히 평온과 냉정을 지닐 수가 없고, 따라 높이 발달할 수가 없다.[15]

애지음으로서의 말은 개인의 순수 직관(純粹直觀)이란 지적(知的), 이론적(理論的) 활동에 말미암아 되는 것이요, 발달로서의 말은 무리떼[集團]의 의지적(意志的), 실제적(實際的) 활동에 말미암아 되는 것이다. 개인스런 정신 활동은, 그 소질이 특이함에서 가능하며 무리떼스런[集團的] 정신 활동은, 그 정신적 소질에도 공통한 것이 있음에서 가능하게 되는 것이다. 말씨[言語]는 바로 이 맞섬[對立·對比·對照]의 위에 선다.[16]

위 내용은 한글 전용을 가장 앞서 주장한 최현배의 《우리말 존중의 근본 뜻》에 나오는 구절이다. 가장 앞의 글은 책의 첫 부분이다. 두 번째 글은 '말과 창조'라는 셋째 부분에 나오는 내용이다. 위 글을 읽고 난 후 여러분의 느낌은 어떠한가.

한글 전용을 대표하는 이가, 그것도 적극적으로 시대를 앞서 한자어를 고유어로 바꾸려는 의도로 "실로 영원한 자손에게 끼치려는 나의 사랑의 유언"을 "세상에 보내는"[17] 심경으로 글을 썼는데도 이처럼 많은 한자어를 사용할 수밖에 없었다면, 인위적으로 한자어를 우리말로 바꾸려는 노력을 기울이는 것이 과연 효과적인 일인지 의문이 들지 않는가.

결국 기존 한자어를 순 한글로 바꾸는 일은 오랜 세월에 걸쳐 한 걸음 한 걸음 나아가야 할 뿐, 한두 해, 길어도 10여 년 만에 '바늘허리 꿰어 쓸 수 없는' 일이라는 사실을 확인할 뿐이다.

게다가 한글의 조어력은 근본적으로 약할 수밖에 없다. 한글은 소리를 나타낼 뿐, 뜻을 나타낼 수 없으므로. 물론 과거로부터 전해오던 고유어를 이용해 새로운 어휘를 만드는 노력이 성과를 거두기도 한다. 그러나 모든 경우 성공하는 것은 아니다. 다음에 국어연구원이 국어순화한 사례를 살펴보자.

> 홈페이지 = 누리집[*]
> 케이크 커팅 = 케이크 자르기
> 버블 경제 = 거품경제
> 캐시 플로 = 현금 흐름
> 마켓 셰어 = 시장점유율
> 모럴 해저드 = 도덕적 해이
> 사보타주 = 태업
> 캘큘레이터 = 계산기

---

[*] 그런데 이 누리집을 국립국어원의 표준국어대사전에서 설명한 내용을 보면 다시 한 번 충격을 받게 된다. '개인이나 단체가 월드와이드웹에서 볼 수 있게 만든 하이퍼텍스트. 개인의 관심사나 단체의 업무, 홍보 따위의 내용을 다양하게 제공한다. ≒홈페이지.' 결국 월드와이드웹과 하이퍼텍스트는 우리말로 표현할 수 없다는 것이다.

에디팅 = 편집

가감승제 = 더하기·빼기·곱하기·나누기

세네카 = 책등[18]

위에서 찾아본 사례는 극히 일부분에 불과하다. 그런데 이 정도만 찾아 보아도 우리 토박이말을 이용해 하루에도 셀 수 없이 등장하는 새로운 문 물을 표기하는 것은 불가능하다는 사실을 금세 깨달을 수 있다.

오죽하면 위에서 확인할 수 있듯이 국립국어원의 끊임없는 노력에도 국 어순화에 토박이말보다는 한자어를 이용한 경우가 더 많다. 그렇게라도 새 로 등장하는 용어의 다수를 바꿀 수 있다면 좋겠지만 현재 국어순화가 이 루어지는 새 용어는 말 그대로 '새발의 피', 아니 '구우일모(九牛一毛)', 즉 '아홉 마리 소 가운데 터럭 하나'에 불과한 게 현실이다.

이런 상황에서 중장기적인 대책 없이 한글 전용이나 토박이말 사용을 주 장한다면 결국 우리 언어생활은 서양어, 그 가운데서도 영어 중심으로 변 할 수밖에 없다. 누군가에게는 한자어나 한자를 사용하는 것보다는 영어를 사용하는 것이 더 나을지도 모른다. 그러나 그건 결국 한글 전용이라는 본 질적 목표를 벗어난 것임은 두말할 나위가 없다.

어차피 목표를 이루지 못할 것을 알면서도 한자나 한자어를 제외시키고 영어를 비롯한 서양어를 사용하겠다는 것은 새로운 사대주의가 아니고 무 엇일까? 만일 이 시대가 영어를 요구하기 때문에 한자보다는 영어를 사용 하는 편이 낫다고 주장하는 이가 있다면 앞서 언급한 원칙을 다시 한 번 환 기시켜 드리고자 한다.

'한글과 관련된 주장에서 상황 논리는 배제한다.'

지금 이 순간 영어를 사용하는 게 이익이 되기 때문에 영어를 사용해야 한다는 것은 위의 원칙에 어긋난다. 그리고 이런 논리라면 50년 후 자칫해서 중국어를 하는 게 이익이 된다면 다시 영어로 된 어휘를 몰아내고 한자를 되찾는 노력을 기울여야 할 것이다. 그뿐이랴. 100년 후, 갑자기 인도가 세계의 중심으로 부상한다면(이럴 가능성은 매우 크다고 미래학자들이 말하고 있다) 우리는 다시 인도어를 배우고 인도어로 된 어휘를 받아들이느라 부산을 떨어야 할지 모른다.

시각적 문자의
역할

한글 전용이 야기하는 문제 가운데 또 하나는 문자의 시각적(視覺的) 역할의 부족이다. 문자의 시각적 능력이 중요한 것은 독해력과 관련된 것이다. 독해력은 '읽고 해석하는 능력'인데 가능한 빨리 읽고 빨리 해석하는 것은 인간의 지적 활동에서 가장 중요한 능력이다. 특히 오늘날과 같은 정보의 홍수 시대에는 정보 암기 능력보다 정보 이해 능력이 더욱 중요하다는 것이 정설이다.

① 조선 한문과 이두 글은 트기말

우리나라에서도 이러한 언어의 기생 체계가 생겨났다. 조선 한문은 중국 말에 유래하지만, 그 음운 체계는 한국말의 그것이며, 그 토는 바로 우리말이다. 또 '이두 글'이란 것은 우리말도 중국 말도 아닌 트기 말이다. 조선 한문이 중국 말에 가까운 트기 말이라면 이두 글은 우리말에 가까워진 트기 말이다. 그러므로 이두 글이나 조선 한문이나 모두 우리나라 사람의 정신세계에 뿌리를 내리지 못했으며 우리나라 사람들의 창조적 정신 활동으로 부려 쓰인 것도 아니다. 이 점으로 본다면 옛날의 선비들이 써놓은 한문의 시나 문장은 정상적인 언어라고는 할 수 없다. 여기에서 우리는 서포 김만중이 우리나라 선비들의 한문 시나 문장을 앵무새의 사람 말 흉내와 같은 것이라 하고, 물 긷는 아낙네의 지껄이는 말과는 비교도 할 수 없는 거짓이라고 한, 그 참뜻을 이해할 수 있다.[19]

② 朝鮮 漢文과 吏讀 글은 트기말

우리나라에서도 이러한 言語의 寄生體系가 생겨났다. 朝鮮 漢文은 中國 말에 由來하지만, 그 音韻體系는 한국말의 그것이며, 그 吐는 바로 우리말이다. 또 '吏讀 글'이란 것은 우리말도 中國 말도 아닌 트기 말이다. 朝鮮 漢文이 中國 말에 가까운 트기 말이라면 吏讀 글은 우리말에 가까워진 트기 말이다. 그러므로 吏讀 글이나 朝鮮 漢文이나 모두 우리나라 사람의 精神世界에 뿌리를 내리지 못했으며 우리나라 사람들의 創造的 精神活動으로 부려 쓰인 것도 아니다. 이 點으로 본다면 옛날의 선비들이 써놓은 漢文의 詩나 文章은 正常的인 言語라고는 할 수 없다. 여기에서 우리는 西浦 金萬重이 우리나라 선비들의 漢文 詩나 文章을 앵무새의 사람 말 흉내와 같은 것이라 하고, 물 긷는 아낙네의 지껄이는 말과는 比較도 할 수 없는 거짓이라고 한, 그 참뜻을 理解할 수 있다.

①과 ②는 같은 글이다. 다만 ①은 모든 글을 한글로, ②는 한자어는 한자로 표기한 차이가 있다. 두 글을 비교할 수 있는 독자는 한자를 아는 독자뿐이다. 한자를 모르는 독자는 두 글의 차이를 비교할 수 없다. 그렇다면

한자를 아는 독자는 두 글을 어떻게 읽을까?

사람에 따라서 차이가 있겠지만, 극단적인 경우를 상정하면, ①을 '읽는다'라고 표현한다면 ②는 '본다'라고 표현할 수 있을 것이다. 물론 이런 표현은 맞는 것은 아니다. 한자도 어차피 문자인 이상 '보기'보다는 '읽는' 것이기 때문이다. 그러나 뜻글자가 상형문자(象形文字)가 발전된 형태라는 면에서 소리글자에 비해 '보는' 요소가 큰 것은 사실일 것이다.

특히 위 글은 최현배의 뒤를 이어 토박이말로 글을 쓰는 데 온 힘을 기울이고 있는 허웅의 글이라는 사실을 기억해야 한다. 그런데도 위에서 보듯이 많은 한자어가 사용될 수밖에 없는 것이 현실이다.

먼 훗날,
한자어는?

또 한 가지 지적하지 않을 수 없는 것은 한자어가 갖는 의미와 관련된 것이다. 오늘날 입말 외에 학술어나 개념어, 추상어 가운데 많은 부분이 한자어로 된 것을 모르는 분은 없을 것이다. 그러나 이런 단어를 한자 대신 한글로 표기한다고 해서 모르는 사람은 별로 없다.

예를 들면, 철학(哲學), 물리학(物理學), 중상(中傷), 중상(重傷), 연가 투쟁(年暇鬪爭), 사찰(査察), 정파(政派) 등 수많은 한자어가 오늘도 언론 지상(言論紙上)에 등장한다. 그리고 대부분의 독자는 별 거부감 없이 이들 의미를 이해한다. 물론 한자를 아는 이들에게는 이러한 단어가 한자로 쓰이거나 한글과 한자가 병기(併記)되었을 때 더 빠르게 이해한다. 그러나 한글로만 쓰였다고 해서 이해하기 힘들지는 않다.

이는 한자어에 내포된 한자의 의미가 아직은 우리 사회에 존재하고 있기 때문이다. 오늘날처럼 한자 교육을 완전히 배제한 채 30년, 50년, 100년이 지난 후 대한민국에서 교육받고 살아가는 언중을 상상해보자. 그들에게 철학, 물리학, 중상, 연가 투쟁, 사찰, 정파는 아무런 의미도 갖지 못하는 소리음에 불과하고 그 뜻은 사전을 통해 뜻을 이해해야 하는 단어일 뿐이다.

이는 소리글자라는 특징을 이해하는 이들에게는 당연한 것으로 여겨질 수도 있다. 그러나 엄밀한 의미에서 완전한 소리글자, 즉 그 어휘의 어원이 무엇인지 아무런 의미도 갖지 않고 단순히 소리만 나타내는 발음기호와 같은 소리글자가 세상에 존재하는지에 대해서도 우리는 의문을 품어보아야 한다.

> Frith는 주장하기를, 알파벳 사용자들이 '귀로 쓰는 것', 즉 낱말을 음성적으로 표기하는 것, 그러나 '눈으로 읽는 것', 즉 '음의 매개' 없이 눈에 보이는 글자라는 연속체로부터 기억 속에 저장된 어휘로 직접 옮겨가는 것은 무척 자연스럽다고 한다.
>
> '눈으로 읽기', 즉 교사들이 '음성적' 독서법에 대립되는 '보고-말하기' 독서법이라고 부르는 것은 그 자체가 애매한 개념이다. 그것은 낱말이 분석되지 않은 시각상의 통일적 전체, 즉 낱낱의 글자로 해체되지 않은 단일 윤곽으로 감지되는 것을 의미한다.[20]

위 내용을 한마디로 요약하자면 귀에 들리는 낱말을 소리 나는 대로 표기하고 한 글자 한 글자를 읽는 것보다 시각적 통일성을 갖춘 낱말을 보는 것이 훨씬 효과적이고 자연스럽다는 말이다. 결국 읽는 행위에서는 소리글자보다 뜻글자가, 또는 소리글자에서도 소리만을 표기하는 것보다 단어의 어원을 표기해서 구분해주는 것이 훨씬 효과적이라는 것이다.

이는 앞서 한자를 익힌 독자의 경우 한자어를 한자로 표기한 문장을 읽는 것이 훨씬 빠르고 이해도도 높다는 사실을 확인시켜 주는 주장인 셈이다. 물론 이에 대해 반론을 제기할 수도 있다. 우타 프리스(Uta Frith)는 그의 저서에서 수많은 사례와 실험을 언급하며 이러한 방식의 읽기가 효과적이라고 주장하지만 또 다른 주장과 실험, 사례도 있을 것이다.

그러하기에 무엇이 효과적이기 때문에 그 방식을 따라야 한다고 주장하는 것은 무리일지 모른다. 결국 언어생활을 결정하는 것은 언중의 태도요, 언중은 오랜 시간에 걸쳐 더 효과적인 것이라고 확인된 방식을 채택할 것이기 때문이다.

결국 한글 전용이나 국어순화, 국한문혼용 같은 문제는 주장을 내세우기보다는 긴 시간을 가지고 체계적으로 준비해나가는 것이 합리적이고 학술적인 태도라고 할 수 있겠다. 그런 면에서 최인훈(崔仁勳)이 자신의 대표적인 작품 《광장(廣場)》을 오랜 세월에 걸쳐 거듭 고쳐온 노력은 우리에게 많은 점을 시사해준다.

하나하나,
그리고 천천히

바다는 크레파스보다 진한 푸르고 육중한 비늘을 무겁게 뒤채면서 숨쉬고 있었다. 중립국(中立國)으로 가는 석방 포로를 실은 인도 선박 타골호(號)는 흰

펭키로 말쑥하게 단장한 3000톤의 선체를 진동시키면서 물체처럼 빼곡히 들어찬 동지나해(東支那海)의 대기를 헤치며 미끄러져 가고 있었다. (중략)

포로들을 인솔하는 책임을 지고 승선하고 있는 무라지라는 인도 관리는 낮에는 종일 술이고, 밤이면 기관실 위에 붙은 키친에서 쿡을 좌상으로 벌어지는 카드놀음으로 시간을 보내고, 배 안에서 석방자들의 생활과 선장과의 연락 등은 거의 명준이 도맡아서 하고 있었다. 그의 영어는 그럭저럭 쓸 만했다. 처음 만나서 명준의 학력(學歷)을 물을 때 University(大學)라고 했더니, 선장은 대뜸 r자를 몹시 굴린 명준의 발음을 시정하면서

"아하 유니버시티라구요?"

r음을 죽여 버린 밋밋한 수정음(修正音)을 해 보였다. 그는 영국의 상선학교(商船學校)를 나왔다고 하면서 명준은 알 리가 없는 영국 해군의 고급 장교들을 누구 누구 이름을 대 가면서 동창이노라고 했다. 그러나 그런 태도에는 육지 사람들의 구린내 나는 제 자랑하는 폼은 느껴지지 않고, 어린애같이 단순한 데가 있었다.[21]

바다는, 크레파스보다 진한, 푸르고 육중한 비늘을 무겁게 뒤채면서, 숨을 쉰다.

중립국으로 가는 석방 포로를 실은 인도 배 타고르호는, 흰 페인트로 말쑥하게 칠한 삼천 톤의 몸을 떨면서, 물건처럼 빼곡히 들어찬 동중국 바다의 훈김을 헤치며 미끄러져 간다. (중략)

포로들을 데려가는 일을 맡아서 타고 오는 무라지라는 인도 관리는, 낮에는 하루내 술이고, 밤이면 기관실 위에 붙은 키친에서 쿡을 우두머리로 벌어지는 카드 놀음으로 세월을 보냈고, 배 안에서 석방자들의 살림과 선장과의 오고 가가 따위는, 거의 명준이 도맡아서 보고 있다. 그의 영어는 그럭저럭 쓸 만했

다. 처음 만나서 명준의 학력을 물을 때 ○○○ University라고 배운 데를 댔더니, 선장은 대뜸, r자를 몹시 굴린 명준의 소리를 고치면서,

"아하, 유니버시티라고요?"

r소리를 죽여버린 밋밋한 소리를 해보였다. 영국에서 상선학교를 나왔다고 하면서, 이쪽이 알 턱이 없는, 영국 해군의 우두머리들을 누구누구 이름을 대가면서 같이 배웠노라고 했다. 그러나 그런 말에는 뭇사람들의 구린내 나는 제 자랑하는 투는 없고 어린애같이 맑은 데가 있다.[22]

두 글을 읽어보면 언뜻 보면 뭐가 바뀌었는지 알기 힘들다. 그러나 작가는 분명한 뜻을 가지고 작품 원본(原本)을 지속적으로 수정해왔고, 발표한 지 40년 가까운 시간이 지나서 결국 두 번째 글로 완성했다.

이런 사례는 사실 소설의 역사에서 찾아보기 힘들 것이다. 문학이란 다른 분야와 달라서 끊임없이 내용이 바뀐다는 사실을 독자들이 수용하기도 힘들고 작가 또한 처음 발표한 글이 원본이라는 생각 때문에 지속적으로 수정, 보완 작업을 거치는 것이 쉽지 않기 때문이다.

그러나 최인훈은 그러한 상식을 넘어 위와 같은 작업을 수행했다. 그리고 그 과정은 한자어(漢字語)를 토박이말로 바꾸어가는 것이었다. 물론 두 작품을 살펴보면 그 외에도 상당한 수정이 이루어졌다는 사실을 알 수 있다. 그러나 작가의 의도는 한자어 또는 한자 중심의 문장을 한글 중심의 문장으로 바꾸는 데 있다. 이는 그가 몇 번에 걸친 수정(修正) 작업을 할 때마다 머리말에서 밝힌 내용이기도 하다.

1989년판을 위한 머리말

이 전집판이 가로쓰기로 바뀌게 되었다. 그동안 차츰 자리잡아온 가로쓰기의

관행에도 맞추고, 새로 나온 표기법에도 맞출 수 있게 된 이번 판이 독자들에게 더욱 가까운 형식이 되기를 바란다.[23]

전집판 서문
이번 개정판에서 고친 것은 한자어를 모두 비한자어로 바꾼 일이다. 예술로서의 소설 문장의 본질은, 표기법에 따라서 높고 낮아지는 것은 아니며, 또 결정되는 것도 아니다. 표기를 가지고 나타내고자 하는 심상에 따라 결정되는 것이다. 그러나 관례적 표현과 어떤 심상이 오래 결합되어 쓰이고 보면, 심상의 형성 과정—의식과 현실 사이의 싱싱한 갈등의 자죽이 관례적 표현으로서는 나타내기가 미흡해 보이는 때가 올 수 있다. 이럴 때는 그 표현이 낡아진 것이 아닌가 알아보는 것이 좋다. 이런 현상이 일어나는 까닭은 여럿 되겠지만, 그 한 가지는 의식이 보다 더 깊게 현실과 어울리는 힘을 가지게 될 때다.[24]

표현이 현실과 어떤 연관성을 갖는지 잘 아는 작가는 아마 먼 훗날, 그러니까 2100년대쯤에 가면 자신의 작품이 또다시 현실과 틈을 가질 것이라는 사실도 알고 있을 것이다. 그런데도 이런 노력을 기울이는 것은 자신의 힘이 닿을 때까지는 그 노력을 게을리 하지 않겠다는 의지를 드러낸 것이리라.

한글 전용의 길은 최인훈과 같은 태도를 견지한 채 나아가야 하는 것이 아닐까. 그리고 그 길은 생각보다 험하고 긴 여정이 될 것이다. 아마 우리는 결국 목적지에 도달하지 못할지도 모른다. 이미 위 글을 보면 수십 년에 걸쳐 그토록 간절하게 노력했는데도 수많은 한자어가 사용되고 있다는 사실만 보아도 그 미래를 예견할 수 있다. 게다가 이 글은 입말이 상대적으로 큰 비중을 차지하는 소설 아닌가. 그런데도 모든 어휘를 우리말로 바꿔 사용하는 것은 도저히 불가능하다는 사실을 일깨워주고 있다.

그러므로 끊임없이 변하는 언어생활에서 누군가가 자신이 설정한 목표에 도달하겠다는 행위 자체가 오만일 수도 있다. 그렇다고 해도 우리말의 세상을 포기할 수는 없으니 결국 우리는 노력할 뿐이다. 결과는 어떻게 될지 아무도 모른다. 그리고 언어생활에서는 그 어떤 목표도 현실을 도외시하고는 설정되거나 달성될 수 없다는 사실을 다음 글을 통해 다시 확인할 수 있다.

새로운 시대의
도래

만약 독자가 나에게 예언적인 말로 끝맺는 것을 허락한다면, 사회적인 이점(利點)의 균형이 역사를 통해 변화해온 방향에 대해 할 말이 있다.

첫째, 독자의 관심사는 글자 자체의 구분이 분명한(그래서 적어도 부분적으로는 어표 표기적語表表記的인) 글자체를 지지하는 한편, 저자의 관심사는 음성표기적 글자체를 지지한다는 생각을 고려해보자.

인쇄술의 발명과 기술의 진보에 따라 인쇄가 더욱 경제적으로 이루어져 특정 원문原文이 읽히는 기회의 평균 숫자를 구텐베르크 이래 500년간 엄청나게 증가시켰을 것이 분명하지만, 그렇다고 해도 각 원문은 지금도 오직 한 번만 기록될 뿐이다.

개인적 편지와 같이 단지 한 번만 읽히는 수명이 짧은 원문들도 있다. 그러나 전화(電話)의 발명 이래 인구 1인당 이런 원문의 숫자는 감소했을 것이다. 그렇다고 해도 그러한 원문들 또한 오늘날 어디서건 접할 수 있는 도로표지판, 신문기사, 광고문 등과 같은 원문—이런 문장들은 수백만 번 이상 읽힐 것이다—과 공존(共存)하고 있는데, 이런 상황은 불과 2, 3백 년 전만 해도 거의 없던 일이다. 이러한 현상은 사회적 이점의 균형이 저자쪽에서 독자쪽으로 지속적으로 움직여왔음을 의미한다. 즉, 한 원문을 쓰는 데 투입되는 수고는 그 원문을 읽는 수많은 사람들이 얻게 될 능률로 이제 보상을 받게 된다. 그러므로 이상적인 정자법(正字法)은 전보다 더 음성표기적(音聲表記的)인 방식에서 어표 표기적(語表表記的)인 방식으로 변모해야 한다.

또한 문자 학습자와 학습을 한 후의 사용자 사이의 관심사의 대립을 고려해보자. 중세 이래 지속된 또 다른 사회 변화는 평균수명의 증가(이때의 평균수명은 한 개인이 정자법에 숙달한 후부터 평균수명으로, 이는 출생 이후의 신체적 평균수명보다 훨씬 극적으로 증가했다. 이를테면 평균수명이 50세에서 70세로 증가했다면 평균수명 증가율은 40퍼센트이지만, 정자법을 배운 후, 이를테면 15세에 정자법을 습득한다면 그는 과거에는 35년 동안 문자해독력을 사용했지만 오늘날에는 55년 동안 사용하게 된다. 그리하여 문자 사용 평균수명은 약 55퍼센트 증가한다)를 들 수 있다. 이러한 사실은 분명히 사회적 이점의 균형을 학습자로부터 사용자 쪽으로 이동시키게 된다. 즉, 학습 이후에 문자 생활을 즐기며 보내는 시간을 고려한다면 정자법을 배우기 위해 과거에 비해 더 많은 시간을 투여할 가치가 있게 된 것이다. 당연히 누구나 정자법을 습득한 후에 누릴 수 있는 즐거움의 기간이 과거에 비해 더 길어졌기 때문이다.

다시 말한다면, 앞서 기술한 가정 하에 이들 변화는 당연히 음성표기적인 문자에 비해 어표 표기적인 문자를 선호하게 되는 것이다.[*25]

---

* 이 인용은 역서(譯書)의 내용을 참고해 필자가 교열했음을 밝혀둔다.

영국 서섹스대학교에서 인공지능을 강의하는 제프리 샘슨(Geoffrey Samp-son)의 이론을 요약한다면 첨단 기기의 발달이 이루어질수록 쓰거나 기계화하는 노력은 줄어드는 반면 그 노력의 대가를 향유하는 독자는 늘기 때문에 언어생활의 중심이 사용자에게 옮겨가고 그 결과 소리글자보다는 뜻글자, 즉 시각적 능력이 뛰어난 글자가 사용자에게 선택받게 된다는 것이다. 게다가 평균수명이 늘어날수록, 학습 시간이 산술급수적으로 늘어난다 해도 그 혜택을 누리는 시간은 기하급수적으로 늘기 때문에 표의문자가 더 효과적이라는 말이다.

이렇게 사리사욕(私利私慾)과는 거리가 먼 양측이 한 치의 물러섬도 없이 벌이고 있는 한글 전용 대 한자 혼용의 전쟁은 어느 순간에는 냉전으로, 또 어느 순간에는 열전으로 불타오르고 있다. 그리고 이 전쟁은 단시일 내에 끝날 성질이 아니라는 것 또한 분명하다.

게다가 이 전쟁은 끝난다고 반드시 좋은 것이라고 단정 짓기도 힘들다. 새가 좌우(左右)의 날개로 난다고 했던가. 이 전쟁 또한 쉽게 끝난다면 그건 논리에 따른 결과라기보다는 이념이나 법, 주장에 따른 결과일지 모른다.

1. 진실로 관리 된 자가 언문을 배워 통달한다면, 후진(後進)이 모두 이러한 것을 보고 생각하기를, 27자의 언문으로도 족히 세상에 입신(立身)할 수 있다고 할 것이오니, 무엇 때문에 고심노사(苦心勞思)하여 성리(性理)의 학문을 궁리하려 하겠습니까.

   이렇게 되면 수십 년 후에는 문자를 아는 자가 반드시 적어져, 언문을 이용해 관리의 일을 집행한다 할지라도, 성현의 문자를 알지 못하고 배우지 않아서 담을 대하는 것처럼 사리의 옳고 그름에 어두울 것이오니, 언문에만 능숙한들 장차 무엇에 쓸 것이옵니까. 우리나라에서 오래 쌓아 내려온 학문을 무예의 우위에 두는 가르침이 점차로 땅을 쓸어버린 듯 없어질까 두렵습니다.

2. 무릇 일의 공을 세움에는 가깝고 빠른 것을 귀하게 여기지 않사온데, 국가가 근래에 조치하는 것이 모두 빨리 이루는 것을 힘쓰니, 두렵건대, 정치하는 체제가 아닌가 하옵니다.[26]

위 내용은 앞에서 살펴본 최만리의 상소문 내용 가운데 일부이다. 이 내용을 최만리가 어떤 의도에서 썼는지 알기는 쉽다. 첫째, 쉬운 한글로 모든 언어생활이 가능하다면 누가 어려운 한자를 배우려 하겠는가, 나아가 한자로 이루어진 어려운 고전을 누가 읽고 연구하겠는가? 그리하면 훗날 우리 땅에서 어려운 학문에 힘쓰는 대신 무예와 같은 기술에 힘을 두게 될 것이 두렵다. 둘째, 일을 추진하여 성과를 내는 데는 빨리, 그리고 쉽게 하는 길을 찾는 것이 아니다. 그런데도 오늘날 나라에서 행하는 방식이 늘 이러하니 참으로 두렵다. 이는 바른 정치의 법이 아니다.

이렇게 요약하고 나니 어쩌면 오늘날 우리 사회가 추구하는 방식과 이토록 닮아 있는지 신기할 정도다. 오늘날 한자 폐지를 주장하는 이들이 내세운 주장 가운데 대표적인 하나가 "왜 어려운 한자를 가르쳐 아이들의 학습에 장애를 가져오는가?" 하는 것이다. 그리하여 한자를 사용하지 않은 지 수십 년이 되었다. 그렇다면 우리나라 젊은이의 학습 능력, 독서력, 나아가 사고력과 문장력이 과거에 비해 월등히 나아졌어야 할 텐데 아무리 봐도 그런 변화는 확인되지 않고 있다. 수십 년 전에 비해 독서력이 뒷걸음질쳤다는 증거를 찾는 것이 오히려 쉬울 지경이니 어찌 된 영문인가.

또 오늘날 우리 사회는 늘 빨리, 그리고 쉽게 성과를 내기 위해 안달이 나 있다는 사실을 모르는 사람이 없을 것이다. 특히 이러한 성과주의, 속도

주의와는 가장 거리를 멀리 해야 할 문화 분야에서도 이러한 방식을 추구하고 있다는 사실 또한 부인하기 어렵다. 그런데 600년 전에 최만리가 임금 앞에서 이러한 나라의 정책적 문제를 제기하고 있다는 사실은 한글과 관련된 내용이 아니라고 해도 우리에게 많은 점을 시사하고 있다. 그렇다. 이제는 우리 사회도 눈앞의 성과보다 먼 미래를 고민해야 할 때다. 그리고 이러한 고민은 그 무엇보다 문화적 정책에서 가장 먼저 이루어져야 할 것이다.

ㄱ ㄲ ㄴ ㄷ ㄹ

북거점이라는 소설가가 있다. 그는 영이
공음화를 지속적으로 추구해왔기에
소설가로서는 영이 진도시도 더 유명하다.

그러나 그러한 명인(銘印)이 사회에서
회자될 수 있는 것은 바로 이 땅,
대한민국의 언어생활이 그만큼 약기에
치해 있다는 반증(反證)일이다.

ㅁ ㅂ ㅃ ㅅ ㅆ ㅇ

맞다. 영이는 오늘부터 한글 나라에
떨어진 해죽임이다.

영이는 이세까지 한글이 상대한 그 어떤 산적보다
더 강력하고 더 무지(無知)하며 세따가 한걸
전경을 밟아야 할 아무런 근거도 없는데도
무차별적으로 짓들이온다.

ㅈ ㅉ ㅊ ㅌ ㅍ ㅎ

문은 영이 공동화를 외치는 이들을 비롯해 영이
사용을 간조하는 이들은 자신들의 주검에 대한
근거를 제시한다.

한글 세계에
떨 　 어 　 진
핵 　 폭 　 탄, 어
영 　 　 　 　 어

차.

그러나 그런 문자 천생에 해당하는 국가가 될 수 없다.
왜냐하면 그들이 내세우는 근거는 힘으로 당황스럽게도
문자와는 아무런 상관도 없는 것이기 때문이다.

복거일이라는 소설가가 있다. 그는 '영어 공용화'를 지속적으로 주장해왔기에 소설가보다는 영어 전도사로 더 유명하다. 그러나 그러한 망언(妄言)이 사회에서 회자될 수 있는 것은 바로 이 땅, 대한민국의 언어생활이 그만큼 위기에 처해 있다는 반증(反證)이다.

맞다. 영어는 오늘날 한글 나라에 떨어진 핵폭탄이다. 영어는 이제까지 한글이 상대한 그 어떤 상대보다 더 강력하고 더 무지(無知)하며 게다가 한글과 전쟁을 벌여야 할 아무런 근거도 없는데도 무차별적으로 쳐들어온다. 물론 영어 공용화를 외치는 이들을 비롯해 영어 사용을 강조하는 이들은 자신들의 주장에 대한 근거를 제시한다. 그러나 그건 문자 전쟁에 해당하는 근거가 될 수 없다. 왜냐하면 그들이 내세우는 근거는 참으로 당황스럽게도 문자와는 아무런 상관도 없는 것이기 때문이다.

세계어인 영어,
그 이익을 버릴 것인가

영어 공용화를 주장하는 사람들은 이렇게 말한다. "오늘날 세계는 영어를 사용하는 미국과 영어권 국가가 주도한다. 따라서 우리가 그들과 나란히 경제 발전을 이룩하기 위해서는 전 국민이 영어를 사용하는 것이 매우 효과적이다. 오늘날 세계는 정보의 홍수 시대를 맞고 있다. 그런데 정보의 대부분은 영어로 이루어져 있다. 따라서 영어를 모르는 자는 정보의 문맹이 될 수밖에 없고, 그에 따라 세계의 주류로부터 탈락할 수밖에 없다." 이는 결국 현실적인 이익을 위해서 영어를 사용하자는 것이다. 그러나 우리는 이미 앞에서 원칙 하나를 제시한 바 있다.

'한글과 관련된 주장에서 상황 논리는 배제한다.'

한글이 전쟁의 참화를 맞이하는 경우 십중팔구는 상황 논리에 따른 것임을 앞서 살펴본 바 있다. 그런데 그러한 상황은 언제든 바뀔 수 있는 것이 역사고 현실이다. 오늘날 영어가 세계의 20퍼센트쯤의 지역에서 통용되지만, 돈을 가진 세상의 대부분을 지배하고 있다는 데 이의(異意)를 제기할 사람은 거의 없을 것이다.

그렇다면 영어는 영원히 세계를 지배할까? 그 옛날, 말은커녕 걸어서 싸우던 시절에도 무력으로 정복한 자들은 피정복자들의 문화, 특히 언어생활에 개입했고 그로써 수많은 문자와 언어가 사라져갔다. 본질은 변함이 없다. 차이가 있다면 과거의 문자 말살이 수동적으로 이루어진 반면 오늘날 문자 말살은 눈앞의 이익 외에는 그 어떤 것, 심지어 한 겨레의 정체성이나 문화 따위를 처분해도 상관하지 않는 이들의 등장으로 능동적으로 이루어지고 있다는 것이다.

멀리 갈 것도 없다. 우리나라의 예만 보더라도 북방계 민족이 한반도에 들어와 건국한 고구려와 백제로 인해 그 지역에 살던 원주민의 말은 거의 다 사라졌다. 일제의 침략은 또다시 조선인이 사용하던 수많은 언어를 말살했다. 그러나 문화라고 하는 것이 전통의 계승을 전제로 하지 않는다면 어떤 의미가 있는가. 그런데 지금 이 순간 능동적으로 우리 문자인 한글과 우리말을 뒤쪽에 밀어놓고 앞쪽에 세계어인 영어를 놓자는 의견이 나라 전체를 뒤흔들고 있다. 바야흐로 문자 핵전쟁이 벌어진 것이다.

조어력을 어떻게
확보할 것인가

한글과 영어의 전쟁에서 가장 사소한 것은 드러나는 부분이요, 가장 중요한 것은 드러나지 않는 것이다. 그러나 언론과 여론은 가장 사소하게 드러난 부분을 다루며 언중의 관심을 끄는 반면 그 부분 뒤에 감추어진 본질적인 부분에 대해서는 모르쇠로 일관한다. 그건 그 부분이 누구나 이해하기 어려운 영역이기 때문이기도 하지만 그 부분을 다루는 것은 관심을 끌기 힘들고 결국 자신의 주장을 합리화하는 데 도움이 되지 않기 때문이다. 천민자본주의가 극단으로 치닫고 있는 대한민국의 상황이 그렇다. 그래서 상황 논리에 매몰되면 그 어떤 문제도 해결할 수 없다는 것이다.

한글과 영어 사이에 벌어지고 있는 전쟁의 본질 가운데 하나는 우리가 사용하는 언어가 과연 얼마나 강력한 조어력(造語力)을 갖추고 있는가이다. 조어력, 즉 새롭게 등장하는 문물을 우리말로 표현할 수 있느냐 없느냐는 나날이 수백, 수천의 신문물이 등장하는 이 시대에 우리말의 존재 여부를 결정지을 수도 있는 중요한 사실이다.

그러나 안타깝게도 우리말의 조어력은 상당히 부족하다. 그 결과 신문물(新文物)이 등장할 때마다 우리는 신문물이 탄생한 문화권의 용어를 그대로 수용할 수밖에 없다. 그리고 이는 당연히 우리말보다는 외국어, 특히 영어의 무차별적 수용으로 이어진다.

> 기본 품목 파워트레인 : 201마력 2.4 GDi 엔진, 6단 자동 변속기
> 외관 : 신규 라디에이터 그릴, 신규디자인 17인치 알루미늄 휠, 범퍼일체형 듀얼 머플러⋯
> 내장 : 가죽 & 하이그로시 변속기 노브, 가죽 & 우드그레인 스티어링 휠, 스웨이드(트리코트) 내장⋯[1]

이 내용은 우리 언어생활이 이미 신문맹 시대(新文盲時代)에 돌입했음을 알려주는 대표적인 사례다. 이 내용에 대해 누군가는 이의를 제기할 것이

다. 그러나 일반 시민 가운데 위 내용을 모두 이해하는 이의 비율이 얼마나 될까. 특히 우리를 당황하게 만드는 것은 외국어를 한글로 표기한 까닭에 웬만한 영어를 아는 이마저 이해할 수 없다는 것이다.

그리하여 부동산을 제외하고 일반 시민이 소유한 가장 비싼 재산 가운데 하나인 자동차를 구입할 때 우리는 그 제품의 내용이 어떻게 구성되어 있는지도 모르고 구입할 수밖에 없는 것이다. 이것이 신문맹 시대의 도래(到來)가 아니라면 무엇이 문맹인가.

물론 이는 빙산의 일각(一角)이다. 극단적으로 말한다면 영어를 모르는 이들은 이제 세상을 이해하는 것을 포기해야 한다. '뉴스' 시간에 세상을 소개하는 수많은 용어가 외래어거나 외국어, 나아가 원어로 표기되는 일은 이제 놀라운 일도 아니다.

게다가 시민을 유혹해 물건을 파는 곳의 경우에는 그 도가 훨씬 심한데, 이러한 현상이 내포한 의미를 생각한다면 현실이 얼마나 심각한 지경인지 알 수 있을 것이다. 즉, 대한민국 시민은 영어를 비롯한 외국어(극히 일부를 제외하면 대부분 서양에서 도래한 용어다)를 우리말보다 훨씬 강력하게 신뢰하고 좋아하기 때문이다. 그렇지 않다면 물건을 팔려는 이들이 외국어를 사용할 까닭이 없다.

'GT02 고릴라, RH03 래빗(토끼). 석 대의 버스터 로봇들이 컴바인 오퍼레이션(합체 작동)! 필살기 트랜션 플래시로 적을 무찌른다.'
요즘 최고 인기라는 이 만화도 골드 드래곤, 에픽 드래곤 배틀 등 어려운 영어가 줄줄 나옵니다.
문제는 언어를 막 익히기 시작하는 6살에서 8세 아이들이 주로 본단 겁니다.
아이들에게 직접 물어봤습니다.

"로봇 변신할 때 뭐라고 그래요?" "트랜스포메이션."

"그러면 합체할 때 뭐라 그러는지 아는 사람?" "인티그…레션."

"어느 나라 말 같아요?" "우리나라!"[2]

위의 보도 내용의 끝에는 유치원 아이들이 '트랜스포메이션'과 '인티그 레이션'이 훨씬 멋있다고 이구동성으로 말하는 내용이 이어진다. 이러한 현상은 날이 갈수록 심화될 것이다. 당연하다. 이미 영어라는 핵폭탄이 한 글 나라에 투하되었기 때문이다.

영어를 잘하는 것에 만족하지 않고 영어 발음까지 미국인스럽게 할 수 있도록 혓바닥 수술을 받는 현상은 이제 뉴스거리도 되지 않는다. 자신의 언어가 아니라 남의 언어를 따라하기 위해 혀를 고친다? 이게 한글과 영어 사이에 벌어지고 있는 핵전쟁의 실상이다.

그리고 이 전쟁과 한글의 조어력 사이에는 불가분의 관계가 있다. 물론 조어력 외에 미국에 대한 무조건적 숭배라는 정서적 요인도 크게 작용할 것이다. 그러나 그 문제는 한글전쟁과 관련된 것이 아니라 정치사회적인 문제다.

조어력, 즉 새로운 문물이 등장할 때 그것이 구체적인 것이든 추상적인 것이든 그 문물을 표현할 명칭을 자신들의 언어로 생성할 수 있느냐 없느 냐는 자신들의 언어를 지킬 수 있느냐 없느냐와 직결된다.

원나라가 고려를 지배한 기간 동안 수많은 원나라 말이 우리나라에 스며 든 사실은 분명하다. 그리고 그 말들은 오늘날까지 우리 사회에서 사용되 고 있다. 일본의 침략에 따른 언어의 침투 또한 아무리 우리가 저항하고 거 부하려고 노력한다 해도 이미 우리말화된 것이 사실이다.

돈 드는 조어력,
돈 안 드는 외국어

그런데 이러한 역사적 현실은 오늘날 현실과는 현격한 차이가 있다. 우선 옛날의 언어 침투는 수동적으로 받아들여졌다. 그 시대에 극히 일부를 제외한다면 몽골어나 일본어를 수용하려는 시민의 숫자는 제한적이었다.

그러나 오늘날 우리 사회는 적극적으로, 나아가 대부분의 시민이 이 땅에서 영어를 습득하고자 할 뿐 아니라 영어의 본고장에 가서 원어민과 같은 수준으로 영어를 배우고자 한다. 이는 우리 역사상 결코 없었던 현상이다. 그 결과가 긍정적이든 부정적이든 말이다. 그런데 이러한 시대에 외국에서 들어오는 신문물에 대해 우리말로 된 명칭을 사용할 수 없다면 그 결과가 어떠하겠는가.

위에서 살펴본 바 있듯이 특정 분야에서는 이미 한글은 표기 수단으로 전락했다. 따라서 그러한 분야에서 우리말을 잘한다고 문맹을 벗어나는 것이 아니다. 더욱이 시간이 흐를수록 이러한 현상은 일반적인 분야로 확산되고 있다.

다음은 인터넷에서 무작위로 추출한 외화(外畵) 제목이다. 시기별 개봉 영화 목록에서 외화 제목을 가져온 것이니 우리나라에서 개봉하는 외화의 대부분이 이런 방식으로 제목을 붙인다는 사실을 확인할 수 있다.

〈인셉션〉　　　　〈어벤저스〉　　　〈다크 나이트 라이즈〉

〈블랙〉　　　　　〈지아이조〉　　　〈어메이징 스파이더맨〉

〈코코 샤넬〉　　　〈오펀〉　　　　　〈아이스 에이지〉

〈퍼펙트 겟어웨이〉　〈그래비티〉　　　〈다이하드 : 굿 데이 투 다이〉

위 제목을 통해 그 영화의 제목이 무엇을 뜻하는지 아는 시민의 비율이 과연 얼마나 될까? 단언컨대 매우 낮은 수치에 불과할 것이다. 그런데 더욱 놀라운 것은 자신도 모르는 뜻의 영화를 아무 거부감 없이 관람하는 사람과 관람자의 편의와는 아랑곳하지 않은 채 제목을 붙이는 영화 배급사가 존재한다는 사실이다.

〈누구를 위하여 鐘은 울리나(For whom the bell tolls)〉

〈碧眼의 나비부인(My geisha)〉

〈野性女(야성녀)(Untamed)〉

〈瞬間(순간)에서 永遠(영원)으로〉

〈奴隷反亂〉

〈네 멋대로 해라〉*

위 목록은 1961년 어느 날짜 신문 광고면에 실린 외국영화 제목이다. 원제(原題)가 실린 영화는 괄호 안에 병기했다. 21세기 대한민국에서 상영되는 영화 제목과 50여 년 전 상영된 영화 제목을 비교해보면 영화 제목이 단순히 영화라는 상품에 붙은 명칭이 아니라는 사실을 쉽게 알 수 있다.

50여 년 전 영화 제목에도 낯선 단어가 등장한다. 벽안(碧眼) 같은 단어는 한글로 써 있다 해도 이해하지 못할 독자가 있을 것이다. 그러나 '벽안'이라는 단어에서 서양을 떠올릴 독자는 없을 것이다.

반면에 〈인셉션〉, 〈어벤저스〉, 〈그래비티〉 같은 제목의 뜻을 아는 독자도

---

* 1961년 4월 22, 23일 자 〈경향신문〉 영화광고 가운데 외화 제목 전부. 괄호 안에 한글을 병기한 것은 광고에서도 한자와 한글을 병기한 경우다.

썩 많지 않겠지만 안다 해도 이 단어들을 읽거나 보는 순간 우리 문화를 벗어난다는 인식을 하지 못하는 독자 또한 없을 것이다. 게다가 이 단어를 아는 독자는 무의식적으로 자신의 영어 실력이 대한민국 사회에서 상위권에 있다는 은근한 자부심을 느끼기 십상이다.

누구나 알다시피 소리글자인 한글의 조어력은 무척 약하다. 주시경이 한글을 표기할 때 어원을 밝혀 적어야 한다고 주장한 것은 그러한 면에서 시대를 앞선 판단이었다. 만일 어원을 밝혀 적지 않았다면 오늘날 한글의 어원은 유명무실해졌을 것이고 그에 따라 가까스로 이루어지고 있는 국어순화 활동 또한 불가능했을 테니까. 국어순화, 즉 새로운 문물에 대해 우리말 표현을 만들어 사용하기 위해서는 반드시 뜻이 동반되어야 함을 모르는 사람은 없을 것이다.

그런데
세계는?

'컴퓨터'라는 단어가 새로 등장했을 때 '컴퓨터'라는 물체의 특성을 나타내는 개념이나 표현이 이미 존재하고 있지 않다면 이 단어를 특정 언어를 사용하는 나라나 지역에서 자신들의 언어로 표현하는 것은 불가능하다.

① 가나다
② 생각틀
③ 전자지능기

④ 컴퓨터

⑤ computer

⑥ 电脑

⑦ ordinateur(정리하는·질서 확립의), calculateur electronique

⑧ ordenador(정리하는·명령하는·명령자)

⑨ computador

⑩ May tinh(엔진·기계장치 + 계산하다)

①은 한글로 된 말 가운데 컴퓨터를 표현할 만한 의미를 품은 단어가 전혀 없을 때, 즉 한글이 오직 소리만을 기록하는 글자일 때 새로이 등장한 컴퓨터에 독자적인 명칭을 붙인 것이다. 이때는 '가나다'가 되었건 '이랴이랴'가 되었건 아무런 상관도 없을 것이다. 어차피 아무런 의미를 갖지 않고 다만 소리로 다른 물체와 구분 지을 뿐이기 때문이다.

②는 한글의 어원을 이용해 만든 명칭이다. 생각을 하는 틀, 즉 '어떤 물건의 테두리나 얼개가 되는 물건'이라는 뜻이다.

③은 한자어로 만든 명칭으로, 이때는 전자(電子)라고 하는 단어를 접두사로 사용해 무수히 많은 전자 관련 제품의 명칭을 만들 수 있을 것이다. 전자수첩, 전자사전, 전자계산기, 전자 용기, 전자 부품, 전자 상품, 전자 기기, 전자회로 등.

④는 컴퓨터가 탄생한 나라에서 붙인 명칭을 그대로 들여와 단지 한글로 표기한 것이다. 오늘날 우리나라에서 사용하는 명칭이 바로 이것이다.

⑤는 어차피 컴퓨터를 만든 나라의 명칭을 그대로 사용할 바에는 좀 더 효율적으로 사용하기 위해 원어 computer로 표기한 것이다.

⑥은 중국에서 사용하는 명칭인데, 자신들의 문자인 한자의 뜻글자 성격

을 십분 발휘해 자신들만의 명칭을 만들었다. '电脑(띠엔나오, 전뇌電腦)', 즉 '전기 또는 전자로 움직이는 뇌'라는 말이다.

⑦은 프랑스에서 컴퓨터를 가리키는 용어다. 본래 '정리하는, 질서 확립하는, 정리하는 것'이라는 뜻을 활용해 컴퓨터를 가리키는 용어로 전용했다. 그 외에 '캘큘레이터 엘렉트로니끄'라는 용어도 사용하는데 해석하면 '전자계산기'쯤 될 것이다.

⑧은 스페인어에서 컴퓨터를 가리키는 명칭이다. 프랑스어와 어원은 같다.

⑨는 같은 스페인어권인 라틴아메리카에서 사용하는 명칭인데, 스페인어와 달리 미국의 영향력 때문인지 컴퓨터라는 명칭을 사용하고 있다.

⑩은 베트남에서 사용하는 명칭으로, '계산장치'라는 의미로 자신들만의 명칭을 만들어 사용하고 있다.

컴퓨터라고 하는 새로운 시대를 연 기계 한 대를 어떻게 부르는가 하는 위 현실을 살펴보면서 느낄 수 있는 점은 각 나라가 언어 정책을 어떻게 펼쳐나가는가, 각각 다른 문자와 말을 사용하는 나라가 자신들의 언어생활을 어떤 방식으로 전개해나가는지에 대한 모든 것이 이 한 단어에서 드러난다는 것이다.

세계에서 가장 뛰어난 문자를 가졌다고 자부하는 우리는 외국에서 들어온 컴퓨터라고 하는 기계를 표현하는 데 아무런 고민 없이 그 나라에서 붙인 명칭을 사용하고 있다. 이때 우리가 자랑하던 '세계에서 가장 뛰어난' 한글은 영어 computer를 우리가 읽을 수 있도록 표기한 발음기호 역할 이상을 하지 못한다. 이는 computer를 읽는 발음기호 [kəm|pjuːtə(r)]와 그 형태만 다를 뿐 아무런 차이가 없는 셈이다.

반면에 우리와는 달리 같은 한자 문화권이면서 독자적인 문자를 포기한 후 알파벳을 받아들인 베트남의 경우에는 표기는 알파벳이지만 명칭은 세계 유일한 자신들의 것을 만들어 사용하고 있다. 나아가 띠엔나오(电脑)라고 하는 신어를 만들어 사용하는 중국의 경우는 우리가 그토록 경원시했던 뜻글자가 이른바 '글로벌(global, 세계적인·지구의)' 시대에 어떤 역할을 할 수 있는지 보여주는 분명한 증거가 된다.

물론 세계인 모두가 '컴퓨터'라고 쓸 때 중국인들만이 '띠엔나오'라고 읽는다면 중국인들의 사고가 고립화되어 어려움을 겪을 거라고 여길 수도 있다. 그러나 문화란 근본적으로 고립적인 것이다. 다른 나라의 문화와 다르기 때문에 가치가 있는 것이지 모두가 공유하는 건 우리 문화로서 아무런 가치를 갖지 못한다. 그런 면에서 영어의 침략과 함께 침투해온 온갖 서양의 표피 문화(表皮文化)는 참으로 많은 걸 시사해준다.

문화 침략은 그 어떤 침략보다 무섭고 지속적이며 회복 불가능하다는 사실을 사회 전체가 깨닫고 인식해야 한다. 앞서 살펴보았지만 일본 제국주의자가 우리나라를 강제 병합한 후 우리 문화에 대해 어떤 연구를 했는지, 그리고 그 목적이 무엇이었는지 기억해야 한다. 그렇지 않다면 셀 수 없이 많은 미국 유학파*가 대한민국 사회의 주류(主流)로 편입되는 날, 대한민국은 이미 대한민국이 아닐 수 있다는 사실을 직시해야 할 것이다.

외래어에 대한 인식의 차이는 국어순화의 결과를 왜곡시키기도 한다. 한자

---

* 2011년 현재 미국 내 한국인 유학생 수는 7만 3351명이라고 Institute of International Education (IIE)이 발표했다. 이들 유학생의 미국 내 평균 거주 기간을 3년이라 가정한다면 30년 동안 미국 유학을 경험한 이는 70만 명에 이른다. 그리고 모두가 그렇다고는 보기 힘들겠지만 적어도 이들 가운데 꽤 많은 비율이 대한민국 내에서 경제적, 사회적, 학술적으로 일정한 발언권을 보유할 것이라 가정한다면 위에서 언급한 내용에 전혀 무리가 없음을 알 수 있을 것이다.

어를 쓰는 비율이 줄어들면서 이를 대신해 서구 외래어나 우리말의 조어법에서 벗어난 신조어들이 많아지기 때문이다. 국어순화 운동이 오히려 서구 외래어를 확산시켰다는 지적은 국어순화 운동의 문제와 관련하여 주목할 필요가 있다.

그렇지만 외래어의 번역어로 한자어가 사용되어온 역사 그리고 한자어가 활용되어온 역사를 볼 때 서구 외래어와 한자어는 동등하게 취급될 수 없음은 분명하다. 새로 들어온 말이 한자어로 번역되었을 때 어휘에 대한 이해가 쉬워지고 그것의 사용 영역이 체계화될 수 있는 것은 한자어의 장점을 보여준다. 디지털 시대에 새로운 통신기기들이 들어왔을 때, 이들을 이동통신, 이동전화, 휴대전화, 무선전화 등과 같은 한자어로 표현함으로써 통신기기의 특성과 관계를 쉽게 나타낼 수 있지 않았던가. 한자어와 고유어는 어근을 통해 의미를 유추할 수 있다는 점에서 새로운 어휘라도 이해할 수 있는 가능성이 높지만, 서구 외래어는 해당 외국어에 대한 이해가 없는 한 이러한 가능성이 차단되기 때문이다.[3]

조어력(造語力)이 부족한 한글 전용을 고집하는 한 신문물의 명칭을 외국어에 의존해야 하는 것은 필연적일 뿐 아니라 결국에는 그 외국어가 영어처럼 대부분의 문물을 표기한다면 영어라는 문자, 나아가 영어 문화권에의 편입을 피할 수 없다. 그런 의미에서 위 글은 우리가 앞으로 나아가야 할 길을 심각하게 제시하고 있다고 하겠다.

영어 침략군의
장애물?

위에서 살펴본 것과 같이 신문물의 급속한 유입, 그리고 영어 문화권에서 생활한 이들의 회귀는 당연히 오늘날 우리 사회가 겪고 있는 영어 치우침 현상과 매우 밀접한 관련성을 갖게 된다. 바로 이러한 현상, 즉 우리 사회가 영어를 숭배하고 영어를 잘하는 사람은 자부심을 느끼는 반면 영어를 못하는 사람에게는 수치심을 느끼도록 강요한다는 사실을 정확히 꿰뚫고 있는 영화 배급사는 자신 있게 원어 제목을 그대로 붙이는 것이다. 그 누구도 이에 저항하지 못할 것을 알기 때문에.

그리고 그들의 예상은 정확히 들어맞아 그토록 한자 사용에는 거부감을 나타내는 수많은 한글 애호가조차 이러한 현상에 대해서는 극히 일부만이 개별적 방식으로 문제점을 지적할 뿐 정책적, 조직적, 학술적으로 비판하고 나서지 않는다. 그리고 당연하게도 처음 척후병(斥候兵)을 파견했을 때 한글의 방어를 예상했던 영어 진영은 의외로 아무런 방어 태세가 갖추어져 있지 않을 뿐 아니라 오히려 성곽 곳곳에서는 자신들의 진입을 위해 문을 열고 기다린다는 사실을 깨닫자 전면적으로 공격에 나선 것이다.

솔직히 이야기한다면 영어라는 침략군에 맞서 한글 진영이 설치한 장애물은 없다. 이러한 태도는 단순히 패배 의식의 발로가 아니라 역사가 증명해주고 있기 때문이다. 지금 영어는 한글 나라뿐 아니라 전 세계를 상대로 핵전쟁을 벌이고 있다. 그래서 영어에 자기 자리를 내주고 사라져갈 위기에 처한 언어가 한둘이 아니다. 그리고 그 핵심에는 경제적 논리가 자리하고 있다. 한마디로 돈을 많이 벌려면 영어를 해야 한다는 것이다.

영어를 잘하는 이들이 돈을 많이 벌고 현실적으로 성공할 가능성이 높다는 주장은 사실일지 모른다. 그렇다면 인간은 돈을 많이 벌고 현실적인 성공을 통해 부귀영화를 누리는 것이 목표인 동물일까? 현실적인 까닭을 내세우며 영어 공용화를 외치는 이들은 이에 대해 답해야 한다.

"그렇다. 인간이 아무리 정의롭고 희생적이며 문화적으로 뛰어나고 예술을 창조할 수 있는 존재라고 해도 남보다 돈을 더 벌지 못하고 부귀영화를 누리지 못한다면 무슨 소용이 있는가?" 이 말이 맞다면 우리나라에서 한글은 더 이상 존재할 필요가 없다. 문화조차 아무런 의미가 없는데 하물며 문화를 지탱하는 중요한 축이 무슨 소용이란 말인가. 이는 집이 없으면 기둥 또한 아무런 역할도 할 수 없는 것과 같다.

그러나 그러한 이들의 주장과는 달리 자신의 문화를 갖지 못한 겨레는 결코 영속하지 못한다는 사실을 우리는 역사를 통해 무수히 확인할 수 있다. 바로 이 이유 때문에 수많은 나라(그 대부분은 이른바 선진국)가 자국의 문화와 문자, 언어를 지키기 위해 갖은 노력을 기울이고 있는 것이다. 게다가 영어를 잘해야 세계에서 앞서 나가는 나라라는 주장 또한 선뜻 받아들일 수 없다. 도대체 그런 주장이 어디에 근거한 것인가 하고 묻지 않을 수 없다.

한국어의 거울,
하와이어

나는 영어 교육이 좀 더 보편화되는 것이 매우 중요하다고 생각합니다. 나의 백성들이 이 언어로 교육받지 않는다면, 지적인 발전 그리고 외국인들과 대등한 관계에 서고자 하는 그들의 바람은 부질없는 것이 될 것이라고 나는 확신

하기 때문입니다.[4]

1855년, 하와이로 몰려드는 무역상과 거래하기 위해 영어를 배우는 움직임이 일고 이를 통해 경제적 수익을 올리는 상황에서 하와이의 왕 카메하메하 4세가 한 연설이다. 그리고 이러한 주장은 오늘날에도 똑같이 세계 곳곳에서 울려 퍼지고 있다.

> 20세기에는 많은 나라에서 엄청난 수의 사람들이 자신들의 전통 언어를 버리고 다른 언어 ─ 특히 영어 ─ 로 전환하고 있다. 그 이유를 공공연하게 밝히는 사람은 없지만, 그것은 150년 전 하와이의 왕이 밝힌 것과 똑같은 이유에서다.[5]

그런데 세상 일이 그렇게 단순하게 이루어지면 얼마나 좋겠는가.

> 적어도 1940년대에 들어서는 하와이어를 모국어로 쓰지 않고, 아니 제2언어로도 쓰지 않는 세대가 등장했다. 대개 그들은 카메하메하 왕이 바란 것처럼 '외국인과 대등한 관계에 설 수 있는' 기회를 갖지 못했다. 일반적으로 저임금에 천대받는 직업을 찾을 수 있었을 뿐이다.[6]

그렇다. 언어 전쟁은 결코 언어라는 무기만 동원하는 것이 아니다. 언어를 사용하는 언중, 그리고 그 언어를 자국어로 사용하는 나라, 언어를 바탕으로 한 문화, 제도 등이 종합적으로 동원되는 것이다. 그리하여 모든 면에서 침략자와는 전혀 다른 피침략자는 아무리 그들의 언어를 수용한다 해도 피침략자의 지위에서 벗어나기란 지난(至難)한 일이다. 침략이란 침략 당사자의 이익을 위한 것이지 피침략자와 대등한 경쟁을 통해 효율을 이루기 위해서인 경우란 없기 때문이다. 결국 눈앞의 이익을 위해 자국의 언어, 문자, 문화를 포기한 이들에게 남는 것은 없다.

영원히 사라져버린 언어들은 모두 해당 문화와 함께 사라지는 경향이 있다. 하와이어도 그럴 것이다. 하와이의 생활양식 가운데 일부분이 하와이식 크레올 영어를 사용하는 사람들 사이에서 보존된 것처럼 어떤 것들은 살아남을 것이다. 하지만 많은 것이 이미 사라졌고, 하와이어를 모국어로 쓰는 화자(話者)들이 더 이상 존재하지 않는 순간 더 많은 것이 사라져갈 것이다. 하와이어는 정치 언어였고, 풍부한 구전문학(口傳文學)을 보유한 언어였으며, 수많은 기술(技術)을 표현하는 언어였다. 이 모든 것 가운데 일부는 영어로 기록되어 있지만 대부분의 것들은 그렇지 못하다. 매번 상황은 이렇거나 더 나쁘다. 로마제국의 지역 언어들 가운데 아마 마지막으로 자취를 감추었을 갈리아어와 카르타고어도 상황은 마찬가지였다. 카르타고어는 독특한 정치체제의 언어였으며, 모험심이 뛰어난 무역 제국, 전설적인 종교의 언어였다. 카르타고어는 역사·과학 문헌의 언어였으며, 의심할 바 없이 시(詩)의 언어였다. 로마의 작가들이 관심을 가졌던 부분과 고고학자들이 현재 재구성할 수 있는 극소수의 것들을 제외하고는 이 모든 것이 사라졌다.[7]

시대적 배경이 200년 가까운 차이가 있지만 언어란 것이 현실적 이익의 추구 활동에 국한된다고 여기는 사회적 사고는 하와이와 대한민국의 오늘이 전혀 다르지 않다.

게다가 하와이어가 완전히 사라지는 데는 200년 이상이 걸렸다. 반면에 대한민국에 영어가 본격적으로 흘러들어온 시기를 멀리는 1945년 이후, 가까이는 본격적인 서구적 산업화가 시작된 1970년대로 상정한다면 이제 고작 50~70년밖에 되지 않았다. 그렇다면 향후 100년 이상 영어의 침략이 지속적으로 이루어진 후에도 우리말이 남아 있을 거라고 믿는 것이 오히려 특이한 생각이 아닐까.

더 이상 언어를 잃으면
안 되는 세 가지 이유

《언어의 종말》의 저자 앤드류 달비는 자신의 책 마지막에 "우리가 왜 더 이상 언어를 잃으면 안 되는지 가장 중요한 세 가지"[8] 까닭을 제시한다.

첫째, 우리는 언어가 보존하고 전달하는 지식을 필요로 한다. (중략) 여러분은 사람들이 언어를 바꿀 때, 자기들의 지식을 새로운 언어로 전달할 것이기 때문에 신경 쓸 것 없다고 말할 수도 있을 것이다. 그러나 이런 일은 실제로 자주 일어나지 않는다. 그들은 다수의 문화—지역의 자원은 점점 평가절하되는 반면 정보, 교육, 식량과 의학은 모두 좀 더 표준화되고 대량생산의 형태를 갖추며 돈과 교환되는 먼 곳 어디에선가 비롯되는 문화(만약 일반화가 허용된다면)—에 동화되고 싶어 언어를 바꾼다. 이것이 현대의 방식이다. 지역 문화들은 그냥 버려진다.

두 번째, 획득되고 검증된 지식을 전달하는 것 외에 사물이 존재하는 방식에 대해 언어가 제공하는 통찰력 때문에 우리는 다른 언어들을 필요로 한다. 우리는 그러한 대안적인 세계관이 필요하다. (중략) 이제 우리는 단일한 언어가 사용되는 세계는 정확히 무엇이 잘못될 것인지를 간결하게 설명한 1930년대

워프의 진술을 허용할 준비가 되어 있다.

'영어든 독일어든 러시아어든 또는 어떤 다른 언어든, 오직 하나의 언어만을 말하는 미래의 세계를 예견하는 이들은 잘못된 견해를 가지고 있는 것이며, 인간 정신의 발전에 어마어마한 가해(加害)를 가하는 셈이다.' (중략)

'언어의 소실은 (중략) 우리 모두에게 회복할 수 없는 손실을, 인간의 경험을 이해할 수 있는 대안을 일별(一瞥)할 수 있는 기회의 상실을 뜻한다.' (중략)

마침내 세 번째 단계에 도달했다. 지식의 전달을 뛰어넘어, 인간 세계의 구조에 대한 통찰력의 전달을 뛰어넘어 우리는 다수의 언어를 필요로 한다. 다른 언어와의 상호작용은 우리 각자의 언어를 유연하고 창조적으로 만들어주기 때문이다. (중략)

이 책의 목적은 언어가 사라지면서 왜 우리의 장기적인 미래가 위협받는지를 보여주는 것이다. 새로운 언어로 전환하고 있는 사람들을 설득하려는 것이 아니다. 아마 그들을 설득할 수 있는 것은 아무것도 없을 것이다. 이 책의 목적은 우리—단기적인 부를 추구하고 한편으로는 최대한 빨리 영어와 다른 국가어를 확산시키고 있는 우리들과 작가들, 방송인들, 사업가들, 즉 우리의 증손자들로부터 그러한 행동을 멈추고 다른 방법을 찾도록 요구받을 우리를 설득하려는 것이다.[9]

이 책의 마지막 부분을 이토록 장황하게 인용한 것은 한 나라의 고유한 언어가 사라지는 과정, 나아가 그 결과가 무엇을 의미하는지 이토록 정확히 지적한 글을 보지 못했기 때문이다. 그런데도 오늘을 사는 우리는 '단기적인 부(富)'를 위해 기꺼이 우리 언어 대신 영어를 수용하기 위해 안달을 내고 있다. 이러한 시대에 시민의 힘을 믿으며, 그들이 순간적으로는 오류를 범할지라도 결국에는 바른 방향으로 나아갈 거라고 믿는 낙관주의는 거두어들여야 할 것이다. 특히 한글과 우리말이 처한 위기의 상황은 이미 돌이키기에는 늦었을지도 모른다.

2013년 10월 9일, 한글날이 다시 공휴일로 지정되었다. 이는 한글이 위기에 처했다는 사실을 역설적으로 보여주는 사건이다. 환경이 파괴되기 시작하면서 '환경의 날'이 제정되고, 그토록 흔하게 여겼던 물이 고갈되면서 '물의 날'이 제정되듯이, 일제강점기에 위기에 처한 한글을 기리기 위해 한글날이 제정되었다. 그러나 일제강점기의 종말과 더불어 그 의미가 퇴색되기 시작한 한글날이 다시 부각될 수밖에 없다면 그만한 까닭이 있기 때문이다. 그리고 그 까닭은 영어 밖에서는 찾을 수 없다. 이제 한자 또는 한자어와 싸웠던 과거 전쟁의 경험을 추억하며 "그때가 좋았어"라고 회상해야 할 시기인 것이다.

번역, 또 다른
전쟁

유럽에서 라틴어를 밀어내고 새로운 공용어로 떠오르던 프랑스어의 새로운 번역 흐름은 영국에도 곧바로 영향을 끼쳤습니다. 영국 왕 찰스1세가 단두대에서 처형당하자 아들 찰스2세는 프랑스에서 오랫동안 망명 생활을 합니다. 왕을 따라서 프랑스로 온 영국 귀족들은 자국어 중심으로 번역을 하는 프랑스의 번역 풍토에 강한 인상을 받았습니다. 영국 귀족들은 그리스어와 라틴어로 된 고전 작품을 영어로 번역하면서 출발어인 고전어보다는 도착어인 영어에 충실한 번역을 하기 시작합니다. (중략)

존 데넘이 《아이네이스》를 번역한 것은 1636년이었고 책으로 낸 것은 1656년이었습니다. 그런데 100년 전인 1563년만 하더라도 알렉산더 네빌이라는 영국 번역가는 로마의 대작가 세네카가 쓴 《오이디푸스》를 영어로 번역하면서 서문에서 '그분(세네카)의 자연스럽고 고결한 문체'를 때 묻고 천한 말로, 다시 말해서 영어라는 '상스러운 말'로 옮긴 것에 대해서 황송한 마음을 감추지 않습니다. 영국에 대한 자부심에 불타던 앤드루 보드라는 의사 겸 문필가도 1548년에 쓴 책에서 영어는 이탈리아어, 카탈루냐어, 프랑스어 같은 고상한 언어보다 한 수 낮은 상스러운 언어라는 사실만큼은 인정하고 들어갔습니다. 모국어에 대한 생각이 겨우 100년 사이에 얼마나 많이 달라졌는지 알 수 있습니다.[10]

위 글을 보면 번역(飜譯)에 대해 우리가 가지고 있던 생각이 얼마나 편협한 것인지 확인할 수 있다. 물론 위 내용을 보면 번역의 역사 또한 서양과 우리나라를 비교하는 것조차 부끄러울 만큼 커다란 차이를 나타낸다는 사실도 알 수 있다. 그런 상황에서 우리나라의 번역 문화가 체계화되었다거나 문화적 차원에서 일정한 체제를 형성했다고 자부하는 것이 오히려 오만일 수 있을 것이다.

번역은 단순히 다른 나라 말을 우리말로 옮기는 차원이 아니다. 번역은 다른 나라의 문자와 우리 문자, 즉 한글 사이의 전쟁도 아니다. 번역은 앞서 살펴본 바와 같이 어떤 측면에서는 우리 문자보다 더 중요한 우리말의 보존, 발전과 관련된 것이기에 문자 전쟁보다 더 심각한 타격을 입힐 수도 있다.

그런데도 왜 우리는 이에 심각함을 느끼지 못하는 것일까? 이쯤에서 앞서 고종석의 한글에 대한 험담을 되돌아볼 필요가 있다. '한국어와 한글의 관련은 필연적이 아니고 그 둘 가운데 우리에게 훨씬 더 소중한 것은 한국어라는 것. 둘째, 한글은 숭고한 동기에 의해 만들어진 것이 아니고 보기에 따라선 최고의 문자도 아니라는 것.'

고종석의 험담에는 두 가지 논리가 숨어 있다. 그 하나는 누구든 찾을 수 있는 논리로, 우리가 사용하는 문자인 한글보다 우리가 사용하는 우리말이 훨씬 소중하다는 것이다.

두 번째는 찾기 힘든 논리일 수 있는데, 한글이라는 문자의 우수성에 몰입된 결과 우리는 더 소중한 것을 잃을 수도 있다는 것이다. 즉, 한글이 '보기에 따라선 최고의 문자도 아니라는 것'은 꼭 그렇다는 말이 아니라, 한글 지상주의(至上主義)에 빠져 있는 우리나라의 문자 국수주의(文字國粹主義)를 지적한 것이다.

그리고 그의 지적대로 우리는 한글을 지키고 나아가 숭배하다 결국 우리말의 소중함을 돌아보는 데는 소홀했을지도 모른다. 번역에 대해 우리가 심각하게 여기지 않는 현실 또한 한글에 모든 관심과 주의가 집중된 까닭이 아니라고 그 누가 단언할 수 있겠는가.

한국어, 즉 외피(外皮)는 한글이라는 문자요, 내장(內臟)은 우리말로 이루어진 한 문화 공동체의 언어생활에서 외피에 너무 집착한 나머지 내장에 대해서는 소홀했던 것이다. 그 결과는 오늘날 우리말이 겪고 있는 무수한 상처로 나타나고 있다. 번역이란 전장은 그 가운데 하나다.

표9 〈번역 출판 비중 추이〉 [11]

연도 구분	2008	2009	2010	2011	2012
총 발행 종수	43,099	42,191	40,291	44,036	39,737
번역 종수	13,391	11,681	10,771	11,648	10,224
구성비(퍼센트)	31.1	28.0	27.0	26.5	25.7

표9를 보면 우리나라 출판 시장에서 번역서가 차지하는 비중은 전체 발행종수의 25퍼센트 이상임을 알 수 있다. 이는 미국이나 영국의 3퍼센트 내외, 프랑스의 10퍼센트 내외, 독일의 15퍼센트 내외에 비해 월등히 높다.[12]

우리나라는 서구 문화 선진국과 달리 번역서에서 일어 책이 차지하는 비중이 매우 높다.* 그뿐이 아니다. 총 발행 종수에서 번역서가 차지하는 비중은 25퍼센트 수준이지만 판매 부수에서 번역서의 비중은 그보다 훨씬 높다는 사실에 이의를 제기할 분은 없을 것이다. 그런데 앞서 살펴본 바와 같이 우리나라의 번역 문화는 아직 체계를 갖추기에는 그 역사가 너무 짧다.

그래서 오늘날 번역과 관련해 출간되는 책 또한 다양한 번역 경험을 소유한 번역가가 자신의 경험을 바탕으로 실무적인 수준에서 집필한 것이 다수다. 물론 그 가운데는 상당한 이론적 근거를 바탕으로 집필된 글도 있다. 그렇다고 해서 그 글이 우리 번역 이론의 기반으로 정통성을 갖는다고 말할 수 없는 까닭은 바로 우리의 번역 환경이 정통성을 부여할 만큼 성숙되지 못했기 때문이다.

맹종적인 자구 번역에서 겪는 어려움에 대한 고찰로, 오래지 않아 우리의 두 이름난 지자(智者), 존 데넘 경과 코울리는 저자들의 말을 우리말로 바꾸는 다른 방법을 궁리하게 되었는데, 코울리는 이 방법을 모방이라고 불렀다. 그들은 친구였으므로 이 주제에 대한 자신들의 생각을 서로 교환했을 것으로 추정한다. 이 문제에 대한 그들의 생각은, 한쪽이 훨씬 더 절제되긴 했지만, 거의 같았다. 내가 보기에 당대(當代) 시인이 선대(先代) 시인들을 똑같은 주제에

---

* 프랑스, 독일은 영어 책이 60퍼센트 이상을 차지하는 데 비해 우리나라는 일어 책이 30퍼센트 이상을 차지하고 있다.

대해서 따라 쓰고자 하는 식의 저자를 모방한다 할 때에 그들이 의미하는 바는, 저자의 단어들을 번역하거나 그 느낌에 사로잡힌다는 것이 아니라, 저자를 단지 패턴으로만 보고 그가 우리 시대, 우리나라에 살았더라면 했을 것으로 생각되는 바대로 쓴다는 것이다.[13]

위 글은 《번역 이론》이라는 책의 한 대목이다. 사실 번역에 문제가 있는 책의 내용을 흠잡는 것은 내가 담당할 부분이 아니다. 그건 당연히 번역에 관한 책이 담당해야 할 뿐 아니라 흠잡기 시작하면 너무나 많아서 금세 수렁에 빠지고 만다. 그런데도 이 책의 번역에 대해 시비를 거는 데는 그만한 까닭이 있다.

이 책이 '번역'에 대한 책이기 때문이다. 번역에 대한 책이라면 최소한 우리말 번역과 관련해서 조금이라도 이전보다 진전된 모습이나 새로운 시각을 보여주어야 하는 것이 사명일 것이다. 그러나 위 글은 말 그대로 '맹종적인 자구 번역'에서 한걸음도 벗어난 듯하지 않다.

다음으로 이 책이 번역되어 출간된 과정이다. 이 책에는, '이 번역학 총서는 2단계 '두뇌한국(BK)21' 사업에 의하여 지원되었음(부산대 영상산업 번역전문인력 양성사업단 번역학 총서)'이라는 내용이 부기되어 있다. 그렇다면 이 책은 단순히 한 개인이 번역해 출간한 책이 아니라 국가 예산을 투입해 우리나라의 번역 문화 또는 번역 체계를 한 단계 나아가게 하기 위한 목적으로 시행한 정책의 결과물인 셈이다.

그런 고민이 이 책의 번역과 내용에 서려 있다면 결코 이 책의 문제를 제기하지 않았을 것이다. 결국 국가의 정책 자금이 투여되는 번역 관련 사업이 이런 수준이라면 우리의 번역 문화가 한 단계 진전될 것을 기대하는 것은 가까운 시일 내에는 무망(無望)한 것일지 모른다.

마지막으로 이 책을 번역한 이는 항시 전 과목을 '영어 전용 강의'한다고 적고 있다. 하지만 영어를 잘하는 것과 우리말을 잘하는 것은 별개의 것이다. 영어로 교육하는 것이 긴요한 것이 아니다. 전달해야 할 지적 성취물을 제대로 전달하는 것이 중요하다. 아무리 영어를 잘해도 우리말을 못하는 이는 언어 전달 능력이 부족할 수밖에 없다.

그런데 우리나라 사람 가운데 자신이 우리말을 잘 못한다고 여기는 사람이 과연 몇이나 될까? 게다가 누군가를 가르치는 일에 종사하는 사람들 가운데 자신이 우리말을 잘 구사하지 못한다고 여기는 사람은 또 얼마나 될까? 우리 문자, 즉 한글로 표기했다고 우리말, 우리글이 아님을 아는 것이야말로 번역의 첫 출발점일지 모른다.

대한민국에는 안타깝게도 우리말을 잘하고 우리글을 잘 쓰는 사람이 흔치 않다. 그러나 5000만 시민 가운데 자신의 우리말 실력을 키우고자 노력하는 사람은 극히 드물다. 대신 영어를 비롯한 외국어를 잘하기 위해서 시간과 물질을 투자하는 사람은 차고 넘친다. 그들이 배운 외국어를 실제로 사용할 사람은 극히 소수인데도 말이다. 실제로 번역은 외국어를 배울 필요가 전혀 없는 일반 시민을 위해 이루어지는 작업이다. 그래서 번역이 중요한 것이다. 번역이라는 작업이 없다면 우리 모두는 정보 습득이라는 면에서 우물 안 개구리가 되거나 해외 정보를 스스로 획득할 수 있도록 모두가 세계 각국의 언어를 습득해야 할 것이다. 그러나 다행히도 번역가가 있기에 그럴 필요가 없다.

사실 우리 시민 5000만 가운데 영어를 잘해야 할 필요가 있는 사람은 아무리 많이 잡아도 100만을 넘지 못할 것이다. 외교관, 무역을 담당하는 전문가, 외국과 다양한(법적·정치적·경제적·사회적·문화적) 교섭을 담당할 이들을 제외한 나머지 시민은 최소한의 영어 상식만을 갖추고 있으면 된다. 그러나 2013년 대한민국은 5000만 시민 모두에게 영어를 원어민 수준으로 갖출 것을 요구하는 듯하다. 물론 그러한 터무니없는 요구가 받아들여질 리 없고 다만 그런 무리한 요구에 따른 부작용과 사회적 비용만이 국가적 부담으로 돌아오고 있다.

그렇다면 세계와의 교섭 현장에서 우리나라의 이익을 쟁취해야 할 100만의 영어 전사(戰士)는 그만한 언어 실력을 갖추고 있을까? 영어란 세계 교섭의 전장(戰場)에 나아가야 할 전사가 갖추어야 할 무기에 불과하다. 따라서 전사의 능력이 무기를 다룰 수준이 안 된다면 아무리 좋은 무기를 갖추었다 해도 싸움에서 이길 수 없다. 결국 우리 시민 모두가 갖추어야 할 능력은 영어가 아니라 교섭에서, 외교에서, 무역에서 상대를 설득할 수 있는 언어적·문화적·정치외교적·법적·사회적 능력인 셈이다. 그리고 이러한 능력은 당연히 한국인으로서 한국어와 한국 문화, 한국의 법적·사회적 구조에 능통해야 한다. 그런 바탕 위에 영어로 무장했을 때만이 비로소 세계 전장에서 이길 수 있는 것이다.

그러나 오늘날 우리는 어떠한가. 본질은 망각한 채 수단만을 획득하면 모든 문제가 해결될 듯이 부산을 떨고 있다. 그런 까닭에 지금 이 순간 대한민국의 영어 열풍은 본질에 접근하는 문제 해결책이라기보다는 말 그대로 오합지졸(烏合之卒)이 전장에 나아가기 전에 자신의 무기만을 챙기는 부산한 모습일 뿐이다. 번역은 그러한 면에서 한 나라의 지적 수준을 확장, 상승시키는 소중한 작업이다. 우리말, 우리글의 정체성을 지키고 나아가 그에 인류의 지적 성과물을 덧붙이는 것 또한 번역이다. 그러나 우리는 이 소중한 작업을 개별 번역가, 더 확장하면 외서(外書)를 출간하는 출판사에 맡겨 놓고 있는 셈이다.

이러한 방관적(傍觀的) 정책은 반드시 그 대가를 치르게 된다. 따라서 번역이라는 작업을 사적(私的) 영역에 맡겨놓아서는 안 된다. 번역이야말로 지구화 시대에 전 세계의 민족, 국가와 인류 지성의 전 영역에서 교류가 가능하도록 하는 가교(架橋)임과 동시에 우리말과 우리글이 다른 나라 말글과 빈번한 교류를 이루는 이 시점에서는 우리말, 우리글의 뼈대를 지키는 필수적인 작업이기 때문이다. 그리고 번역이라는, 외국어를 우리 언어생활에 도입하는 과정에 소홀한 결과, 필연적으로 발생한 것이 바로 문체 전쟁이다.

21세기
문체 전쟁

문체(文體)는 말 그대로 '문장의 몸'이다. 그래서 어휘 못지않게, 어쩌면 어휘보다 더 한 나라의 말을 특징짓는다. 결국 우리가 읽는 것은 문장이지 글자가 아니기 때문이다. 그런데 외국어의 공격은 단순히 어휘의 파괴에 그치지 않는다. 이는 반드시 문체에 대한 공격으로 이어지기 마련이다. 특히 문장의 형식이 우리글과 다른 언어가 공격하는 경우 훨씬 치명적인 상처를 입기 쉽다.

그리고 영어가 바로 그런 존재다. 이와 관련해 앞서 살펴본 현학적 번역 도서와는 거리가 먼 몇몇 책을 살펴보기로 한다. 이 글들을 읽어보면 번역이라는 작업 과정에서 우리글의 특징, 즉 문체를 살리는 일이 얼마나 고되지만 가치 있는 일인지 알 수 있을 것이다.

한국이 서양어를 본격적으로 직접 번역하기 시작한 것은 해방 이후부터입니다. 거의가 영어 책이었지요. 그런데 영어에 대한 경외감이 너무 심해서인지 의역(意譯)보다는 직역(直譯)을 중시했습니다. 그런 풍토를 단적으로 드러내는 것이 괄호를 쳐서 그 안에 원어를 집어넣는 관행입니다. 예를 들어 그냥 '자유주의'라고 번역하면 될 것을 굳이 '자유주의(liberalism)'라고 번역하는 풍토입니다. (중략)

그러다 보니 자연스러운 한국어로 원문을 옮기려는 노력은 상대적으로 소홀히 하게 됩니다. (중략)

직역은 한국어를 살찌우는 데 크게 기여한 것이 사실입니다. 외국어의 참신한 비유는 앞으로도 과감히 받아들일 필요가 있습니다. (중략)

하지만 이제는 지나친 직역에서 벗어나 균형 감각을 되찾을 때도 되었습니다. '조리법'이나 '요리법'이라는 좋은 한국어가 있는데 영어 recipe를 그대로 읽은 '레시피'라는 말이 더 많이 쓰이고 '좋아하는' 또는 '아끼는'이라는 쉬운 한국어가 있는데 영어 favorite을 그대로 읽은 '페이보릿'이라는 말까지 널리 쓰일 만큼 한국어의 정체성이 흔들리고 있기 때문입니다. (중략)

자연스러운 한국어 번역문을 만들려면 영어 형용사는 될수록 한국어 부사로 바꿔주는 것이 좋습니다. (중략)

"His father's sudden death forced him to give up school."도 "아버지의 갑작스러운 죽음으로 학교를 그만두어야 했다."보다는 "아버지가 갑자기 돌아가시는 바람에 학교를 그만두어야 했다."가 좋은 번역이라고 생각합니다. (중략)

부사가 자꾸만 형용사로 바뀐다는 것이 현대 한국어의 또 다른 변화입니다. (중략)

"She looked at them with a wistful smile." 같은 문장은 "여자는 아쉬운 미소를 지으며 그들을 바라보았다."로 옮기기보다는 "여자는 그들을 바라보면서

아쉽게 웃었다."라고 옮기려고 노력합니다. (중략)

영어는 아주 짧은 문장 안에도 주어가 들어가야 합니다. (중략) 한국어도 주어를 쓰기는 합니다. 그렇지만 주어의 비중이 영어보다 훨씬 작습니다. '생각하다'라든가 '짐작하다' 같은 동사도 사실은 '나'를 전제한 표현입니다. 전통 한국어에서는 '나'를 덜 드러내는 표현을 선호합니다. 그래서 가령 '생각이 든다'나 '짐작이 간다' 같은 표현을 좋아합니다.

한국어는 주어를 좋아하지 않는다고 했습니다. 그런데 정말로 그럴까요? 사실은 그렇지 않습니다. 눈에 보이는 주어가 적을 뿐이지, 눈에 안 보이는 주어는 사실은 영어보다 한국어에 더 많습니다. 그것은 한국어가 능동적 표현을 좋아하기 때문입니다. (중략)

영어에 수동태가 많은 이유는 타동사를 많이 쓰기 때문입니다. (중략) 영어에서는 상대에게 기분 나쁜 느낌을 주지 않으면서 할 말을 하고 싶을 때도 수동태를 즐겨 씁니다. (중략) 그런데 한국어는 주어를 안 써도 되니까 영어 수동태를 한국어 능동태로 자연스럽게 나타낼 수 있습니다. (하략) [14]

위 내용 외에도 이 책에는 번역이란 것이 무엇인지 알려주는 내용이 무수히 많다. 번역을 통해 새로운 외국어의 표현과 의미를 수용하여 우리말을 더욱 풍요롭게 만들 수 있는가 하면 반대로 번역으로 인해 우리말의 모습을 상실할 수도 있다는 사실을 일깨워준다. 그만큼 번역이란 양날의 칼을 품은 셈이다. 그런 면에서 다음 사례는 번역에 대한 우리의 생각에 새로운 의미를 더해준다.

① 일석이조(一石二鳥) = 일본식 표현 = to kill two birds with one stone이
   라는 영문의 번역

② 즐거운 시간을 가지시기 바랍니다. = have a good time

③ 신토불이(身土不二) = 일본식 표현

사실 위 사례를 보면서 당혹감을 감추지 못하는 독자들이 많으실 것이다. 일석이조가 중국에서 온 사자성어(四字成語)가 아니라 영어 표현이었고, 그것이 다시 일본을 거쳐 우리나라로 들어온 표현이라니! 게다가 더욱 놀라운 것은 우리 고유의 산물(産物)을 나타내는 대표적인 표현인 신토불이가 일본식 표현이라는 사실이다. 그뿐이 아니다. 다음 사례 또한 영어에 포위된 우리에게 많은 생각을 하게 만든다.

표10을 보면서 드는 느낌은 사람마다 다르겠지만 중국처럼 자신들의 표현을 만들지 못한다면 일본식 표현이나 원어를 사용하거나 별 차이가 없다는 것이다. 그리고 '핸들'*을 비롯해 많은 경우 오히려 일본식 영어가 더 나은 게 아닐까 하는 생각마저 든다. 요즘 들어서는 '그린 라이트'**라는 낯선 용어를 쓰지 않으면 마치 야구에 무식쟁이라도 되는 양 이 단어는 널리 퍼지고 있다. 그러나 그러한 이들이 야구(野球)라는 용어가 어디서 왔는지, 도루(盜壘)니, 주자(走者)니 타자(打者), 투수(投手), 포수(捕手), 유격수(遊擊手) 등의 용어가 어디서 유래했는지 아는지 묻고 싶다.

이제 번역이라는 전장(戰場)을 정리할 때다. 번역이란 전장은 우리가 생각하는 것보다 훨씬 치열한 투쟁이 벌어지는 곳이고 생각보다 훨씬 많은 사상자(死傷者)를 배출한다. 그리고 전 세계 문화가 하루 만에 전혀 다른 문

---

* 핸들은 영어 'handle'을 이용한 것인데, 본래 뜻은 '다루다, 처리하다', 그리고 명사로는 '손잡이'를 뜻한다. 그러나 자동차 손잡이란 뜻으로는 쓰이지 않는다.

** green light, 즉 파란불이란 뜻의 이 용어는 주자가 감독의 지시 없이 늘 도루를 할 수 있는 자격이 주어진 경우를 뜻한다.

표10 일본식 영어와 원어, 중국어 비교 [15]

일본식 표현	원어	중국어 표현	중국어 뜻
골인	reach the goal	入球, 中籃	공이 들어감. 망 가운데 꽂힘.
백미러	rear-view mirror	后視鏡	뒤를 보는 거울
샤프펜	automatic pencil	活動鉛筆	움직이는 연필
믹서	blender	粉碎机	부수고 가는 기계
샐러리맨	salaried worker	工薪階層	임금을 받는 계층
비닐하우스	plastic greenhouse	地膜田	막으로 덮인 밭
와이셔츠	dress shirt	襯衫, 白襯衫	속적삼. 흰 속적삼
핸들	steering wheel	方向盤	방향을 가리키는 둥근 물체
데모	demonstration	游行, 示威	떠돌아다님, 시위
크레파스	crayon pastel	粉蠟筆	가루 밀랍으로 만든 필기구

화권으로 유입되는 시대에는 그 전쟁에 어떻게 대처하느냐에 따라 훨씬 큰
피해를 입을 수도 있고, 생각지도 못한 전리품을 획득할 수도 있다.

번역은 두 문화 간에 발생하는 충돌의 가장 대표적인 패러다임의 하나이다.
(중략)

번역은 언제나 하나의 문화가 다른 문화에 압력을 가할 수 있는 힘 사이의 불
균형을 의미한다. 번역은 하나의 텍스트와 동등한 또 다른 텍스트를 만들어내
는 것이 아니다. 번역은 다시 쓰기의 복잡한 과정이며 이 과정은 사람들이 역
사를 통해 획득한 언어와 타자성(他者性)에 대한 종합적인 생각과 관련이 있
다. 그리고 두 개의 문화 사이에 존재하는 힘의 균형 및 영향과 관련을 맺는
다. (중략)

그러므로 번역가의 행위는 결코 순수할 수 없으며 문화 변용까지 해야 한다.
(중략)

우리가 '번역하기'를 하나의 텍스트를 다른 것으로 전환하는 것, 하나의 용기(容器)에 있는 단어들을 다른 용기(容器)로 옮기는 것뿐만 아니라 하나의 모든 문화를 다른 문화로 전하는 것임을 알고 있다면, 번역이 근거로 하고 있는 이데올로기를 의식하는 것이 얼마나 중요한지 깨닫게 될 것이다. 번역가가 추가했던 것, 생략했던 것, 선택한 단어들, 그리고 그것들을 어떻게 배치했는지를 아는 것은 필수적이다. 번역가가 선택했던 것 뒤에는 자신의 역사를 드러내기 위한 자발적인 행위가 있고 그 번역가를 둘러싸고 있는 사회·정치적인 환경, 다시 말하면 그 자신의 문화가 있기 때문이다.[16]

번역은 새로이 전개될 언어 전쟁의 한복판에 자리한 전장이다. 그리고 지금 우리 사회는 이 전장을 국가 대신 사병(私兵)들에게 맡기고 있다. 출판사·번역가·몇몇 학자, 그들은 잘 알고 있다. 자본주의의 질서 속에서 번역가가 생존하기 위해서는 대한민국의 출판 시장은 너무나 좁다. 그리하여 특별한 군수물자(軍需物資)가 지원되지 않는 한 번역이란 전장에서 한글, 우리말이 살아남기란 쉽지 않다. 아니, 시간이 갈수록 앞서 살펴본 무수한 어려움이 더욱 크게 닥쳐올 것이고 결국 우리말의 문체, 표현력, 어휘, 나아가 문화까지 치명적인 상처를 입게 될 것이다.

사투리의
마지막 저항

전쟁은 날이 갈수록 진화한다. 그리고 그 진화는 바람직하지 않은 진화다.

상대를 물리치는 수단이 발전하는 것조차 진화라면 '고문의 진화', '사기의 진화', '살인의 진화'라는 말 또한 허용되어야 할 것이다. 그러나 그런 진화는 없다. 진화(進化)는 '나아갈 진, 될 화'로 이루어진 한자어이자 학술 용어다. 학술용어로서의 진화는 하등(下等)한 것으로부터 시작해 고등(高等)한 것으로 바뀌는 것이다. 따라서 진화란 말은 긍정적인 변화에 국한되어야 한다. 그래서 전쟁은 날이 갈수록 진화한다는 말은 틀렸다. 전쟁은 날이 갈수록 잔인해진다.

한글전쟁 또한 마찬가지다. 과거 한글전쟁이 백 년에 걸쳐 한 성(城)을 잃고 성안의 군사를 상실했다면 오늘날 모든 것이 빠른 시대에는 전쟁에서도 불과 몇 년 만에 그만큼의 손실을 입을 수 있다. 이는 외부 적과의 전투뿐이 아니라 내전에서도 마찬가지다. 그리고 마지막 힘을 다해 눈에 띄지 않는 저항을 벌이고 있는 존재가 있으니 바로 사투리다.

> 국어는 규범적인 언어와 비규범적인 언어 그리고 용인하여 사용하고 있는 들어온 말 모두를 포함한다. 국어라는 측면에서는 국어와 방언 사이에 어떠한 차이도 있을 수 없다. 국어와 방언은 모두 동일한 어휘, 문법, 그리고 음운체계를 가진다. 그러나 국어와 방언은 '지위 획득'에서 차이가 있다. 국어가 규범적인 언어인 표준어와 일치한다는 편견은 방언이 마치 국어가 아닌 것으로 이해될 수 있다.[17]

위 글에는 사투리 대신 방언이라는 명칭이 등장한다. 그렇다면 방언과 사투리 사이에는 차이가 있을까? 많은 독자들께서 사투리의 한자어가 방언(方言)이라고 알고 있을 것이다. 그러나 국립국어원의 《표준국어대사전》에 따르면 둘은 같기도 하고 다르기도 하다.

방언(方言) 1. 한 언어에서, 사용 지역 또는 사회계층에 따라 분화된 말의 체계.

2. = 사투리.

위에서 보듯이 방언은 두 가지 뜻을 가지고 있다. 그리고 우리가 익히 알고 있는 사투리라는 뜻도 포함한다. 그런데 위의 두 가지 뜻 사이에는 커다란 차이가 있다.

사투리 어느 한 지방에서만 쓰는, 표준어가 아닌 말.

결국 사투리는 표준어가 아니라고 분명히 정의하고 있는 데 비해, 방언에 대해서는 그런 정의를 내리지 않는다. 그렇다면 표준어는 또 무엇일까?

표준어(標準語) 한 나라에서 공용어로 쓰는 규범으로서의 언어. 의사소통의 불편을 덜기 위하여 전 국민이 공통적으로 쓸 공용어의 자격을 부여받은 말로, 우리나라에서는 교양 있는 사람들이 두루 쓰는 현대 서울말로 정함을 원칙으로 한다. ≒대중말·표준말.

그렇다. 한 나라에 기준이 되는 말이 없다면 이 지역과 저 지역 사람들 사이에 의사소통이 어려울 수 있다. 그래서 표준어를 제정하는 것이다. 그런데 우리나라의 표준어는 '교양 있는 사람들이 두루 쓰는 현대 서울말로 정함을 원칙으로 한다.' 그렇다면 앞서 사투리 외의 방언, 즉 '한 언어에서, 사용 지역 또는 사회 계층에 따라 분화된 말의 체계'란 말 또한 표준어가 될 수 없는 게 현실이다. 결국 우리나라에서 표준어에 속하지 않는 말, 표현은 모두 표준이 아니라는 말인 셈이다.

최근 들어 방언 가운데서도 표준어로 선정되는 경우가 있기는 하다. 그러나 대부분의 방언은 사투리로 인식되어 사전에도 오르지 못한다. 그러나 '교양 있는 사람들이 두루 쓰는 현대 서울말'이라는 표준어 기준의 근거가, '1948년 공통어 정책으로 전환하기 전에 동경 중심의 표준어 제도를 채택했던 일본의 어문 정책'*[18]이라는 사실을 떠올리면 꺼림칙한 것이 사실이다.

게다가 최근 많은 나라는 한 언어를 표준으로 삼고 나머지는 비표준, 즉 잘못된 것으로 여기는 방식이 아니라, 공통어(共通語, common language, 한 나라에서 두루 쓰는 언어), 공용어(公用語, official language, 한 나라 안에서 공식적으로 쓰는 언어) 같은 정책을 펼치고 있기도 하다. 표준어 대 사투리의 이분법적 사고는 이러한 현실적 문제뿐 아니라 정치적 문제를 일으키기도 한다.

> 방언에 대한 경멸은 방언을 타자(他者)의 언어로 간주하는 사람에게만 나타나는 현상이 아니다. 그것은 때로 이데올로기의 압력에 굴복한 방언 사용 화자(使用話者) 자신들에게 나타나기도 한다. 5공화국 시절, 방송 드라마에서 부엌일을 하는 사람은 '충청' 방언 화자들이, 조폭이나 깡패는 '전라' 방언 화자들이 주류를 이루던 때가 있었다. 언어가 인권 폭력의 주체로 이데올로기에 봉사하는 일종의 지적 테러에 가담할 수 있다는 사실을 보여준 웃지 못할 사례라고 할 수 있다.[19]

사실 위 내용은 지나간 시대의 이야기에 머무르지 않는다. 오늘날에도 방언은 정치·사회적 의미를 내포하고 있는 게 현실이다. 그러하기에 우리

---

* 오늘날 일본은 지역 중심의 표준어 정책이 아니라, 방송에서 통용되는 언어를 기준으로 일상 대중이 두루 사용하는 말을 규범으로 삼는 공통어 정책을 도입했다.

나라의 표준어 정책은 비표준어를 '잘못된 것'으로 간주하는 방식이 아니라, '다른 것'으로 인정하는 방식으로 바뀌어야 할 때가 되었다. 그렇지 않으면 무수히 많은 우리 고유어가 방언 또는 사투리라는 낙인이 찍힌 채 시간이 흐르면서 도태될 것이 분명하기 때문이다. 오늘날 전해오는 방언의 나이를 셀 수 있다면 대부분 수백 년에서 천 년 전에 탄생했을 것이다. 그런데 이러한 겨레의 언어 유산마저 지키지 못하면서 어찌 세계의 강력한 언어를 상대로 한 한글전쟁에서 살아남을 수 있겠는가.

> 조동일 박사는《표준국어대사전》이 규범 사전을 지향하면서 역사적·지역적 문화유산을 담고 있는 옛말과 방언을 싣지 않았다고 비판했다. 그에 따르면, 사전은 언어를 규범화하는 것이라는 입장은 부당하며 사전의 일차적 기능은 독해를 위한 길잡이 노릇이라고 한다. 그는 또한 사전이 뜻풀이만 해서는 안 되며, 뜻이 생기고 변천해온 내력을 밝혀야 한다고 말하고, 국어대사전은 표준어, 옛말, 방언, 고유어, 한자어를 차별하지 말고, 모든 국어를 포괄하는 사전이어야 한다고 주장했다. (중략)
>
> 가까운 일본의 경우 30여 권으로 된 국어사전*을 편찬하여 이를 토대로 그들의 국어 자산을 관리하고 있다. 언어란 그 민족문화의 정수라고 할 수 있듯이 그들 문화의 표상인 언어문화를 표준어니까 보존하고 그렇지 않으면 내다 버리는 정책이어서는 안 된다.[20]

실제로 오늘날 표준어로 선정된 어휘 가운데는 우리 겨레 대부분의 언어

---

* 　저자에 따르면, 30여 권으로 이루어진 국어사전 한 권의 규모가 우리나라《표준국어대사전》한 권과 맞먹는다고 한다. 우리《표준국어대사전》은 모두 3권으로 이루어져 있다.

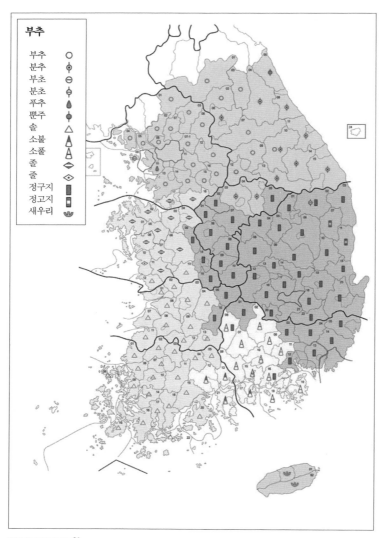

'부추'의 언어 지도[21]

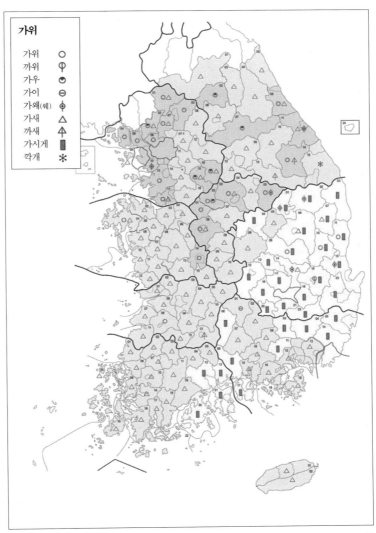

'가위'의 언어 지도 [22]

가위

가위	○
까위	⊕
가우	◐
가이	⊖
가왜(웨)	⊕
가새	△
까새	▲
가시게	▮
깍개	✳

생활과 어긋나는 경우가 무척 많다.

언어 지도란 방언 지도라고도 하는데, 방언 조사를 바탕으로 방언의 지리적 분포를 표시한 지도를 가리킨다. 그래서 이 지도를 보면 어떤 방언이 우리나라 어느 지역에서, 얼마나 넓은 지역에서 사용되는지를 한눈에 알 수 있다.[23]

앞의(494쪽) 지도는, 표준어로는 '부추'지만 가장 널리는 '정구지' 또는 '솔'이라 불리는 채소의 언어 지도다. 반면에 부추라는 표준어는 대한민국 전체로 보자면 매우 좁은 지역, 물론 서울을 중심으로 한 곳에서만 사용된다는 사실을 알 수 있다. 게다가 부추는 고추, 산초, 후추 등과 함께 '椒(산초나무 초)'라는 한자에서 유래한 것이 아닐까 하는 의문이 든다. 반면에 정구지나 솔은 누가 봐도 우리말이다. 그런데 표준어가 아니라는 이유만으로 우리 언어생활에서 제외되어야 한다면 이를 '문화 살인(文化殺人)'이라고 불러도 할 말이 없을 듯하다. 이런 사례는 무수히 많다.

오늘날 우리가 당연히 '가위'라고 알고 있는 이 작은 기구의 명칭을 '가위'라고 부르는 지역을 찾는 게 얼마나 힘든 일인지 이 지도(495쪽)는 잘 보여주고 있다. 하물며 경기도 지역에서도 '가새'라고 부르는 곳이 대부분이라는 사실은 우리나라의 표준어가 얼마나 기계적으로 선정되었는지를 보여주는 사례라고 하겠다.

다행히 최근 들어 방언에 대한 연구가 조금씩 활성화되고 학자들 사이에서도 방언을 방치하거나 제외시키기보다는 살리고 보존해야 한다는 의견이 대두되고 있다. 더욱 적극적인 방언, 사투리 살리기야말로 한글전쟁에서 우위를 점하는 첫걸음일지도 모른다.

한글과 조선어, 전쟁과 화해의 갈림길

지구 상에는 한글을 사용하는 이들이 대한민국 시민 외에도 많다. 가끔 이 사실을 잊고 지내기도 하지만 엄연한 사실이다. 2009년 통계에 따르면 세계적으로 한글을 사용하는 인구는 약 7600만 명으로 추산된다.[24] 게다가 그중 많은 사람은 '한글'이라는 명칭 대신 다른 명칭으로 훈민정음을 부르기도 한다.

'조선어'가 그러한데 이는 대한민국 바깥 지역 가운데 한글을 가장 많이 사용하는 지역인 북한(조선민주주의인민공화국)에서 훈민정음을 일컫는 명칭이다. '한 뿌리였던 언어가 보통 100년 정도 상호 교류 없이 단절되면 의사소통이 어려워진다는 것이 언어학자의 일반적인 견해이다.'[25]

결국 1948년을 기점으로 각기 다른 국어 정책을 펼치기 시작한 남한(대한민국)과 북한(조선민주주의인민공화국)의 언어생활이 활발한 상호 교류가 이루어지지 않는다면 2048년 무렵부터는 원활한 의사소통에 어려움을 겪게 될 것이란 말이다. 사실 남한과 북한의 우리말 정책은 뿌리가 같다. 왜냐하면 그 정책을 수립하고 집행한 이들이 대부분 조선어학회를 비롯한 단체에서 함께 활동했을 뿐 아니라 학술적으로는 주시경의 이론을 계승한 이들이기 때문이다.

해방 이후 북으로 간 조선어학회 회원 중에는 자신의 이념에 따라 선택한 사람도 있었겠지만, 통일 국가 수립을 위해 노력하는 와중에 북쪽에 남게 된 사람들이 대부분이다. 이처럼 조선어학회 회원들은 대부분 철저한 민족주의자들로 통일 국가 건설을 지지하고 이를 위해 애쓴 사람들이었다. 해방 정국에서 조선어학회가 좌우 통합을 위해 노력한 것은 이 때문이었다.

간사장이었던 이극로는 통일 국가 건설의 당위성을 역설하기 위해 국민당 당수의 자격으로 김구와 함께 남북연석회의에 참석했다가 돌아오지 않았다. 그는 곧바로 북한 정부의 첫 내각 무임소상으로 임명되고, '조선어문연구회'의 책임을 맡아 북한 국어학 연구와 언어 정책의 초석을 닦는 일을 맡게 되었다. 이극로는 당시 해방 정국에서 존경받는 국어학자이자 정치가였기 때문에 조선어학회 사람들의 북행에 미친 그의 영향력은 상당히 컸을 것이다. 그리고 주시경과 함께 조선광문회에서 사전을 준비했던 김두봉이 북에서 활동하고 있다는 사실도 조선어학회 사람들의 마음을 움직이기 충분했다. (중략)

북으로 간 조선어학회 1세대의 대표적인 인물은 이만규와 정열모였다. 이만규는 외과 의사 출신으로 송도고등보통학교에서 교사 생활을 하면서 조선어학회에 가입한 인물이었다. (중략)

정열모는 조선어강습원 고등과에서 주시경으로부터 조선어학을 공부하면서 문법학의 기초를 닦은 문법학자로, 조선어강습원 시절 고등과 2회 졸업생 중 수석을 차지할 만큼 뛰어난 실력을 보였다. (중략)

해방 이후 《조선말 큰사전》의 편찬의 실무를 담당했던 김병제는 월북하여 1955년 과학원 언어학연구소 소장을 역임하며 《조선말대사전》 편찬을 주도했으며, 사회과학원 후보원사와 사회과학원 언어학연구소 고문소장을 지낸 인물이다. (중략)

해방 정국에서 젊은 국어학자로 이극로를 보좌했던 유열은 한국전쟁 때 북으로 갔으며, 그곳에서 사회과학원 언어학연구소 소장을 역임했던 인물이다.[26]

위에서 알 수 있듯이 우리나라가 남과 북으로 분단될 무렵에는 남한이나 북한이나 모두 주시경의 제자들, 그리고 조선어학회에서 함께 활동하던 사람들이 국어학계의 주류를 이루고 있었다. 그러나 남한과 북한의 국어 정책에는 상당한 차이가 있었다.

> 남한에서의 몇 안 되는 언어 정책이 대부분 한자 혼용과 한글 전용에 국한되어 있으며, 미미하게 국어순화에 관심을 가지고 있다가 최근에 와서야 맞춤법과 표준어, 외래어 표기법에 대한 표준을 제시한 것으로 보아 언어 정책의 대부분이 언어 변화를 뒤따라가면서 정리하는 입장을 취하고 있는 것을 알 수 있다. 그러나 북한의 언어 정책은 분명하고도 확고한 목표에 따라 언어 변화를 이끌어나가려는 노력을 기울이고 있다. 당과 수령의 주체적 언어 사상을 구현하려는 목표 아래 작위적인 변화를 유도해내고 있는 것이다.[27]

위에서 알 수 있듯이 북한은 언어 정책 또한 국가의 지도 아래 수령의 지도라는 일관된 방향으로 강력하게 추진한 반면 남한에서는 민간과 학계에 맡겨놓았다고 할 수 있었다. 따라서 그 결과 또한 당연히 북한의 언어 정책이 가시적인 성과를 남겨놓은 데 비해 남한에서는 국가적 성과물이 나타나기 힘들었다. 그리고 그 대표적인 것이 전6권으로 이루어진 《조선말사전》이라고 할 수 있다. 물론 남한에서도 광복 전부터 추진하고 있던 《큰사전》*이 1957년에 전6권으로 완간되었다.

그러나 1957년 편찬 사업이 시작된 《조선말사전》은 1962년 완간되었

---

* 이 사전은 앞서 살펴본 바와 같이 엄밀한 의미에서 남한의 사전이라기보다는 일제강점기에 조선어학회에 의해 추진된 사전이 간행된 것이라 할 수 있다. 반면에 북한의 《조선말사전》은 조선어학회의 성과를 바탕으로 했다고 해도 사업 추진의 처음부터 끝까지가 북한 국어학계에 의해 독자적으로 진행된 사전이었다.

는데, 이 사전은 《큰사전》 편찬 이후 우리말 사전 편찬사(編纂史)에서 큰 의미를 갖는 사전이다. 《조선말사전》의 의의는 실제 작품에서 쓰인 용례가 출전과 함께 기록된 최초의 우리말 사전'[28]이었다. 그뿐이 아니었다.

1981년에는 '1960년대부터 강력하게 추진한 말다듬기 운동의 성과를 반영'한 《현대조선말사전》을 출간했고, 뒤이어 1992년에는 북한 사회과학원에서 《조선말대사전》을 발간했는데, '이 사전은 언어 데이터베이스인 말뭉치(코퍼스corpus)를 기반으로 단어의 사용 빈도를 조사하여 기록했다는 특징'을 갖추고 있었다. 즉, 이 사전은 '당시로서는 생소한 '단어의 사용 빈도'를 올림말의 뜻풀이 끝에 표시했다는 점에서 특기할 만'[29]했다.

> 우리가 영어 학습 사전에서 볼 수 있는 '＊'는 단어의 중요도를 나타내는 표시이기도 한데, 이러한 중요도를 평가하는 가장 일반적인 근거가 되는 게 곧 단어의 사용 빈도이다. 사용 빈도는 그 단어가 얼마만큼의 중요도를 갖는지를 객관적으로 보여주는 수치이기 때문이다. 이런 점에서 《조선말대사전》의 시도는 우리말 사전에서도 어휘의 기술(記述)뿐만 아니라 어휘의 평가가 시작되었다는 것을 의미했다. 빈도 조사를 위해 북한에서 구축한 언어 데이터베이스는 소규모였지만 그 방법론은 남한 국어학계에 충격을 주었다.[30]

시간이 흐르면서 남한 정부와 학계에서도 국어 정책에 힘을 기울이게 되었고, 1999년에는 오늘날까지 편찬된 국어사전 가운데 가장 방대한 《표준국어대사전》이 대한민국 국립국어연구원에서 발간되었다. 그러나 국어, 즉 우리말 정책은 남한과 북한이 경쟁하듯 성과를 낼 일이 아니었다. 그보다는 같은 언어의 뿌리를 가진 두 나라가 함께 협력하여 혹시 발생할지도 모를 언어의 이질화(異質化)를 사전에 방지하는 일이 중요한 일이라는 사실은 두말할 나위가 없다. 그러한 협력이 결실을 맺어 2005년 2월 20일, 남과 북의 언어 이질화를 극복하고 서로 이해를 높이기 위해 '《겨레말큰사전》공동편찬위원회'를 결성하기에 이르렀다.

다음은 공동편찬위원회의 공동보도문 내용이다.

1. 남과 북의 언어학자들은 민족어 공동사전을 우리말과 글의 민족적 특성을 높이 발양시키고 통일의 시대적 요구를 반영하며 오랜 역사를 통하여 창조된 우리 민족어 유산을 총 집대성한 겨레말 총서를 편찬하기로 했다.

2. 민족어 공동 사전의 이름을《겨레말큰사전》이라고 했으며 남과 북의 언어학자들은《겨레말큰사전》공동편찬위원회를 구성하고 사전 편찬 사업을 2005년 2월부터 시작하여 빠른 기간 안에 완성하기로 했다.

3. 남과 북의 언어학자들은《겨레말큰사전》공동편찬위원회를 분기에 1차씩 합의되는 장소에서 진행하며 여기에서 사전 편찬과 관련한 제반 문제들을 협의 결정하기로 했다.

그러나 최초에는 2009년 12월 출간을 목표로 했고 그 후 다시 2014년 4월로 연기된 편찬 완료 기간은 "남북 관계 경색으로 2010년부터 남북 공동회의가 중단되어 그 기한 내에 편찬을 완료할 수 없게 되었음. 이에 따라 사업 기간을 2019년 4월까지 연장하는 '사업회 법' 개정이 이루어졌으며, 위 편찬 일정은 개정 '사업회 법'에 따라 남측 편찬위원회에서 작성한 것임. 이후 북측 편찬위원회와 합의하여 최종 결정될 예정"[31]이라는 발표와 함께 미루어진 상태다.*

같은 말과 글을 사용하는 대한민국과 조선민주주의인민공화국 시민의 언어생활은 그 뿌리가 같은 만큼 미래 또한 함께 가야 하는 것은 필연적이다. 따라서 두 나라 시민의 언어생활에 혹시도 있을지 모를 장애를 제거하기 위한 노력은 중단 없이 지속되어야 한다. 이는 한글을 둘러싼 그 어떤 전쟁에서보다도 평화가 필요한 까닭이다.

마지막 전쟁,
사라지는 어휘를 지켜라

드디어 한글전쟁이 막바지에 접어들었다. 한글이 탄생하기 전부터 시작된 우리말 생존을 위한 전쟁은 무수히 많은 외부의 적, 그리고 내부의 도전을 슬기롭게 극복하며 오늘날에도 꿋꿋이 존재한다. 그렇다고 해서 모든 상처가 아물고 건강한 모습으로 미래를 향해 나아가고 있다고 말할 수는 결코 없다. 지금 이 순간, 우리말, 그리고 한글은 그런 바람과는 달리 온몸이 상처투성이요, 자칫하면 목숨마저 위태로울 수 있는 위기에 처해 있다.

오늘날 한글, 우리말의 생존을 위협하는 존재에 대해서는 앞서 무수히 살펴보았다. 그리고 그 중심에는 영어라는, 현대 지구 전체의 언어를 위협하는 무법자가 있다는 사실도 알게 되었다. 그러나 다른 언어들이 직면한 위협 외에 우리말만이 겪고 있는 또 다른 위협이 있으니 바로 '사라지는 어휘들'이다.

그렇다. 어느 언어를 막론하고 시대의 변화에 따라 새로운 어휘가 탄생

---

* 정치·경제적 교류의 단절에는 온 언론이 예의주시하면서 언어 교류의 단절에 관심을 갖는 언론을 찾기란 여간 어렵지 않다. 그런 까닭에 남북한 언어의 이질화와 이로 인한 문화적 의사소통의 문제는 누구의 눈에도 띄지 않는 상태에서 점차 악화될 것이 분명하다.

하는 만큼 기존의 어휘 가운데 일부는 사라지기 마련이다. 그러나 오늘날 우리말이 처한 상황은 언어생활 속에서 벌어지는 일상적인 수준에서 벗어나 있다. 가까운 예를 몇 개 들어보자.

난 네가 **너무너무** 좋아.

이 표현은 오늘날 '너무' 많이 들어 특별하단 생각도 들지 않는다. 본래 '너무'란 '정해진 정도나 한계에 지나치게'라는 뜻의 부사다. 그런데 이 표현이 오늘날에 와서는 부정적인 뜻보다 긍정적인 뜻으로 쓰이는 경우가 훨씬 많다. '보통을 훨씬 넘는 정도로'라는 뜻으로. 이 정도에서 머물면 누구나 수긍하고 넘어갈 수 있다. 왜냐하면 어떤 어휘가 시대에 따라 그 뜻이 변화, 확대되는 건 매우 흔한 일이므로. 하지만 심각한 상황은 이제부터다.

우리말 표현이 단순화되고 있다는 것은 단적으로 '보통을 훨씬 넘는 정도로'라는 뜻의 부사가 '너무' 말고도 무척 많다는 점을 살펴보면 알 수 있다. 앞서 살펴본 바가 있듯이 우리말은 부사가 다른 언어에 비해 발달한 언어니 말이다.

무척 다른 것과 견줄 수 없이.
매우 보통 정도보다 훨씬 더.
아주 보통 정도보다 훨씬 더 넘어선 상태로.
대단히 매우 심한 정도로.
굉장히 보통 이상으로 대단하게.
훨씬 정도 이상으로 차이가 나게.
엄청 양이나 정도가 아주 지나친 상태로.

참으로 사실이나 이치에 조금도 어긋남이 없이 과연.

정말(로) 자신의 말을 강하게 긍정할 때 쓰는 말.

상당히 어지간히 많이. 또는 적지 아니하게.

꽤 보통보다 조금 더한 정도로.

이외에도 '보통 정도를 넘어선 상태'를 나타낼 수 있는 구어체 표현은 참으로 많다. 그러나 오늘날 시민들, 특히 젊은 층의 언어생활에서 이러한 표현을 찾아보는 것은 매우 어렵다. 이와 같은 뜻을 나타낼 때는 십중팔구 '너무'를 사용한다. 결국 '너무'라는 부정적 표현이 대부분의 긍정적 또는 가치 중립적 표현을 몰아내고 만 것이다.

난 네가 **무척** 좋아.

이 표현을 들은 상대는 앞의 '너무너무'가 들어간 표현을 들을 때에 비해 상대방이 자신을 좋아하는 정도가 적다고 느끼게 될 것이 분명하다. 그리고 그러한 감정은 시대가 갈수록 더할 것이다. 그 결과 우리말에서 많은 어휘가 사라질 것은 분명해 보인다. 이미 위의 표현 가운데 여럿은 실생활에서는 거의 쓰이지 않는다.

한편 최근 들어 급속히 진행되는 언어 변화 가운데 하나가 우리말 명칭이 외국어로 변하는 것이다.

조리사/요리사 셰프, 쉐프

조리법 레시피

미용사 헤어 디자이너

커피 전문가 바리스타

법무법인 로펌

전문의원(과) 클리닉

회원 자격 멤버십

가격 프라이스

놀라움 서프라이즈

휴게실 라운지

가게/상점 마트

보호 케어

치유 힐링

심리(적) 멘탈

고급 럭셔리*

위에서 든 예는 구우일모(九牛一毛)에 불과하다. 그런데 더욱 놀라운 것은 이러한 외국어의 사용을 부추기는 곳이 바로 언론이라는 사실이다. 영국이나 일본 등 많은 나라가 방송 용어를 표준어로 정하고 있는 현실을 참고한다면 언론이 한 나라의 언어생활에 미치는 영향이 얼마나 큰지 알 수 있다.

그런데도 대한민국에서는 자국어의 파괴에 오히려 언론이 앞장서고 있다. 그러니 오늘날 파괴되고 있는 우리말의 실태에 대해 언중에게 책임을 물을 수 없다. 이런 현실에서는 언중 또한 언론의 피해자일 뿐이다. 태어나

---

* '럭셔리'는 과거에 '고급의'라는 뜻보다는 '사치스러운'이라는 부정적인 뜻으로 사용했다. 그러나 최근 들어서는 '고급의'라는 긍정적인 뜻으로 사용하는 게 일반적이다.

면서부터 우리말로 '엄마'를 중얼거리던 우리나라 아이들은 이제 '케어'받아야 할 대상이 된 것이다.

그리고 온 나라의 다양한 권력을 가진 집단이 힘을 합쳐 외국어를 숭배하는 과정에서 고통 받는 시민은 누군가에게 '힐링'받아야 하는 존재로 전락한 것이다. 이렇게 한 사회, 한 나라를 이끌어가는 힘 가진 집단이 외국어 사용에 앞장서는 동안 가장 열광하는 집단은 당연히 외국어가 가진 차별적 힘을 이용하는 장사치들이다.

최근 들어 뜻있는 이들이 사라져간 우리말을 되살리기 위한 노력을 지속적으로 펼치고 있다. 그러한 노력은 영원히 지속되어야 할 가치 있는 활동이다. 그러나 더욱 시급한 일은 죽어 있는 옛날 우리말을 되살리는 것보다 살아 있지만 이내 죽어갈 운명에 처한 오늘날의 우리말을 지키는 일이다. 오늘 우리가 사용하는 우리말도 지키지 못하는 마당에 어찌 죽은 우리말을 되살릴 수 있단 말인가.

사람 목숨에 비유하자면 '지금은 죽은 자를 살릴 때가 아니라 살아 있는 자를 지킬 때'다. 일에는 순서가 있다. 그리고 지금 이 순간 우리가 우리말 전쟁, 한글전쟁에서 패하지 않는 길은 적이 누구인지 분명히 아는 것이다.

한글의 적은 누구인가?
우리말의 적은 누구인가?
우리 문화의 적은 누구인가?

한글의 새로운 천 년을
향해

한글은 우리는 물론, 세계가 인정하는 뛰어난 글자다. 그런데도 태어나서 500년이 넘은 오늘날까지도 끝없이 대내외적인 도전을 받아왔다. 그럼에도 한글은 무수한 도전을 슬기롭게 헤쳐왔다. 그런 결과를 가져오기까지는 한글의 탁월한 우수성과 더불어 우리말을 지키려고 온몸을 다해 싸워온 우리 선조와 겨레의 힘이 큰 구실을 했다.

그러나 그토록 오랜 기간, 그토록 많은 도전을 극복해온 한글이 최근 들어 위기를 맞고 있다. 겉으로는 그 어떤 적도 한글을 향해 총구를 내밀지 않고 있는 이때 오히려 한글이 최대 위기를 맞고 있다는 사실은 우리를 당혹스럽게 한다. 그렇다면 한글 위기론의 실체는 무엇인가?

첫째, 이제 우리 거리에서 우리 눈에 더 자주 들어오는 글자는 한글이 아니다. 그렇다고 우리 겨레가 해외에 나가 활동할 때 한글을 사용하는 것도 아니다. 결국 한글을 쓰고 한글로 기록하고 한글로 쓰인 우리말을 자유롭게 구사할 수 있는 이 시대에 우리는 그 어느 때보다 한글의 필요성을 느끼지 못하고 있는 셈이다.

둘째, 한글은 잘 알려진 바와 같이 극단적으로 말하면 하루면 배울 만큼 쉽고 세상 모든 소리를 기록할 만큼 뛰어난 표기력을 자랑한다. 그런데 이러한 한글의 장점이 오히려 우리말 사용자의 능력을 떨어뜨리는 것은 아닌지 의심스럽다.

이 모순된 문제의식은 어디서 비롯된 것일까. 그건 이 시대를 사는 한국인의 우리말 능력이 터무니없이 떨어진다는 생각에서 출발한다. 능력이 떨어지면 능력을 갈고 닦으면 된다. 그러나 진짜 문제는 그 어떤 한국인도 자신이 우리말을 못한다고 느끼지 않는다는 사실이다.

자신의 능력이 부족하다는 사실을 깨달았을 때 비로소 문제를 해결할 수 있다. 그러나 이 시대를 사는 대부분의 한국인은 갓 태어나면서부터 배우고 쓰기 시작한 우리말을 자신이 제대로 사용하지 못한다는 사실을 받아들이지 않는다.

이는 우리말, 그리고 우리말을 기록하는 한글이 워낙 쉽기 때문은 아닐까 하는 의문을 불러일으킨다. 우리 문자인 한글을 자유자재로 사용하는데, 왜 내 우리말 실력이 부족하단 말인가? 이런 의문의 출발점은 한글을 자유롭게 사용하게 된 것이 고작해야 100년도 채 안 되었다는 사실이다.

그 무렵 한글을 연구하던 인사들이 빛나는 문화유산인 한글이 수백 년 동안 억압받았다는 사실을 깨닫게 되자 과도한 애국심이 감정적으로 표출되었다. 그러한 감정이 한글 정책에 스며든 결과, 지속적으로 한글의 장점만을 부각하는 방향으로 정책이 전개된 것이다.

이는 결국 한글의 뛰어난 표기법을 강조하게 되었고 그리하여 한글의 조어력이나 표현력, 독해력에서 보이는 단점, 외래어의 유입에 대응하는 능력의 부족, 학술적·추상적 개념의 표현 능력 부족 등은 간과하는 결과를 초래하게 된 것이다.

사실 요즘 한국인이 생활에서 표현하는 내용을 주의 깊게 듣고 있자면 우리에게 필요한 언어생활이라는 것이 참으로 제한적이라는 느낌을 지울 수 없다. 현실적인 의사소통에 국한된 언어생활은 결국 무수히 많은 우리 어휘의 소멸로 이어질 수밖에 없다. 현실에 바탕한 의사소통에 필요한 어휘는 국어사전에 실려 있는 어휘 가운데 극히 일부에 불과하기 때문이다.

셋째, 사회의 흐름이 기층 민중 중심으로 나아가고 있다는 사실이다. 이는 어찌 보면 민주주의 사회가 나아가는 바람직한 방향일 것이다. 그렇다고 해서 사회 전 영역의 수준을 가장 낮은 수준에 맞추도록 해야 한다는 말은 결코 아닐 것이다. 그보다는 기층 민중을 도외시하지는 않지만 그들의 삶을 가장 위의 지배층과 다르지 않게 사고하고 행동하도록 사회 구조를 고쳐야 한다는 말일 것이다.

그러나 이러기 위해서는 두 가지가 필요하니, 첫 번째는 지배층의 사고 전환, 즉 자신들이 이 사회에서 기득권을 유지해야 하고 기득권을 갖지 못한 계층은 당연히 사회의 계층화를 수용해야 한다는 생각을 버리는 것이다. 두 번째는 기층 민중이 사회 전체가 자신들의 눈에 맞추어 구조를 바꿔야 한다고 주장해서는 안 된다는 것이다. 오히려 민중은 자신들이 사회와 역사의 주인공으로 능동적 역할을 하기 위해서는 지적 판단력과 비판력, 자신들의 주장을 논리적으로 표현할 수 있는 능력을 갖춘 주체적 인간으로 성장할 수 있도록 부단히 노력해야 한다.

그러나 현실은 이 같은 당위를 비웃는 방향으로 나아가고 있다. 하루 벌어 하루 먹고살아야 하는 이 극단적인 자본의 시대에 기층 민중이 그러한 능력을 갖추는 것은 매우 어렵다. 반면에 민중의 판단력이 무뎌진 틈을 타 중우정치(衆愚政治)를 통해 자신들의 기득권을 더욱더 강화하려는 지배층의 대중추수주의(大衆追隨主義)는 '포퓰리즘(Populism)'이라는 외국어를 우리말로 굳건히 자리하게 만들어왔다.

대중추수주의의 밑바탕에는 지배층의 언어를 통한 계층화가 뿌리내리고 있음을 기억해야 한다. 그들 지배층은 자신들이 습득한 영어를 통해 영어 숭배 사상을 은연중에 사회에 확산시키고, 이로써 기층 민중의 주체성을 그들로부터 유리(遊離)시키는 것이다. 그리하여 기층 민중은 자신들이 능동적으로 선택한다고 믿으면서 지배층이 요구하는 대로 그들의 언어인 영어의 파편을 자신의 신분 상승 수단으로 착각, 수용해 사용하고 있는 것이다. 결국 우리 사회는 한글 대신 영어의 시대를 준비하게 된 것이다.

우리 사회는 이제, 우리말의 나라가 아니라 외국어의 나라를 준비하고 있을 뿐이다. 그리고 이에 저항하는 세력도 찾아보기 힘들어졌다. 수백 년 동안 끊임없이 적의 포화를 맞아야 했던 한글과 우리말이었지만 그때마다 목숨을 걸고 지키려는 집단은 있었다. 하지만 오늘날의 상황은 과거에는 없었던 모습이다.

'한글의 천 년'은 가능할 것인가?
우리말은 천 년 후에도 살아남을 것인가?

똑 부러지는 정답이 없는 질문을 던지는 까닭이 바로 여기에 있다. 대답은 이제, 우리 모두의 몫이다.

미주

가 1 〈동북아시아 역사상의 제문자와 한글의 기원〉, 송기중, 66쪽
　　2 《지구의 정복자》, 에드워드 윌슨, 이한음 옮김, 281쪽
　　3 《Before writing》, Schmandt-Besserat
　　4 《세계의 문자체계》, 제프리 샘슨, 신상순 옮김, 75쪽
　　5 《한글 민주주의》, 최경봉, 8~9쪽

나 1 《한국 한자어 연구》, 진류, 박운석 외 옮김, 31쪽
　　2 브리태니커 백과사전, '신라의 왕호 변천' 항목에서 발췌, 전재
　　3 《고구려어》, 벡위드, 118쪽
　　4 《고구려어》, 121쪽
　　5 《고구려어》, 439쪽
　　6 《백제어 연구》, 도수희, 64쪽
　　7 《백제어 연구》, 78쪽
　　8 《한국 한자어 연구》, 65쪽
　　9 《한국 한자어 연구》, 62쪽
　　10 《언어전쟁》, 루이 장 칼베, 김윤경 외 옮김, 239쪽
　　11 《한국 한자어 연구》, 70~71쪽
　　12 《한국 한자어 연구》, 82~99쪽에서 발췌
　　13 《한국 한자어 연구》, 110~114쪽에서 발췌, 전재
　　14 《한국 한자어 연구》, 129~131쪽에서 발췌, 전재
　　15 《한국 한자어 연구》, 138~140쪽
　　16 《국어 한자 어휘론》, 박영섭, 94쪽
　　17 《한국 한자어 연구》, 136~137쪽
　　18 《한국 한자어 연구》, 141~142쪽
　　19 《우리말 존중의 근본 뜻》, 최현배, 92~93쪽
　　20 《한국 한자어 연구》, 144쪽
　　21 《한국 한자어 연구》, 144~145쪽
　　22 '한국금석문종합영상정보시스템' 원문 및 해석을 필자가 윤문
　　23 《이두연구》, 남풍현, 31쪽
　　24 《이두연구》, 31쪽
　　25 《한글역사연구》, 김이종, 4쪽
　　26 양주동 해석을 바탕으로 필자가 현대어로 윤문
　　27 《고가연구》, 양주동
　　28 《향가해독법연구》, 김완진
　　29 《이두연구》, 12쪽
　　30 《이두연구》, 13쪽
　　31 《이두연구》, 27쪽
　　32 《이두연구》, 27쪽
　　33 《여말선초 음독 입곁(구결)의 종합적 고찰》, 남경란, 17쪽

다 1 《조선왕조실록》, 〈세종실록〉, 고전번역원
　　2 《조선왕조실록》, 〈세종실록〉
　　3 《조선왕조실록》, 〈세종실록〉
　　4 《조선왕조실록》, 〈세종실록〉
　　5 《훈민정음 연구》, 안병희, 142쪽
　　6 《한글의 탄생》, 노마 히데키, 김진아 외 옮김, 189쪽

7 《한글의 탄생》, 273~274쪽

8 《훈민정음의 사람들》, 정광, 51쪽

9 《민족어의 장래》, 김민수, 41~44쪽

10 《한글 이야기 1》, 홍윤표, 31쪽

11 《조선왕조실록》, 〈세종실록〉

12 《훈민정음 연구》, 240쪽

13 《훈민정음의 사람들》, 20~21쪽

14 《훈민정음 연구》, 136쪽

15 《한글의 탄생》, 238~239쪽에서 발췌, 전재

16 《새국어생활》, 〈설총과 국어〉, 12~13쪽

17 《훈민정음 연구》, 158~159쪽에서 전재

18 최만리의 상소문에서 발췌

19 《훈민정음 해례본》, 정인지 서문에서 발췌

20 《조선왕조실록》, 〈세종실록〉

21 《성호사설》, 이익, 고전번역원

22 《옛글 읽기》, 나찬연 외, 106~111쪽에서 발췌, 전재

23 《옛글 읽기》, 106~111쪽에서 발췌, 전재

24 《훈민정음 연구》, 30쪽

25 《한글역사연구》, 68~69쪽, 본문과 번역을 바탕으로 필자가 수정 번역

26 《한글역사연구》를 바탕으로 필자가 수정 번역

27 《한글역사연구》를 바탕으로 필자가 수정 번역

28 표준국어대사전, 국립국어원

29 《한글에 대해 알아야 할 모든 것》, 최경봉 외, 207~208쪽에서 발췌, 전재

30 《한글에 대해 알아야 할 모든 것》, 209쪽

31 《한글에 대해 알아야 할 모든 것》, 209쪽

32 《조선왕조실록》, 〈세종실록〉

33 《한국의 문자와 문자 연구》, 〈한글의 제자원리와 글자꼴〉, 강창석, 686~687쪽

34 《훈민정음 연구》, 164쪽

35 《훈민정음 연구》, 164~165쪽

36 《훈민정음 연구》, 68~71쪽

37 《훈민정음 연구》, 72쪽

38 《훈민정음 연구》, 74~76쪽

39 《한국의 문자와 문자 연구》, 〈한글의 제자원리와 글자꼴〉, 690~691쪽에서 발췌, 전재

40 《조선왕조실록》, 〈세종실록〉

41 《조선왕조실록》, 〈세종실록〉

42 《조선왕조실록》, 〈세종실록〉

43 《28자로 이룬 문자혁명, 훈민정음》, 김슬옹, 208쪽

라 1 《조선왕조실록》, 〈성종실록〉

2 《조선왕조실록》, 〈연산군일기〉

3 《조선왕조실록》, 〈연산군일기〉

4 《조선왕조실록》, 〈연산군일기〉

5 《조선왕조실록》, 〈연산군일기〉

6 《조선왕조실록》, 〈연산군일기〉

7 《조선왕조실록》, 〈연산군일기〉

8 《조선왕조실록》, 〈연산군일기〉

9 《조선왕조실록》, 〈연산군일기〉

10 《조선왕조실록》, 〈연산군일기〉

11 《조선왕조실록》, 〈연산군일기〉

12 《조선왕조실록》, 〈연산군일기〉

13 《조선왕조실록》, 〈연산군일기〉

14 《조선왕조실록》, 〈연산군일기〉

15 《조선왕조실록》, 〈연산군일기〉

16 《조선왕조실록》, 〈연산군일기〉

17 《조선왕조실록》, 〈연산군일기〉

18 《훈민정음 연구》, 214~216쪽에서 발췌, 전재

19 《훈민정음 연구》, 216~217쪽

20 《훈민정음의 사람들》, 103~104쪽

21 《조선왕조실록》, 〈중종실록〉

22 《조선왕조실록》, 〈중종실록〉

23 《조선왕조실록》, 〈연산군일기〉

24 《조선왕조실록》, 〈중종실록〉

25 《조선왕조실록》, 〈중종실록〉

26 민족문화대백과사전

27 민족문화대백과사전

28 《훈몽자회 연구》, 이기문, 28쪽

29 《훈민정음의 사람들》, 159쪽

30 《훈몽자회 연구》, 153쪽

31 《훈몽자회 연구》, 16쪽

32 《훈몽자회 연구》, 54쪽

33 《훈몽자회 연구》, 54쪽

34 《훈몽자회 연구》, 54쪽

35 《훈몽자회 연구》, 59쪽에서 재게재

36 《한글에 대해 알아야 할 모든 것》, 174~175쪽

37 《훈몽자회 연구》, 60쪽

38 《한글에 대해 알아야 할 모든 것》, 176쪽

39 《한글에 대해 알아야 할 모든 것》, 177~178쪽

40 《훈몽자회 연구》, 62쪽

마   1 《조선왕조실록》, 〈선조수정실록〉

2 우리역사넷

3 우리역사넷

4 《조선왕조실록》, 〈선조실록〉

5 《산성일기》, 김광순 옮김, 발췌, 전재

6 국가기록원 누리집

7 www.kkumai.tistory.com에서 발췌, 전재

8 《정조어찰첩》, 백승호·장유승 외 옮김, 54쪽

9 《우리말의 어제와 오늘》, 김미형, 262~263쪽

10 《우리말의 어제와 오늘》, 265~266쪽

11 《우리말의 어제와 오늘》, 280쪽

12 《우리말의 어제와 오늘》, 280쪽

13 《미당 서정주 시전집》, 서정주, 262쪽

14 《한국의 모든 지식》, 김흥식, 254~255쪽

15 《한국의 모든 지식》, 254~258쪽

16 《언어전쟁》, 4쪽

17 《한글 고문서 연구》, 이상규, 939쪽

18 브리태니커 백과사전, '박지원' 항목

19 《흔들리는 언어들》, 〈근대 계몽기 어문현실과 정약용〉, 류준필, 183쪽

20　《흔들리는 언어들》, 〈근대 계몽기 어문현실과 정약용〉, 180쪽

21　《흔들리는 언어들》, 〈근대 계몽기 어문현실과 정약용〉, 190쪽

22　《세상에서 가장 재미있는 소리, 판》, 김홍식, 22쪽

바　1　〈사발통문에 대한 제 고찰〉, 조광환

2　국사편찬위원회 누리집

3　국사편찬위원회 누리집

4　《조선언문실록》, 정주리·시정곤, 226~227쪽

5　《西遊見聞》, 유길준, 교순사(交詢社)(일본 동경), 명치 28년, 제1편 1쪽

6　《서유견문》, 유길준, 허경진 옮김, 35쪽

7　《1면으로 보는 한국 근현대사 1》, 김성희, 14쪽

8　'서울과학기술대 총동문회' 누리집에서 발췌, 수정 번역

9　《일제강점기 조선어과 교과서와 조선인》, 김혜련, 126~127쪽

10　《국민소학독본》, 강진호 편역, 256~260쪽에서 발췌, 번역, 전재

11　《국민소학독본》에서 번역

12　브리태니커 백과사전

13　《국어와 민족문화》, 김민수 외, 〈'한글'의 유래에 대하여〉, 고영근, 280~283쪽

14　《국어와 민족문화》, 김민수 외, 〈'한글'의 유래에 대하여〉

15　《조선언문실록》, 231~237쪽

사　1　《일제강점기 조선어과 교과서와 조선인》, 46쪽

2　《일제강점기 조선어과 교과서와 조선인》, 48쪽

3　《일제강점기 조선어과 교과서와 조선인》, 53쪽에서 재인용

4　《일제강점기 조선어과 교과서와 조선인》, 51~52쪽

5　《일제강점기 조선어과 교과서와 조선인》, 55쪽

6　《일제강점기 조선어과 교과서와 조선인》, 55~57쪽

7　국가기록원 누리집

8　국가기록원 누리집

9　위키백과

10　《일제강점기 조선어과 교과서와 조선인》, 67~68쪽

11　《조선총독부 편찬 〈초등국어독본〉 원문 상》, 김순전 외, 35쪽 표에서 발췌, 재구성

12　《조선총독부 편찬 〈초등국어독본〉 원문 상》, 33쪽

13　민족문화대백과사전, '방송' 항목 참조, 발췌, 인용

14　브리태니커 백과사전

15　월간 《삼천리》 9월호, 1934, 14쪽

16　브리태니커 백과사전

17　《창씨개명》, 미즈노 나오키, 정선태 옮김, 43~47쪽에서 발췌, 전재

18　《창씨개명》, 72쪽

19　《창씨개명》, 65~66쪽

20　《창씨개명》, 76쪽

21　《창씨개명》, 76쪽

22　《창씨개명》, 92쪽에서 재게재

23　《우리말의 탄생》, 최경봉, 121쪽

24　《한글에 대해 알아야 할 모든 것》, 148쪽

25　브리태니커 백과사전

26　《한글에 대해 알아야 할 모든 것》, 247쪽

27　《한글에 대해 알아야 할 모든 것》, 251쪽

28　《가람일기》, 이병기

29　《한글에 대해 알아야 할 모든 것》, 251쪽

미주

30 《한글에 대해 알아야 할 모든 것》, 250~251쪽

31 《훈민정음 창제와 연구사》, 강신항, 251쪽

32 《훈민정음 창제와 연구사》, 251쪽

33 《국학운동》, 박걸순, 65~66쪽

34 《국학운동》, 66쪽

35 한국어 위키백과

36 브리태니커 백과사전

37 《우리말의 탄생》, 132쪽

38 《우리말의 탄생》, 132~134쪽

39 《우리말의 탄생》, 128쪽

40 《우리말의 탄생》, 130쪽

41 《우리말의 탄생》, 128쪽

42 《우리말의 탄생》, 84쪽

43 《국학운동》, 75쪽

44 《우리말의 탄생》, 244쪽

45 《우리말의 탄생》, 243~244쪽

46 《국학운동》, 77쪽

47 《우리말의 탄생》, 250~252쪽

48 《우리말의 탄생》, 37쪽

49 《우리말의 탄생》, 37쪽

50 《우리말의 탄생》, 149쪽

51 《한글학자들의 겨레사랑》, 유호선, 42쪽

52 《한글학자들의 겨레사랑》, 46~47쪽

53 국가기록원

54 《언론운동》, 박찬승, 184~189쪽

55 《언론운동》, 151~153쪽

56 《한글학자들의 겨레사랑》, 21쪽

57 《한글학자들의 겨레사랑》, 23쪽

58 《국학운동》, 88쪽, 《한글학자들의 겨레사랑》, 21~23쪽, 〈한국일보〉 1982. 8. 1 등 참조, 기술

59 《국학운동》, 88쪽

60 《한글학자들의 겨레사랑》, 30쪽

아   1 《훈민정음》, 박창원, 27쪽

     2 국가기록원 누리집

     3 국가기록원 누리집

     4 《한글역사연구》, 305쪽

     5 《한글역사연구》, 305쪽

     6 국가기록원 누리집

     7 국가기록원 누리집

     8 국가기록원 누리집

     9 http://weismann.egloos.com

    10 국가기록원 누리집

    11 브리태니커 백과사전

    12 브리태니커 백과사전, '조선교육심의회' 항목

    13 〈이승만 정권 시기 한글간소화파동 연구〉, 정재환, 성균관대학교 사학과 석사학위 논문(2006), 29쪽

    14 〈조선일보〉, 1949. 10. 9

    15 브리태니커 백과사전

    16 〈이승만 정권 시기 한글간소화파동 연구〉, 6쪽

    17 〈이승만 정권 시기 한글간소화파동 연구〉, 6쪽

한글 전 쟁

18   국가기록원 누리집

19   국가기록원 누리집

20   〈이승만 정권 시기 한글간소화파동 연구〉, 30~31쪽

21   〈경향신문〉 1954. 3. 29

22   〈오마이뉴스〉, 2004. 8.1, 정운현, 〈만주서 일본군 군량미 지원한 '유신' 나팔수〉 [특별기획-미리보는 친일인명사전 16] '이선근 전 문교장관'편에서 발췌, 전재

23   한글학회 자료, http://www.hangeul.or.kr/html/nmf/han_50/12217.pdf에서 전재

24   〈경향신문〉, 1954. 7. 23

25   〈동아일보〉, 1955. 9. 20

26   〈동아일보〉, 1953. 3. 7

27   〈동아일보〉, 1955. 8. 11

자   1   《국어와 민족문화》, 김민수 외, 〈한글과 문화혁명〉, 최현배, 347쪽

      2   《국어와 민족문화》, 남기탁 외, 〈한글 전용의 바른 이해〉, 이상복, 260~263쪽

      3   《국어 천 년의 실패와 성공》, 남영신, 67~69쪽

      4   《국어 천 년의 실패와 성공》, 218~256쪽에서 발췌

      5   《국어의 현실과 이상》, 이기문, 72쪽

      6   《한글의 탄생》, 163쪽

      7   《국어와 민족문화》, 김민수 외, 〈문자의 기능과 표기법의 이상〉, 이익섭, 353쪽

      8   《국어와 민족문화》, 김민수 외, 〈국한혼용론〉, 남광우, 329쪽

      9   《우리말본》, 최현배, 642쪽

      10   《한글 민주의》, 최경봉, 221~222쪽

      11   《국어의 풍경들》, 고종석, 46~47쪽

      12   국립국어원 누리집

      13   〈머니투데이〉, 2014. 7. 26

      14   《국어와 민족문화》, 김민수 외, 〈국어혼용론〉, 326쪽

      15   《우리말 존중의 근본 뜻》, 11쪽

      16   《우리말 존중의 근본 뜻》, 98쪽

      17   《우리말 존중의 근본 뜻》, 5쪽

      18   국립국어원 누리집

      19   《국어와 민족문화》, 남기탁 외, 〈말과 정신〉, 허웅, 72쪽

      20   《세계의 문자체계》, 287~288쪽

      22   《광장》, 최인훈

      22   《광장-발간 40주년 기념 한정본》, 최인훈

      23   《광장-발간 40주년 기념 한정본》, 29쪽

      24   《광장-발간 40주년 기념 한정본》, 31쪽

      25   《세계의 문자체계》

      26   《조선왕조실록》, 〈세종실록〉

차   1   현대자동차 누리집, '그랜저 기본품목'

      2   'SBS 8시 뉴스' 2013. 10. 8

      3   《한글 민주의》, 112쪽

      4   《언어의 종말》, 앤드류 달비, 오영나 옮김, 375쪽

      5   《언어의 종말》, 375쪽

      6   《언어의 종말》, 376쪽

      7   《언어의 종말》, 379쪽

      8   《언어의 종말》, 502쪽

      9   《언어의 종말》, 502~510쪽

      10   《번역의 탄생》, 이희재, 18~19쪽

미주

11   대한출판문화협회 납본 통계 자료

12   대한출판문화협회 납본 통계 자료

13   《번역 이론》, Rainer Schulte & John Biguenet 엮음, 이재성 옮김, 35쪽

14   《번역투의 유혹》, 오경순

15   《번역투의 유혹》, 92~93쪽을 참고, 표로 작성

16   《번역, 권력, 전복》, 로만 알바레즈, 카르멘 아프리카 비달 엮음, 윤일환 옮김, 10~18쪽에서 발췌

17   《방언의 미학》, 이상규, 22~23쪽

18   《방언의 미학》, 25쪽

19   《방언의 미학》, 34쪽

20   《방언의 미학》, 202쪽

21   《한국 언어 지도》, 이익섭 외

22   《한국 언어 지도》

23   《한국의 모든 지식》

24   국어정책통계 누리집

25   《국어와 민족문화》, 남기탁 외, 〈남한, 북한 국어의 통일〉, 남기탁, 200쪽

26   《우리말의 탄생》, 348~351쪽

27   《국어와 민족문화》, 남기탁 외, 〈남한, 북한 국어의 통일〉, 203쪽

28   《우리말의 탄생》, 365쪽

29   《우리말의 탄생》, 365쪽

30   《우리말의 탄생》, 367쪽

31   '겨레말큰사전 남북공동편찬사업회' 누리집

참고 도서 및 자료

《1면으로 보는 한국 근현대사(1~3)》, 서해문집, 2009

《28자로 이룬 문자혁명, 훈민정음》, 김슬옹, 아이세움, 2007

《고가연구》, 양주동, 일조각, 1997

《고구려어》, C. 백위드, 정광 옮김, 고구려연구재단, 2006

《교육운동》, 김형목, 한국독립운동사편찬위원회, 2009

《국민소학독본》, 강진호 편역, 도서출판경진, 2012

《국어사개설》, 이기문, 탑출판사, 1981

《국어사(國語史)와 한자음(漢字音)》, 최남희 · 정경일 · 김무림 · 권인한, 박이정, 2006

《국어와 민족문화》, 김민수 외, 집문당, 1984

《국어와 민족문화》, 남기탁 외, 청문각, 1999

《국어의 풍경들》, 고종석, 문학과지성사, 1999

《국어의 현실과 이상》, 이기문, 문학과지성사, 1997

《국어학사논고》, 박태권, 샘문화사, 1976

《국어 한자 어휘론》, 박영섭, 박이정, 1995

《국어 천 년의 실패와 성공》, 남영신, 한마당, 1998

《국학운동》, 박걸순, 한국독립운동사편찬위원회, 2009

《근대 공문서의 탄생》, 김건우, 소와당, 2008

《다시 읽는 조선 교육사》, 이만규, 살림터, 2010

《대한민국 대표 브랜드 한글》, 김미경, 자우출판사, 2006

《문자의 난》, 정인택, 알마, 2009

《문자이야기》, 앤드류 로빈슨, 박재욱 옮김, 사계절, 2003

《문화예술운동》, 김재용 외, 한국독립운동사편찬위원회, 2009

《미당 서정주 시전집》, 서정주, 민음사, 1983

《민족어의 장래》, 김민수, 일조각, 1985

《방언의 미학》, 이상규, 살림, 2007

《백제어 연구》, 도수희, 제이앤씨, 2005

《번역의 탄생》, 이희재, 교양인, 2008

《번역 이론》, Rainer Schulte & John Biguenet, 이재성 옮김, 동인, 2009

《번역투의 유혹》, 오경순, 이학사, 2010

《번역, 권력, 전복》, 로만 알바레즈, 카르멘 아프리카 비달, 윤일환 옮김, 동인, 2007

〈사발통문에 대한 제 고찰〉, 조광환, 2005

《산성일기》, 김광순 옮김, 서해문집, 2002

《山川 世界史 總合圖錄》, 桑島良平 외 편집, 山川出版社, 2004

《서유견문》, 유길준, 허경진 옮김, 서해문집, 2004

《세계의 문자》, 세계문자연구회, 김승일 옮김, 범우사, 1996

《세계의 문자체계》, 제프리 샘슨, 신상순 옮김, 한국문화사, 2000

《세계화 시대의 국어국문학》, 국어국문학회, 보고사, 2012

《세상에서 가장 재미있는 소리, 판》, 김홍식, 어젠다, 2013

《스물한 통의 역사진정서》, 고길섶, 앨피, 2005

《시민을 위한 사료 한국근현대사》, 이영철, 법영사, 2002

《아언각비(雅言覺非)》, 정약용, 지석영 주석, 광학서포, 1908

《어원활용 영한사전》, 김영태, 명문당, 2006

《언론운동》, 박찬승, 한국독립운동사편찬위원회, 2009

《언어의 종말》, 앤드류 달비, 오영나 옮김, 작가정신, 2008

《언어전쟁》, 루이 장 칼베, 김윤경·김영서 옮김, 한국문화사, 2001

《여말선초 음독 입곁(구결)의 종합적 고찰》, 남경란, 경인문화사, 2005

《역대 한국문법대계》, 김민수 외, 탑출판사, 1985

《옛글 읽기》, 나찬연·김문기, 월인, 2009

《우리말본》, 최현배, 정음사, 1965

《우리말의 어제와 오늘》, 김미형, 제이앤씨, 2012

《우리말의 탄생》, 최경봉, 책과함께, 2006

《우리말 존중의 근본 뜻》, 최현배, 정음문화사, 1984

《운해 훈민정음 연구》, 강신항, 재단법인 한국연구원, 1967

《월간 삼천리》 1934년 9월호

《이두연구》, 남풍현, 태학사, 2000

〈이승만 정권 시기 한글간소화파동 연구〉, 정재환, 성균관대학교, 2006

《일상생활과 근대인쇄매체(1~3)》, 단국대학교 부설 동양학연구소, 민속원, 2009

《일제강점기 조선어과 교과서와 조선인》, 김혜련, 역락, 2011

《자료로 찾아가는 국어사》, 조오현, 박이정, 2010

《정조어찰첩》, 백승호·장유승 외 옮김, 성균관대학교출판부, 2009

《정조와 불량선비 강이천》, 백승종, 푸른역사, 2011

《정조의 문예사상과 규장각》, 정옥자, 효형출판, 2001

《정조 임금 편지》, 국립중앙박물관, 2009

《조선 아고라》, 이한, 청아출판사, 2008

《조선어독본(1~5)》, 강진호·허재영, 제이앤씨, 2010

《조선어독본과 국어 문화》, 강진호 외, 제이앤씨, 2011

《조선언문실록》, 정주리·시정곤, 고즈윈, 2011

《조선총독부 편찬 〈초등국어독본〉 원문(상)》, 김순전 외, 제이앤씨, 2013

참고 도서 및 자료

519

《주해 월인석보》, 강규선, 보고사, 1998
《중세 조선어 문체 연구》, 강용택, 보고사, 2007
《지구의 정복자》, 에드워드 윌슨, 이한음 옮김, 사이언스북스, 2012
《창씨개명》, 미즈노 나오키, 정선태 옮김, 산처럼, 2008
《한국 고지명(古地名) 차자표기(借字表記) 연구》, 이정룡, 경인문화사, 2002
《한국 문학사의 논리와 체계》, 임형택, 창비, 2002
《한국신문사연구》, 이해창, 성문각, 1971
《한국 신문 한 세기-근대편》, 한원영, 푸른사상사, 2004
《한국 어문운동과 근대화》, 고영근, 탑출판사, 1998
《한국어 방언학》, 이상규·안귀남, 학연사, 2007
《한국어의 역사》, 김종훈 외, 대한교과서, 1998
《한국 언어 지도》, 이익섭 외, 태학사, 2008
《한국의 모든 지식》, 김흥식, 서해문집, 2012
《한국의 문자와 문자 연구》, 송기중, 집문당, 2003
《한국의 지명》, 도수희, 아카넷, 2003
《한국지명연구》, 도수희, 이회문화사, 1999
《한국 한자어 연구(韓國漢字語研究)》, 진류(陳榴), 박운석 외 옮김, 영남대학교출판부, 2012
《한글 고문서 연구》, 이상규, 도서출판경진, 2011
《한글 마춤법 통일안》, 동아일보사, 한성도서, 1923
《한글 민주주의》, 최경봉, 책과함께, 2012
《한글에 대해 알아야 할 모든 것》, 최경봉·시정곤·박영준, 책과함께, 2008
《한글역사연구》, 김이종, 한국문화사, 2009
《한글의 시대를 열다 : 해방 후 한글학회활동연구》, 정재환, 경인문화사, 2013
《한글의 탄생》, 노마 히데키, 김진아 외 옮김, 돌베개, 2011
《한글 이야기(1, 2)》, 홍윤표, 태학사, 2013
《한글학자들의 겨레사랑》, 유호선, 국립중앙박물관, GNA커뮤니케이션, 2008
《항일기 국어교육》, 이하준, 가톨릭대학교출판부, 2005
《향가해독법연구》, 김완진, 서울대출판문화원, 1990
《호모 리테라투스》, 인문학연구원 HK문자연구사업단, 연세대학교출판부, 2011
《홍길동전 연구》, 이윤석, 계명대학교출판부, 1997
《훈몽자회 연구(訓蒙字會研究)》, 이기문, 한국문화연구소, 1971
《훈몽자회》, 단국대학교 부설 동양학연구소, 1971
《훈민정음》, 박창원, 신구문화사, 2005
《훈민정음 연구》, 강신항, 성균관대학교출판부, 2006
《훈민정음 연구》, 안병희, 서울대학교출판부, 2007
《훈민정음의 사람들》, 정광, 제이앤씨, 2006
《훈민정음 창제와 연구사》, 강신항, 도서출판경진, 2010
《흔들리는 언어들》, 임형택·한기형·류준필·이혜령, 성균관대학교 대동문화연구원, 2008

기타

겨레말큰사전 남북공동편찬사업회 / 고전번역원 / 국가기록원 / 국립국어원《새국어생활》/ 대한출판문화협회 / 독립기념관 / 민족문화대백과사전 / 브리태니커 백과사전 / 서울과학기술대 총동문회 / 우리역사넷 / 위키백과 / 표준국어대사전 / 한국언론진흥재단 / 한글학회

한글전쟁

520